启微

清末都市的政治文化与社会统合

天津的近代

〔日〕吉泽诚一郎 著

万鲁建 译

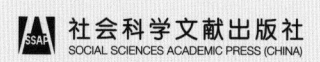

社会科学文献出版社
SOCIAL SCIENCES ACADEMIC PRESS (CHINA)

吉澤 誠一郎
天津の近代—清末都市における政治文化と社会統合
Copyright © 2002 YOSHIZAWA Seiichiro
All rights reserved.
Originally published in Japan by THE UNIVERSITY OF NAGOYA PRESS, Aichi.
Chinese (in simplified character only) translation rights arranged with
THE UNIVERSITY OF NAGOYA PRESS, Japan
through HIROGAWA CO., LTD.

中文版序

本书日文版脱胎于我的博士论文。虽然出版至今已有20年，但尝试把天津这座城市的历史放置在整个中国近代史乃至世界史中考察的研究成果如今仍为数不多。因此我想，中文版的出版仍有一定意义。

翻开这本书，便会怀念起1994~1995年留学南开大学、骑着自行车辗转天津街头的日子。当时，天津的老城区还保留着20世纪初期的胡同建筑，旧租界已见残破的西式楼宇也让人遐想它们昔日的繁盛。

本书讨论了鸦片战争、太平天国运动、清末教案、义和团运动、清末"新政"、辛亥革命等中国近代史上的重要事件。不过，在考察这些事件时，本书选择的是"立足天津"的地方史视角。从天津史的观点出发，深入考察每个事件，以此为它们在中国近代史中定位——这是本书的立场。我认为，本书的原创性之一即在于此种研究视角，至于这一手法是否成功，则有待各位读者判断。

本书旨在强调：19世纪时的天津社会秩序在进入20世纪后发生了巨大改变，导致这一巨变的重要原因则是义和团运动带来的冲击。天津是义和团运动的舞台之一，也曾被八国联军占领，因此1900年在天津史上具有重要的意义似乎理所应当。不过，与本书日文版的刊行几乎同时，王笛教授关于成都的专著亦在美国出版，同样对清末"新政"时期的地方社会变化予以极大关注。① 拜读了王教授的著作后，我对自己的研究又增添了一些信心。

本书探讨了中国的民族主义在城市社会中所起到的统合性作用。直到如今，中国近代的爱国运动都在我的研究中占据着重要地位。而书中几乎没有谈及的中日关系问题，则是我今后研究的对象。

衷心感谢天津社会科学院历史研究所万鲁建老师为翻译本书尽心尽力。为了提高史料引用等方面的准确性，东京大学的博士生殷晴女士进行了种种确认工作，在此深表感谢。

今年是中日关系中具有特别意义的一年。1972年，田中角荣首相访华，会见了毛泽东主席和周恩来总理，中日交流因此获得了进一步深化的条件。本书中文版得以在田中首相访华50周年的节点上问世，亦可称得上是一种奇妙的缘分吧。

吉泽诚一郎

2022年2月4日于东京

---

① 该书英文版刊于2003年，中文版参见王笛《街头文化：成都公共空间、下层民众与地方政治（1870~1930）》，李德英等译，中国人民大学出版社，2006。

目　录

绪　论 / 001

第一部分
支撑地域防卫的价值观和记忆

第一章　团练的组建 / 039
　　一　鸦片战争与天津团练的起源 / 042
　　二　防备太平军 / 045
　　三　第二次鸦片战争时期的地区防卫 / 051
　　四　第二次鸦片战争的结束和张锦文的活动 / 060

第二章　火会与天津教案 / 068
　　一　事件概要 / 070
　　二　火会对天津教案的参与 / 074
　　三　地方社会中的教案 / 086

第三章　光绪初年的旱灾与广仁堂 / 100
　　一　游民和善堂 / 102

二　华北大旱灾和广仁堂的设立 / 106
　　三　广仁堂的历史地位 / 119

第四章　义和团的活动与团练神话 / 133
　　一　天津的地方官与义和团 / 135
　　二　义和团的活动与天津居民 / 144
　　三　社会记忆的再现 / 151

第二部分
行政机构的革新与社会管理

第五章　巡警的创设与城市行政的演变 / 165
　　一　巡警的创设过程 / 167
　　二　巡警的职能特征 / 176
　　三　城市行政的结构性改变 / 190

第六章　捐与城市管理 / 205
　　一　捐在天津的起源 / 207
　　二　都市民众与捐 / 214

第七章　在善堂与习艺所之间 / 237
　　一　习艺所的诞生 / 238
　　二　善堂的演变 / 247

第三部分
爱国主义所形成的社会统合

第八章　抵制美货运动与"中国"的团结 / 263
　　一　移民问题与抵制运动的开始 / 267
　　二　天津的运动开展过程 / 270
　　三　抵制与启蒙 / 279

第九章　电车与公愤：围绕市内交通的政治 / 294
　　一　国际性契机 / 297
　　二　电车的运营 / 300
　　三　围绕电车的暴力事件 / 323

第十章　体育与革命：辛亥革命时期天津的尚武理念和治安问题 / 339
　　一　重视军事论与体育理念的流行 / 342

二　体育社的成立 / 348
　　三　革命的动荡与各团体的形成 / 354
　　四　从兵变到袁世凯政权 / 366

补论　风俗的变迁 / 378
　　一　风俗的内涵 / 379
　　二　改良风俗 / 391

结　　语 / 399

参考文献 / 407

后　　记 / 459

译后记 / 463

绪 论

本书的视角：都市与近代性

《天津政俗沿革记》（王守恂撰）是一部私人撰写的地方志，总览了截至清末的天津概况。该书的序（1938）如此概括天津的历史：

> 天津地处偏僻，昔非冲要。自与海外列国通商以后，于此为往来出入之门户。轮楫交驰，冠裳骈集，遂蔚然成一巨埠。而时局之推迁代谢，亦因以千奇百变，每出寻常想象之外，方诸往迹，迥不相同。故一切政治风俗，势皆不得不改弦更张，以随机而应务矣！若夫数十年来，国家维新之大计，擘画经营，尤多发轫于是邦，然后渐及于各省。是区区虽为一隅，而天下兴废之关键系焉。

在王守恂看来，19世纪至20世纪初的历史变迁与之前的时代截然不同，天津正是在此变化中迎来了繁荣，字里行间流露出自豪之情。

图0-1所示的年画描绘了20世纪初期的天津街头。年画是正月张贴的吉祥图画，天津近郊的杨柳青即是著名的年画产地。这幅画描绘的是从北面眺望天津旧城，画面正中遥遥可见鼓楼。最引人瞩目的则是城墙拆除后的宽阔大街，欧式马车、自行车、人力车同时行驶其上。道路两侧植有树木，街灯林立，男女情侣和警察的身影亦被绘入画中。旧式住宅和店铺鳞次栉比，装有烟囱的西式建筑伫立其间。

姑且不论这幅画是否完全反映了现实景象，但描绘新奇事物来寓意吉祥这种表现形式，可以让我们非常直观地感受到当时的时代氛围——义和团被平息，气象一新的时代已经到来。那么，这样的城市景观是在怎样的历史变迁中形成的呢？

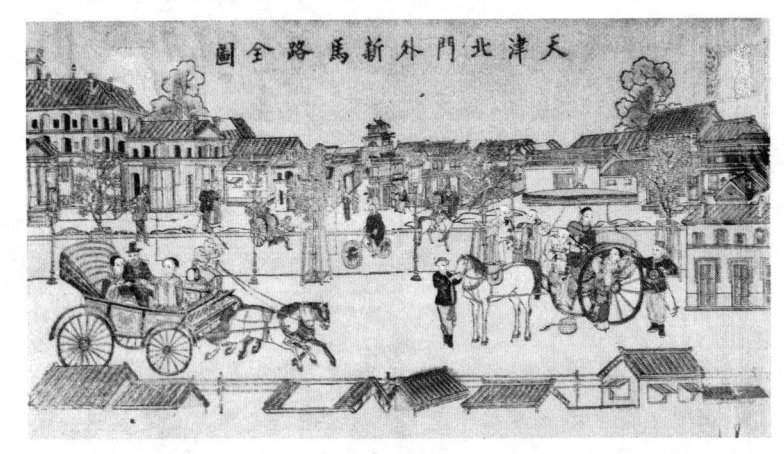

图0-1　20世纪初的天津北门外

资料来源：《苏联藏中国民间年画珍品集》，人民美术出版社、阿芙乐尔出版社，1990，图194。

本书希望具体分析华北港口城市天津的各种社会现象，以此来考察这一历史变迁的意义。19世纪后半期以降，天津在政治、文化、社会、经济诸多方面都经历了显著变化。将这些新要素理解为"近代性"，正是本书的研究视角。

有必要略为抽象地说明一下"近代性"这个概念。我并非想要目的论式地预设某种特定的历史方向的实际存在。具体的历史现象本就无限复杂，即便能通过历史学探究发现某种倾向，那也只是为了理解复杂现象的一条辅助线而已。我认为近代性亦是如此。

关于这个问题，魏丕信（Pierre-Etienne Will）写道：

> 作为一名研究近代及前近代中国的历史学者，我认为不可能通过思想的、社会的、经济的、政治的选择进行一定组合而创造出一个单一意义上的近代性概念模型。之所以这么说，是因为这个组合需要极易被历史性地辨别，需要作为一个整体而被接受；并且其不可避免世界化，将给那些不幸未能自身产生近代化的社会在思想、精神乃至社会、经济、政治方面带来不可逆转的影响。与这种目的论的看法相反，我所看到的是一个带有多种历史深度的制度、态度（组合方式）、行进过程充满多样性的表格。它的各部分紧密相连，所有这一切都退回到无法令人对未来放心、难以定义的聚合状态。这才是我们生活的世界。如果把问题推得再极端一些，我们体验的近代其实是一个混合体——它无所不在，调和的比例多种多样，复古与技术成就、交流与孤立、文化的

标准化与个体性的突出并存,毫无明确的方向。①

魏丕信想要说的是无法把"近代性"(modernité)预设为一种明确的实体概念。与他的意见相反,也有人主张应不断增进近代性,或是批评近代性使人类蒙受了苦难,前提条件都是具有清晰轮廓的近代性实际存在。②这些关于近代性的赞成论和批评论本身就是形塑历史的动因。不过,如果坚持严谨态度,我还是认为魏丕信所说的无法确立"单一意义上的近代性概念模型"的主张最为妥当。

魏丕信并非仅想把历史理解为充满各种矛盾动向的无意义存在。在我看来,他其实是想批判那种预设固化的、抽象的近代性且总是以此为标准来梳理历史的懒惰做法,尝试探索一种用自己的眼光来整理和认识复杂现象的新视角。③

我们很难基于某种单一的根本原因来说明历史的变化。既然如此,所谓历史研究,归根结底应该是每位研究者都尝试用自己的视角和切入点来梳理复杂现象,并以此洞察人类社会。

---

① ピエール=エティエンヌ・ヴィル、美枝子・マセ訳「近代中国と中国学」『思想』865号、1996年、102頁; Pierre-Etienne Will, "Chine moderne et sinologie," *Annales: Histoire, Sciences sociales*, Vol. 49, No. 1 (1994), p. 17.

② 山之内靖对魏丕信有批评,但我认为山之内设想的"近代"像未免太过明晰,似乎并未真正理解魏丕信论述的重点。山之内靖认为:"魏丕信认为传统中国也进行了可与欧洲近代相匹敌的合理化,这样的主张果真能恢复中国文化的名誉吗?这种类型的韦伯批评,实际上是基于将普遍合理化视为有价值之物的朴素近代主义信念。韦伯不是近代主义者,而是近代主义的批评者。魏丕信的立场,其实是在朴素地维持近代主义的信念,这一点绝不能看错。"山之内靖『マックス・ヴェーバー入門』岩波书店、1997、32頁。

③ 以下为其中一例。Pierre-Étienne Will, "La paperasse au secours de L'homme: communication et militantisme, 1600-1850," *Études chinoises*, Vol. 8, No. 1-2 (1994).

有鉴于此，本书将把清末天津的若干"崭新"社会情况视为近代性，通过关注这些新情况来考察清末城市的政治文化与社会统合的历史变迁。本书所说的政治文化指的是支撑政治或统治、行政的价值观。我并不认为政治文化在任何时代都一成不变。本书想要尝试的正是理解各种随时代而变的现象（当然，最终结果也可能是指出某些方面其实并未发生改变）。

具体而言，本书将主要关注四点：政治参与和公共性、社会管理的进展、国民意识的深化和归属意识的重组、启蒙和民众文化。这些要素其实彼此紧密相连。正如前文所述，我认为并不存在被统合进某种清晰构造的"近代"实体。

在此，有必要阐明本书所说的近代与学术史中的"西洋近代"的关系。

鸦片战争一直被视为中国"近代史"的起点，理由是它开启了中国与"西洋近代"（特别是资本主义经济和国际法）的接触。也就是说，这种观点认为被迫加入世界体系是"中国近代"的开始。对此学界已经出现了几种批评声音。有学者主张清末以降的历史其实处在中国固有的社会变动的延长线上。还有学者提出了另一种颇有裨益的观点——应当摒弃中国与"西洋近代"相对峙的一国史视角，转而关注亚洲既有的广域纽带的连续性。

我想从本书的立场来评论一下上述主张。首先，诸如"近代世界体系"这样的结构显然是理论上的设想，按照魏丕信的逻辑很容易对其提出质疑。从更具体的维度来看，英国人在天津等通商口岸从事商业贸易时，常常会因为中方不彻底履行条约或阻碍贸易而烦躁不已。

由此可见制度的隔阂十分明显，并不存在某种单一的、充分结构化了的世界体系（至少天津等通商口岸没有被统合进这个"体系"）。①

话虽如此，通过强调"中国""传统"的连续性来脱离西方中心主义的研究取向也存在问题。"近世"东亚自16世纪以来便已和全球动向保持密切联系，到了19世纪后半期，越来越多的现象明显需要用欧美的影响来加以解释。能否把本源性的"中国"设定为一个实体，这个问题本身就值得商榷。

本书的基本看法如下。"近代"这个时代成立于全世界，"西洋的近代"也是其中的一部分（其中又包含了"苏格兰的近代""巴塞罗那的近代""法兰克福农村的近代"等）。②世界各地都有"各自的近代"。每个地区的个性未必能用"传统"来解释，而是应该通过19世纪以来的历史经验加以说明。因此，只强调"传统"的连续性或只指出"近代"的普遍性都不合适。正因如此，我才想以"天津的近代"作为课题。

岸本美绪近年提出了自己的"近世"论，在此有必要考虑本书所说的"近代"与岸本描述的"近世"的异同之处。岸本"近

---

① 问题或许在于"世界体系"一词中暗含的"充分结构化了的单一体"的印象。本书不愿采用僵化的结构论，而是将世界规模的交往紧密化倾向及包含在此过程中的暴力视为本书的前提。我也参考了在实地调查中意识到现代世界的压抑性，同时亦观察到"抵抗""越境"等现象的人类学者的视角。松田素二『抵抗する都市——ナイロビ　移民の世界から』岩波书店、1999；床呂郁哉『越境——スールー海域世界から』岩波书店、1999。

② 我也意识到了滨下武志的提议，"若想考察亚洲的近代，就需要同时将欧洲的近代置于欧洲的地域史中进行考察"，"分析亚洲的手法在研究欧洲问题时同样有效"。滨下武志「アジアの「近代」」『岩波講座世界歴史（20）アジアの「近代」』岩波书店、1999。

世"论的核心观点认为16~17世纪的经济变动是世界性的共同课题，而欧洲、东亚等各个地区的应对方式则略有不同，由此产生了各具特点的"传统"社会。① 也就是说，这个"近世"论的特点在于把"近世"设定为全世界都经历过的时代，同时强调各地的多样性和分化。以此为基础，我认为近代应该是世界各地间的相似性不断增加，逐渐凌驾于多样化的时代。本书关心的近代性要素仅限于几个方面，除此之外还有产业化、社会的军事化、一夫一妻制的优越性等多个全世界共同的现象。这些方面不一定彼此相连，可能呈现多种形态，比如一个地区可能既实现了高度的产业化，又限制人们的政治参与。不过，如果要画一条辅助线来帮助理解19世纪以降的社会变动，世界各地的总体趋势应该还是在朝着相似的方向发展。② 正因如此，我们才需要在世界史中设定近代这样一个有别于"近世"的时代。也正因如此，"近代性"这一概念才得以成立。

为什么会出现相似的趋势？首先，理念化了的"西洋近代"已经被视为一种世界标准。西欧和北美被这一理念牵引实现了社会变革，而世界其他地区也在类似的理念下（这当然是以西欧和北美的经济及军事优势为前提）朝着相似的方向迈进。我们当然需要铭记，是以军

---

① 岸本美緒『東アジアの「近世」』山川出版社、1998；岸本美緒「時代区分論」『岩波講座世界歴史（1）世界史へのアプローチ』岩波書店、1998；岸本美緒「現代歴史学と"伝統社会"形成論」『歴史学研究』742号、2000年。

② 之所以说"相似"，是因为并非所有要素都完全相同（正因如此才难以明确指出什么才是"近代"的本质）。或许可以如此比喻：一对夫妻所生的子女之所以彼此"相似"，并不是所有人都具有某个特征，而是因为子女分别共有数种特征。我认为世界各地的近代也具有这样的相似性。正因为是"相似"，所以才有可能为发挥个性而提出不同意见。

事优势为主要因素的殖民地化将近代性扩散到了整个世界。然而，就中国而言（与印度等以殖民地身份体验了近代的地区在程度上有所不同），近代性并非仅仅来自欧美和日本殖民主义的暴力性强加，中国的民族主义从一开始就被迫包含了近代性及随之而来的权力性。①

之所以要说"类似的趋势"，是因为我认为各个地区迈进的方向并不完全一致。各地的差异不仅来自"传统"这个初期条件的不同，还源于近代自身历史进程的差别。当然，近代性既有超越个人意志而扩展开来的"客观"一面，也有时人按照心中抱有的"近代"像而自觉追求的一面。应当注意的是，想象的"近代"像各地不同，未必整齐划一。

综上所述，本书的立场既不同于"近代世界体系"包摄论，也不认同基于各地"传统"的独特"近代"。②

还有必要说明一下本书为何选择研究天津这个城市的历史。我认为，要彻底探究近代性，把考察对象的地域范围设定为一座城市最为合适。天津自清代中期便开始城市化发展，19世纪后半期开放为通商口岸后，因欧美、日本的势力扩张及清政府和本地居民与外国势力的对抗而走过了曲折的历史进程。本书试图追寻天津这

---

① 虽然一直都有"半殖民地"概念，但我认为这一说法过于模糊，因此并未在本书中使用。以通商口岸为主，中国各地的确受到了欧美和日本殖民主义的侵略，但同时需要注意的是，正是在与之对抗的过程中，清朝和中华民国的国家机构得到了整顿，爱国运动也在各地开展起来。

② 也可以把本书的立场理解为顾德曼（Bryna Goodman）所说的"杂种近代性"，但我认为没有必要太过重视起源或谱系问题。Bryna Goodman, "Shanghai and the Hybrid of Chinese Modernity," *Wall and Market: Chinese Urban History News*, Vol. 3, No. 2 (1998).

座城市的历史,以此来理解它所经历的政治及社会变化。我希望通过如此设定研究视角来重新审视以往被目的论式地概括为"近代化"的历史进程,以详细的实证研究论述"近代化"的历史进程,该进程其实是区域性要素与国际性契机相互作用后的结果。这段历史一直都以"中国"史这种国族历史(national history)的形式被讲述,而我则希望通过一座城市的历史来重新探讨这一进程。

追溯天津这座城市的历史,并由此探寻近代性的若干面向就是本书的课题。当然,本书呈现的历史并非天津特有的社会变动,清朝治下的其他城市乃至全世界都经历了与之相似的历史变化,但这并不否定天津特有的个性。正因如此,我才选择以"天津的近代"作为主题。我将以前文提及的政治参与和公共性、社会管理的进展、国民意识的深化和归属意识的重组、启蒙和民众文化这四点作为分析的辅助线。正如以下所见,这个框架原本取自西欧的历史像,在以往的中国史研究中有过多次讨论。我认为,这种设定本身不应被批判为"西方中心主义",而是源于对近代性的定义。①

接下来,我想基于以上观点整理一下从以往研究中得到的启示。

政治参与和公共性

回顾有关城市历史的研究史便会发现,自古至今,已有大量研究从市民社会的根基这一视角来考察城市的历史。欧洲史自不待

---

① 中国学者对此问题的思考,参见杨念群《东西方思想交汇下的中国社会史研究——一个"问题史"的追溯》,杨念群主编《空间·记忆·社会转型——"新社会史"研究论文精选集》,上海人民出版社,2001。

言,很多中国史学者也感受到了这个问题的魅力。在思考城市与近代性时,首先应该举出的论点是从城市政治结构的历史中寻求近代民主主义的可能性。这种观点将中世纪欧洲城市中的团体意识视作孕育西欧近代社会特质的基础,对此给予特别关注。①

此类研究的出发点是马克斯·韦伯(Max Weber)的城市研究。韦伯明确指出了中国城市与西欧城市的不同之处。

> 根本没有武装起来的城里人的政治盟会,这是问题的症结。在中国,直到目前还有行会、汉莎、同业公会(die Gerenwart Gilden, Hansen, Zünfte),有的地方还有"城市行会"(Stadtgilde),表面上类似英国的商业行会(Gilda mercatoria)。我们将看到,朝廷官员非常信赖形形色色的城市居民社团,现实地看,这些社团在非常大的程度上把握着城市经济生活的命脉,比朝廷的行政管理厉害得多,在许多方面也比西方的一般社团更牢靠。从某种角度看,中国城市的状况似乎让人想起半是城镇商号(firma burgi)时代、半是都铎王朝时代的英国城市的状况。只是一眼看去就有非同寻常的区别:即使在那样的时代,英国城市的特点也一直是有明文规定的"自由"。这种特点在中国则不存在。②

---

① 增田四郎『西欧市民意識の形成』春秋社、1969。
② M.ウェーバー著、木全徳雄訳『儒教と道教』創文社、1971、19-20頁。(中文翻译引自王容芬译《儒教与道教》,商务印书馆,1999,第59~60页。——译者注)

韦伯认为中国城市缺乏居民武装团体和法律认可的自治权，而这正是中国城市与西欧城市的根本性差异。这种缺失被视为阻碍中国城市近代化的要因，这个观点直到近年仍对学术界颇有影响。

日本的仁井田陞和今堀诚二致力于根据实地调查研究华北城市的自治机构，应该也是继承了同样的问题设定。① 例如，仁井田指出："中国城市中的所谓市民、自治性机构，以及其与同业公会的关系在本质上和欧洲不同。同业公会也并不是欧洲那样的连城市行政都可为我所用的独立集团。两者的差异来源于社会的整体构造。"②

由于市民缺乏自治权，如何定位中国的城市这一问题一直存在争议，例如白乐日（Étienne Balazs）的概括其实就是在肯定并重复韦伯的主张。③ 在日本，西洋史学家增田四郎也基本承袭了韦伯的概念，提出了"为什么东洋没有发展出市民意识"的疑问。他认为在中国，"整个城市结成一个共同体反抗诸侯或国家官员的事例极为少见"。"在中国，手工业者和商人之间存在无数同业团体，但这些团体都是通过各自结交掌权者来获得某种特权。全部城市、市民团结一致的自治体意识非常薄弱。也就是说，通过勾结掌权者，以获利为目的的团结力量在各个同业团体内部分别得到

---

① 今堀誠二『北平市民の自治構成』文求堂、1947；今堀誠二『中国の社会構造——アンシャンレジームにおける「共同体」』有斐閣、1953；仁井田陞『中国の社会とギルド』岩波書店、1951。

② 仁井田陞『中国の社会とギルド』、23頁。

③ Étienne Balazs, *La bureaucratie céleste: recherches sur l'économie et la société de la Chine traditionnelle* (Paris: Gallimard, 1968), p. 218. 论文最初发表于1954年。

了提高，但是在地缘意义上作为一种特殊法域的城市，其团结性却出人意料的薄弱。"① 这一观点可谓与仁井田基本相同。

罗威廉（William T. Rowe）明确批判了上述这些普遍看法。他详细研究了19世纪的汉口，证实了在那个时代拥有经济实力的商人实际上扩大了自治领域。② 这个问题的提出引发了近代中国是否曾有过市民社会（civil society）和公共领域（public sphere）的争论，③ 中

---

① 增田四郎『都市』筑摩書房、1968、33-34 頁。不同于增田对城市的看法，有学者试图从城市化的角度切入问题，以此脱离城市与农村的二元对立模式。斯波義信「中国都市をめぐる研究概況——法制史を中心に」『法制史研究』23 号、1973 年；斯波義信「宋代の都市にみる中国の都市の特性」『歴史学研究』614 号、1990 年。

② William T. Rowe, *Hankow: Commerce and Society in a Chinese City, 1796-1889* (Stanford: Stanford University Press, 1984); William T. Rowe, *Hankow: Conflict and Community in a Chinese City, 1796-1895* (Stanford: Stanford University Press,1989). 对于后者的封面照片，拙稿「トムソンの撮った中国都市」（『アジア・アフリカ言語文化研究所通信』97 号、1999 年）做了考证。关于罗威廉关注的城市自治体问题，以下文章概括了最近的研究动向。Vincent Goossaert, "Matériaux et recherches nouvelles sur les corporations chinoises urbaines traditionnelles," *Revue bibliographique de sinologie*, nouvelle série, Vol. 17 (1999). 日本学者近年来也开始关注江南市镇的自治性。森正夫「清代江南デルタの郷鎮志と地域社会」『東洋史研究』58 巻 2 号、1999 年；川勝守「明清江南市鎮社会史研究——空間と社会形成の歴史学」汲古書院、1999。

③ William T. Rowe, "The Public Sphere in Modern China," *Modern China*, Vol. 16, No. 3 (1990); Mary Backus Rankin, "The Origins of a Chinese Public Sphere: Local Elites and Community Affairs in Late Imperial Period," *Études chinoises*, Vol. 9, No. 2 (1990); 孔飞力：《公民社会与体制的发展》，《近代中国史研究通讯》第 13 期，1992 年；Frederic Wakeman, Jr., "The Civil Society and Public Sphere Debate: Western Reflections on Chinese Political Culture," *Modern China*, Vol. 19, No. 2 (1993); Philip C. C. Huang, "'Public Sphere' / 'Civil Society' in China?: The Third Realm between State and Society," *Modern China*, Vol. 19, No. 2 (1993); Rudolf G. Wagner, "The Role of the Foreign Community in the Chinese Public Sphere," *The China Quarterly*, No. 142 (1995); 小島毅「中国近世の公議」『思想』889 号、1998 年。

国学者纷纷积极回应。① 不过，这次争论虽然帮助我们发现了很多颇有意义的问题，但争论的半数内容是关于几个核心概念的定义是否适当及是否可以应用于中国，并且各位研究者在把中国与西欧进行对比时，脑海中预设的早期近代西欧像也不尽相同。因此，这次争论似乎并没有使清末的历史图景变得比以前更为明晰。② 我基本上赞同罗威廉对于清末城市实质性自治进展的论证，但我认为，这种实质性自治并不具有足以排除公权力介入的坚固自立性。此外，罗威廉把清朝20世纪初的行政改革与辛亥革命导致清朝覆灭直接联系在一起，而大部分研究者认为这一观点有待商榷。

关于公论的政治力量，关注的焦点应当是新闻业的发展是否为公论提供了平台。代表性的研究是季家珍（Joan Judge）对《时报》的考察，她肯定了"公共领域"的存在。③ 桑兵则指出了清末出版业的"民间化"，问题意识基本与季家珍相同。④

此外，19世纪，被称为"义举"或"善举"的社会福利事业

---

① 马敏：《官商之间：社会剧变中的近代绅商》，天津人民出版社，1995；王笛：《晚清长江上游地区公共领域的发展》，《历史研究》1996年第1期；朱英：《关于晚清市民社会研究的思考》，《历史研究》1996年第4期。

② 以下文章指出了这次争论的成果和问题点。陈永明：《"公共空间"及"公民社会"》，《近代中国史研究通讯》第20期，1995年；Christian Henriot, "Cities and Urban Society in China in the Nineteenth and Twentieth Centuries: A Review Essay in Western Literature,"《近代中国史研究通讯》第21期，1996年；Marie-Claire Bergère, "Civil Society and Urban Change in Republican China," *The China Quarterly*, No. 150 (1997).

③ Joan Judge, *Print and Politics: "Shibao" and the Culture of Reform in Late Imperial China* (Stanford: Stanford University Press, 1996).

④ 桑兵：《论清末民初传播业的民间化》，胡伟希编《辛亥革命与中国近代思想文化》，中国人民大学出版社，1991。

由各个地区主导推进,这一现象也成了"公共领域"论的论据之一。大大推进了善堂研究的夫马进提醒人们注意时人高度的分工合作能力,同时指出:"回溯善会、善堂史,如果这些善会和善堂将创立近代国家作为至高使命,那么即使它们当中包含近代地方自治的萌芽,这种萌芽也并不适合它们的至高使命。"① 同样研究善会、善堂的梁其姿也指出,这些机构通常都会与官方合作,不但没有打倒体制的志向,反而常常宣扬强化王朝秩序的价值观。② 此外,小浜正子探讨了民国时期上海的公共事业,细致梳理了此项事业在南京国民政府时期逐渐受到政府控制的历史过程。③

另一个问题是清末尝试立宪制时引入的地方自治制度。应当承认,地方自治制度以19世纪地方主导开展的公共事业为历史前提,同时又决定了辛亥革命前后的政治动向,因此得到了相应程度的关注。④ 足立启二论述了清末至民国初年的慈善团体和地方自治,认

---

① 夫馬進『中国善会善堂史研究』同朋舍、1997、746-747 頁。我对此书写有简短的书评,见『社会経済史学』64 巻 2 号、1998 年。

② 梁其姿:《施善与教化:明清的慈善组织》,联经出版公司,1997,第 247~253 页。此外,还可参照梁其姿《清代慈善机构与官僚层的关系》,《中央研究院民族学研究所集刊》第 66 期,1988 年。对于慈善事业研究有如下评论。R. Bin Wong, "Benevolent and Charitable Activities in the Ming and Qing Dynasties: Perspectives on State and Society in Late Imperial and Modern Times," *Revue bibliographique de sinologie*, nouvelle série, Vol. 18 (2000).

③ 小浜正子『近代上海の公共性と国家』研文出版、2000。我在书评中讨论了该书提出的"公共性"概念,见『東洋史研究』60 巻 2 号、2001 年。

④ Roger R. Thompson, *China's Local Councils in the Age of Constitutional Reform, 1898-1911* (Cambridge, MA: Council on East Asian Studies, Harvard University, 1995);田中比呂志「清末民初における地方構造とその変化——江蘇省寶山県における地方エリートの活動」『史学雑誌』104 編 3 号、1995 年;佐藤仁史「清末・民国初期における一在地有力者と地方政治——上海県の「郷土史料」に即して」『東洋学報』80 編 2 号、1998 年;黄東蘭「清末

为地方实力人士的活动反倒成了阻碍政治制度发展的要因。

　　慈善团体和利他性的公共事业团体原本就很容易变成追求私利的渠道。这些团体往往都有一个共同的现象：由于这些组织都以首倡者为核心，集结成员和调配资金时双方并非互相负有义务，因此极难实行严格管理，一旦善行的动机发生动摇，团体的财物很容易被据为私有。另一种常见的现象是，很多团体从成立伊始便打出善行的口号，实则以同业者等名义强制征收资金。未被社会化管理的慈善行为与公益行为的个人利益化之间本就很难清楚区分。勾结地方行政机构、将财物据为己有、利用追租局等组织控制佃户的"土豪劣绅"，率先开展地方近代化、成为自治运动领袖的"开明乡绅"，这两者之间不仅存在着出身阶层上的连续性，也是不得不以私人方式推行公共事务的中国实力人士同时拥有的两个面向。①

　　以上种种可谓议论百出，但若仅看各位论者的结论，则似乎无人能够超越韦伯之论。韦伯一派向来重视是否存在拥有自治权的

地方自治制度の導入と地域社会の対応——江蘇省川沙県の自治風潮を中心に」『史学雑誌』107編11号、1998年；稲田清一「清末、江南における"地方公事"と鎮董」『甲南大学紀要』文学編109、1999年；魏光奇：《直隶地方自治中的县财政》，《近代史研究》1998年第1期；魏光奇：《地方自治与直隶"四局"》，《历史研究》1998年第2期。与此相关，如何看待清末的立宪运动也是一个大问题。孔飞力（Philip A. Kuhn）的研究尝试在更长时段的视野中考察立宪运动的历史定位。Philip A. Kuhn, *Les origines de L'État chinois moderne*, traduit et présenté par Pierre-Étienne Will (Paris: EHESS, 1999).

① 足立啓二『専制国家史論——中国史から世界史へ』柏書房、1998、244-245頁。

城市共同体和排除王权介入的市民团体等问题,若按此发问,恐怕也只能得出相似的结论。问题是,如今的我们究竟该不该照章接受韦伯的西欧城市观?

相当多的研究者持有一种态度——(即便是无意识的)先在脑中预设理想的民主政治制度,再以此评论清末至民国初年的社会现象。这种态度未必是欧美中心主义,因为即便是同时代的欧美,那样的民主政治大概也不存在。

有鉴于此,本书希望如此理解城市公共性的展开:随着新闻业、商会等逐渐加入地方政治结构,自称"公"的发言主体和政治主体也逐渐增加,一边呈现复杂的聚合离散状态,另一边各自坚持自己的主张。之所以如此定义,在我看来,多种政见以比从前时代更为明确的形式表现出来,产生激烈的政治流动性和严重的政治对立——这些正是清末至民国初年中国的历史特征。随着地方自治等制度性背景的成立和世态的流动,对某一具体城市的运营或家国天下的未来抱有关心并积极发言、行动的现象变得容易发生,也被视为必要。相比于预先设定好的市民社会论或理念上的议会政治观,上述研究视角应该可以帮助我们更有意义地洞察政治自由与民主主义。①

---

① 也有欧洲史研究者用同样的视角分析地区政治,只不过在欧洲,宗教问题往往是引发激烈对立的原因。近藤和彦「宗派抗争の時代——一七二〇、三〇年代のマンチェスタにおける対抗の構図」『史学雑誌』97卷3号、1988年;谷川稔『十字架と三色旗——もうひとつの近代フランス』山川出版社、1997。中国史方面,佐藤仁史的论文指出了在清末至民国初年的制度变迁中本地实力人士间的尖锐对立。佐藤仁史「清末民初における徴税機構改革と政治対立——江蘇省嘉定県の夫束問題を事例に」『近きに在りて』39号、2001年。

本书也非常关注立足地方的社会性和政治性活动，以及日报的登场等现象，但并不想把它们纳入地方自治的确立、民主政治的进展、颠覆清朝"专制性"体制的逻辑。此外，我还将强调善堂作为教化设施的一面。

社会管理的进展

城市的发展自然会形成相对较大的人口密度，管理大量人口、维持社会秩序的工作因此不可或缺。古代城市当然也需要这样的工作，但近代国家的统治机构开始强化对居民的管控，这使城市的社会统制越发必要。

众所周知，18~19世纪的西欧借统计来把握人口，完善了警察制度，通过救贫政策捕捉游民，确立了卫生管理和医院制度，监禁并惩治罪犯和精神病人，通过重整家族理念推进社会统合，确立了适合工厂制度的劳动纪律。理应把上述社会控制的强化看作近代性的一部分，并且应该注意到，这些政策中的很大一部分是先在城市中被视为必要的。①

对近代社会控制面向的强调，不同于从市民自治到民主制的观察视角。在中国近代史研究中，魏斐德（Frederic Wakeman, Jr.）严厉批评市民社会论，其论点的基础即源自他对南京国民政府时期"公安"（警察）的研究和对社会控制的重视。② 魏斐德之所以否定

---

① 阪上孝『近代的統治の誕生——人口・世論・家族』岩波書店、1999。
② Frederic Wakeman, Jr., *Policing Shanghai, 1927-1937* (Berkeley: University of California Press, 1995).

公共领域论，一方面当然是从实证层面看，很难在中国近代史中找出类似于西欧市民社会的现象；另一方面是他原本就对把市民社会的成立视为近代性根基的西欧史认识抱有怀疑。正因如此，魏斐德才会既警惕滥用西欧式的市民社会论，又始终把西欧近代史像的另一面向作为参照。①

本书将充分关注中国近代城市中社会控制的展开。为了维护城市的社会秩序，社会控制机构不可或缺。为此实施的各种政策有时看似模仿欧美和日本，有时看似延续了以往的社会理念，有时又似乎二者兼有，这种暧昧性本身就包含了重要的启示。

除魏斐德外，司昆仑（Kristin Stapleton）研究了四川的警察制度，罗芙芸（Ruth Rogaski）分析了天津的"卫生"实践，饭岛涉则考察了借由检疫和卫生制度进行的身体管理。这些都可谓中国近代史研究中方兴未艾的领域。②

前文已经提到，自发性的结社和团练往往被视为市民自治的基础而备受关注，但本书则希望指出它们首先是社会统合的手段，尤其是控制下层民众的手段。此外，我将与梁其姿一样重视善堂所具有的"教化"的一面，指出这很容易转变为习艺所中的监禁和职业教育。

---

① Frederic Wakeman, Jr., "Models of Historical Change: The Chinese State and Society, 1839–1989," Kenneth Lieberthal, et al., eds., *Perspectives on Modern China: Four Anniversaries* (Armonk: M. E. Sharpe, 1991); Wakeman, "The Civil Society and Public Sphere Debate".

② Kristin Stapleton, *Civilizing Chengdu: Chinese Urban Reform, 1895-1937* (Cambridge, MA: Harvard University Asia Center, 2000), pp. 77–110; Ruth Rogaski, "Hygienic Modernity in Tianjin", Joseph W. Esherick, ed., *Remaking the Chinese City: Modernity and National Identity, 1900-1950* (Honolulu: University of Hawai'i Press, 2000); 飯島涉『ペストと近代中国』研文出版、2000。

天津的巡警制度及其进行的社会控制在全国范围内都堪称典型，本书亦将对此进行详细考察。此外还将分析与巡警组织关系甚深的体育社及辛亥革命时期的政局动荡。

国民意识的深化与归属意识的重组

以往的中国近代史叙述大多基于中国民族主义的视角。① 为了与这种民族主义史观相对化，近年来出现了冲破一国史框架、着眼于国际性契机和地域史的研究角度。②

在此过程中，新的问题浮现出来——民族主义是在何时、以何种形式形成的？对民族主义的不同定义，可能会引发各种各样的讨论。

例如，对于鸦片战争时期的广东三元里抗英军事行动，以往研究的评价就有很大不同。范文澜认为这是一场人民出于爱国义愤而讨伐侵略者的运动，主张此次运动是中国人民反帝国主义的起源。③ 魏斐德则认为"这不是民族主义"，指出时人并没有强烈的民族认同（a strong sence of national identity），运动的目标其实在于保卫乡里免受侵略。④ 茅海建也在最近的研究中指出，三元里等

---

① 范文澜：《中国近代史》上编第一分册，人民出版社，1953。
② 滨下武志『近代中国の国際的契機——朝貢貿易システムと近代アジア』東京大学出版会、1990；滨下武志「歴史研究と地域研究——歴史にあらわれた地域空間」滨下武志・辛島昇編『地域の世界史（1）地域史とは何か』山川出版社、1997。
③ 范文澜：《中国近代史》上编第一分册，第68~80页。
④ Frederic Wakeman, Jr., *Strangers at the Gate: Social Disorder in South China, 1839-1861* (Berkeley: University of California Press, 1966), pp. 52-58.

地的民众战斗乃是保乡，并非卫国。①

如今生活在中国的民众拥有的"中国人"意识的确与鸦片战争时期有所不同，但若认为从夷狄手中保卫乡土的热情只是当地问题，或是认为这种情感与今日的"中国人"意识毫不相关，似乎也过于草率。特别值得注意的是，三元里的"胜利"消息传到了包括北京朝廷在内的全国各地并广受称赞，鸦片战争后每当发生对外危机时都会有人提议像三元里那样组织团练守护地方，并屡屡付诸实施，而这种团练神话最终在义和团运动中达到了最高潮。三元里事件在整个19世纪后半叶都是全国记忆和参照的传说，在很大程度上决定了清末的对外意识。本书认为三元里事件有可能是"中国人"意识的雏形（抑或"中国人"意识想要超越的先例），希望对此加以慎重考察。②

另一个和"中国人"归属感相关的问题是基于籍贯的同乡意识。对于生活在清代的人们来说，同乡意识是一种非常重要的归属感，尤其是在由于经商等原因而会集了各地人口的城市，同乡间的联结更易成为问题。有没有一种归属感可以让这些来自五湖四海的人们都把自己视为"天津人"，这个问题也与前项提及的市民意识紧密相关。

---

① 茅海建：《天朝的崩溃：鸦片战争再研究》，三联书店，1995，第293~313页。
② 鸦片战争可能是以广东为中心的地区性纷争，但也提供了一个被不断引证和反证的事例。因此，对于容易觉察对外危机的沿海地区社会来说，鸦片战争具有很重要的历史意义（即便是英国船只没有实际到达的地区也采取了海防态势）。本书从鸦片战争开始写起，并非只是简单承袭固有的"中国近代史"时段划分，而是因为如此设定更加符合本书的关切。

罗威廉的汉口研究认为当时已经逐渐形成了"汉口人"的集体意识。① 帆刈浩之通过研究同乡团体发现宁波人因地缘关系在上海建立了同乡组织。② 此外，韩启澜（Emily Honig）把被挤压进上海底层社会的"苏北人"视作一个族群（ethnicity），认为各种同乡性将民国时期的上海撕扯成了一个分裂的社会，这一立场与帆刈一致。③ 与此相对，顾德曼具体分析了上海的事例，指出多种层次的归属意识可能同时共存或彼此强化，这一见解对于重构既有的问题框架做出了极大贡献。④ 在清代的北京，各地的会馆往往为了本地利益而游说高官，⑤ 地区间的激烈竞争在北京这个城市的内部不停上演。

本书并不会非常深入地考察同乡团体，但在清末的天津，本地人（天津当地人）和南方人——例如李鸿章及那些积极协助外国人的人——之间的对立与合作问题绝不容忽视。"中国人"的同胞意识为何会在 20 世纪初期突然拥有吸引人心的魅力？我希望从天

---

① Rowe, *Hankow: Commerce and Society*, pp. 213-251.

② 帆刈浩之「清末上海四明公所の"運棺ネットワーク"の形成——近代中国社会における同郷結合について」『社会経済史学』59 巻 6 号、1994 年；帆刈浩之「近代上海における遺体処理問題と四明公所——同郷ギルドと中国の都市化」『史学雑誌』103 編 2 号、1994 年。关于宁波人团体，可参虞和平《清末以后城市同乡组织形态的现代化——以宁波旅沪同乡组织为中心》，《中国经济史研究》1998 年第 3 期。

③ Emily Honig, *Creating Chinese Ethnicity: Subei People in Shanghai, 1850-1980* (New Haven: Yale University Press, 1992).

④ Bryna Goodman, *Native Place, City and Nation: Regional Networks, and Identities in Shanghai, 1853-1937* (Berkeley: University of California Press, 1995).

⑤ Richard D. Belsky, "The Articulation of Regional Interests in Beijing: The Role of Huiguan during the Late Qing," *Papers on Chinese History*, Vol. 6 (1997).

津本地的具体情况中找寻一部分原因。① 此外，时人在提出"为了中国"这一理念时，还连带提出了新的身体观和育儿观等观念，本书亦将关注此现象。

城市社会意识到了"爱国"的有用性，并主动引入了这一理念——这是本书力图强调的视角。

启蒙和民众文化

我想列举的最后一个近代性面向是文化统合方式的改变。在近代西欧，世俗性的商业文化集中反映在城市，农村和城市下层社会的民众文化则转而被视为残存的民俗文化。重视逻辑连贯性和普遍性的思考方式使一部分民俗文化被视为迷信。人们认为，只有每个人都使用自己的理性，合理性才能得到确保。这就是西欧意义上的启蒙。

在中国近代史研究中，有关文化演变与社会秩序的研究尚处在起步阶段。在美国召开过有关明清通俗文化的研讨会，会上提出了民间信仰、王朝伦理的宣扬、戏剧、语言（发声和文字）等丰富多彩的主题，② 但具体研究仍有待深入。

---

① 在这点上，天津相比广州和上海的特征可参见拙稿「ナショナリズムの誕生——反アメリカ運動（1905年）にみる"中国人"意識と同郷結合」『地域の世界史 [11] 支配の地域史』山川出版社、2000。

② David Johnson, Andrew J. Nathan and Evelyn S. Rawski, eds., *Popular Culture in Late Imperial China* (Berkeley: University of California Press, 1985). 另外，大木康「庶民文化」（森正夫ほか編『明清時代史の基本問題』汲古書院、1997）也提示了若干研究课题。滨岛敦俊亦提供了诸多视点。濱島敦俊『総管信仰——近世江南農村社会と民間信仰』研文出版、2001。

基于本书的立场，我想提出两个重要的切入点：民间信仰、民众叛乱；反迷信运动、启蒙运动。

第一，对民众精神世界的关注与宗教研究有重合之处，在清史研究中已有相当积累。然而，民众的信仰和读书人的观念究竟有何关系，在19世纪的政治秩序中又处于何种位置？对于这些问题，以往研究似乎并未提出明确且令人完全信服的见解。回答这些问题的线索之一，是生员等与当地社会保持密切联系的下层读书人的行动样式——他们祈求中举的社会活动，同时是一种独特的文化普及活动。① 另一条线索则是民众起义时展现的行动样式——我们不仅可以借此了解时人如何认识包括王朝在内的秩序图景，还能看出官员和读书人在危机之中凸显的民众观。本书将充分关注上述线索。

第二，找出民众文化中的某个不合理方面并加以猛烈批判，这就是反迷信运动。在中国史中，反迷信运动通常被视为批判儒教的"新文化运动"的一部分。然而，正如李孝悌的研究所指出的那样，下层社会的启蒙运动自清末起就已蓬勃展开，② 有必要在清末的社会变化中探寻反迷信运动的意义。

反迷信运动的背景是20世纪初期实行的清末"新政"。在此期间，有关知识、学习的制度和机构发生了变化——科举被废除、新式学堂得到普及。被称为"学界""教育界"的师生活动领域开

---

① 梁其姿：《施善与教化：明清的慈善组织》，第131~183页。
② 李孝悌：《清末的下层社会启蒙运动（1901~1911）》，中研院近代史研究所，1992。

始形成。①

康德（Immanuel Kant）所说的"启蒙"指的是每个人都公共地使用理性，以此建立合理的政治社会，而清末启蒙运动的理念却并非如此。②不过两种"启蒙"之间也存在共性——二者都乐观地相信人类是可以被改良的。

应当注意的是，文化运动虽然在城市中蓬勃发展，但在邻近的农村可能被视为奇异之物。城市中发生男子剪辫、女子不缠足运动时，一部分农民则投去怀疑的目光。③本书仅将视野限定在天津这座城市，而针对农民的启蒙在清末则几乎未被提上日程。我认为，城市中急速开展的文化变革显示了城市与农村之间的乖离和龃龉，而这正是清末的时代特征。

本书的构成和史料

本书将以上述视角作为辅助线，尝试在各章中理解清末天津的具体社会现象并梳理其历史变迁。具体的构成和分析对象如下。

第一部分旨在强调19世纪中叶以后保卫地方的实践及其背后的价值观对于社会统合具有重大意义，同时希望借此修正"'洋

---

① 桑兵：《晚清学堂学生与社会变迁》，稻禾出版社，1991；何一民：《转型时期的社会新群体——近代知识分子与晚清四川社会研究》，四川大学出版社，1992；高田幸男「清末地域社会と近代教育の導入——無錫における"教育界"の形成」『神田信夫先生古稀記念論集 清朝と東アジア』山川出版社、1992；高田幸男「清末地域社会における教育行政機構の形成——蘇・浙・皖三省各庁州県の状況」『東洋学報』75巻1・2号、1993年。

② 启蒙的概念在欧洲内部也不尽一致，有中国史研究者论及此点。夏克勤：《德意志与启蒙运动（Aufklärung）——一个初步的反思》，《新史学》第12卷第3期，2001年。

③ 拙稿「清末剪辮論の一考察」『東洋史研究』56巻2号、1997年。

务'带来了近代化"这种一般性认识。第一章分析鸦片战争时为保卫城市而组建团练的意义。我认为，组建团练既是护持王朝的政治主张和本地社会现实共同作用的结果，也是团练作为一种社会统合的理念而逐渐被排外主义所利用的过程。

第二章论证原本被设定为本地公共事务的消防组织实际上成了1870年天津教案的中心力量。对此次事件的背景，我将特别关注本地实力人士和传教士围绕善举所展开的竞争。

第三章分析在光绪初年的大旱灾中为应对人口买卖而在天津设立广仁堂的情形，尤其关注将职业教育视为必需、维护寡妇守贞等广仁堂的运营理念。

第四章关注天津的义和团运动。首先确认祈雨等官方演出与民众文化的亲和性及其在既有政治秩序中的意义，继而指出利用排外主义进行社会统合的不稳定性。本章认为，天津义和团的特征即在于全国性政治动向和地方记忆的相互作用。

第二部分考察20世纪伊始的行政机构革新和社会管理问题。第五章将考察仿照西欧和日本模式引入巡警制度的意义，指出创设巡警不仅是为了重建义和团运动后的社会秩序，也缘于时人对义和团运动背后的民间信仰的反感。

第六章关注为准许营业而征收的各类捐税，借此了解巡警管控民众的具体情况，主要分析对象为街头小贩、人力车夫和娼妓。

第七章将追溯社会福利机构的变革过程——为了应对游民问题而新设了游民习艺所，既有的善堂也为了打造新的精神面貌而进行了改革。在此过程中，"'中国'的未来"这一概念具有重要意义，人们因此期待善堂确立严格的劳动纪律。

第三部分将处理发扬爱国主义与社会统合的关系。第八章指出"为了中国而团结"这一观念以抵制美货运动为契机而得到了普及。这种宣传还含有反迷信的主张，旨在压制义和团式的民众运动。换个角度来看，"'中国'的团结"其实也包含超越籍贯不同所带来的对立和在城市社会中和谐共生的理想。

第九章分析比利时资本经营的电车所遭遇的反对运动，指出这场以"中国"为旗号的运动利用了"公愤"的概念。原本呈现复杂形态的具体地方性对立被这样的爱国理念重新整合，最终形成了"帮助人民的巡警"与"敌对的外国资本"这样的对立构架。

第十章关注为在天津发挥"尚武精神"而创办的体育社，考察其理念背景及实际运行情况，并阐明在辛亥革命时期的动乱中体育社及类似组织发挥了怎样的作用。

补论从风俗变迁的视角出发，重新整理前十章讨论过的历史现象。

如上所述，本书虽然是以天津这个城市的历史作为分析对象，但自然需要考虑基于同乡纽带的广域网络、王朝国家的地域统合、世界规模的政治经济动向等诸多要素。这些要素在天津这座城市的历史中发挥了什么作用？这正是本书的问题意识所在。

接下来将确认几点有关史料的注意事项。

本书利用了中文书籍、报刊、档案（行政文书）等多种史料（不仅是中文，还包括西文和日文史料）。我的基本态度是使用尽可能多的信息源，竭力正确并全面地把握历史现象。此外，基于不同立场的记述有时会相互矛盾，本书也将关注此类现象的意义。

关于新闻报道，经常有人要求"在使用报纸史料时应先了解该报的政治倾向"。但是只有在阅读了具体报道之后才能把握报纸的政治立场，而且也难以保证所有报道都会被统一到某种明确的政治态度之下。本书综合使用多种史料来展开论述，在此过程中得以了解各篇报道的政治特点，并据此窥见该报的整体政治倾向。

此外，新闻报道是否客观当然可以作为史料问题加以探讨，但本书也会有意利用一些明显出于虚构的报道——有时反倒是这样的虚构报道才最能鲜明地体现时人的构想。通过本书的叙述可知，清末的报刊并不一定在乎今日所说的客观报道原则，反而力图宣扬发行方视为正确的价值观并以此启蒙民众。当然，并非每一条关于市井琐事的报道都含有政治意义，但我认为不能仅以报道的客观性作为评判清末新闻史料意义的唯一标准。

我在写作本书时还查阅了各种未刊史料。此类史料的特点在于有时会揭示无法在别处获得的详细信息，但也应该注意，能保存至今且（出于政治观点）允许我们阅读的未刊史料并不一定完整且全面。只使用此类史料来构建历史可能极为危险，但很多事情也的确只有通过未刊史料才能知晓。我将在使用此类文献时尽力对照其他资料，并充分考虑当时的历史情况。

一部分档案（历史文书）已经被编纂为资料集出版。为了方便读者参照，本书的注释将尽可能依据公开出版的资料，我有时会对照原始资料订正字句并加以解释。当然，我们应该注意到资料集是根据编纂者的意图而筛选史料的成果，但当原始资料卷帙浩繁而无法通读时，编纂过的资料集仍大有裨益。总而言之，我将尽可能多地使用来自不同信息源的史料并进行综合分析。

天津史素描

"天津"这一地名据说源自明代。相传永乐帝还是燕王时在进攻南京（即靖难之役）途中路过此地，①"天津"亦即"天子渡河之地"。姑且不论这一传说是否为真，永乐帝登基后一边强化北京的国都功能，一边根据明朝的军事制度设立了天津卫这一据点（明显具有守卫北京之意），由此可知他的即位的确堪称天津历史的基点。②

由此建立的天津卫城经过了数度修筑，直到光绪二十六年（1900）被拆除为止，位置几乎一直未变。清雍正年间天津卫被改为天津州并升格为直隶州，后又改为天津府，府城中设有县衙。③

独特的水文条件是决定天津历史的重要因素。华北平原的降雨主要集中在夏季，春天播种时常受困于干旱，夏季的降雨常常造成河流泥沙混杂。由于天津位于太行山脉和燕山山脉包围的平原地区，降雨大多经由河流汇集于此。地势平缓容易造成河道堵塞，由

---

① 康熙《新校天津卫志》（1934年铅印本）卷四《艺文》所收程敏政《天津重修涌泉寺旧记》的明代碑文中写道："我文庙入靖内难，自小直沽渡跸而南，名其地曰天津，置三卫以守，则永乐甲申也。都北以来，兵备加严。"

② 川越泰博『明代建文朝史の研究』汲古書院，1997、362-363頁。川越指出永乐帝重组了支撑洪武、建文两朝的卫所制度。我认为天津卫的建立可能与此有关。

③ 李森：《天津开埠前城市规划初探》，《城市史研究》第1辑，天津教育出版社，1989。此外还可参照以下著作。郭蕴静主编《天津古代城市发展史》，天津古籍出版社，1989；片岡一忠「中国都市の発展の諸段階——天津の形成と発展」『イスラムの都市性・研究報告』研究報告編99号、1991年。

此引发洪水。明代时天津周边曾实行屯田，尝试种植水稻，但收效甚微。①清代的天津地方志中常见因歉收而免税的记载，由此可见这里似乎并不太适合发展农业。

不过，天津城也位于水路交通的要冲——流入渤海的海河在此与大运河交汇。从江南等地向北京运送税粮的河船均需通过天津（李鸿章担任直隶总督时开始使用轮船招商局的轮船海运税粮，此后海运渐成主流，但仍需沿海河经过天津附近），从事漕运的船员因此可以各自携带商品来津贩卖。汇入天津的河川一路流经华北平原的广阔地区，各地特产因此得以通过河运汇集于此。清朝于康熙朝后期放松海禁，海上贸易渐趋活跃，福建、台湾、广东等地的船只纷纷驶来，山东半岛和辽宁等渤海湾一带地区也有船舶往来。②不过直到现在，海河还是一到冬天就会冻成溜冰场，因此船舶的通行会受季节所限。咸丰十年（1860）天津被开放为通商口岸，不仅发展成为比以往更大的物流中心，还迎来了新的商机。各种船舶从上海、渤海湾等港口纷纷驶来，天津的腹地不仅限于华北平原，

---

① 徐华鑫等编著《天津市地理》，天津人民出版社，1993；党武彦「明清期畿輔水利論の位相」『東洋文化研究所紀要』125冊、1994年；田口宏二朗「明末畿輔地域における水利開発事業について——徐貞明と滹沱河河工」『史学雑誌』106編6号、1997年。

② 香坂昌紀「清代前期の沿岸貿易に関する一考察——特に雍正年間・福建—天津間に行われていたものについて」『文化』35巻1・2号、1971年；松浦章「清代における沿岸貿易について——帆船と商品流通」小野和子編『明清時代の政治と社会』京都大学人文科学研究所、1983；胡光明：《开埠前天津城市化过程及内贸型商业市场的形成》，《天津社会科学》1987年第2期；郭蕴静：《清代天津商业城市的形成初探》，《天津社会科学》1987年第4期；许檀：《清代前期的沿海贸易与天津城市的崛起》，《城市史研究》第13、14合辑，天津古籍出版社，1997；古市大輔「清代乾隆年間の採買政策と奉天——華北への奉天米移出」鈴木将久ほか『小冷賢一君記念論集』東京大学文学部中国語中国文学研究室、1993；李文治、江太新：《清代漕运》，中华书局，1995。

还延伸到了蒙古、新疆等地。不只水运，用骆驼从内陆地区运来商品的物流也不容忽视。①

渤海湾的制盐业也在天津史上具有重要意义。如今塘沽还在制盐，但天津原本并非盐业中心。管辖渤海湾盐业的长芦盐运使最初驻在沧州，但考虑到天津在政治和经济上的重要性，遂于康熙年间移至此。同样是在康熙年间，作为御史的长芦盐政已先从北京转移到了天津。天津由此成为盐政中心，而必须与这些官署打交道的盐商也接踵而来，天津于是成为盐商会集的城市。作为天津本地的实力人士，盐商参与了各种社会工作。②

天津城呈长方形，每面城墙各设一门，城内大道呈十字形连接各门。鼓楼位居正中，城内聚集衙门、寺庙、民宅等建筑，此外城北和城东的河流附近也延展了城市空间。东门外附近有天津最大的庙宇天后宫，参拜者云集。城北的估衣街和锅店街最为繁华，曾有英国人戏称估衣街为中国的牛津街（Oxford Street）。③ 河上优

---

① 陈克:《近代天津商业腹地的变迁》，《城市史研究》第2辑，天津教育出版社，1990；姚洪卓主编《近代天津对外贸易（1861—1948）》，天津社会科学院出版社，1993；张思:《十九世纪末直鲁农村手工纺织业的曲折经历》，南开大学明清研究室编《清王朝的建立、阶层及其他》，天津人民出版社，1994；张利民:《近代环渤海地区间商人对流与影响》，《社会科学战线》1999年第3期；リンダ・グローブ、貴志俊彦・神田さやこ訳「華北における対外貿易と国内市場ネットワークの形成」杉山伸也・リンダ・グローブ編『近代アジアの流通ネットワーク』創文社、1999。

② Kwan Man Bun, *The Salt Merchants of Tianjin: State-Making and Civil Society in Late Imperial China* (Honolulu: University of Hawai'i Press, 2001); 关文斌:《文明初曙：近代天津盐商与社会》，张荣明主译，天津人民出版社，1999。

③ Henry Noel Shore, *The Flight of Lapwing: A Naval Officers' Jottings in China, Formosa and Japan* (London: Longmans, Green, and Co., 1881), p. 320.

先通行船只，(也可能是由于高度差较小等技术原因)不架设普通桥梁，有时会把数条船连在一起制成"浮桥"。城外的西、南两面为低湿之地，其中地势略高之处立有坟墓。城内有时也会积水。

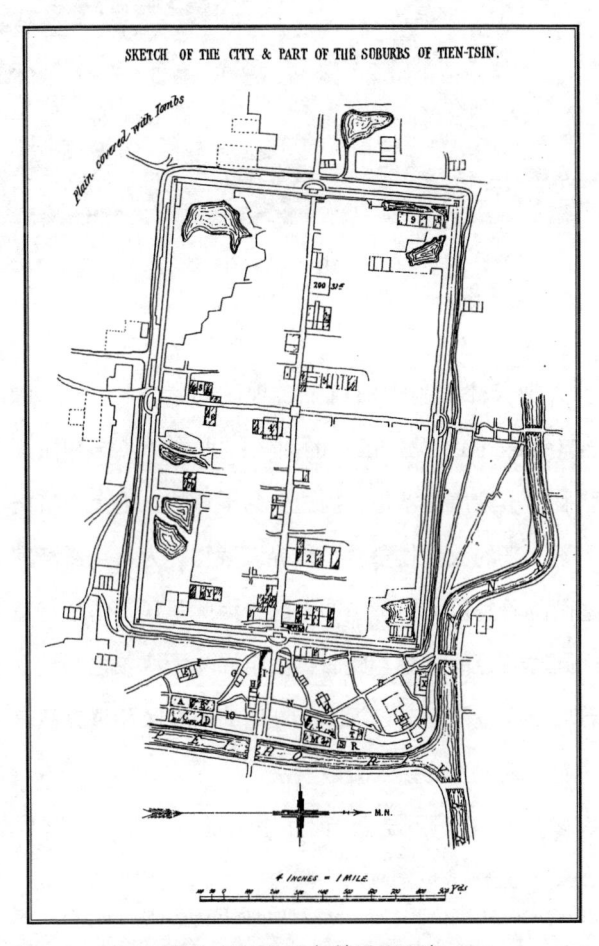

图 0-2 1860 年前后的天津

资料来源：Charles Alexander Gordon, *China from a Medical Point of View* (London: John Churchill, 1863).

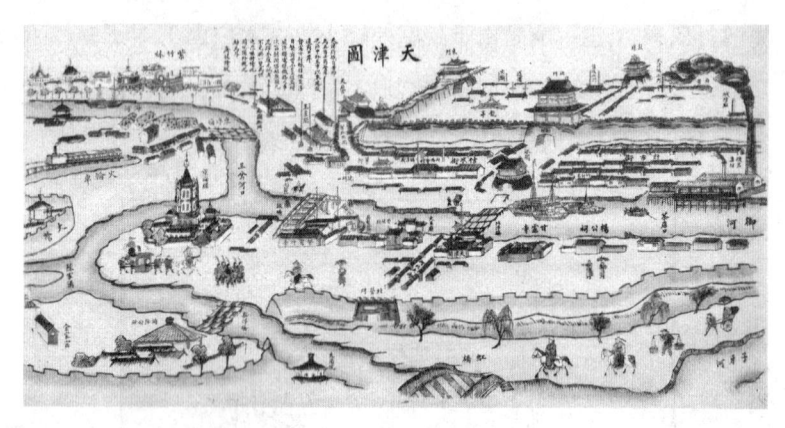

图 0-3　19 世纪末的天津

资料来源：《苏联藏中国民间年画珍品集》，图 191。

欧美人把天津城附近海河下游地区的紫竹林一带划为租界。根据宓吉（Alexandar Michie）的回忆："两个（英国和法国）租界都位于肮脏而不健康的湿地，周边较为干燥的土地上则挤满了不知多少代积累下来的大量坟墓。"① 租界以紫竹林为起点逐渐完善，与天津城之间隔着一段人口稀少的地区，因此呈现了两个特点迥异的城市空间同时并存的样貌。此后英法租界与天津城之间设立了日租界。随着城市建设的推进，拆除了城墙的旧城区和租界被有轨电车连接在一起，地理上的结合更趋紧密。②

已有多位研究者根据《津门保甲图说》计算出了鸦片战争后

---

① O. D. Rasmussen, *Tientsin: An Illustrated Outline History* (Tientsin: The Tientsin Press, 1925), p. 37.

② 刘海岩：《天津租界和老城区——近代化进程中的文化互动》，《城市史研究》第 15、16 合辑，天津社会科学院出版社，1998；尚克强、刘海岩主编《天津租界社会研究》，天津人民出版社，1996。

的天津人口。这份史料显然有其局限,但其包含的信息之详细,在当时即便从全中国范围来看也属稀有。《津门保甲图说》是针对整个天津县的调查。如果按照百濑弘的划分方式,将城内和"北门外""东门外"的地区划定为城市部分的话,那么城区约有住户23530户,总计约16万人。即便算上附近的郊区,总人口应该也不到20万人。不过,这些人口中约有1/4被分类为"农户",由此可知他们很可能从事农业耕作。①

天津居民来自全国各地。"天津话"时至今日也是华北地区的独特方言,用词和声调都颇有特色,听不习惯则极难理解。有学者认为天津话是静海方言和江淮方言结合后的产物。② 静海县毗邻天津县,位于其西南方,历史比天津更长,因此天津话自然会受到静海方言的影响。目前尚不清楚天津话受到安徽和苏北方言影响的历史原因,但这种现象或许可以佐证天津有很多来自这些地区的移民。不难想象,从明代设置天津卫到清末淮军在此驻留,有大量士兵流入天津,此外漕运也促进了人口的流动。

当然也会有其他地方的人出于经商等原因来天津谋生,其后这些人历经数代成为本地居民。相反,来自福建、广东、山西等地的实力团体则会自己建造会馆作为同乡在天津的集结之所。李鸿章能够推行诸项"洋务"事业,依靠的正是他的安徽同乡及熟谙与洋

---

① 百濑弘「「津門保甲図説」に就いて——清代天津県の農工商戸に関する一統計資料」百濑弘『明清社会経済史研究』研文出版、1980;胡光明:《论李鸿章与天津城市近代化》,《城市史研究》第3辑,天津教育出版社,1990。百濑弘的文章最初发表于1948年。

② 韩根东主编《天津方言》,北京燕山出版社,1993。

人交往之道的广东人和宁波人。清末以降天津人口急剧增长，我认为主要原因应在于有大批民众从华北各地来此谋生。①

本书将要具体考察"天津的近代"，一个前提是，清末的很多城市（及同时代的世界各城市）都与天津有诸多共同之处。不论厦门、北京还是西安，都可能面临和天津同样的课题。

那么，天津历史的特点又是什么呢？

首先是城市形成过程中外国人发挥作用的程度。西安和成都仅在明清时期就已经历了数百年的城市发展历史，清末时外国人带来的要素相对较少（尽管如此，进入20世纪后的行政改革和留学风潮还是给这些内陆大城市的统治秩序和政治文化带来了改变）。与此截然相反的例子则是青岛和哈尔滨，这两座城市的绝大部分因外国人的统治力量而形成。天津大致处在上述两种类型的中间位置。是通商口岸，也设有外国租界，但同时保存了原来的天津老城，因此拥有双重城市性格；外国人在经济、政治、文化等方面活动显著，②但一边受其影响，一边与之对抗的本地实力人士与民众也不甘示弱。

其次是天津的行政地位及其对于清朝的重要性。天津具有防卫北京的重大战略意义。虽然在行政级别上只是府级，但有很多高官常驻于此——尽管各时期有所变化，但长芦盐政、长芦盐运

---

① 张利民：《论近代天津城市人口的发展》，《城市史研究》第4辑，天津教育出版社，1991。以下文章详细论述了劳动机会的多样性。Gail Hershatter, *The Workers of Tianjin, 1900-1949* (Stanford: Stanford University Press, 1986). 下层民众的动态可参见渡辺惇「近代天津の幇会」『駒沢史学』52号、1998年。

② 周俊旗：《清末华北城市文化的转型与城市成长》，《城市史研究》第13、14合辑。

使、三口通商大臣、天津道、津海关道等官员的官署都在天津。直隶总督衙门虽然设在保定，但直隶总督兼北洋大臣李鸿章主要在天津主持政务。继任直隶总督的袁世凯大力推行的政治改革"北洋新政"亦是以天津为中心。上海在清朝的行政区划中仅为县级，最高行政长官为苏松太道（上海道台），这与天津不同（天津有两位道台）。① 当然，全国的省会城市都有总督或巡抚常驻，若能迎来张之洞那样热心改革的官僚，也会积极推行各种政策（张之洞由于籍贯为天津府南皮县而不能在天津任职，历任两广总督、湖广总督等南方省份的大官）。

最后是天津经历了义和团运动和八国联军的军事占领，拥有独特的历史经验。这些经验在天津埋下了对义和团的深深反感，抑制民众文化的奔放表露因此被视为最重要的政治课题。义和团和八国联军的经验还使天津建立起了能够与外国抗衡的统治构造，并推动国民意识不断高涨。创设巡警制度和批判迷信都是上述对策的一环。此外，直隶总督袁世凯沿袭了八国联军的统治方式，这一特殊过程使联军的一部分统治技法遗留在了天津。当时全国各地都在向着同样的方向缓慢改变，而天津的特殊情况则可以使我们更为清晰地看到义和团运动前后的鲜明变化。

我认为，上述这些天津的特征使本书将要考察的近代性能以明确的形式表现出来。

---

① 梁元生：《清末的天津道与津海关道》，《中央研究院近代史研究所集刊》第25期，1996年。

第一部分

支撑地域防卫的价值观和记忆

第一章　团练的组建

清末的地区性武装组织团练早在嘉庆白莲教起义时便在四川出现，至 19 世纪中叶战乱时开始在全国各地涌现。[1] 罗威廉在其大部头的汉口研究中讨论了团练问题，认为团练"是第一个在当地社会中产生的、鲜明代表汉口城市自治体（the municipality）的机构"。太平天国时期团练开展种种行动，最终"在当地意识中，人们已经稳定地确立起'城市自治体'是一种强有力的地方防卫单元的信念"。[2] 由此可见，团练问题在罗威廉的城市论中占据核心地

---

[1] 山田賢『移住民の秩序』名古屋大学出版会、1995、128-160 頁；山本進「清代四川の地方行政」『名古屋大学東洋史研究報告』20 号、1996 年；並木頼寿「捻軍の反乱と圩寨」『東洋学報』62 巻 3・4 号、1981 年；Frederic Wakeman, Jr., *Strangers at the Gate*; Philip A. Kuhn, *Rebellion and Its Enemies in Late Imperial China: Militarization and Social Structure, 1796-1864* (Cambridge, MA: Harvard University Press, 1970). 关于湘军、淮军等勇营和团练的不同之处，请参照王尔敏《清代勇营制度》，氏著《清季军事史论集》，联经出版公司，1980。

[2] William T. Rowe, *Hankow: Conflict and Community*, pp. 289-290.

位。由于城市的人口（及政治、经济功能）密集程度远高于周围的农村，对防卫的需求当然也就更高，能够动员的资源也更加丰富，因此自然更容易发展成一个地方防卫单元。不过我也抱有一个疑问：罗威廉所说的"在当地社会中产生（societally generated）"的武装组织，真的既不像同乡团体、同业团体那样并存、分立，也不会陷入相互争斗的"械斗"状态，而形成一个城市自治体的实体吗？理由又是什么呢？罗威廉大概认为，城市自治体的共同意识造就了统一的团练组织。

本章的目标是对同时期的天津团练进行实证研究，并尝试对上述疑问给出不同于罗威廉的回答。分析时我将特别关注在组建团练的过程中，保卫王朝的理念与地方防卫之间的关系。此外，我旨在强调分散性才是团练的组织特征。由于这一特征源于团练事业的经费，我也将重点分析团练背后的经济问题。

以往的各种天津通史中当然也都提到了团练，但还没有基于上述研究视角的论述。[①] 关文斌的天津商人研究中有一节讲到了团练。虽然该研究没有充分考察商人组建团练的动机、经费的筹措方式等本章关注的问题，但准确地指出了官府与盐商之间的相互依存

---

① 天津社会科学院历史研究所编著《天津简史》，天津人民出版社，1987；来新夏主编《天津近代史》，南开大学出版社，1987；罗澍伟主编《近代天津城市史》，中国社会科学出版社，1993。此外，以下论文提到了太平军逼近天津时被团练等征讨之事。张守常：《太平军北伐之进攻天津问题》，《天津社会科学》1982年第4期；林开明：《论太平军在天津的几个问题》，河北、北京、天津历史学会编《太平天国北伐史论文集》，河北人民出版社，1986。

关系，是非常重要的研究成果。①

因领导天津团练而博得名声的人物是张锦文。一说他父亲早亡，家境贫寒，奔赴奉天后在该地显露商才，后因运输长芦盐而筑成巨富，成为天津的头面人物。②本章特别关注张锦文，主要是因为记载其事迹的《张公襄理军务纪略》③被保存了下来。不过需要注意，这份史料是为了彰显张锦文的功绩而编纂的，在分析时需要仔细对照奏折、地方志等其他史料。以下将按照天津遭遇的三次危机——鸦片战争、太平天国运动、第二次鸦片战争——的顺序来分析天津的团练问题。④

---

① Kwan Man Bun, *The Salt Merchants of Tianjin*, pp. 95-99; 关文斌:《文明初曙：近代天津盐商与社会》，第141~145页。
② 民国《天津县新志》卷二一之三《人物》，1931年刻本。不过关于张锦文的生平存在很多不同说法。根据薛福成《庸盦笔记》之《谢忠愍公保卫天津》，张锦文作为河道总督麟庆的家丁管理伙食，其后从事盐业致富。此外亦可参照金大扬、刘旭东《天津"海张五"发家始末》,《天津文史资料选辑》第20辑，天津人民出版社，1982。
③ 这本书有两个版本。①丁运枢等编《张公襄理军务纪略》六卷，同治元年成书，宣统元年石印本。②佚名:《襄理军务纪略》四卷，罗振玉《雪堂丛刻》所收，民国四年跋排印本。比较可知，①中卷一和卷二的内容（有关太平军的记述）没有被收入②中，剩余的四卷内容则大致相同。但记述方面，①赞美张锦文的文句较为冗长。或许是因为如此，坂野正高才在『アジア歴史事典』六卷（平凡社、1960）286页的《张公襄理军务纪略》项中指出②依据的"应当是编者增补润色之前的稿本"。不过，罗振玉在跋中表示，他在天津旧书店中发现了稿本，删减了其中的冗漫之处。因此，我认为①更接近初始版本。
④ 本章引用的奏折、上谕尽可能根据以下文献（收录中国第一历史档案馆藏的史料）标注出处。中国第一历史档案馆编《鸦片战争档案史料》，天津古籍出版社，1992;中国第一历史档案馆编《清政府镇压太平天国档案史料》第8~11册，社会科学文献出版社，1993~1994;中国史学会主编《第二次鸦片战争》，上海人民出版社，1978~1979。

一 鸦片战争与天津团练的起源

道光二十年（1840）夏，英国舰船北上到达（从天津沿海河而下的）大沽口。谈判后英军南归，但战争并未结束，天津周边的海防被视为必要之举。

作为海防的一环，天津城的警备态势得到了强化。首先招募当地居民，增加了1000名新兵，进而又从消防组织"救火会"中选出千余人由官员进行组织和训练，其膳费由官、绅、商、民捐赠。此外，盐务巡役也和地方官派遣的干役一起巡视。① 资金供应中，来自盐商的捐赠尤其引人关注，总额高达40万两②。捐赠者的姓名被上报给朝廷，以示褒奖。③

讷尔经额在奏折中解释道："至谓天津民情勇悍，必须收为我用。现在既招乡勇，又募新兵，加以训练，即系收罗之法，其防范汉奸情形前已节次奏明。"④ 由此可见，招募的目的是将容易与敌人勾结的游民等潜在威胁团结到我方阵营。

---

① 《讷尔经额奏》（道光二十一年十一月八日），《鸦片战争档案史料》第4册，第436~437页。
② 如无特别说明，本书皆指白银。——译者注
③ 《上谕》（道光二十一年十一月十五日），《鸦片战争档案史料》第4册，第456页；《德顺奏》（道光二十一年十二月十八日），《宫中档道光朝奏折》第9辑，台北"故宫博物院"，1985，第610页。
④ 《讷尔经额奏》（道光二十一年十一月十五日），《鸦片战争档案史料》第4册，第452~454页。

与招勇和募兵同时，保甲制度也得到了强化。上谕传达了如下的危机意识。

> 至天津府城乃五方杂处之区，尤关紧要。倘该逆因海口严防，分遣汉奸匪党，扮作商民、难民、僧道、乞丐及各色技艺人等形状，潜踪分起，溷迹入城，作为内应，我兵纵能环卫城垣，力御外寇，而仓卒之际，该逆从中滋扰，或放火延烧，或冲门横突，又将何以御之？①

基于这样的警戒意识，被派遣至天津的官员将"居民"、"铺户"、"店寓"（暂时滞留者）、"寺观"等全都编入保甲。各街选出一两名"绅耆"（有名望者）出任"董事"（实际事务的核心负责者），协助调查。②

在上述过程中，本地的实力人士终于开始自己组织团练。绅耆一边接受官府的领导，一边将"关厢内外"（城内及周边地区）分为20个局，在各局内分别组织团练。团练成员被登记在册，展开警戒，有事时相互帮助，平时和委员一起在各"段"（管辖区域）查拿取缔"汉奸"。③天津道台如此描述当时的情况：

---

① 《上谕》（道光二十二年二月十八日），《鸦片战争档案史料》第5册，第124页。
② 《讷尔经额奏》（道光二十二年二月二十二日），《鸦片战争档案史料》第5册，第143~146页。
③ 《讷尔经额奏》（道光二十二年五月十七日），《鸦片战争档案史料》第5册，第474~477页。

当经本道督饬天津府县召募救火会中义民，定期操演在案。兹据绅士解开祥、曹鹿苹等以津城内外向分二十堡，每堡挑选壮丁各自团练，保卫身家，其殷实之居民铺户量捐经费，酌议条规，禀请核示前来。

道台评价称："每堡各举健丁，皆系习见之人，莫不深知底里，较之官为召募，更见得力。"团练的具体运营则交由"义民局"管理。

各按堡分段落，公举诚实绅士董司其事，每堡视人户之疏密定团练之多寡，或数十名，或百余名，开具年貌，登记簿册，每月初一日，齐集公局查点一次，仍令各归本业，不假书役之手，并无传呼之扰。有警则奋勇争先，无事则自安耕凿。所需茶水之费即由堡内殷实之家量力捐输送局供用，凡中下无力之户概不派累，仍将每月收钱若干，用钱若干，逐一开列清单，榜于局门，使众共知。该董事等务各精白乃心，认真经理，切勿借端苛派，如壮丁有不安本分、倚众滋事者，赴官禀究，毋稍徇隐，倘能擒获夷匪、汉奸，定当禀请从优加恩，以示奖励，各宜凛遵毋违。①

---

① 《津门保甲图说》，道光二十六年刻本，东洋文库藏，卷首《设立义民局告示条规》。

由此可知，义民局是以自卫为目的的居民组织，无论是人员调集还是经费筹措都依靠当地实力人士的支持，其中经费主要由盐商团体和官府协商后垫付。义民局运行两年后被撤销，为表彰人们的团结，讷尔经额特地赠送了"众志成城"字样的匾额。①

鸦片战争时，天津城并没有直接面临军事危机，义民局因此没有得到多少活动机会。不过，为防卫天津城而组织团练一事由此发端，当地的实力人士也因此获得了新的活动天地。

二　防备太平军

咸丰三年（1853），为应对日益迫近的太平军，加强防备势在必行。长芦盐运使杨霈主持招募"壮勇"，组建"芦团"。前任浙江巡抚梁宝常、前任湖南郴州知县吴士俊、前任良乡县教谕汪彭等当地绅士与地方官商议组建了团练。他们与廪生王镛"公约"设立28处"义民局"，从各局募集50名或60名兵勇加以训练。②盐商李春城也是该组织的领导者，据称他亲自参与巡逻，七天七夜没有休息，表现出巨大的热情。③

负责防卫天津的团练人员如下。首先组建"义勇"1600名，

---

① 《长芦纲总原禀》，《津门保甲图说》；《设立义民局告示条规》之后所附说明。
② 吴惠元：《天津剿寇纪略》，同治《续天津县志》卷一七《艺文》，同治九年续修刻本。王镛的传记收入民国《天津县新志》卷二一之四《人物》。
③ 民国《天津县新志》卷二一之四《人物》。关于李家的历史，参照金大扬《天津"李善人"》，《天津文史资料选辑》第7辑，天津人民出版社，1980。

由绅董和地方文官监督,加上绅士梁宝常训练的 400 名义勇,合计 2000 名。此外,盐运使刘向赞和天津知县谢子澄招募了壮勇 4000 名,并配备了原本负责应对火灾的"火会壮勇"。每户居民也各出一丁,负责巡回警戒。①

危机迫近,盐商张锦文就防备问题向盐政文谦献策。九月九日②,张锦文出席了在义仓遂心堂召开的会议,盐政、道台、镇台、知府、知县等官员悉数到场,梁宝常等绅士亦列席在侧。张锦文在这次会议上向知县谢子澄提出了防卫建议。此后他不断活跃于提供资金、修筑防护工程、建言献策等方面,遂于九月二十七日得到文谦授予的指挥权标志"令箭一支",开始领导团练。张锦文之子张汝霖率领 180 名团勇负责天津城的防备,张锦文则单独出资,筹集编制了 3000 余名"铺勇"。③

天津城之所以能够守住,除了防备上的努力,偶然因素也极为重要。八月一日夜降大雨引发决堤,天津城南被淹,却也因此获得了一道天然屏障。九月二十八日,太平军尝试渡水时被埋伏于此的炮火击退。这场胜利主要得益于官兵的大炮、乡勇的步枪及团练

---

① 《庆祺奏》(咸丰三年九月五日),《清政府镇压太平天国档案史料》第 9 册,第 584~585 页;《文谦等奏》(咸丰三年九月十三日),同前书第 10 册,第 129~130 页;《文谦奏》(咸丰三年九月二十一日),同前书第 10 册,第 237~238 页。不过,根据华鼎元《谢明府传》(华光藕辑《天津文钞》卷四,民国九年刻本),谢子澄招募的壮勇为 38 局 1900 余人,长芦盐运使招募、盐商出资的芦团有人员 200 名。

② 本书以清朝历法的年月日为基础,根据需要补以公历。关于日期的标记,如果是清朝日历,如此标记。

③ 《张公襄理军务纪略》卷二,第 1~9、12 页;吴惠元:《天津剿寇纪略》附编,张焘:《津门杂记》卷上,光绪十年刻本。

局所雇雁户的"排枪"。① 不过，此后太平军仍窥伺天津，需保持高度警戒。②

团练的目的并非仅在于增强防御。该年罹患水灾的难民穷困潦倒，"虽不从贼，亦恐为非"，因此才让难民充当壮勇，给予补贴。③ 换言之，为了防止出现勾结外敌、违法犯罪之人，加强团结尤为重要。城内的朝阳观设有"审办奸细总局"，差役、首事人（可能由绅士担任）出任委员，铺勇负责抓捕有通敌嫌疑的奸细。奸细被扭送至总局，经委员审判后被处刑，"汉奸"则由知县裁决。④

咸丰四年（1854）四月末，太平军被击退，张锦文由此结束了团练事业。⑤ 上谕加封张锦文游击衔，封其子张汝霖为同知，许其蓝翎顶戴。⑥ 不过，团练的主导者并非只有张锦文。倪虎榜原是

---

① 吴惠元:《天津剿寇纪略》，同治《续天津县志》卷一七《艺文》;《文谦等奏》(咸丰三年九月二十九日)，《清政府镇压太平天国档案史料》第10册，第336页;《文谦等奏》(咸丰三年十月十九日)，同前书第10册，第594页。雁户指天津城北八里外宜兴堡的打野鸭者，善于在水边使用大炮（佛朗机）。亦即用排枪的方法将佛朗机载于小船上，再覆以草席，在水面行进。《天津剿寇纪略》。

② 《文谦等奏》(咸丰三年十月十一日)，《清政府镇压太平天国档案史料》第10册，第477页。

③ 《张公襄理军务纪略》卷二，第21页。

④ 《张公襄理军务纪略》卷二，第33~34页；郝福森:《津郡兵火纪略》，郝绍荣编《津门闻见录》卷五，抄本，天津图书馆藏。根据该书中的其他记录，九月二十六日至二十八日，人们共逮捕汉奸十余名，在城隍庙处死。

⑤ 《张公襄理军务纪略》卷二，第36页。

⑥ 《清代起居注册·咸丰朝》第18册，咸丰四年二月九日，联合报文化基金会国学文献馆，1983，第10334页。该上谕的前提是文谦的上奏（咸丰四年二月七日），收入《张公襄理军务纪略》卷二，第30~31页。

武官，因病回津从事盐务，捐钱20000余缗，募勇3000人。① 历任湖南地方官的举人吴士俊因病回津，恰遇此次危机，因组织团练有功而获授知府衔。② 黄慎五因科举失败而转投盐业，危机之时领导团练并自出费用。③

保卫天津的目标的确只有一个。但正如前文所述，团练的名义多种多样，指挥系统也未必统一。这是为什么呢？首先，主管团练的地方官不止一人，导致了事态的复杂化。此外，相比全体性地统筹控制，本地的士绅更看重组建由自己掌控的团练。我认为，这一现象的背后隐藏着团练经费和论功受赏的问题。

首先，团练所需的大量费用如何筹措？原本的计划是在本地募捐，先由地方官捐资，然后在天津设立捐局，通过授予品级和虚衔来换取捐献。但这一计划的实施效果并不理想，④ 遂决定暂时从盐库（长芦盐运使管辖，负责盐课）、关库（长芦盐政管辖，负责关税）、道库（天津道管辖，负责海税）支出，日后再靠捐来填补。⑤ 然而随着临战状态的一再持续，官库的财政资金日渐

---

① 吴惠元：《天津剿寇纪略》，同治《续天津县志》卷一七《艺文》；光绪《重修天津府志》卷四三《人物》，光绪二十五年刻本。
② 民国《天津县新志》卷二一之三《人物》。
③ 民国《天津县新志》卷二一之四《人物》。
④ 《文谦等奏》（咸丰三年六月十五日），《清政府镇压太平天国档案史料》第8册，第17~20页；《文谦等奏》（咸丰三年八月二十五日），同前书第9册，第436~437页。
⑤ 《文谦等奏》（咸丰三年九月十三日），《清政府镇压太平天国档案史料》第10册，第131页。关于关制，参照光绪《重修天津府志》卷三二《榷税》。

耗尽，文谦等只得请求户部、内务府等部门予以通融。① 最终盐政文谦和知府、知县一同下令，命盐商、粮商、当商、富裕士绅数家以年赋纳捐结算。② 张锦文也响应了这一要求。③

也就是说，为了支撑困窘的战时财政，富人的捐献不可或缺，作为补偿，清朝授予捐献者品级或虚衔。④ 例如，梁宝常协助官府负责团练工作，其弟梁宝绳、长子梁逢吉捐献4000两。此外，石元敬捐1万两，韩省铖捐京钱4万吊。文谦将上述情况汇报给朝廷，请求嘉奖。⑤ 咸丰四年四月十一日防卫会议在问津行馆召开时，官员、士绅最先关心的就是向朝廷的举荐。⑥

不过，捐款的管理问题也无法回避。梁宝常的内侄解开祥担任义民局的首事，他被指侵吞了本应支付给义民的口粮。义民在其

---

① 《文谦等奏》（咸丰三年十一月八日），《清政府镇压太平天国档案史料》第11册，第122~124页；《文谦等奏》（咸丰三年十二月八日），同前书第11册，第460~461页；《文谦等奏》（咸丰三年十二月二十日），同前书第11册，第621~622页。此外，他们还向长芦盐运使请求捐款。《和硕郑亲王、署仓场部堂户部左堂全札长芦盐运司》（咸丰四年五月十七日），《长芦盐运使司档案》，中国第一历史档案馆藏，档号：第30包。

② 《文谦奏》（咸丰五年五月十四日），《宫中档咸丰朝奏折》第12辑，第581~583页。

③ 《张公襄理军务纪略》卷二，第41页。

④ 关于这一时期的财政，参考了以下研究。许大龄：《清代捐纳制度》，哈佛燕京学社，1950；彭泽益：《清代咸同年间军需奏销统计》，《中国社会科学院经济研究所集刊》第3集，中国社会科学出版社，1981；饭岛涉：《清朝末期军事财政的变迁——以义和团战争前后为中心》，中国义和团研究会编《义和团运动与近代中国社会国际学术讨论会论文集》，齐鲁书社，1992；陈锋：《清代军费研究》，武汉大学出版社，1992。

⑤ 《文谦奏》（咸丰三年八月二十五日），《宫中档咸丰朝奏折》第10辑，第108页。

⑥ 《张公襄理军务纪略》卷二，第35页。

门前痛骂、张贴谴责二人的揭帖,称梁宝常"家资拥百万,不肯助军粮",解开祥"把持团练局,诓取义民粮"。①

另一个问题是对封赏不公的不满。朝廷基于官员的上奏论功行赏,一些实际上无甚功劳之人却凭借和官员的关系而获得保举,梁宝常的周边人员便是如此。②

更有甚者,富人的捐献也并非完全出于自愿。文谦上奏时称:"倘以避抑勒苛派之名,借词搪塞,意存见好富绅,不肯认真办理,有此情形,奴才惟有据实参办。"③由此可见他采取的高压态度。

通过以上分析,我们大概可以推测出张锦文不仅给梁宝常的义民局捐银1000两,④还亲自主导团练活动的动机——既然负担在所难免,那还不如自己招募,以此确保在地方防御事务中的发言权和事后的论功行赏。正是由于民间自行出资组建团练,给捐局的捐款才会减少。⑤如上所见,因为团练的组建实际上各自为政,所以在保卫城市这个共同目标之下才会并存若干个组织。

值得注意的是,天津团练的活跃分子中有不少盐业从事者。

---

① 郝福森:《津郡兵火纪略》《沽上告白》,郝缙荣编《津门闻见录》卷五。不过,负责编辑《津门闻见录》的郝缙荣(采三)在该书卷五《津郡纪事诗》的注中自称"义民首事郝采三",可知他亲自参与了团练事业。可以推测,这或许是因为他对梁宝常的所作所为不满。
② 郝福森:《津郡兵火纪略》,郝缙荣编《津门闻见录》卷五。
③ 《文谦奏》(咸丰三年八月二十五日),《清政府镇压太平天国档案史料》第9册,第437~438页。
④ 《张公襄理军务纪略》卷二,第41页。
⑤ 《文谦等奏》(咸丰三年十一月三日),《宫中档咸丰朝奏折》第11辑,第170~171页。

组建团练时既需要官府的委托，又需要资金方面的支持，与官方联系紧密又握有充裕资金的盐商因此得以大展拳脚。

三　第二次鸦片战争时期的地区防卫

部署与主战论

本节将考察第二次鸦片战争时期的团练组建情况。咸丰八年（1858）二月，考虑到英、美、法三国舰队有可能北上，朝廷下令加强天津的防御。①署理直隶总督谭廷襄在陈述天津附近的海防形势时谈及团练问题，他在给天津道发出指令的同时，还指出费荫樟（曾任甘肃省道台，当时因丁忧返回原籍）是团练工作的合适人选。在谭廷襄的设想中，费荫樟为首，绅商黄慎五、贾兆霖、花上林、张锦文、王敬熙、梁逢吉、萧桢等分担具体的管理工作。②这些绅商中，黄慎五、张锦文如前文所述，在太平军北上时就作为团练领导者活跃在一线。谭廷襄在上奏中汇报完兵力部署情况后，又指出"民气壮则兵更得力。天津五方杂处，人情浮动，尤须靖内，以为安外之本"，③报告称正在推进团练的组建工作。

---

① 《上谕》（咸丰八年二月七日），《第二次鸦片战争》第3册，第187页。
② 《谭廷襄奏》（咸丰八年二月九日），《第二次鸦片战争》第3册，第188~189页；《谭廷襄奏》（咸丰八年二月二十九日），中研院近代史研究所编《四国新档·英国档上》，中研院近代史研究所，1966，第346页。根据《张公襄理军务纪略》卷三（第2页）的记述，本书在引用时将该奏折中的"王家熙"修改为"王敬熙"。此人将在后文中出现。
③ 《谭廷襄奏》（咸丰八年三月二日），《第二次鸦片战争》第3册，第223~224页。

长芦盐政乌勒洪额在奏折中对团练的组建进行了更加具体的说明。张锦文奉命按照咸丰三年的旧章程（太平天国运动时期制定）分"段"设局。根据乌勒洪额的检查结果，共设立了54个局，每局有团勇数十至百名，合计2500名。每局各设"首事"（领导者），由张锦文总揽全局，所有经费由商人自行负担。这就是铺勇。此外还设有壮勇——由费荫樟募集1000人派往海口防御，经费由官府负担。乌勒洪额本人也召集了200名壮勇，自出经费维持。①

为什么团练的实际建设没有按原计划进行，而是改为分别由张锦文组织铺勇、费荫樟组织壮勇呢？我认为，原因大概在于两个组织性质的不同。铺勇在天津城附近地区分段设局，由各段内的实力人士出任首事。由此可以推测铺勇的性质更偏向地区性自卫组织。与此相对，壮勇则被派往远离城区的海口，由此可以推测官方期待他们能成为堪比士兵的军事力量。

然而，费荫樟在乡里其实并无信誉，组织团练被视为沽名钓誉之举，人们还指责他将募集的款项中饱私囊。最终，费荫樟率领的团勇在四月八日与英法联军的交战中被歼灭。②北京的官员中也有人指出费荫樟长期在外地为官、和乡里关系淡薄，因此很难成功，建议总督体察"舆论"，另外委派群众信服之人负责团练工

---

① 《乌勒洪额奏》（咸丰八年三月二十八日），《四国新档·英国档上》，第415页。
② 佚名：《天津夷务实记》，《第二次鸦片战争》第1册，第474~475页；郝缙荣：《津门实纪确对》（郝缙荣编《津门闻见录》卷六），《第二次鸦片战争》第1册，第576页。

作。① 这里所说的舆论，指的大概就是挪用团练资金的指控。

那么，张锦文率领的铺勇又发挥了什么作用？张锦文受道台、知府、知县的委托负责保卫天津的安全。如前所述，他原本应当和费荫樟一起组织团练，但张锦文不愿与费荫樟合作，遂于三月六日自行在朝阳观设立"商团铺民总局"，选出五名职员负责实际事务，并从知县处得到保证，不会将铺勇派到天津城外。由此可以看出，张锦文所设想的团练的作用，不同于费荫樟率领的用于与外国作战的壮勇。张锦文认为，"倘有警报，一经调遣，则城内空虚，奸宄易于蠢动"，因此团练的目的归根结底在于维持天津城附近的治安。他指出，英法联军不同于太平军，无法将其全歼，所以一边避免正面交战，一边整顿军备方为上策。②

铺勇最初被分别安排到54个局，不久局又增加了10个，人员名单由总局汇总交给官府。此外，铺勇每天的口粮和武器、燃料等全部经费都由张锦文一人承担。根据事后计算，总金额高达四万数千缗。③

就在天津组建团练之际，北京开始出现主战论调，并对团练给予高度评价。工部尚书许乃晋指出，昔日太平军北上时，天津知县谢子澄、富户张景文（张锦文之误）曾积极组织团练和募勇，建议此次也应责令深明"大义"之实力人士组建团练。在他看来，只要向袭击外国舰船、伏击登陆士兵、取得敌人首级者给予高额赏

---

① 《廉兆纶奏》（咸丰八年四月十五日），《四国新档·英国档上》，第460页。
② 《张公襄理军务纪略》卷三，第1~3、7页。
③ 《张公襄理军务纪略》卷三，第5、10~11、13页。

金，就能起到振奋士气的效果。此外，游民可以靠加入团练谋生，也就不会为了钱而里通外国。如此，"该夷内则无汉奸之导引，外则有民团之夹击，深知众怒难犯，必且悔罪乞和"。许乃晋认为要想获得成功就应该全部委托给绅民，而不应该由官府主导。① 此外，翰林院侍读学士潘祖荫称颂了第一次鸦片战争时广东绅民联手抗击英军的三元里之役，在此基础上对天津防卫提出了如下意见。

> 议抚不如议战，用兵不如用民。窃闻天津绅民素知大义，前此粤匪北窜，即就殄灭，民力居多，此津民可用之明证。②

这一论述的逻辑是高度评价民众面对外国时所涌起的敌忾之情，并将团练视为这种民心的体现。坂野正高指出，第二次鸦片战争时的主战论"带有一种文化斗争的性质，具有走向狂热、脱离实际之倾向"。③ 尽管如此，诸如"深明大义之人民"这样的措辞，仍然具有将本地实力人士所主导的团练加以正当化的效果。正是由于这种言论的存在，当时的人们才会把地方实力人士的活动解释为对王朝秩序的效忠。

---

① 《许乃晋奏》（咸丰八年四月十五日），《四国新档·英国档上》，第458~459页。
② 《潘祖荫奏》（咸丰八年四月十六日），《四国新档·英国档上》，第463~464页。
③ 坂野正高『近代中国政治外交史——ヴァスコ・ダ・ガマから五四運動まで』東京大学出版会、1973、244頁。此外，近年关于对外强硬论的研究，可参考James M. Polachek, *The Inner Opium War* (Cambridge, MA: The Council on East Asian Studies, Harvard University, 1992).

当然,上述主战论与张锦文自身的认识之间存在很大差距。即便是谭廷襄也承认民气之壮不过是虚张声势,与击退太平军时不同,此次作战不能完全依靠团练。他表示,虽然"现在城内外团勇、铺勇,系商人张锦文统帅,稽查防守,极为得力",但"若用以接仗,仍未能操制胜之权"。①

外国船的到来与地方社会的动摇

四月中旬,外国战舰溯海河而上,逐渐逼近天津城。十一日,人心大为动摇,很多人选择离城。②张锦文担忧土匪借机抢掠,派出200名铺勇持械防卫,又命令铺勇头目昼夜演习以壮声威,以此吓退土匪。③不少店铺因相信街头谣言而休业,有商人趁机哄抬物价,总督遂于十四日命张锦文处理此事。张锦文发布通告称,"该国此来,原属通商,并不扰民。务须照常开张门面,平减价值",买卖于是逐渐恢复。④

没有逃走的居民纷纷涌到河岸观看外国船,无业贫民甚至跳入河中向船上讨要物品。⑤外国船的停泊时间一再延长,食品供应

---

① 《谭廷襄奏》(咸丰八年四月十八日),《四国新档·英国档上》,第477页。
② 佚名:《天津夷务实记》,《第二次鸦片战争》第1册,第480页。天津盐商严克宽一家到顺天府三河县的段家岭避难,其子严修(后考中进士,曾任学部侍郎)即在此出生。严家的避难时间为咸丰八年至同治元年。陈中岳:《蝉香馆别记》,民国二十二年跋本,南开大学藏。
③ 《张公襄理军务纪略》卷三,第17页。
④ 《张公襄理军务纪略》卷三,第20页。
⑤ 佚名:《天津夷务实记》,《第二次鸦片战争》第1册,第482页。

问题也随之出现。知府、知县和张锦文商量后决定送粮食上船,但希望外国人不要上岸骚扰居民。十四日,道台英毓要求设立"支应局",持续向外国船供应食品,但张锦文回答称:"现正办理团防,似不便为该国支应。"言外之意,既要率领团练与外国作战,又要照顾外国人的饮食,两项工作实在自相矛盾。最终,虽然没有落实到制度层面,但官府决定以商人的名义购买食品送到船上,由道台出资 2000 两。①

不过,张锦文还是认识到成立专门机构的必要性,遂于四月十六日在锅店街开设支应局,还设立了分局。领导支应局的是生员辛荣。据说他曾前往外国船告知外国海军军官"我有供亿,尔毋惊扰"。② 我认为,支应局是为了避免外国兵与居民发生纠纷而设立的缓冲机构。

张锦文的政策得到了商人的支持。四月十四日,锅店街等街区的商人愿每户出钱 100 缗,不过张锦文表示目前自己尚能支撑,婉拒了众人的好意。③ 二十一日,王敬熙亲自带钱 2000 缗到张锦文处,希望以此作为"支应"经费。王敬熙家世代均为大盐商,平日多有"善举",在本地颇有名望。④ 但张锦文坚辞不受,表示:"各街铺户亦有此举,业经力辞,缘自咸丰三年襄理军务以

---

① 《张公襄理军务纪略》卷三,第 18 页。
② 民国《天津县新志》卷二一之三《人物》;佚名:《天津夷务实记》,《第二次鸦片战争》第 1 册,第 484 页。
③ 《张公襄理军务纪略》卷三,第 19 页。
④ 民国《天津县新志》卷二一之四《人物》。

至今日,所有一切需项,从未捐及众人。来意虽美,断不敢改途易辙。"①盐商杨长源送钱1000缗,也被张锦文拒绝。"自四月十一日以后,来局送钱者不一而足,屈指核计,不下万余缗之多,均经力阻未收。当总局初立时,虽领有库款,嗣后库款支绌,若非独力承办犹可说也,既办理至今,虽将家业荡然,亦所弗恤。如半途复取贷于人,将初意之谓何?"②

在这之后,外国人经常上岸,居民开始紧张起来。③张锦文漫步街头,看到几十人聚集议论,其中一人大声说道:"众人皆宜商议妥协,联为一气,待外邦人来,即行杀戮。"再走几步,马上又遇到几十人持相同议论。张锦文询问原因,众人异口同声答称:"外邦人时由此地来往,恐其入院搅扰,故为此议。"但再加追问,则发现实际上并未发生过私闯民宅之事。张锦文因此劝导众人,若触怒各国,外国人势必大批到来,根本无法抵挡,指示居民若有人闯入家中,就将该人绑赴总局,万不可肆意妄为。④

关于居民与外国兵的关系,总督谭廷襄也有如下报告。

> 伏思夷船初到,即以钱物诱我贫民,其时大众惊惶,纷然迁徙,或求罢战,或求通商,群议汹汹,已将瓦解,经臣

---

① 《张公襄理军务纪略》卷三,第31页。
② 《张公襄理军务纪略》卷三,第34页。
③ Laurence Oliphant, *Narrative of the Earl Elgin's Mission to China and Japan in the Years 1857, '58, '59*, Vol. 1 (Edinburgh: William Blackwood and Sons, 1859), pp. 377-383.
④ 《张公襄理军务纪略》卷四,第5~6页。

设法抚定，渐次安集。而游手无业之辈，转与该夷交接，毫无畏惧，臣恐其联络勾结，即令张锦文等设一公局，代买食物，不准夷人上岸，亦不准民人登船，各自稽查。其初尚能遵守，迨后夷使居住望海楼等处空房，未免有跟随乘便闲行者，复令兵民随地拦阻，亦即回去，并未抗拒。

前有俄国之人，在东浮桥与铺民争闹，捆送该夷责惩。昨有英、佛之人，强进民房，被剥衣帽逸去。今又有在金家窑滋扰，及占用望海楼后回民房屋数间之事，该民人皆怀忿恨，诚恐因此即肇衅端。①

在其他奏折中，谭廷襄报告称："民间忿忿不平，好事之徒，因而从中簸弄，称欲争闹，希图有事，乘机抢掠。"②设立支应局原本就是为了尽量减少与外国人的接触，但外国人要求上岸休息，与居民发生摩擦在所难免，官府和张锦文等本地实力人士都担心细小纠纷演变成军事冲突。此外，由于无业游民容易被外国利用，官府和张锦文便从中挑选强壮者充当"勇目"、供给口粮，由此将他们纳入张锦文的领导，听其管理。另外，土匪则必须彻底镇压。③也就是说，对于能够被招安而入团练的人给予薪饷、加以管理，力图实现团结一致，对于不接受招安之人则予以

---

① 《谭廷襄奏》（咸丰八年五月三日），《第二次鸦片战争》第3册，第405~406页。
② 《谭廷襄奏》（咸丰八年五月七日），《第二次鸦片战争》第3册，第414~415页。
③ 《谭廷襄、宗纶奏》（咸丰八年四月二十四日），《第二次鸦片战争》第3册，第364~365页。

彻底镇压。

五月中旬，当事各国在停战条约上签字，外国船舰渐次离去。二十八日，支应局撤销。六月一日，有关人员在商团铺民总局所在地朝阳观集合，沐浴焚香、举行酒宴，随后解散。众人还捐资重新粉刷朝阳观庙宇，以此感谢神灵护佑。① 剩下的问题就是如何填补为"支应"而从官库中暂时拨出的20余万两。官府和张锦文商定设立"义馆"，以关税附加款的形式在义馆收捐。此外，对于店铺的经营和房租收入也规定了应缴纳捐的数额。这样一来，支应局的支出就成了向商人征收厘金的起源。②

基于上述功绩，张锦文申请了"带勇首事"的虚衔，并请准佩戴顶戴。最终，上谕指示赐予花红（奖金）和匾额，③张锦文从总督处得到了花红和"尚义可风"字样的匾额。④ 此外，张锦文之子、候补道张汝霖加授盐运使衔，同知衔知县辛荣加授盐运使运同衔。⑤ 与他们相比，费荫樟则不仅因为团练资金问题引发物议、名声败坏，还因为战败被追责，革职发军台（专门负责送递军事情报的驿站）效力。⑥ 张锦文和费荫樟二人黑白分明的命运首先源于二

---

① 《张公襄理军务纪略》卷四，第17页。
② 郝缙荣：《津门实纪确对》，《第二次鸦片战争》第1册，第582页；《津郡劝办厘捐章程》，《四国新档·英国档上》，第763~766页；罗玉东：《中国厘金史》，商务印书馆，1936，第392~397页。
③ 《桂良、花沙纳奏》（咸丰八年五月十九日），《四国新档·英国档上》，第615页；《上谕》（咸丰八年六月十四日），同前书，第670页。
④ 《张公襄理军务纪略》卷四，第26页。
⑤ 《上谕》（咸丰九年十一月一日），《四国新档·英国档上》，第1083页。
⑥ 《上谕》（咸丰八年九月六日），《四国新档·英国档上》，第740页。

人对团练作用的认识差异。除此之外，能否在公正使用捐款问题上赢得居民信任也是团练成功不可缺少的条件。

四 第二次鸦片战争的结束和张锦文的活动

天津并没有就此重获平静。随着军事局势的再度紧张，张锦文于咸丰九年（1859）一月八日再次受官府委托在朝阳观设局组建团练。提交给官方的练勇名单称67局共配勇2700名。① 署理直隶总督文煜在奏折中指出，组建团练尤需地方官鼓励，如此则"绅民自必踊跃急公，可收众志成城之效"，报告称天津现有张锦文等组织的铺勇3000余人、黄慎五等组织的民勇3000余人。② 我认为，所谓"铺勇"和"民勇"只是名字有别，性质实属相同。

咸丰十年（1860）夏，英法联军再次来袭。危机感高涨之时，团练于六月二十八日招募壮勇8500名、铺勇2000名，所需粮饷费用3000余缗由张锦文垫付。③ 根据长芦盐政宽惠和盐运使崇厚的上奏，唐儿沽被占后，天津人心颇为震动，经将弁兵勇瞭望严防，又雇募乡团联络户勇、铺勇合力保卫，人心已经稍定。铺勇3000余名由商民会同管理，昼夜巡视。④

---

① 《张公襄理军务纪略》卷四，第27~30页。
② 《文煜奏》（咸丰九年三月二十一日），《四国新档·英国档上》，第914页。
③ 《张公襄理军务纪略》卷五，第4页。
④ 《宽惠、崇厚奏》（咸丰十年六月三十日），《第二次鸦片战争》第4册，第475~476页；《宽惠、崇厚奏》（咸丰十年七月五日），《筹办夷务始末·咸丰朝》卷五六，故宫博物院，1929~1930。

外国舰船抵达天津附近后，总督于七月九日指示张锦文再次设立支应局，却遭张锦文拒绝，理由是"团练铺勇，原为保守地方，势难支应外国。至八年办理支应，皆因该国初次来津，可以宾礼待之，将其羁縻出口。今该国仍不稽服，支应断难再办"。张锦文一再固辞，只得由辛荣出面主持。不过张锦文最终还是接受了辛荣等士绅和知府石赞清的请求，同意负责"支应"工作。① 二十五日，英法要求代雇兵车，张锦文以此要求乃为"带兵北上，意在交锋"，拒不从命。此后辛荣同意接手此项工作，张锦文遂提交禀文申请辞去支应工作，但被官府挽留。②

此时，京官中又有人高度评价团练的战斗力，高唱主战论。工科给事中何璟在奏折中称"天津民团，素称勇悍，此次不甚联络者，以朝廷议战未决，不能鼓其群力耳"，提议明文规定奖赏标准，如能取外国兵首级者赏银50两。③

不过，铺勇局在这一时期的工作其实主要是取缔犯罪活动。例如，七月十七日，北门内的地保报告称"土棍张广来挨铺醵敛，持刀吓人，不服弹压"，铺勇局遂派人逮捕他送交县衙处罚。二十四日，听闻院门口桥夫讹诈过往商船，遂派勇前往查办，将该桥夫拿获，连同收缴武器一并送县。八月二日，两名妇女来局报称有人因借贷不遂，抢去二人包袱、银镯、衣服等物，铺勇局于是饬人送县讯办。四日，民人刘六来局报称张万成闯入自家抢

---

① 《张公襄理军务纪略》卷五，第7~8页。
② 《张公襄理军务纪略》卷五，第11~12页。
③ 《何璟奏》(咸丰十年七月二十九日)，《筹办夷务始末·咸丰朝》卷六一。

去财物，铺勇局审讯张万成后认为他不似抢夺者，由王盛林等作保释放。七日，武生常国瑞报称"穆四讹索，未允即行，辱骂殴打"，铺勇局于是当即拿获穆四送县讯办。① 由此可见，铺勇局负责处理地方社会内部的事件，特别是伴有暴力行为的纠纷。另外值得注意的是，不只是铺勇局积极维持秩序，本地居民也主动向铺勇局申诉。虽然正规的调查和处罚都要交由县衙处理，但正如八月四日的张万成事件所示，铺勇局也会根据自己的判断平息事件。换言之，张锦文领导的铺勇局实际上承担了县衙的治安维持工作。

九月三日，张锦文被恭亲王等召至北京，暗中推动和议谈判。② 随着和平的最终到来，支应局于十月七日撤销。十二月十日，张锦文将象征指挥权的"令箭"归还总督，宣告团练工作结束。③

如上所述，张锦文作为铺勇组织者发挥了很大作用，致力于维持地方秩序的稳定，还充当了与外国谈判的中间人。《张公襄理军务纪略》是为了彰显张锦文的功绩而编，当然会有意强调他个人的工作，但对比同时期的奏折可以确认张锦文的确颇有作

---

① 《张公襄理军务纪略》卷五，第 10~11、16~17 页。
② 《办理抚局：恭亲王札张锦文》（咸丰十年九月三日），《四国新档·英国档下》，第 366 页。关于此点，可参照 Masataka Banno, *China and the West, 1858-1861: The Origins of the Tsungli Yamen* (Cambridge, MA: Harvard University Press, 1964), pp. 181, 314. 辛荣同样被传召到了北京。《办理抚局：恭亲王札天津知府石赞清》（咸丰十年九月二日），《四国新档·英国档下》，第 366 页。办理抚局，见前书第 357 页。
③ 《张公襄理军务纪略》卷六，第 15、24~25 页。

为。这应当是源于他与官府的良好关系及足以支持庞大开支的财力。

不过，我们也不能忽视张锦文之外的其他团练领导者。前文已经提到，黄慎五为民勇组织者，麾下人数与张锦文不相上下。李春城也颇为活跃，地方志记载称"张汝霖（张锦文之子）专率'铺团'，春城专率'民团'"，①论功行赏时他获授花翎，官至刑部员外郎。黄慎五和李春城都从事盐业，太平军来袭时亦曾出头领导团练。很难想象铺团、民团会有本质上的差异，二者应该是名义不同的同类组织。张锦文并非天津团练的唯一最高指挥者，其他二人作为本地实力人士，所领导的团练活动当与张锦文势均力敌。不过，这些武装集团都被归入护持王朝的"大义"，再加上外敌来袭的紧张感持续存在，这才没有出现相互斗争的局面，而是同时并存。

在保卫地方安全的过程中，也有人批评张锦文在面对外国时态度软弱。②受托给外国提供食物时张锦文表现出不情愿的态度（或是《张公襄理军务纪略》有意强调这一点），大概正由于此。罗振玉在《张公襄理军务纪略》的跋（1915）中写道："其为各国供张，以免乡里一时焦烂，于乡里则益，于大义则非。"可以说，罗振玉的这段评语明确揭示了张锦文为保全地方而采取的种种措施

---

① 光绪《重修天津府志》卷四三《人物》。
② 吴惠元：《天津剿寇纪略》，同治《续天津县志》卷一七《艺文》。高凌雯：《志余随笔》卷四，1936年刻本，第28页（中国社会科学院近代史研究所近代史资料编辑室编《太平军北伐资料选编》，齐鲁书社，1984，第494页也引用了该史料）；郝绍荣：《津门实纪确对》，《第二次鸦片战争》第1册，第582页。

与京官高举"大义"的主战论之间的潜在分歧。

张锦文于光绪元年（1875）七月二十七日去世，享年81岁。翌年附祀在谢子澄（天津知县，与太平军作战时殉职）祠中，之后又为他建了独立的祠堂。①

* * *

天津的团练在接踵而至的军事危机中应运而生。危机之下，官府自然不得不与起义军和外国军对峙，但本地的实力人士为什么会愿意参与组建团练？既然事关地方防卫，本地人士有此举动也属理所应当。不过，还应该注意的是，帮办团练也是获取荣誉的机会——负责人不但能获赏品级和虚衔，还能提高在本地的社会声望。此外，军费紧缺导致官府强行索要捐款，款项用途又不透明，在此情况下还不如亲自出马组织、自费招募兵勇，以此确保在地方防卫中的发言权。正是因为这一理由，几位本地实力人士才会各自为政地组建团练，各个团练组织没能被置于统一的指挥系统之中，而是以多种名义分散存在。

我认为不应当把本地实力人士的团练事业视为地方主义的温床。首先，他们在论功行赏时频繁请求品级和虚衔，而这些都是王朝秩序内部的位阶上升。将维持本地治安视为第一要务的张锦文与称颂团练足以护持王朝的京官之间的确存在认识上的巨大分

---

① 《张公建祠志》，光绪三十一年石印本，天津图书馆藏。

歧，但即便是京官也认同应当由"绅"而不是"官"来组建团练，这就让地方实力人士在团练中的主导地位得以正当化。从这一意义上来说，团练护持王朝的理论在很大程度上规定了当时的实际政治情况，并且也起到了将各个分散的团练组织聚拢在同一目标下的效果。我认为，团练的防卫活动的确以天津城附近的人口密集地带为中心，但这些活动并非源于罗威廉所主张的城市自治体意识。

在考察团练的组织特征时，应当注意到警戒对象被设定为"汉奸"。此处所谓的汉奸大概是指里通外国军或太平军者。正如"五方杂处"这一描述所示，天津应该潜伏了不少视情况变化而选择与外部势力勾结、破坏社会秩序的不安定分子。应招加入团练者"多系无产贫民。乏食则相聚为非，足食则可期御侮。是募勇而兼除劫抢之患也"。① 由此可知，团练的策略就是尽可能地吸收不安定分子，至于无法吸收者则毫不留情地予以镇压。

从本章所举的事例可以看出团练组织的两种类型。一种是以近邻关系为基础的自卫组织，《津门保甲图说》中描述的与保甲互为一体的团练即是典型一例。第二种则以第二次鸦片战争时费荫樟率领的团练为代表，这类团练与近邻无关，而是依靠招募和派遣。这两种类型的中间状态，就是分"段"设"局"，以此作为团练的末端管理机构。本章的研究范围为两次鸦片战争之间的 20 年，仅在这一时段内，天津城周边的"局"数就从 20 局（道光二十二年）

---

① 《张公襄理军务纪略》卷三，第13页。

增加到28局（咸丰三年）、54局、64局（咸丰八年）和67局（咸丰十年）。各局的名称并非来自地名，而是源于"志诚力果""刚毅壮勇""保卫乡闾"①等抽象理念。从这些事实可以推测，"局"并不对应固定的地区，而是根据实际需要而不断加以重组的集合体。我认为，或许是由"首事"主导"局"这种行动方式促进了集合的实现。

团练是人心团结的体现——类似说法常被视为史料中的套话。这样的说法表达了要将"五方杂处"的社会拧成一团、领向同一个方向的决心，但问题是为什么这样的修辞总是被特意与团练联系在一起？设立"局"这一行为本身就与人心团结密不可分，最终目的是以此作为实现"众志成城"的途径。②但这样的团结只有依靠大量经费的投入和紧张局势的不断延续才能维持。正因如此，天津的团练才不可能也没必要发展成长期性组织。与其说团练是一种城市自治体，倒不如说它是为应对"五方杂处"的社会状况而暂时参与制造"众志成城"的状态。

第二次鸦片战争后，天津的防卫由练军和淮军（李鸿章就任北洋大臣之后）负责，③日常的巡逻和调解组织则被重组为"乡约

---

① 《张公襄理军务纪略》卷五，第3~5页。
② 在这一点上，我觉得团练的性质与寺田浩明提出的"约"的原理类似。寺田浩明「明清法秩序における「法」の性格」『アジアから考える「四」社会と国家』東京大学出版会，1994。
③ 王尔敏：《"练军"的起源及其意义》，氏著《清季军事史论集》；王尔敏：《淮军志》，中研院近代史研究所，1967，第354~365页。

局"或"守望局"。① 不过在新危机到来之时,团练和类似的组织还会出现。

---

① 光绪《重修天津府志》卷二四《公廨》;羊城旧客:《津门纪略》(光绪二十四年)卷二亦称保甲分局和道光年间一样为20局。羊城旧客:《津门纪略》,天津古籍出版社,1986,第14页。此外还可参照陈克《十九世纪末天津民间组织与城市控制管理系统》,《中国社会科学》1989年第6期。应该注意,在其他地区,团练组织已经发展成了常设的地方行政机构。参照西川喜久子「順徳団練総局の成立」『東洋文化研究所紀要』105册、1988年;山本進「清代四川の地方行政」『名古屋大学東洋史研究報告』20号、1996年。

第二章　火会与天津教案

第二次鸦片战争后清朝允许基督教在内地传教，欧美传教士的活动在地方社会掀起种种波澜，各种有关基督教的纠纷（特别是反基督教活动）被统称为"教案"，在全国各地接连发生。① 这其中，无论是清朝一方还是欧美一方都视为重大事件的是同治九年五月二十三日（1870年6月21日）发生的天津教案。在这次事件中，法国驻天津领事被民众杀害，此外还导致多人丧命、许多建筑物遭

---

① 关于清末教案的综合性研究，参见 Paul A. Cohen, *China and Christianity: The Missionary Movement and the Growth of Chinese Antiforeignism, 1860-1870* (Cambridge, MA: Harvard University Press, 1963); 吕实强《中国官绅反教的原因》，中研院近代史研究所，1966；李恩涵《同治年间反基督教的言论》，李恩涵《近代中国史事研究论集》，台湾商务印书馆，1982；孙江《十字架与龙》，浙江人民出版社，1990。此外，芮玛丽（Mary Clabaugh Wright）认为，天津教案与同年阿礼国协定的失败共同标志着同治中兴的结束。Mary Clabaugh Wright, *The Last Stand of Chinese Conservatism: The T'ung-Chih Restoration, 1862-1874* (Stanford: Stanford University Press, 1957), pp. 295-299.

到破坏。事件的严重性使天津教案在众多教案中尤为引人瞩目,已有不少研究成果。这些研究主要考察这起教案发生后的外交谈判,不少文章还关注了清代的统治结构和政治文化。随着研究的深化,更多史料被挖掘出来。①

以往研究的基本态度是将天津教案视为诸多教案的例子之一(或者说是典型例子)。这种研究视角自是理所应当,但没有充分关注此事件所处的天津史的历史脉络。这种研究视角的缺失导致暴动的原因仅被归结为无业游民的存在和一般的排外心理,尤其是很少有人注意到被称为"火会""水会""水火会"的消防组织其实是天津教案发生的重要原因。一个例外是刘海岩、罗澍伟的研究。② 我认为,要讨论天津教案相关的各个宏大议题,首先需要基于天津史视角的研究成果,对这一事件本身进行详细考察。

本章的着眼点是火会。该组织已经在以往的城市社会组织研究中得到了不少关注,但不同时代和不同城市的火会其实有很大

---

① 野村政光「天津教案に就いて」(『史林』20卷1号、1935年)是重点考察外交交涉的专门论文。John K. Fairbank, "Patterns behind the Tientsin Massacre,"[*Harvard Journal of Asiatic Studies*, Vol. 20, No. 3-4 (1957)]抽象概括了天津教案的发生模式,富有启发。王斗瞻的《一八七〇年天津教案》(《近代史资料》1956年第4期)是有益的史料介绍。吕实强的《扬州教案与天津教案》(林治平主编《基督教入华百七十年纪念集》,宇宙光出版社,1977)利用总理衙门档案和英国外交文书很好地厘清了史实。唐瑞裕的《清季天津教案研究》(文史哲出版社,1993)大量引用了台北"故宫博物院"所藏的军机处档案。

② 刘海岩:《天津教案述论》,《南开史学》1986年第2期;刘海岩:《有关天津教案的几个问题》,四川省近代教案史研究会、四川省哲学社会学学界联合会合编《近代中国教案研究》,四川省社会科学院出版社,1987;罗澍伟主编《近代天津城市史》,中国社会科学出版社,1993,第297~302页。

差异，不可一概而论。① 例如，19 世纪的汉口，消防由专业人士负责，② 但如下文所述，天津的火会基本上是一个业余团体。有鉴于此，我认为尽力探明天津火会的组织特性十分必要。

本章的目的并不在还原天津教案的完整经过，而是重点考察火会如何参与教案及这种参与行为的意义。以下将首先概述天津教案的大致过程，进而具体探讨有关火会的史料及其意义。③

一 事件概要

为了管理第二次鸦片战争后新开设的通商口岸牛庄（实际是营口）、天津、登州（后改为芝罘），清朝任命崇厚为三口通商大

---

① 今堀誠二『北平市民の自治構成』文求堂、1947；William T. Rowe, *Hankow: Conflict and Community*, pp. 163-168；堀地明「明末福建諸都市の火災と防火行政」『東洋学報』第 77 卷第 1・2 号、1995 年；高嶋航「水竜会の誕生」『東洋学報』第 56 卷第 2 号、1997；莫振良：《清代城市的消防组织》，《城市史研究》第 19、20 合辑，天津社会科学院出版社，2000。

② Rowe, *Hankow: Conflict and Community*, p. 166.

③ 除天津地方志外，本章频繁提及的史料主要为庄吉发编的《先正曾国藩文献汇编》（台北"故宫博物院"，1993）收入的影印军机处档案；中研院近代史研究所编《教务教案档》，中研院近代史研究所，1974~1980；Great Britain, *Parliamentary Papers. China No. 1 (1871). Papers Relating to the Massacre of Europeans at Tien-tsin on the 21st June, 1870* (Harrison and Sons, 1871), hereafter abbreviated as *PRMET*; Great Britain, Foreign Office Archives, FO 228/496 (China, Embassy and Consular Archives, Correspondence, 1870, Tientsin); United States, Department of State, *Papers Relating to the Foreign Relations of the United States, 1870* (Washington, D. C. : Government Printing Office, 1870), hereafter abbreviated as *FRUS, 1870*; United States, Department of State, *Papers Relating to the Foreign Relations of the United States, 1871* (Washington, D. C. : Government Printing Office, 1871) , hereafter abbreviated as *FRUS, 1871*.

臣（驻天津），① 各国则在天津派驻领事，英国、法国、美国在稍稍远离天津城的海河沿岸紫竹林开设了租界。②

在诸国中，法国成为天主教的后盾。除租界之外，法国领事丰大业（Henri Victor Fontanier）还获得了海河和大运河交汇点附近的望海楼（乾隆帝行幸过的历史名胜③）及相邻的崇禧观所在地的永租权，占地面积总共五亩有余。望海楼被定为法国领事馆，崇禧观则被拆毁，在其旧址上新建了教堂，同治八年底开始举行礼拜，取名为圣母得胜堂（Notre-Dame des Victoires）。此外，法国原本还希望将望海楼西面的望海寺作为仁爱会（Sœurs de la charité）修女的宿舍，但被总理衙门拒绝。修女们在临时住所短暂借居后转移到海河右岸靠近城东门的地方居住。这个居住地就是日后引发问题的慈善机构"仁慈堂"，该堂负责收养孤儿、诊疗和施舍药品。④

---

① 《上谕》（咸丰十年十二月十日），《筹办夷务始末·咸丰朝》卷七二。
② 张洪祥：《近代中国通商口岸与租界》，天津人民出版社，1993，第130~144页。
③ 嘉庆《长芦盐法志》卷一九《营建、庙宇》，嘉庆十年刻本。咸丰八年（1858）第二次鸦片战争时，乘船来到天津的英国使节曾因天气炎热、船上人员过多而转移到望海楼。《天津夷务实记》称望海楼是乾隆帝宴请盐商的场所，还保留有当时的御座，批评英国人的举动"殊属大失天朝之体制也"。《第二次鸦片战争》第1册，第483~484页。可以推测，基于同样的认识，法国在第二次鸦片战争后将望海楼改作他用的行为也引起了反感。
④ 《直隶天津法租望海楼及拟租望海寺案》，总理各国事务衙门清档，中研院近代史研究所档案馆藏，档号：01~18、69函69宗四册；Henri Cordier, *Histoire des relations de la Chine avec les puissances occidentales, 1860-1900*, Tome Ⅰ (Paris: Félix Alcan, 1900), pp. 347-348；赵永生、谢纪恩：《天主教传入天津始末》，《天津文史资料选辑》第2辑，天津人民出版社，1979；赵永生：《天主教传入天津》，天津市政协文史资料研究委员会编《天津租界》，天津人民出版社，1986；赵永生：《天主教

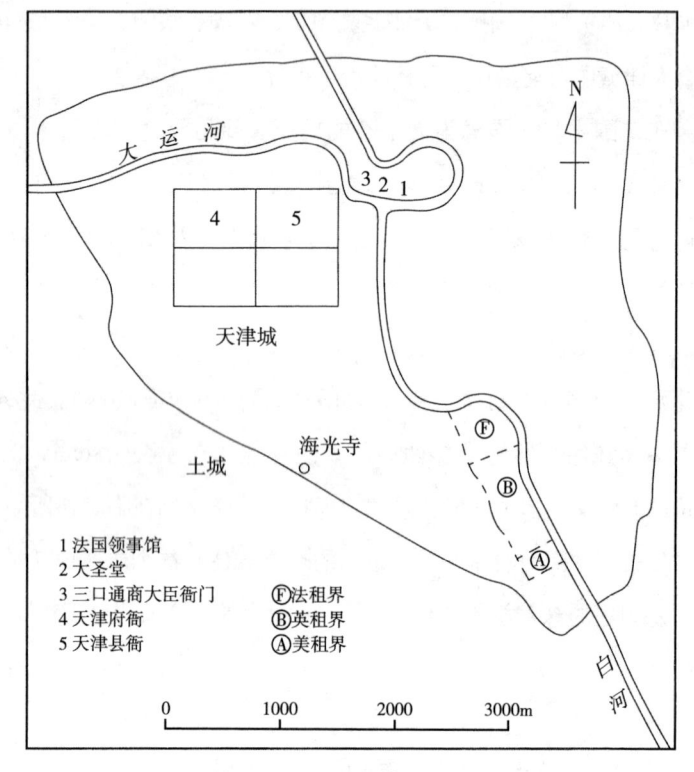

图 2-1　1870 年前后的天津

资料来源：Cordier, *Histoire des relations de la Chine avec les puissances occidentals,* p. 370.

新教传教士为了传教不满足于仅停留在租界内，希望在天津城内或附近地区设立据点。卫理公会（Methodism）的殷森德

传行天津概述》，《天津宗教资料选辑》第 1 辑，1986。关于修女们在天津的活动，以下图书（东洋文库藏）有详细记录。(J. Capy), *Notices et documents sur les prêtres de la mission et les filles de la Charité de S. Vincent de Paul, ou les premiers martyrs de l'œvre de la Sainte-enfance* (Péking: Typographie du Pé-t'ang, 1895). 宋乐山《仁爱会修女的事业》(《天津宗教资料选辑》第 1 辑) 为这份文献的摘译。

（John Innocent）在致其妻的信中写道，租界位于天津城外两英里处，但"传教士实在喜欢居住在人们中间"。① 他的这一描述应该反映了所有传教士的想法。咸丰十一年（1861），殷森德在北仓建立教堂，但他认为地方狭窄，遂又于同治元年（1862）在天津城中心的鼓楼附近建立了教堂。② 由此可见，传教的热情驱使传教士增加与居民的接触。

崇厚的奏折可以帮助我们了解天津教案的大致经过。同治九年（1870）气候异常，天津府因连日干旱，在五月十七日天降甘霖前一直无法播种。③ 或许是旱灾引发了恐慌，天津开始流传奇异的谣言——一说有人用药将幼儿迷晕后带走，一说孩子的尸体被抛弃在义冢，一说尸体乃是教会所扔，甚至有人说天主教徒将人挖眼开胸，但所有传闻都没有证据证实。在此期间，两名拐卖幼儿的犯人被官府逮捕处死，此事件助长了谣言的传播。最终，数名与教会有关者被怀疑为犯人，由民众扭送到官府。其中一人名叫武兰珍，他供述称此事和教会中的王三有关，民间舆论因此沸腾。道台周家勋无法坐视不理，在和法国领事丰大业协商后，与知府张光藻、知县刘杰一起将武兰珍带到教会调查，但事实尚未弄清楚道台就离开了。其后，前来看热闹的群众和教会人员发生冲突，官府派出武官

---

① John Innocent to Mrs. Innocent, 6 April 1861, G. T. Candlin, *John Innocent: A Story of Mission Work in North China* (The United Methodist Publishing House, 1909), pp. 72–73.

② Candlin, *John Innocent*, pp. 95–96.

③ 《崇厚奏》（同治九年五月十九日），军机处档案，台北"故宫博物院"藏，档号：101286。

暂时平息了局面，但丰大业气势汹汹地冲到崇厚的衙门并在崇厚面前拔枪射击。崇厚以"民情汹涌，街市聚集'水火会'已有数千人"为由劝丰大业不要外出，但丰大业称"我不畏中国百姓"，径直走出衙门，途中遇到从教堂归来的知县，再次举枪射击。目睹此景的民众群情激昂，将丰大业殴打致死。此后不知是谁敲响了铜锣，循声而来的人们连续袭击了得胜堂、仁慈堂等，包括中国人和外国人在内的多名天主教徒遭杀害。[①]

这一事件因法国领事身亡而演变成重大外交事件，军事局势一时高度紧张。但众所周知，1870年法国在普法战争中失利，拿破仑三世垮台，无力再与清朝开战。最终，事件以清朝处罚有关人员、支付赔偿、派崇厚赴法国谢罪而告结束。[②]

二　火会对天津教案的参与

火会的起源

崇厚在报告中称他曾警告丰大业"民情汹涌，街市聚集'水火会'已有数千人"。这里所说的水火会究竟是什么组织？根据嘉

[①] 《崇厚奏》（同治九年五月二十五日），《筹办夷务始末·同治朝》卷七二。实际上死亡者还包括三名俄国人，不仅是天主教徒。唐瑞裕《清季天津教案研究》（第161页）也有死亡者一览表。

[②] 林乐知：《使法事略》，王锡祺编《小方壶斋舆地丛钞》第11帙，光绪二十三年上海著易堂排印本；Knight Biggerstaff，"The Ch'ung-hou Mission to France, 1870–1871," *Some Early Chinese Steps toward Modernization* (Chinese Materials Center, Inc., 1975); originally published in *Nankai Social and Economic Quarterly*, Vol. 8, No. 3 (1935).

庆《长芦盐法志》卷一九和同治《续天津县志》卷八中有关救火会的说明，其发展过程可大致总结如下。

由于火灾频发，贡生武廷予于康熙年间创立了同善救火会，这是天津火会的起源。雍正初年盐政莽鹄立出资捐赠了救火用具，此后立会者不断增加，火会多达40局。火灾发生时鸣锣集合，会员半数为携带商品走街串巷的小贩（"负戴贸易之人"①），一闻锣声即奋勇奔赴现场，货物则由街坊代为看管。每年春季或秋季，各局首领（"首善"）设宴招待捐资的士绅、铺户和救火人员（"武善"）。各会购置号服、器具、灯火等设备需要大量资金，除依靠捐款外，长芦盐运司库每年拨款千余两。②

不过，救火会的作用并不仅限于灭火。第一章已经提到，鸦片战争爆发的1840年，英国舰船北上至天津附近的海河河口大沽。此后英军虽一度南归，但天津周边的海防仍紧张。作为其中一环，天津城的警备也得到了强化。

本地土著民人，年力强壮，俱由该镇将验明收伍，发给

---

① "负戴"一词为惯用语，在《孟子》"梁惠王上"中也有出现。"负"指背，"戴"即顶在头上，但在清代，只有西南民族才有将物品顶在头上的习惯。赵翼：《陔余丛考》卷四《负戴》。

② 根据光绪十年初刊刻的张焘《津门杂记》卷上《水会》，每年春秋两季都会上演大戏祭祀赤帝真君、犒劳"伍善"的众人，称为"摆会"。此外，根据阎润芝、李维龙的《天津脚行的始末》（《天津文史丛刊》第4期，天津市文史研究馆，1985），参加水会者多是小商人，最初主要是防火，此后也从事运输业。关于火会，还可参考陈连生《天津早年的水会》，《天津文史丛刊》第2期，天津市文史研究馆，1984；Kwan Man Bun, The Salt Merchants of Tianjin, pp. 94-95；关文斌《文明初曙：近代天津盐商与社会》，第139~141页。

粮饷，趁此冬令赶紧训练，以期技艺纯熟。又天津城内向有绅商设立救火水局，素称齐心合力，约束有方，已据该地方官于此中挑选一千余人，派出官弁管带团练，并由官绅商民捐资，发给口食。此项人等皆勇敢良民，习于救火，缘墙附壁，手足便捷，捍卫城池足抵兵力。①

官府"召募救火会中义民，定期操演"，本地实力人士则开始组建团练，团练的旗帜亦模仿了水会旗帜的样式。②

1853年，面对日益迫近的太平军，天津加强了防备，除组建团练外还部署了"火会壮勇"，计划"倘有警报，一闻锣声，即可迎向前途，齐心抵御"。③

由上可知，火会有时也会和团练合作负责地方防卫。需要再次强调的是，正如同治《续天津县志》所述，火会的防火事业乃是依靠本地实力人士出资、路边小贩等下层民众以锣声为号组成机动部队④这种相互合作的方式运行的，这意味着在地方社会中存在着每个人都应力所能及地为本地做贡献的理念。正因如此，

---

① 《直隶总督讷尔经额奏》（道光二十一年十一月八日），《鸦片战争档案史料》第4册，第437页。
② 《设立义民局告示条规》，《津门保甲图说》。
③ 《文谦等奏》（咸丰三年九月十三日），《清政府镇压太平天国档案史料》第10册，第129~130页。
④ 火会的集合信号本来是摇动拨浪鼓（"鼗鼓"），由于第二次鸦片战争时团练采用这种发信方式，于是改为"鸣钲"。《张公襄理军务纪略》卷三，咸丰八年四月一日。我认为，这里所说的"鸣钲"就是其他史料中的铜锣。

当地方社会因外国军或太平军的来袭而陷入危机时,火会才能被立即转用为防御组织。火会和团练性质相似,在人员构成上也颇有重复。①

在此还想再讨论一下天津著名的无赖集团"混混"(发音为"混混儿",也称"混星子")。如后文所述,当时有议论称天津教案的犯人其实是混混,因此有必要厘清这个集团的性质及其与火会的关系。

> 天津郡城,地处海滨,民情强悍,向有一种无业之徒名为混混,成群结党专事斗狠,同屋而居,共爨而食,又号锅伙。其党羽众多,或把持行户,或讹索商民,稍不遂意,即纠众持械逞凶寻殴,甚至砸毁房屋,习为故常。且因咸丰三年粤匪窜扰天津,办理防剿,该匪等借端制造军械火器,撤防后收缴未尽。现即用以逞凶亡命争殴,几成闽粤械斗之风。②

这份奏折虽然用词含混,但从制造军械火器的叙述中可以推

---

① 陈克《十九世纪末天津民间组织与城市控制管理系统》(《中国社会科学》1989年第6期)也指出了这一点。王定安《求阙斋弟子记》卷一七(都门龙文斋光绪二年刊本)称:"天津旧有水火会,诸少年豪侠矜尚意气,不畏强御。咸丰初年,贼北窜。津郡士民倡团击退之,畿辅赖以保全。"王之春《国朝柔远记》卷一六(湖北书局,1896)也沿袭了这一看法。

② 《桂良等奏》(咸丰九年十月九日)(《宫中档咸丰朝奏折》第23辑,第231~236页)引用了直隶总督恒福的上奏。此外,唐瑞裕《清季天津教案研究》第20~21页也引用了该史料。

断,混混可能在太平军逼近天津时被招安进了团练。有回忆文章称火会有时会约请"袍带混混儿"出面筹办,但文章同时特意指出"袍带混混儿"热心地方公益事项,与流氓土棍之流并无联系,一般的混混不会参与火会这种无利之事。① 因此,我认为唐瑞裕仅凭上述奏折就认为无业游民众多是天津教案发生的重要原因之一,证据尚不够充分。② 根据关文斌的研究,混混之中确实有不少人参与了团练和火会,我赞同这一结论,③ 不过下文还是会将混混集团与火会这两个组织区别对待。

从西方史料看火会的参与

火会究竟在天津教案中扮演了什么角色?先来看看英国外交官搜集的信息。

英国驻天津临时领事李蔚海(William H. Lay)在给公使威妥玛(Thomas Francis Wade)的报告中引述了传教士理一视(Jonathan Lees)的证言。理一视称他曾听到为召集群众而鸣响的铜锣(gongs)声。

---

① 朱寿钧:《天津的混混儿琐闻》,《天津文史资料选辑》第31辑,天津人民出版社,1985。另可参照李然犀《旧天津的混混儿》,《文史资料选辑》第47辑,文史资料出版社,1964。

② 不过,如果只重视提交给北京的报告,必然会得出与唐瑞裕相同的结论(后述)。

③ 关文斌:《乱世:天津混混儿与近代中国的城市特性》,刘海岩译,《城市史研究》第17、18合辑,天津社会科学院出版社,2000。关于这一点,关文斌此前曾批评过拙稿,我的认识因此略有改变。

这些铜锣由火会（huo-hui）亦即灭火队（fire brigade）管理，在火灾和其他危机发生时敲响。一旦铜锣鸣响，全体天津居民都会出动，集合到某个指定地点。在此次事件中，我想他们已被提前告知集合地点。即便事先不知道，由于法国领事馆和大圣堂附近已经聚集了大批高声呼喊的群众，被召集的人们也能马上明白目的地的所在。①

此外，理一视和郝韪廉（William N. Hall）还听取了七位中国人（大概均为教徒）的证言。以下将介绍其中的重要部分。

［第一位证人］我听说过铜锣会叫来灭火组（fire-guilds）。我以前就听说过人们的打算，所以明白这次就是出于这个目的（袭击）。我没有去领事馆，但打砸医院（仁慈堂）时正好在场，就站在后门附近。可当时建筑物已经被火焰吞噬，修女们也已经被杀害。干这些事的就是灭火组。行动一结束他们就照常发出信号撤离了现场。

［第四位证人］用灭火铜锣（fire gongs）召集群众是天津自古以来的习俗，据我所知，这已经是第四次了。二十三日，我正在城东南角附近的家中干活儿时听到了锣声。据说人们蜂拥而往，但我不知道目的是什么。

［第五位证人］丰大业领事等人停留在崇厚衙门期间，民

---

① Lay to Wade, 28 June 1870, *PRMET*, pp. 32–34.

众前进到大圣堂，在那里杀害了一个法国人。领事等人走出衙门时已是群情激昂，他们在返回领事馆途中被杀，领事馆也遭到抢掠。当时铜锣向全市发出了号召，赶到浮桥的灭火组（fire-guilds）在那儿遇到了知县。知县称奉崇厚之命，禁止从南岸渡河。此时镇台陈大瑞恰好到来准备渡河，灭火组便和他一起过了河。不过当时河北岸的消防组已经杀完人了，他们就把房子点着了。①

美部会的山嘉利（C. A. Stanley）也向中国信徒打听了情况。

［信徒C的证言］我在10点前后听到铜锣声，看到街上的人们有点兴奋，就决定返回自己的礼拜堂。路上挤满了亢奋的人群，全都向东拥去。我注意到灭火的人们（firemen）带的不是水桶，而是武器。赶到镇台衙门对面时听到里面传出了喇叭声。武装起来的群众觉得这是个好兆头，开始高声威胁外国人，这些人几乎都是被叫作混星（hun hsing）的无赖。我还目睹了灭火的和卖水果的人们袭击礼拜堂等建筑。

［信徒D的证言］攻击那天，住在西郊、家境富裕的灭火组（fire company）头目向灭火组提供了大量的私藏武器，包括一百条长枪和很多大刀。

---

① Chinese Evidence as to the Massacre of June 21, 1870, *PRMET*, pp. 34–37. 不过，对照FO228/496中收入的相应史料，可知*PRMET*中所记的"five gongs"本应为"fire gongs"。

［信徒 E 的证言］灭火的人全都没带水桶，而是手持武器。有店家问他们"火灾在哪儿"，他们回答说："不是火灾，是去和天主教（Tien-chu-chiao）打仗。"镇台衙门的士兵、灭火的、附近的街坊都对我所属的位于仓门口的礼拜堂进行了破坏，尤其是对面卖水果的人们。①

还有遇袭俄国人的证言。据他说，他遇到了一支几十人组成的队伍，为首之人拿着一个能咚咚敲响的东西，似乎是着火时用来叫人的（avec une crécelle en mains, comme si'l appelait le people au feu）。这伙人全都手持棍杖、大刀、棒子等武器。被他们发现后，俄国人辩称自己不是法国人，因而得救，在消防队旗帜的保护下（sous la protection des pavillons du corpas des pompiers）被送回家中。②

通过以上证言，我们可以得出这样的结论：袭击大圣堂、领事馆、仁慈堂、礼拜堂等建筑的是以火会为核心的民众。以铜锣为号的集合方式与火会相同，队伍中也的确混进了混混。此外，两份证言都提到了卖水果之人。前文已经提到火会是街头小贩组成的机动部队，那么这些卖水果的可能也是火会的成员（这一点与后文所述的卖西瓜小贩吻合）。

鸣锣发信是暴动发展过程中的重要节点。一位居住在天津

---

① Report by the Rev. C. Stanley of the testimony of Christian C, D, E, *PRMET*, pp. 110-114.

② Deposition of M. Néfédiew, *PRMET*, pp. 139-142.

的广东人在寄给身在芝罘的同乡的信中写道:"(崇厚衙门)外的人们认为钦差大臣受到了攻击,于是高声呼叫,鸣响铜锣,群众立刻从四面八方聚集而来。"① 此外,在一份或许是由天津临时领事李蔚海整理的备忘录中写道:"下午五点前后,天津的灭火队(fire-guard)像往常一样敲响铜锣(tam-tam),发出撤退信号。在完成对四所英、美礼拜堂的破坏后,暴徒们安静地撤退回家。"②

值得注意的是,如俄国证人所述,事件参与者中存在由头目率领、有一定之规的组织。即便遇到俄国人,在知道他不是法国人后反而给予保护,并不是无差别地盲目攻击。众人听到鸣锣发信后不带水桶而是手持武器前来,说明这次行动不是个别火会成员的临时起意,而是事先就有组织地进行过商讨。当然,过程中有人做出趁乱劫掠等越轨行为,尤其是混混也加入其中,但整体来看,这次事件还是由火会主导的有组织、有计划的行动。根据传教士郝韪廉从信徒A处听取的证言,行动的大前天该信徒所在地区的火会成员曾大量聚集在街头,鼓吹排外并谈论计划。③

不过,以上分析依据的都是西洋人或本土基督徒的记述,还有必要看看中文资料的记载。

---

① Summary of the Occurrences at Tien-tsin (written by a Cantonese at Tien-tsin, for the information of his Fellow-Provincials residing at Che-foo), *PRMET*, pp. 73-74. 这份文件错将三口通商大臣记成了钦差大臣。

② Chinese version of the Tien-tsin Massacre, 27 June, *PRMET*, pp. 74-76.

③ The Rev. W. N. Hall's Report of the Narrative of a Chinese (A) who witnessed the Massacre of three Russians at Tien-tsin, July 4, 1870, *PRMET*, pp. 104-105.

从中文史料看火会的参与

本章第一节已经介绍了崇厚关于火会的报告。就我所知,官僚在正式公文中指出火会参与行动,崇厚的这份奏折是唯一的。①以往研究过于轻视火会在行动中的作用,原因大概正在于此。

因此,本处想要分析一下事发当时正任天津知府的张光藻所写的两份文字。①张光藻致曾国藩幕友吴汝纶的信件。此信写于事件刚刚发生后,具有很高的史料价值。王定安《求阙斋弟子记》卷一七以行间小注的形式引用了这封信(以下略记为"张光藻信件")。②张光藻光绪二十三年(1897)刊行的《北戍草》中收入的《同治庚午年津案始末》。这篇文章带有很强的自辩色彩,但作为当事人的证言仍十分重要(以下略记为"张光藻《始末》")。②

张光藻在教案发生前一天对道台周家勋表示,负责调查武兰珍一案的知府、知县身后动辄有数百人随行观察调查进展,情势大不寻常。案发当天上午张光藻与知县一同赴教堂查验时,不安的人群已经大批聚集在教堂周围。张光藻在调查结束后将结果汇报给崇厚,随后返回知府衙门,午饭甫毕,忽闻街上鸣锣(张光藻《始末》)。另一份史料则记载,张光藻于当日未刻忽闻街上人声鼎沸,传闻民众在崇厚官署前和法国人打仗,各火会于是鸣锣聚众,前往帮助。张光藻立刻起身行至大街,将各街锣声喝住,随后便欲赶往

---

① 张光藻在事件发生后才因为曾命火会领导者维持治安而受到诘问,但火会是否参与了行动并没有被视作问题。唐瑞裕:《清季天津教案研究》,第84~85页。

② 关于此史料,参照刘民山《张光藻与〈北戍草〉》,《天津史研究》1986年第2期。

崇厚衙门。追出北门，发现人群拥挤，"满街皆是刀枪剑戟"。等到张光藻赶到事发现场时，丰大业已经被杀。事后得知，丰大业因不满百姓在天主堂外滋闹而闯入崇厚衙门开枪时，百姓已经怒极，各执刀枪齐集门外，又各处鸣锣邀集火会，各路民众如潮水涌来。丰大业不听崇厚劝阻径直走出衙门，但因崇厚派出两名员弁护送，两旁民人执刀怒视，犹未动手。不料丰大业在途中偶遇知县，突放一枪，众人于是忿极，一齐下手将其杀毙（张光藻信件）。

通过上述史料，我们可以再次确认火会的加入所具有的重要意义。张光藻本人也在事件报告的开头写道，"津郡水火会约有七十余处，每处约数百人，其中良莠不齐"（张光藻书信），由此可知当时的天津约有 7000 名火会成员。① 此外，他也记录了丰大业攻击崇厚时，"火会数十处"立刻集结（张光藻《始末》）。

正因如此，知府张光藻在善后处理时才会传集各火会董事，表示："此事起自仓卒，本无为首之人。其烧杀抢夺者多系混星，决不向尔等追问。"之前引用的记述已经表明张光藻本人承认火会参与了行动。之所以做此发言，是公开宣称董事们没有责任，以此让他们安心。张光藻还表态称："如法国执意复仇，尔等团练尚在，

---

① 虽然是后世史料，但富成一二『天津案内』（中东石印局、1913）第 107~108 页有如下记录。使用水泵的消防巡警出现后，水会被视为效率低下的组织，"此种消防义勇队原为乌合之众，秩序混乱，喧闹无常，弊害非浅。官府屡唱撤废，因其标榜与保甲同具长久之历史及义勇之美名，故难以骤废，只得勉为承认"。但值得注意的是，即便在此情形下，水会仍有近 5000 名成员。此外，四个组的名字取自"众志成城"一词，以示团结。众，东北隅，水会 14 处，义勇消防员 1800 人；志，东南隅，水会 14 处，义勇消防员 1800 人；成，西南隅，水会 7 处，义勇消防员 350 人；城，西北隅，水会 18 处，义勇消防员 970 人。

尽可拼死拼命，何所畏惧。"从他将董事改称"火会绅士"这一点也可看出，张光藻是想要表明对本地实力人士的免责和保护（张光藻信件）。提交朝廷的报告几乎都避免谈及火会，应该就是为了回避这些"火会绅士"的责任，抑或通过避谈火会来避免张光藻等地方官被追究管理责任。

法国公使罗淑亚（Louis Jules Émilien de Rochechouart）在致清政府的照会中指出，"现据天津来信来人，皆云天津事起由该处府县，并火会之匪徒，及积惯〔愤〕为恶之混星子等，难分泾渭"，①"知府在衙门闻听鸣锣，火会尽集，各带器械，预备放火杀人，烧毁公所教堂"②。但曾国藩、丁日昌、成林在上奏中谈及嫌犯时并没有完全坦白，只说"天津无赖之徒有称为混星子者"，③有意无视火会的参与，把事件的主要责任推到混混等无赖身上。④

至于暴动参加者的证言，目前能够读到的记录为以下四人。这四个人因为将三名俄国人错认成法国人而将他们杀害。

田二，天津河东四甲人，23 岁，卖鱼、糖豆、西瓜。

项五，天津河东四甲人，31 岁，挑夫。

---

① 《致曾国藩的照会》（同治九年六月九日），庄吉发编《先正曾国藩文献汇编》，第 5806~5808 页。
② 《照录译出罗淑亚送到天津滋事记》（同治九年七月二十六日），庄吉发编《先正曾国藩文献汇编》，第 5954~5966 页。
③ 《曾国藩、丁日昌、成林奏》（同治九年八月二十三日），庄吉发编《先正曾国藩文献汇编》，第 6087~6094 页。
④ 连张光藻信件也强调教案乃是自然发生，称："二十三日之事，变起仓卒，本无预谋纠邀之事，公忿皆同，数万人不期而集。"

段大，天津河东人，32岁，卖西瓜的。

张帼顺，天津河东药王庙后人，21岁，用工。

四人都是住在天津城附近的下层百姓，因工作而经常进城。他们是如何参与事件的？田二和项五都是听说外国人打官闹事后一时气愤，手持武器前去救援。段大听说法国人闹事，在门口探望时正好碰到外国人走过。张帼顺则是听到锣响后出来观看。四人均住在河东，供述中没有说他们互相认识。①

由于火会成员多是沿街售卖的小商小贩，所以这四人有可能并非一般商民，而是受火会组织。此外，根据别的供述，田二、段大使用的武器是西瓜刀，其余二人使用的则是团练用的大刀。② 考虑到团练和火会的成员有所重叠，我认为可以推测这四人应该和火会有关。史料中没有关于这一点的明确记述，应该是因为在制作供述书时有意隐瞒了火会的参与。

三　地方社会中的教案

义举和教案

同治《续天津县志》卷八的"义举"中有关于火会的说明，通观这一部分能够发现很多和天津教案密切相关的记述（以下略记为"县志义举"）。

---

① 《教务教案档》第二辑，第335~337页。
② 《教务教案档》第三辑，第203~206页。

第二章 火会与天津教案

天津教案发端于有关仁慈堂的谣言。慈善事业对天津人来说本不是什么新奇事物，天主教到来之前就已经有本地实力人士兴办过类似活动。比如，为收养穷人的弃童而成立了"恤孤会"，周自邠还向盐政徵瑞申请，在东门外设立了"育婴堂"（县志义举）。根据周自邠的传记，每年的经费从官库（应该是盐运司库）支出，育婴堂的实际事务则由他负责。① 此后管理盐商的"总商"严克宽继续要求盐运使支付各种社会福利事业的费用，同时亲自负责运营。② 至于医疗活动，据称"邑施药之家甚夥"（县志义举）。

开埠通商前，天主教就已派广东南海县人邱云亭到天津开设药店"善施药治"。③ 开埠后，北京教区主教孟振声（Joseph-Martial Mouly）将仁爱会的修女带到天津，让她们在此运营孤儿院和医院。当初她们被获准参观"育婴堂"，也获许开业，但不久就因天津百姓的反感而陷入困境。④ 设立于天津东关的仁慈堂，堂内有中国妇女、幼童百数十人，修女专以治病为名，故本地妇女多有因治病而入其教者（张光藻《始末》）。天主教在世界各地都开展类似

---

① 民国《天津县新志》卷二一之二《人物》。
② 光绪《重修天津府志》卷四三《人物》；民国《天津县新志》卷二一之四《人物》。
③ 根据天津知府石赞清的报告，第二次鸦片战争时加强戒备里通外国者，在此情况下没收了该药店的十字架和外文书籍、信件。《署理直隶总督谭廷襄奏》（咸丰八年三月四日），宫中档，中国第一历史档案馆藏，档号：帝国主义侵略类 225 案卷 1 号。此外，邱云亭是广东南海县人，专门为种痘而来到北方。《直隶总督恒福奏》（咸丰九年十一月十五日），《四国新档·法国档》，第 47~48 页。与此相比，天津善士的"牛痘局"则设立于同治六年（县志义举）。
④ (J. Capy), *Notices et documents sur les prêtres de la mission et les filles de la Charité de S. Vincent de Paul, ou les premiers martyrs de l'œvre de la Sainte-enfance*, pp. 197-218.

的慈善事业,但天津仁慈堂的活动始料未及地具有了直接对抗本地"义举"的一面①——如果义举从事者是通过"行义举"而获得威信,那么与"义举"相抗的天主教看起来就是在挑战这些"义举"从事者。以往关于清末教案的研究几乎都将教案发生的原因归结为天主教和乡绅之间的价值观差异,但我认为实际情况其实不止如此。二者活动内容的相似性才是引发摩擦的主要原因。

再来看看引发问题的谣言。这些谣言的内容似乎都意在表明天主教侵犯了"义举"的价值观,虐杀幼儿的谣言是典型一例。除此之外,本章引用的崇厚奏折中提到"有谓义冢内有幼孩尸骨暴露者",显然是指责天主教的丧葬方式有违人伦。这里所说的"义冢"就是"县志义举"中提到的"义地",由有志者捐资设立。同样被视为"义举"的还有让贫寒之家也能营办殓葬的"施棺"和"殓埋社",以及妥善掩埋被弃遗骸的"掩骼"(县志义举)。至于传教士用药迷昏幼儿的谣言则是在指责他们的治疗方式为"邪术"。②这些"不特愚民无知互相传播,即晋绅士族亦皆

---

① 曾国藩、崇厚奏称:"仁慈堂之设,其初意亦与育婴堂、养济院略同。"《曾国藩、崇厚奏》(同治九年六月二十三日),庄吉发编《先正曾国藩文献汇编》,第5816~5827页。这是在为仁慈堂辩护,但也能由此看出两机构的同质性。此外,虽然考察的地区不同,可参考渡边祐子「清末扬洲教案」『史学雑誌』第103卷第11号、1994年。

② 这样的谣言与历来描述"邪教"的内容一脉相承。泽田瑞穗『中国の民間信仰』工作社、1982、348-354頁;董丛林:《龙与上帝——基督教与中国传统文化》,三联书店,1992,第219~233页。此外,关于"邪教"和基督教的关系,可参考Daniel H. Bays, "Christianity and the Chinese Sectarian Tradition," *Ch'ing-shih Wen-t'i*, Vol. 4, No. 7 (1982)。

众口一词"①的谣言并非仅是荒唐无稽,而是与"义举"的内涵互为表里。

听信了这些谣言的群众聚集在教会周围,一再要求解放孩子。修女们感到了暴力的危险,同意接受五名委员的调查,但闻讯而来的领事将委员赶出了教会。② 暴动发生时仁慈堂内的约200名儿童被暴动参加者转移到知府衙门,受到善士们(benevolent men)的大力安抚。在善士们带着食物前来慰问时,孩子们握着他们的手道谢。③ 从仁慈堂转移出来的孩子立即成为"义举"的对象,这一点清楚表明了天主教的慈善事业与"义举"之间的竞争关系。

也有欧美传教士和外交官(如山嘉利、罗淑亚等)努力尝试证明本地实力人士参与了天津教案,但都没能提出令人信服的证据。管见所及,没有史料能够明确显示事发当日本地实力人士发挥了作用。

史料,尤其是中文史料中之所以没有相关记述,很可能是为回避事件责任而有意掩饰。综合考虑事件的整个过程,将暴动解释成个别流氓无赖所为或是百姓一时激愤之下的擦枪走火似乎都不够充分。我认为,天津教案是在本地原有的"义举"和天主教慈善事

---

① 《曾国藩致崇厚咨文》(同治九年六月十六日),天津市档案馆编《三口通商大臣致津海关税务司札文选编》,天津人民出版社,1992,第256~257页。通过对比,可知这份文件是曾国藩、崇厚奏折(同治九年六月二十三日,庄吉发编《先正曾国藩文献汇编》,第5816~5827页)的底稿,但奏折中删除了本文的引用部分。

② Frederick F. Low to Hamilton Fish, 27 June 1870, *FRUS, 1870*, pp. 355-358.

③ Chinese version of the Tien-tsin Massacre, 27 June, *PRMET*, pp. 74-76.

业之间的竞争、对抗关系中爆发的。① 再联想到本地信徒"依势欺人"(张光藻《始末》),仗着教会的庇护任意妄为,使教会成为对抗本地实力人士的集结地——这种情况又进一步加剧了二者的对抗关系②——上述推测便更加可信了。

对暴动参加者的同情

为处理此次事件,直隶总督曾国藩被从省城保定派往天津。曾国藩当时正卧病在床,但还是亲自赶赴天津,力图收拾残局。③ 甫进天津,他便遇到"百姓搁舆递禀数百余人",遂应民众要求着手调查有关传教士的谣言。然而一番调查后,无论是拐骗还是挖眼开胸都没有任何实证。④ 另外,法国强烈要求处分参与者并追究地方官的责任。曾国藩在给儿子曾纪泽的信中大吐苦水:"余虽知撤张守即大失民心,而不得不勉从以全大局。"对于将知县、知府免职交刑部处理一事,他坦承:"二人俱无大过,张守尤洽民望。吾此举内负疚于神明,外得罪于清议,远近皆将唾骂。"在给两个儿

---

① 教案发生后,城内陷入混乱,仁慈堂附近的育婴堂的乳母们也极为惶恐,育婴堂堂董严克宽亲自前往慰问。严修:《严宇香严仁波两先生事略》(民国四年述本,天津图书馆藏),《先父仁波公事略》。不过,如前所述,育婴堂与仁慈堂的竞争关系并无变化。

② 李若文「教案に見る清末司法改革の社会的背景——西洋宣教師の訴訟介入により引き起こされた事象を中心に」『東洋学報』第 74 巻第 3・4 号、1993 年。

③ 《曾国藩奏》(同治九年六月七日),庄吉发编《先正曾国藩文献汇编》,第 5779~5782 页。

④ 《曾国藩、崇厚奏》(同治九年六月二十三日),庄吉发编《先正曾国藩文献汇编》,第 5816~5827 页。

子纪泽、纪鸿的信中，他表达了自己的恐惧："余所办皆力求全和局者，必见讥于清议。"①

此处所说的"清议"指的是以北京的监察官僚为中心的对外强硬论。② 让我们来看几条关于天津教案的例子。内阁中书李如松上奏（由大学士官文代奏）称："津人之愤，先由教匪迷拐幼孩，继因丰大业向官长放枪，人心汹汹，不期而集者万余人。斯时民知卫官而不知畏夷，知效忠于国家，而不知恤其罪戾。此正夷务一大转机也。"③ 劝说皇帝获得"民心"对朝廷最为重要，应对外国人诉以强硬手段。

监察御史长润则上奏称，"法国有传教之说，阳为劝善，包藏祸心。其败坏风俗，惨杀人命，即迷拐幼孩一端，已可概见"，断言"今津郡之变，实乃天夺其魄，神降之灾，正可假民之愤，议撤

---

① 《谕纪泽》（同治九年六月十四日、二十四日）,《谕纪泽纪鸿》（同治九年六月十七日）,《曾国藩全集·家书》，岳麓书社，1985，第1373~1376页。关于这一时期官员在处理教案时遭遇的困难，可参照顾卫民《曾国藩与天津教案》,《江海学刊》1988年第3期；赵春晨《晚清洋务派与教案》,《历史研究》1988年第4期。

② Immanuel C. Y. Hsü, *China's Entrance into the Family of Nations: The Diplomatic Phase, 1858-1880* (Cambridge, MA: Harvard University Press, 1960), pp. 199−206; Lloyd E. Eastman, "Ch'ing-i and Chinese Policy Formation during the Nineteenth Century," *Journal of Asian Studies*, Vol. 24, No.4 (1965); Mary Backus, "'Public Opinion' and Political Power: Qingyi in Late Nineteenth Century China," *Journal of Asian Studies*, Vol. 41, No. 3 (1982).

③ 《李如松奏》（同治九年六月二十一日）,《筹办夷务始末·同治朝》卷七三。庄吉发编《先正曾国藩文献汇编》（第5783~5784页）收有代奏的奏折，由内阁大学士官文、倭仁、曾国藩、朱凤标，以及协办大学士瑞常、李鸿章联名上奏。在这份奏折中，李如松的官职被标记为候补中书。由此可见，就连高官也无法忽视强硬论的力量。

传教之条,以固天下民人之心"。①

以上主张都是非实务官僚的理念之论。总理衙门的恭亲王等则有更实际的考量,在确认了基本事实后,上奏称:"如无知愚民,无端召衅,理宜惩处,以儆凶顽。"②不过,六月二十五日东太后(慈安)、西太后(慈禧)、同治帝在乾清宫西暖阁召见诸王、军机大臣、御前大臣、总理衙门诸臣商议对策时,强硬论还是占了上风。③就连和曾国藩一起在天津处理善后工作的丁日昌也对暴动表示了一定程度的同情。

> 即以天津一口言之,自通商后,中外商民相安已久,毫无闲言。耶稣教人亦不以为怨,惟百姓言及天主教,则异口同声,恨之入骨。盖缘天津莠民最多,一经入教,则陵虐乡里,欺压平民。官吏志在敷衍,但求无事而不求了事,又不敢将百姓受屈之处,与领事官力争,领事官又何从知教民如此妄为?

丁日昌认为,当日杀害无辜洋人、趁乱大行抢掠之徒当然应该受到惩罚,但因目睹"官长"(值得尊敬的官员,此处具体指知县刘杰)受袭而行使暴力之人乃是出于"公愤",应尽量予以宽大

---

① 《长润奏》(同治九年六月二十三日),《筹办夷务始末·同治朝》卷七三。
② 《恭亲王等奏》(同治九年六月十五日),《筹办夷务始末·同治朝》卷七三。
③ 翁同龢:《翁文恭公日记》,同治九年六月二十五日,商务印书馆,1925。

处理。①

　　事件之后的天津充满了排外气氛，毫无和缓迹象。根据伦敦会的理一视寄给本国的信件，教案发生两周后城内仍处于极度亢奋状态，感觉外国人只要进城就一定会被杀害。传教士不得已只能靠手枪自卫，每夜巡逻。②有小贩售卖印刷粗糙的扇子，扇面描绘了火烧建筑、杀害行人的景象，可见当地已经出现了煽动暴力的动向。③联想到前文提到的数百人向曾国藩申冤之事，可知天津的一般舆论仍是支持这次行动。

　　最终，基于曾国藩等的报告，时任知府张光藻、知县刘杰被判流放黑龙江，杀人、伤人者中20人被判死刑、25人被罚充军。④

　　九月二十五日（10月19日），死刑犯中的16人被处死。根据法国临时领事李蔚海（英国临时领事兼任）的报告，他曾和新任知府商讨死刑程序，知府以民情不稳为由提议行刑时法方秘密列席，李蔚海则直接表示并无列席的必要。知府还承认给死刑犯的亲属发放了抚恤金。官府尽可能不让一般民众知晓行刑一事，李蔚海派出

---

① 《丁日昌奏》（同治九年八月二十五日），《筹办夷务始末·同治朝》卷七六。

② Jonathan Lees to Joseph Mullens (Foreign Secretary of London Mission Society), 5 July 1870, London Mission Society Archives (School of Oriental and African Studies, London University), Correspondence, North China, Incoming, Box 2, Folder 3, Jacket B.

③ Low to Fish, 24 August 1870, *FRUS, 1870*, pp. 379-380.

④ 《筹办夷务始末·同治朝》卷七七收入了有关文件。此外，以下资料也收入了被判刑者的名单。List of Chinese condemned to death or exile, *PRMET*, pp. 236-238. 不过，就我所查，无论是中国第一历史档案馆，还是台北"故宫博物院"藏的宫中档、军机处档，或是中研院近代史研究所档案馆藏的总理各国事务衙门清档，都没有收藏这些人的详细供状（前述杀伤俄国人的四人除外）。我怀疑当时有可能没有制作供状。

的代表（大概是汉人）记录了行刑情况，大致如下。

> 死刑犯们被从县牢带至知县大堂，并排站立。每个人都身着绢服、脚踩美鞋，这些赴死前的行装应该都是官府所赠。虽是早上，前往刑场的路上还是聚集了很多群众。犯人向人群喊道："俺们可曾惧死变色？"众人齐答："不曾！"死刑犯们斥责自己的首级是被中国的官员卖给了外国人，请围观群众称他们为"好儿"（brave boys），群众于是齐声高呼。很多死刑犯的亲友一路跟随，悲叹不已。到达西门外的刑场后犯人开始高声歌唱，知县听闻歌声立刻下令砍头。犯人们自己伸出脑袋，由五六个南方籍的士兵行刑。时为清晨五点半。①

李蔚海将此情形转达给在北京的公使，指出无论是在民众眼中还是在官僚眼中这些被处死之人都是殉国者（martyrs）。不仅如此，天津道台还给遗属发放了大笔抚恤金。② 传教士山嘉利称，被处死者的家人各得500两，崇厚又追加了100两，并且与以往惯

---

① W. H. Lay, Copy of a dispatch from the acting French consul at Tientsin to the French Chargé d'affaires, describing the execution of sixteen criminals, 19 October 1870, *FRUS, 1871,* pp. 72–73. *PRMET*, pp. 239–240 也收入了这份文件，但有若干删减。"好儿"一词记录在了英国外交文书中的对应史料中。Lay to Wade, 19 October 1870, FO 228/496.

② Lay to Wade, 21 October 1870, FO 228/496. 也有人指出，发放抚恤金的提议者是曾国藩。Lay to Wade, 12 November 1870, FO 228/496.

例不同，死刑犯的首级并未被悬挂示众。山嘉利同样担心这些人由此被列为殉国者。① 美国副领事密妥士（John A.T. Meadows）听闻天津人准备设立墓地纪念被斩首者，就此质问李鸿章。李鸿章答复称，的确有人计划为纪念这些被处死之人设立祠堂（teze-tang），但自己已经立即制止了。② 理一视在写信给伦敦会总部时表示："人们告诉我，处死这些人是为了讨外国人的欢心，并不是皇帝的意思。"他还批评官府给受罚者发放金钱，称"若被定罪者果真有罪，那么这就是对犯罪的奖励。被定罪者中有几人的确罪当如此，但若是处罚了无罪之人，那么这种行为本身就是犯罪"，表示了对官府处置方式的不信任。③

闰十月三日（11月25日），仓门口附近发生火灾，但火会并没有去灭火。署理知府马绳武贴出告示，晓谕火会应自觉施行"义举"，但这份告示并未明确提及火会拒绝救火的动机。④ 不难推测，火会是想借此抗议对教案相关者的处罚，当时的天津百姓应该很明白这一点。

李鸿章认为16人被处死后"民气"业已受损，因此似应对杀

---

① C. A. Stanley, "The Tientsin Massacre," *The Chinese Recorder and Missionary Journal*, Vol. 3, No. 8 (1871).

② Meadows to Low, 22 December 1870, *FRUS, 1871*, p. 77.

③ Lees to Mullens, 15 December 1870, London Mission Society Archives, Correspondence, North China, Incoming, Box 2, Folder 3, Jacket C. 这封长信还激烈批评了英国对清朝的宥和政策，十分有趣。

④ Ma, acting prefect of Tientsin, issues a notice counselling the rendering of services to the public, enclosed in Low to Wade, 26 November 1870, FO 228/496.

害俄国人的4人予以宽大处理,并征得了俄国领事的同意。① 十二月,五品衔、前代理山东邹县知县王镛等天津县士绅145人及陈先耀等"铺商"115人前往府衙请愿。他们认为4人乃是因为将俄国人错认成了法国人才痛下杀手,目的是保护官员,不应该和因私谋杀者同等对待,请求免除他们的死刑。最终这4人得获减刑。②

带头请命的王镛负责经理救助寡妇的慈善组织恤嫠会(县志义举),太平军逼近天津时他还是团练机构义民局的中心人物。③ 他是廪贡生出身,曾任山东邹县县丞,家境并不富裕,但生来乐善好施。④ 素行义举之人试图庇护教案参与者,这种行为的背后是上述的"义举"与天主教传教事业间的对抗关系。除此之外,将本地民众对教案参与者的广泛同情以明确的形式表达出来还能够起到统合地方社会的功效。在这一点上,善士发挥的作用其实与运营火会相同。不过这种行为并不是地区主义的开端,因为请愿不仅基于本地舆论,也与前文所述的中央官员的清议内容相一致。

关于天津教案的记忆长期存于天津社会之中。五年后,在天津县以南100多公里处的宁津县庙会上出现了天津教案人物的画像,画像描绘了攻击外国人的场景和外国人挖眼掏心的样子。英国领事孟甘(James Mongan)为此致信李鸿章,称"此种图像若为

---

① 《论天津教案》(同治九年九月二十七日),《李文忠公全集·译署函稿》卷一,光绪三十一至三十四年金陵刻本。据吴汝纶说,李鸿章拒绝了免去张光藻处罚的请求。吴汝伦:《桐城吴先生日记》卷六,同治十年四月二十二日,光绪三十年刻本。
② 《教务教案档》第二辑,第337~378页;第三辑,第224~229页。
③ 吴惠元:《天津剿寇纪略》,同治《续天津县志》卷一七《艺文》。
④ 民国《天津县新志》卷二一之四《人物》。

无知民众所见,必会助长仇外情绪",要求李鸿章妥善处理。① 李鸿章回复称去年也有人在天津售卖相同版画,已经没收销毁、尽毁版木,此次也将严厉取缔。②

在此之前的同治十一年(1872)发生过数起拐卖事件(参见本书第三章)。或许是这个原因,这一年有几人试图闯入望海楼的天主教会。③

李鸿章等官僚一边和外国领事联络,一边努力平息本地的排外活动,但我想类似事件发生的潜在可能性是无法消除的。

* * *

本章以火会为中心对天津教案进行了考察。火会原本是由地方实力人士出资、由街头小贩构成的机动性消防组织,但鸦片战争以后,它和负责天津军事防卫的团练产生了密切关系。正是这个火会有组织地参与了天津教案。然而,或许是为了保护给火会提供资金的本地实力人士,或许是为了给负有监督责任的地方官免责,清朝在事后处理时刻意忽略了这一点。

包括火会在内的"义举"基于独特的理念在本地推行。教案发生后不久,直隶总督李鸿章给同治《续天津县志》作序,其中如此写道:

---

① 《致李中堂信函》, enclosed in Mongan to Thomas F. Wade, 20 May 1875, FO 228/932.
② 《李中堂回复函》, enclosed in Mongan to Thomas F. Wade, 20 May 1875, FO 228/932.
③ Mongan to Wade, 20 September 1872, FO 228/516.

> 近者，海运岁行，通商事起，南北中外商贾辐辏，故尤号为难治。顾其人情风俗，轻生赴斗，犹有渔阳、上谷之遗。……盖其民之富者多好倡为善义行，其贫者就死不悔，得良吏镇抚之，则皆能亲上死长，勇于赴难而不屈，习使然也。①

也就是说，本地实力人士的"义举"和官僚的"善政"互为补充，共同维护城市社会的安定。按照这一构想，火会便不仅是单纯的消防组织，还承担着更为重大的社会功能。富者提倡义行、慷慨解囊，贫者为公共福祉而就死不悔——这种组织形式为统合人口大量流入、民风粗犷的天津社会做出了贡献。

天主教的慈善事业具有和"义举"相竞争的性质，难免会动摇既有的社会统合方式和本地实力人士的权威。正因如此，强调这些慈善事业看似"义举"、实则不然的谣言才会广泛流传，最终引发了火会的行动。无论是请愿要求保护教案参加者还是试图为被处死者立祠，都体现了本地名士带头团结地方社会应对问题的动向。

但是，这种动向并不意味着地方主义的勃兴。要求宽大处理教案参加者的本地请愿，正与北京官员护持王朝的理论相契合。

---

① 这篇序文写于天津教案发生后不久，李鸿章在执笔时，脑海中应该还留有教案的印象。不过，类似的修辞在其他文章中也能见到。例如，鸦片战争时期有关保甲组建的《津门保甲图说》总说中便写道，"民五方杂处……市井游手好利而争强，往往一语相干，辄生忿恨，彼此互斗"，"官斯土者以法绳之，以理谕之，亦未尝不怵然而知感"。东洋文库没有收藏这一册，我在北京图书馆抄录。

"义举"不仅是对地方社会的贡献,也是对普遍人伦的维护。

上述结论或许近似于教会和传统王朝在权威结构上的对立冲突模式。① 不过需要更进一步追问的是:地区内部的矛盾对立为什么会一下子发展成国家间的紧张关系,围绕地区性慈善事业的纷争为什么会演变成引发战争的危机?换句话说,上述对立冲突模式具有怎样的意义?

回答这些问题的线索之一是清议中体现的排外主义。如果排外主义具有联结王朝秩序和地方社会的功能,那么无论这种主张有多么的脱离实际,也足以阻碍曾国藩等的实际工作。在天津教案的事后处理过程中我们可以看到,北京的清议与地方社会的排外倾向相互呼应又相互正当化。并且正如本章所示,王朝秩序的大纲往往会被地方志引用,成为各种"义举"的理论支撑,由此在地方社会的秩序构建中发挥不可或缺的作用。纵观天津教案前后的历史脉络,可以发现鸦片战争以来有关团练的言论中总能看到上述排外论的特征,而这种特征也成为义和团得以登上历史舞台的前提条件。

---

① 孙江、黄东兰:《论近代教会权威结构与宗法一体化结构的冲突》,《南京大学学报》1989年第2期。

第三章　光绪初年的旱灾与广仁堂

明清时期，各地广泛设立各种慈善机构。这些机构被统称为善堂。

近年来关于善堂的研究取得了飞跃式发展。夫马进和梁其姿各自出版了大作。两人具体阐明了明末以降被称为善举、善堂的社会福利事业如何由官民共同推进，并对这些事业的救济理念、运营情况、官民关系等问题进行了详细分析。①

此外，帆刈浩之结合卫生史、医学史的观点讨论了同乡与慈善事业的关系。山本进提出了一种全新的观点，即设立善堂的目的之一是对抗胥吏衙役在处理遗体的行政过程中的不正当收费。山田贤则着眼于四川负责运营育婴堂等"公局"的"局士"，不仅阐明

---

① 夫馬進『中国善会善堂史研究』；梁其姿：《施善与教化：明清的慈善组织》。对于这些研究的评论，可参照小浜正子「最近の中国善堂史研究について」『歴史学研究』721号、1999年。

了对其运营活动有决定性影响的财政情况,还指出善举的动机即在于"劫"将到来的末世观念。①

这些研究论点丰富多样,难以简单概括。不过,在思考清末的善堂时,有一个历史现象值得特别注意:这一时期善堂的运营目标中包含了18世纪时不可能出现的理念。本章和第七章都旨在关注清末时期善堂运营理念的变迁,以此考察时人对理想社会的期待如何在清末发生变化。之所以如此设定课题,是因为我认为善堂会随着运营目标的改变而灵活地应对各个时代的要求,持续发挥社会功能。

具体而言,我想以光绪四年(1878)设立于天津的广仁堂作为分析案例。广仁堂是在新的社会状况下基于大胆的构想而建立的善堂,并不算清末善堂的典型。但也正因如此,它能够鲜明地展现清末善堂运营理念的变迁。

最早对广仁堂进行综合分析的是罗芙芸。她的博士学位论文以近代天津的"卫生"实践为主题,专门用一节分析了广仁堂,并且首次使用了广仁堂档案,值得称赞。②但罗芙芸的研究与本书的

---

① 帆刈浩之「近代上海における遺体処理問題と四明公所——同郷ギルドと中国の都市化」『史学雑誌』103編2号、1994年;帆刈浩之「香港東華病院と広東人ネットワーク——二〇世紀初頭における救済活動を中心に」『東洋史研究』55巻1号、1996年;山本進「清代後期江浙の財政改革と善堂」『史学雑誌』104編12号、1995年;山田賢『移住民の秩序——清代四川地域社会史研究』名古屋大学出版会、1995年。

② Ruth Rogaski, From Protecting Life to Defending Nation: The Emergence of Public Health in Tianjin, 1859-1953, PhD Dissertation, Yale University, 1996, pp. 87-114; Ruth Rogaski, "Beyond Benevolence: A Confucian Women's Shelter in Treaty-Port China," *Journal of Women's History*, Vol. 8, No. 4 (1997). 以下为简单介绍广仁堂的文章。刘正文:《广仁堂》,《天津文史丛刊》第7期,天津市文史研究馆,1987年;周静山:《我所知道的天津广仁堂》,《天津文史资料选辑》第53辑,天津人民出版社,1991年。

关注点不尽相同——她没有充分收集有关广仁堂创立过程和运营理念的史料,也没有进一步分析本书第七章提到的20世纪初期的改革。

基于上述理由,本章将首先追溯广仁堂的创设过程,同时思考促使广仁堂成立的清末固有的社会情况。

一 游民和善堂

日本海军中尉曾根俊虎曾如此记录光绪元年(1875)前后天津的乞丐。

> 有乞人。有裸体者,有着单衣者。满身污垢如墨,横卧桥头大路,注目往来行人。遇有钱之人,则众丐如群蜂尾随,口称老爷,讨得钱物,方才止步。①

第二次鸦片战争时来到天津的英国卫生士官也有如此记载。

> (1861年)1月末,我探访了一间乞丐居住的破旧小屋。前晚的气温低至华氏14度(零下10摄氏度),上午9时也只有华氏21.5度(零下5.8摄氏度)。这间住满乞丐的小屋,高度、纵深、长度分别为10英尺、10英尺、20英尺。破旧的房间里住着

---

① 曾根俊虎『北支那紀行』海軍省、1879、10頁。

35人，全都赤身裸体，挤在一起靠体温取暖，每个人的空间只有5.7立方英尺。想要改善卫生，我还能说些什么呢？①

这些乞丐来自何处？首先能想到的是家道没落而被迫流浪的农民。例如稍前时代有诗如此写道：

> 清晨步街市，见有流氓在。褴褛行彳亍，菜色面庞改。肥人料已瘠，长人似亦矮。有妇抱幼儿，草标乞人买。②

诗中描绘的流民形象虽有脸谱化之嫌，但也传达了19世纪的天津印象。

这首诗的作者名叫梅成栋，是天津文坛的代表性人物。他并非仅把流民作为文学创作的题材。梅成栋于嘉庆五年（1800）中举，道光二十四年（1844）69岁时去世，他一生中尤为值得关注的社会活动是在1835年旱灾时为应对流民潮和米价暴涨而参与的施放粮米工作。正是在他的动议下，设立了施粥的"粥厂"。③

---

① Charles Alexander Gordon, *China from a Medical Point of View* (London: John Churchill, 1863), p. 122.
② 张焘：《津门杂记》卷中《各善举》所引梅成栋之诗。"清晨步街市，见有流氓在。褴褛行彳亍，菜色面庞改。肥人料已瘠，长人似亦矮。有妇抱幼儿，草标乞人买。垂泣告路旁，听之语可骇。家住文安县，被淹无稻蟹。逃荒赴关东，数口小车载。鬻儿冀投生，免被奸徒拐。当此饥馑年，流离沉苦海。"由此可见，灾区的难民会经由天津前往辽宁一带谋生。同治《续天津县志》卷八《风俗附义举》亦记载："乾隆间，东豫岁歉，贫民奔往奉天，经过津邑，邑人张宏镇，煮粥以待饿者。"
③ 梅成栋的传记收入同治《续天津县志》卷一三、卷一七，光绪《重修天津府志》卷四三，民国《天津县新志》卷二一一之三。

流入城市的人们有不少成了小商贩或人力车夫，构成了城市杂业阶层。而连杂业也无力从事者则只得靠乞讨为生。此外，还有很多职业人群容易沦为乞丐——不难想象街头小贩一旦突逢变故就可能马上沦为乞丐。乞丐也有同业团体，但具体情况不明。① 总而言之，在城市化进程中涌入天津的无产者及因社会变动而家业败落的城市居民成了乞丐的不尽来源。

这些流民自然是城市社会秩序的不稳定因素，从人道主义观点来看也颇有问题，因此需要采取应对之策。

天津的流民对策及创立的机构大致如下。育黎堂收容老年人、病人和残障人士，由天津道管辖。延世社在冬季向没有食物的贫民发放馒头，由官民捐款支持（设有东西两处）。粥厂在凶年设立，为外来流民提供食物，由筹赈局管辖。寄生所、清修院、存育所收容身体残障者，也救济陷入困境的旅人，由本地实力人士设立。此外，还有基于守贞观念而设立的恤嫠会为贫困寡妇提供生活援助，依靠盐商捐资运营。救济无家可归幼儿的育婴堂及冬天向贫民施舍棉衣的机构则由盐运司出资。②

以上机构中的育婴堂将会成为后文的考察对象，为此有必要对其背景略做说明。育婴堂创设于乾隆五十九年（1794），最初靠

---

① 《点石斋画报》酉集（第233号，光绪十六年）中有"丐头出殡"图，描绘了天津的"丐头"去世时敲锣打鼓、盛大吊唁的情景，显示乞丐也有自己的组织形式。此外，关于上海的乞丐社会，参见 Hanchao Lu, "Becoming Urban: Mendicancy and Vagrants in Modern Shanghai," *Journal of Social History*, Vol. 31, No. 1 (1999).

② 同治《续天津县志》卷八《风俗附义举》；《津门杂记》卷中《各善举》；Kwan Man Bun, *The Salt Merchants of Tianjin*, pp. 91-94；关文斌：《文明初曙：近代天津盐商与社会》，第271~286页。

盐商周自邠个人出资，其他盐商见此情况后亦纷纷捐赠运营经费。嘉庆九年（1804）为加强管理而制定新规，择女司事监管乳母，大堂门昼夜封锁，旁立传筒传递零星什物。此外，盐运使委监堂官一员、总商数人轮换分班，随时查察。① 由此可知，育婴堂非常重视封闭性管理。

同治二年（1863）前后，法国的修道会仁爱会的修女参观了这个育婴堂。修女玛莉特（Marithe）如此记述当时的情况。

> 这家机构接待来访者的热情程度令人意外，在中国大概也算是特例。比起待在家中，孩子们在这里显然可以得到更好的环境。乳母们住在堂内，饮食有人供应，收入也颇为可观。乳母们被分配到几个房间，每个房间都由年长妇女监督。负责监督的妇女认真观察以确保孩子们不缺任何东西。在天津，盐商富有且人数众多，为维持这间机构提供了大量资金。为了尽到监督责任，盐商还会轮流来堂内居住。乳母多达60~70人，各自喂养两三个孩子，总计有孤儿130~140人。②

---

① 嘉庆《长芦盐法志》卷一九《营建》。育婴堂的管理可能参考了江南的既有模式。以下有关江南育婴堂的研究极富创见。Angela Ki Che Leung, "L'accueil des enfants abandonnés dans la China du bas–Yangzi aux XVIIe et XVIIIe siècles," *Études chinoises*, Vol. 4, No. 1 (1985); 夫馬進『中国善会善堂史研究』、211-317 頁。

② [J. Capy], *Notices et documents sur les prêtres de la mission et les filles de la charité de S. Vincent de Paul, ou les premiers martyrs de l'œuvre de la Sainte-enfance* (Typographie du Pé-t'ang, 1893), p. 200.

盐商的参与对于育婴堂的运营十分重要。这一时期,一位名叫严克宽的商人尤其引人瞩目。① 他作为盐商的代表尽心管理,同治九年(1870)对仁爱会的反感最终酿成教案时(参照本书第二章),正是他第一个赶到了育婴堂。②

不同于这些盐商主导的善堂,以光绪初年的大旱灾为契机,天津又出现了其他性质的善堂。这就是广仁堂。

二 华北大旱灾和广仁堂的设立

旱灾与人口买卖

众所周知,光绪初年的大旱灾给华北广大地区造成了惨重打击。由于光绪三年(1877)至光绪四年(1878)是旱灾最严重的时期,这次灾害也被称为"丁戊奇荒"。以山西、河南为中心,直隶、山东及其他相邻地区也都成了受灾地。粮食不足引发的饿死和流民化导致家族和地方社会崩溃,也给农业生产和人口结构带来了

---

① 严克宽23岁时放弃科举转投盐业,声望日高,被推举为总商(业界代表)。当时,育婴堂、施馍厂、牛痘局等社会福利机构的费用都由总商要求长芦盐运使司支付,严克宽出色地完成了这一任务,成为名士,"以是凡官绅所兴举辄以相属"。因此,他又参与了备济社(向入港之船募集捐款以备救贫)、恤嫠会(给予寡妇生活补助)、施材社(给贫者提供棺材)、惜字社(郑重处理字纸)。此外,他还关心保甲的组织。光绪《重修天津府志》卷四三《人物》;民国《天津县新志》卷二一之四《人物》。

② 严修:《严宇香严仁波两先生事略》。严克宽乃严修之父。

恶劣影响。①

官府采取了大规模施米等对策,轮船招商局的轮船在大米运输中发挥了重要作用。此外,传教士也热心救济工作,李提摩太(Timothy Richard)在山东的活动尤其出色。②

兰金(Mary Rankin)在关于浙江省地方精英的研究中注意到了这场大旱灾中民间——官僚机构之外(extrabureaucratic)——救济活动的历史意义。她认为在浙江等地,本地领导者为复兴太平天国运动后的乡土社会而致力于社会工作,放眼全国扩大活动范围,而最能够体现这种全国性视野的例子就是在上海设立了以经元善为核心的救济活动事务局"协赈公所"。这些浙江士绅大力宣传募捐,将援助物资送往受灾地区。③

为了寻求免费粮食和临时住宅,很多人从周边的农村赶到了天津。为他们所设的机构即是粥厂。粥厂原本每年都有,但这次大

---

① 何汉威:《光绪初年(1876~1879)华北的大旱灾》,中文大学出版社,1980;高桥孝助「光緒初年の華北大旱災救済活動における上海」『宮城教育大学紀要』21卷、1986年;李文海:《晚清义赈的兴起与发展》,李文海:《世纪之交的晚清社会》,中国人民大学出版社,1995(论文最初发表于1993年);李文海等:《中国近代十大灾荒》,上海人民出版社,1994,第80~113页。

② 张后铨主编《招商局史(近代部分)》,人民交通出版社,1988,第74~75页;Paul Richard Bohr, *Famine in China and the Missionary: Timothy Richard as Relief Administrator and Advocate of National Reform, 1876-1884* (Cambridge, MA: East Asian Research Center, Harvard University, 1972), pp. 83-128.

③ Mary Rankin, *Elite Activism and Political Transformation in China: Zhejiang Province, 1865-1911* (Stanford: Stanford University Press, 1986), pp. 142-147;高橋孝助「「公益善挙」と経元善——人的な集積とネットワーク」日本上海史研究会編『上海——重層するネットワーク』汲古書院、2000。

旱灾的灾民远多于往年，天津官府强烈请求绅商慷慨解囊。①

以官府供应的粮食为基础，天津设立了若干粥厂。其中，位于城西芥园的粥厂由王丈等担任委员进行监督，前文提及的严克宽（以善举闻名的盐商）也协助管理。而城南历坛寺的粥厂却发生了火灾，导致多人丧生。②

惨案发生于光绪三年十二月五日（1878年1月7日）清晨。当时恰遇狂风。早饭时为防止外人入内觅食而封锁了入口，这一举措事后被认为是阻碍逃生、加剧灾难的主要要因。据称死者不下1200人。③总督李鸿章将此事上报给朝廷，除提及相关责任人的处罚外还自请处分。④即便如此，他仍受到了严厉弹劾。⑤

另外值得特别注意的是灾民的临界状态。医生厄文（Dr. Irwin）如此记录当时天津的惨状。

> 灾民的身体情况已经到了最恶劣的程度。数月以来他们

---

① 《津郡出示劝捐》，《申报》光绪三年十二月十五日。

② 严修：《严宇香严仁波两先生事略》。

③ *The North-China Daily News*, 25 January 1878; 4 February 1878, enclosed in George F. Seward to William M. Evarts, 14 March 1878, United States, *Papers Relating to the Foreign Relations of the United States, 1878* (Washington, D. C.: Government Printing Office, 1878), pp. 117, 120–121.

④ 《李文忠公全集》中没有这份上奏（或许是因为被视为败绩而未被收录）。此处依据的是光绪四年二月六日《申报》引用的光绪四年正月十四日、十五日的《京报》。针对此上奏的上谕收入《清代起居注册·光绪朝》第六册，联合报文化基金会国学文献馆，1987，光绪四年十二月十六日，第3325~3327页。

⑤ 《黄体芳奏》（光绪四年二月三十日），朱寿朋：《光绪朝东华续录》卷二〇，宣统元年上海排印单行本；《上谕》（光绪四年二月二十八日），《清代起居注册·光绪朝》第七册，第3993页。

饱受粮食不足之苦,得到的少量食物也质量低劣。此外,还有衣物短缺、拥挤、灰尘、严寒等种种问题。这些问题相互叠加,使得他们极其衰弱,在遭遇伤寒菌时也更容易患病。贫困者很快就会病倒,饥饿和传染病无疑带来了极高的死亡率。根据中国人所相信的数据,1877~1878年冬天得到了避难场所的8万人中,仅有1万人活到了3月末。路上到处都是苦于疾病和饥饿的灾民。这期间我经常去城内,途中总能看到两三具以上的尸体。有一次从租界到城内时穿越了一片杂草丛生的荒地,路上竟发现了七具尸体。①

危机之下,天津开始有人卖自己的子女。被卖的孩子有相当一部分被轮船从天津送到了上海等南方地区。在此过程中,"粤妓"(广东籍的妓院经营者和老鸨)和人贩子亦暗中活动。② 官府为此采取了对策。当时的报纸如此报道:

直隶之天津、河间两属,比以年谷不登,流亡载道。拐匪遂乘间诱取童男女,载归南省贩卖。闻去岁贩至沪上者不下五百余人。今春为天津县王明府侦知,于紫竹林地方拿获拐匪傅二等三名,并在受主各家搜出女孩二十余口,此风稍戢。但津沪轮船,去来飘忽。恐仍有匪徒串同夹带。故现在

---

① China. Maritime Customs, *Medical Reports, for the Half Year Ended 31st March, 1879* (Shanghai: The Statistical Department of the Inspectorate General of Customs, 1879), p. 33.
② 《饥民苦况》,《申报》光绪三年正月十六日;《鬻女惨闻》,《申报》光绪四年正月八日。

新关监督、津海关道照会津海新关的德〔璀琳〕税务司，凡有轮船出口，派杆子手关役在岸梭巡。如实在殷户需买婢女回南使用，并非贩卖者，许投关报明加结给单出口。否则概行截留。现在津关税务司已将以上各情悉示关口矣。①

津海关税务司搜查了有拐卖嫌疑的轮船。②当时轮船业大为发展，从天津到上海航班频繁，③易于运送人口。可儿弘明在他充满创见的经典研究中指出这一时期人口买卖的主要销路是华南至南洋，但从上述事例能够看出也存在从华北经由天津卖到上海的路线。④

广仁堂的成立过程

鉴于此种情况，江南的善士集团开始行动起来。前署理陕西布政使王承基向李鸿章提出了如下申请。

---

① 《禁贩人口》，《申报》光绪四年四月二十九日。
② 《稽查严密》，《申报》光绪四年五月二十日。
③ Kwang-ching Liu, "British-Chinese Steamship Rivalry in China, 1873-85," C. D. Cowan, ed., *The Economic Development of China and Japan: Studies in Economic History and Political Economy* (London: George Allen and Unwin, 1964); 刘素芬：《近代北洋中外航运势力的竞争（1858~1919）》，张彬村、刘石吉主编《中国海洋发展史论文集》第5辑，中研院中山人文社会科学研究所，1993。
④ 可儿弘明『近代中国の苦力と「豬花」』岩波書店、1979。有关上海的娼妓贩卖，可参考 Christian Henriot, *Belles de Shanghai: prostitution et sexualité en Chine aux XIXe-XXe siècles* (Paris: CNRS, 1997), pp. 31-58, 187-223. 虽然关注的时代稍微靠后，但岩间一弘「民国期上海の女性誘拐と救済——近代慈善事業の公共性をめぐって」（『社会経済史学』66巻5号、2001年）也对贩卖人口的情况进行了分析。

第三章 光绪初年的旱灾与广仁堂

本前司近见直省灾区妇女被奸徒乘危掠贩，由津沽搭船南来，并有影借营照、捏造婚书、陵逼诱骗，沦入下贱，蒙冤莫名。……惟欲清外鬻之源，必先筹收恤之法。穷民迫于灾饥，忍而出此。迨流亡渐定，骨肉已离，纵欲复完，悔无可赎。且灾区妇女既少，婚配綦难，子遗鳏寡，永绝孳生，壮男无家，轻干法网。目前非似急务，将来实有隐忧。……本前司当与同募义捐之郎中郑观应、主事经元善等会商，集劝远近绅民商旅，先后乐输。兹已凑得英洋一万元，呈解宪辕，可否发交江苏绅士现奉委办赈务之李金镛酌量筹办？①

李鸿章批准了这一请求，命李金镛详立计划，并确认"专以此项收恤无告无依之妇女，务期实惠及民，不准挪作别用"。② 承担运营工作的李金镛籍贯江苏，此时正受江南善士的委托在华北负责救济活动。③ 此外，文中提及的郑观应和经元善都正在江南领导

---

① 郑观应：《盛世危言后编》卷一四《附录 王竹鸥方伯上直督李傅相禀》，夏东元编《郑观应集》下册，上海人民出版社，1988，第1092~1093页。

② 《李鸿章批》（光绪四年七月二十四日），夏东元编《郑观应集》下册，第1092~1093页。细节字句有不同之处，但《广仁堂案牍》（天津社会科学院藏）所收和此文相同。

③ 李金镛是无锡人，曾入淮军，光绪初年时在华北旱灾的救济活动中非常活跃。此后，他在吴大澂手下负责开发吉林和应对俄国的工作，曾经营黑龙江的漠河金矿。赵中孚：《清季中俄东三省界务交涉》，中研院近代史研究所，1970，第151页；李时岳、胡滨：《从闭关到开放——晚清"洋务"热透视》，人民出版社，1988，第207~214页。其著书中有《珲牍偶存》。李金镛的略传，可参见《清史列传》卷七七；《清史稿》卷四五〇，1928；闵尔昌编《碑传集补》卷一九，燕京大学国学研究所，1932。李金镛能够被起用，是受到了李鸿章的推荐。《奏保李金镛片》（光绪四年十二月十三日），《李文忠公全集·奏稿》卷三三；《漠河金厂章程折》（光绪十三年十二月五日），《李文忠公全集·奏稿》卷六一。

华北救济工作。①

在此前后，郑观应曾致信李金镛：

> 直隶河间等处妇女被奸徒掠贩沪上，当道盘获多次，以无可安顿，……惟本境不为安顿，则贩鬻之源不清。现同人有愿出资专收直灾妇女留养、招领，务使完聚，已集捐洋一万元，拟解赴天津，请李伯相示遵举办。惟此事繁重，举其大要：曰稽查、曰收赎、曰留养、曰招认、曰资送。立法用人较之保婴尤难。非足下之诚明，莫能胜任。②

为实现上述嘱托，李金镛立刻向李鸿章提交了意见书。他首先整理了其在河间府的救灾经验和来自天津的消息，表达了自己对当前情况的理解。

> 伏查河间府属，自遭荒歉，卖儿鬻女无处无之。本年

---

① 经元善的事迹，可参照虞和平编《经元善集》，华中师范大学出版社，1988，第1~29页；侯杰《经元善与晚清社会》，南开大学历史研究所编《南开大学历史研究所建所二十周年纪念文集》，南开大学出版社，1999。郑观应早就以政论家闻名。佐藤慎一「鄭観応について」『法学』47卷4号、1983年；48卷4号、1984年；49卷2号、1985年、川尻文彦「戊戌以前の変革論——鄭観応の"議院"論を手がかり」『中国文化論叢』7号、1985年；夏东元：《郑观应》，广东人民出版社，1995。这些论著聚焦郑观应的政论和买办活动，因此主要关注他的欧美认识。但也应该注意到，郑观应同时还是积极参与社会救济活动的善士，特别是和余治这位在推动善举方面堪称代表、而与欧美文化几乎无缘的人物过从甚密。这正是本章的关注点。

② 《致查放直赈李秋亭为收赎妇女书》，《盛世危言后编》卷一四，夏东元编《郑观应集》下册，第1127~1128页。

二三月间,甚至不必化钱,只须有人领取,聊予饘粥,已觉欢天喜地。维时,京都、津门,开窑匪徒舟车络绎,无非广收子女。……卑职窃闻,贩卖妇女,不独河间各属为然,即天津各属亦所在皆有,不独荒年为然,即平时各乡亦未能尽绝。天津侯家后、京师前门外,尤著名渊薮也。①

李金镛提出了两点对策。第一,要求官府严厉取缔人口买卖。特别是要在水陆交通要塞的连镇和泊头及进京入口的通州和武清加强警戒。第二,在天津设立保护、收容被解救者的机构。"天津紫竹林为轮舶汇集之所,贩往南省者,皆由此处登舟",因此有必要在天津设立善堂,收容在天津被举报而获救者。"津门为水陆通衢,南北要隘。拟于该处卜地建屋,援南省之章程,开北方之风气。"②

李金镛更进一步地提出希望"援南省之章程"对天津现有的善举进行改革,改革的对象就是收容寡妇以使其为先夫守节的机构。他如此写道:

卑职又闻,津门向有全节堂,日久废弛。近年虽有恤嫠会,岁糜经费甚巨,值此荒歉之余,真能守节与否,更属不可究诘。河间所属节妇,既无恤嫠会,又值奇荒,更属难乎

---

① 《李金镛禀李鸿章》(光绪四年八月八日),《广仁堂案牍》。
② 《李金镛禀李鸿章》(光绪四年八月八日),《广仁堂案牍》。

其难。今如多造号屋数十间，青年愿守节者均令入堂，照南省章程关锁总门，专延女董管束，似觉较有防闲。男孩无家可归者，不能不略为收养。拟上等与之读书，中等与之习艺，下等与之务农。略购荒地，试种区田，男则桑棉兼营，女则纺织。并举必使各有课程，庶几无虞游惰。慨自西人入中国，到处设堂，广立义学，拥我良民，递其变夏。凡食毛践土者，尤当力图自强。①

李金镛提议在善堂落成前先觅一处宽敞居所供人们暂时容身，②得到李鸿章的赞成。资金方面，李鸿章率领天津官员捐资，并指示除在本地开展募捐活动外还要从南方各省募集捐款。③

这样一来，原本是为应对（特别是女性的）人口买卖问题而设立的善堂又在具体落实过程中加入了寡妇收容机构（即通过经济上的供养和封闭性管理而确保其为亡夫守节）的功能。值得注意的是，天津原本已有旨在扶助守节寡妇的恤嫠会，但由于经费基础不牢而并未设有收容机构。设立广仁堂其实就是要取代原有的恤嫠会，并且还要效仿"南省之章程"运营，可以说这种举动实际上是在否定本地盐商一直以来的"善举"。此外，这一设想明显包含了对抗洋人机构的意图。

从上述创设过程可以看出，广仁堂的运营管理显然是由南方

---

① 《李金镛禀李鸿章》（光绪四年八月八日），《广仁堂案牍》。
② 《李金镛禀李鸿章》（光绪四年八月八日），《广仁堂案牍》。
③ 《李鸿章批》（光绪四年八月二十日），《广仁堂案牍》。

第三章　光绪初年的旱灾与广仁堂　115

人主导。不过，章程中亦规定，因"南人创办北事，不免地脉生疏"，①要求天津知府和天津知县从本地选出公正士绅二人予以协助。由此可知，南方善士希望在天津本地找到合作者。

应李金镛的要求，天津知县王炳燮举荐了李世珍和严克宽，二人都以在本地推行"善举"而闻名。②之后又加上了李士铭。③然而，尽管王炳燮再三邀请，三人一直拒不接受。最终，在官府的强行命令下，三人不得已于光绪五年（1879）二月十六日开始在广仁堂办公。可是这次却轮到已经就任的南方负责人递上辞呈，李金镛致信官府，对天津本地士绅的合作态度表达强烈不满。在此情况下，李世珍、严克宽、李士铭再次请辞。李鸿章对此批示称"广仁堂为津郡一大善举。虽系南绅创办，但情形不免生疏。必有本地绅耆襄理堂务，方可集思广益，以垂久远"，要求他们继续履行职务。④

三人此后仍不断请求辞职。李鸿章认为只有经过面谈的李世珍具有正当理由，指示"仍令严绅克宽、李绅士铭照常赴堂商办，

---

① 《广仁堂章程》，天津社会科学院藏，与《广仁堂案牍》订在同一册，不分卷。
② 《天津府天津县移李金镛》（光绪四年十一月初十日），《直隶筹赈局移广仁堂》（光绪四年十一月十八日），《光绪四年一宗择地开办延聘员绅卷》，广仁堂档案，天津市档案馆藏（下略），档号：130-1-1。李世珍的传记参见光绪《重修天津府志》卷四三《人物》；民国《天津县新志》卷二一之四《人物》。
③ 李士铭是举人、郎中，其父李春城以盐业致富，素喜善行，李家人被称为"李善人"。民国《天津县新志》卷二一之四《人物》；金大扬：《天津"李善人"》，《天津文史资料选辑》第7辑。
④ 《天津府天津县照会广仁堂南绅》（光绪五年闰三月十六日），广仁堂档案，档号：130-1-1。

勿再固辞"。①

如果只看三人的辞呈，并不能完全理解他们为什么要一而再再而三地辞职。不过不难想象，一直在天津推进"善举"并由此获得荣誉的本地士绅当然不会对江南人士主导设立的广仁堂抱有什么好感。广仁堂的章程中甚至有"北人素懒"等傲慢言辞，关于农业教育的章程中亦写道"只种桑棉蔬稻，不种高粱粟麦，以匡北人之不逮"，明显是要把江南的农业风格带到天津。②

据文书记载，上述南北对立不久便消除了。③ 实际情况则是很多南方负责人因种种理由离开天津，不得不依靠天津本地负责人的力量。不过，天津士绅最终同意出力，还是李鸿章强制要求本地实力人士协助南绅事业的结果。

广仁堂的经费主要来自天津、河间官员的捐资及在上海募集到的捐款，本地实力人士的捐款者则为李世珍和严克宽。④

虽然增加了收容寡妇的功能，广仁堂还是按照最初的创设宗旨对人口买卖问题采取了一定对策。光绪五年（1879）五月，广仁堂董事再次请求津海关道刘藻如加强警戒。

> 去冬今春，稽查严密，尚无贩运出口之事。近闻轮船到

---

① 《天津府天津县照会广仁堂南绅》（光绪五年闰三月十九日），广仁堂档案，档号：130-1-1。罗芙芸非常重视上述对立关系。Rogaski, "From Protecting Life to Defending Nation," pp. 101-114.
② 《广仁堂章程》。
③ 《李鸿章札姚文枬》（光绪五年五月二十三日），广仁堂档案，档号：130-1-1。
④ 《津河广仁堂征信录》卷一，光绪十一年序本，天津图书馆藏。

埠,又有妇女小孩携带出口,面带饥容,啧有烦言,难保无潜行贩运情弊。本堂建设初意专为此事。①

津海关道为此贴出告示禁止拐卖人口出津。六月七日查获淮军兵勇企图将妇女二名、幼女七名送上前往上海的轮船。经天津知县裁决,两名妇女本有丈夫,乃是因家贫而自愿卖身,故将她们送回丈夫身边,幼女则送往广仁堂收容。②

为建设广仁堂,光绪五年冬在天津西门外的太平庄挑选了50余亩土地,由顾肇熙、姚文枬、汪维城、沈廷栋、严克宽、杨云章等负责推进工程。光绪六年(1880)春开始建设,同年秋建成号舍等160间,但由于资金不足,工程就此中断。光绪七年夏工程再开,津海关道盛宣怀命蒋文霖、薛景清、高维敬负责。光绪八年正月,续建的123间房也告竣工。③

根据光绪八年李鸿章的奏折,广仁堂共有283间堂屋,可容纳2000余人。这些房间被分成了六个部门。①慈幼所。收养男童,先保证他们的健康,后视情况分往其他各所(具体为②③④)。②蒙养所。择"聪俊者"延师课读。③力田所。在堂边购置农地,择"粗笨者"雇老农教习。④工艺所。择"不能耕读者",令习编

---

① 《申禁拐卖妇女》,《申报》光绪五年七月五日。

② 《营勇拐妇》,《申报》光绪五年六月十五日;《申禁拐卖妇女》,《申报》光绪五年七月五日。在这次审判中,"婚据"被作为证据提出,因此未被裁定为诱拐,问题在于有夫之妇的"自卖"。关于此类案件的法律判断,参见岸本美绪「妻を売ってはいけないか?——明清时代の売妻・典妻慣行」『中国史学』8卷、1998年。

③ 《津河广仁堂征信录》卷四。

藤、织席、刻字、印书，俟年长业成，听其出堂自谋衣食。⑤敬节所。收养青年节妇及无依幼女。俟长成，为之择配。⑥戒烟所。专延良医，妥置方药，疗治鸦片瘾病。①

如此一来，原本是为了应对拐卖问题的广仁堂的工作重心已经发生了很大变化。其中敬节所的具体设想如下。

> 其敬节所，均系妇女，终日扃锁，以慎关防。饭食等项，悉由转桶出入，公举年高有德之节妇，在内管束，俟守节年例相符，由在堂绅董出结，移县转请旌表。②

这就是说要制造一个封闭空间将寡妇隔离起来，直到她们达到可受旌表的年纪为止。③

此外，江南地区的寡妇收容机构大多考虑了寡妇子女的教育问题，天津的广仁堂从一开始就有此计划，李鸿章亦在奏折中提到了这一点。根据章程，广仁堂收容天津府、河间府的无依寡妇，定员

---

① 《李鸿章奏》（光绪八年三月六日），中国第一历史档案馆编《光绪朝朱批奏折》第31辑，中华书局，1995，第27~30页。《李文忠公全集》奏稿卷四三《创设广仁堂折》与此相同。

② 《李鸿章奏》（光绪八年三月六日），《光绪朝朱批奏折》第31辑，第27~30页。

③ 对于寡妇所处的社会环境和节妇显彰制度等问题，参见 Susan Mann, "Widows in the Kinship, Class, and Community Structures of Qing Dynasty China," *Journal of Asian Studies*, Vol. 46, No. 1 (1987); Chia-lin Pao Tao, "Chaste Widows and Institutions to Support them in Late-Ch'ing China," *Asia Major*, Vol. 4, Part 1 (1991); Angela Ki Che Leung, "To Chasten Society: The Development of Widow Homes in the Qing, 1773-1911," *Late Imperial China*, Vol. 14, No. 2 (1993); 夫馬進『中国善会善堂史研究』、377-490頁；夫馬進「中国明清時代における寡婦の地位と強制再婚の風習」前川和也編著『家族・世帯・家門——工業化以前の世界から』ミネルヴァ書房、1993。

300人。关于其子女，男孩中优秀者送入义学教授"诗书"；中等者教授刻字，或视其能力教授理发、裁缝等技术；下等者则令其试种桑、棉、蔬菜、水稻，普及区田、代田之法，雇江南老农教授，农闲期间在附近挖井以备下次旱灾。女孩则学习纺织和家务。①

盛宣怀在光绪十一年（1885）如此评价自己的此项事业。

> 七载以来，各所分班，教养子弟之耕者、读者，渐有可观。节妇贞女以循规蹈矩，勤习女红。书籍而为世所罕觏者，又重加雠校付诸梓人。他为农桑、工艺、养病、戒烟，方拟渐推渐广。②

由此可见，"农桑、工艺、养病、戒烟"几项其实并未实施。不过，通过附有盛宣怀序文的会计报告可以看出，作为女性和男童的收容机构，广仁堂的业务已经走上正轨。此外，广仁堂还从事出版活动，通过分析书目名录可以窥见运营者的管理理念（参照本章末尾《广仁堂刊行书籍》）。

三　广仁堂的历史地位

我们当然可以说广仁堂继承了明末以来善会善堂的传统理念，

---

① 《广仁堂章程》。
② 《津河广仁堂征信录》，"序"。

但也应该注意到它同时体现了其所在时代特有的历史性。以江南为活动基础的善士集团致力于华北的救济工作，在面对官方时又保持了一定的自主性——这种模式并无先例。支撑这一模式的是清末的对外贸易带来的商业利润积累。此外，上海和天津间频繁的轮船往来既为善士们的活动提供了极大便利，又是导致华北人口被贩卖到上海的罪魁祸首。正因如此，郑观应（太古洋行买办）等轮船从业者参与设立广仁堂绝非偶然。①

天津原本人口流动就颇频繁，再加上拐卖事件频频发生，更易导致人心动摇。同治十一年（1872），人们对两年前的拐卖儿童传言引发的天津教案尚记忆犹新，新的拐卖传言又再次刺激人们的神经。传言称此次拐骗事件仍是外国人所为，清朝地方官和外国领事都加强了警戒。②四月，官兵在东浮桥查获带着三名幼儿的妇女，调查后得知并非拐卖事件，地方官特意张贴告示以安人心。③六月解救出一名正要被送上美国旗昌洋行轮船的男孩，一名天津本地男子和轮船上的广东水手被问罪。天津海关为此发布告示，要求各国领事禁止所有外国轮船、帆船（"火船夹板"）在天津买卖人口，并宣布将对"沙卫闽广各省海船"的人口买卖加以重罚。④如此流言才终于平息。⑤

---

① 《广仁堂案牍》收入了广求合作（捐款）的文书，联名发起人中即有朱其诏、唐廷枢等轮船招商局的中心人物。
② William H. Lay to Thomas F. Wade, 13 May 1872, FO 228/516.
③ 《天津知县告示》, enclosed in Lay to Wade, 25 May 1872, FO 228/932.
④ 《津海关道告示》, enclosed in Herbert Allen Giles to Wade, 9 August 1872, FO 228/932.
⑤ Giles to Wade, 9 August 1872, FO 228/516.

由以上事例可知，天津的人心很容易被拐卖人口的恐惧所慑，其时轮船往往会和教会并列成为警戒的对象。广仁堂之所以把防止拐卖人口出津作为创立目的，正是对上述历史背景的回应，或许也是想借此恢复天津人对轮船业的信赖。

广仁堂的特征之一是重视在善堂开展职业教育。郑观应在致李金镛等的信函中有更为深入的提议。

> 昨奉手教，借悉赈后余款拨出万金，并蒙中堂爵宪暨各当道倡捐巨款，在津创设善堂，名曰广仁，仿照上海果育、辅元、仁济各善堂章程办理，以开风气等语。同人皆大欢喜，为北人规画久大之基。弟查各省善堂，或施医药、棺木，或设义冢、学堂。如有水旱灾荒，集资放赈而已。窃思盗贼多起于饥寒，有恒产乃有恒心，洵为治民养民之本。管见各善堂宜设劝工厂，较别种善举尤急。今足下在津创设广仁善堂，务祈收养贫寒子女，请工师分教。各习一艺，使自食其力，所学有成。即将日入之款，仿照泰西章程，提二成给奖其劳，以示鼓励，并代为积储，俟其出厂之日，计得所积若干，即尽数与之。人尽其才，贫民日少。泰西今日之治即以此强国。足下以为然否？①

郑观应的设想显然过于宏大，特别是收容一般贫民并对其进

---

① 《盛世危言后编》卷一四《复查放直赈李秋亭金苕生书》，夏东元编《郑观应集》下册，第1137页。

行职业教育需要大量经费，难以原样实现。但是如前所见，广仁堂的确相当重视技术的传授。

郑观应在提出上述方案时，脑海中或许浮现过上海"抚教局"的例子。抚教局设立于同治五年（1866），是收养无依孤儿进行职业教育的机构。根据抚教局章程，由知县谕饬丐头及地保将孤儿一概拉令入局，使其在一两年内习得谋生技能。所习之业包括刻字、印书、裁衣、皮匠、竹匠、扇骨、洋铁、编芦、编蒲、剃头。抚教局的负责人中即有以善士著称的余治。①

郑观应的首部著作《救时揭要》即在卷首录有余治的荐语。在这本书中，郑观应提出了在贫民救济机构进行职业教育的方案。

> 曷若费百万之资，并令各省富绅捐助不足，每省设一栖流局。拣举能员举为总办，广置田产，大屋千门，收无赖丐人，或使之耕，或教以织。……苟有人心无不衔结，一经培植，化莠为良。又何虑内患不清，邦本不固欤？②

可以看出，郑观应的志向是确保人人都有谋生的手段，通过

---

① 余治编《得一录》卷一三之四《抚教局章程》，同治己巳得见斋本；同治《上海县志》卷二《建置附善堂》，同治十年刻本。以下研究提及了抚教局，高桥孝助「善堂研究に関する一视点——上海の普育堂を手がかりとして」『中国近代史研究会通信』17号、1984年；梁其姿：《施善与教化：明清的慈善组织》，第209页。

② 郑观应：《救时揭要》之《拟设义院收无赖丐人使自食其力论》，夏东元编《郑观应集》上册，第23页。此外，郑观应在后期著作《易言》三十六篇本《论栖流》及《盛世危言》之《善举》中也坚持了类似主张。夏东元编《郑观应集》上册，第159、525页。

全面的人民教化而创造安定的理想社会。

郑观应和余治的这些理念在一定程度上影响了广仁堂注重职业教育的运营方针，但另一个值得注意的问题是，江南士绅对北方人的偏见。广仁堂章程如此坦言：

> 历来善堂能于衣食上用心，已云尽美。然养成一班惰民，于世何补？北人素懒，更当力挽其弊。①

换言之，广仁堂的职业教育计划明显表达了改良懒惰北方人的意图。

我认为广仁堂的特点即在于堂内的职业教育。在收容寡妇方面，广仁堂的确和江南的同类机构在规定上有共同之处，但刻书、农业等职业教育则在该时期鲜有雷同。堪称善堂管理指南的《得一录》卷三中收有苏州《清节堂章程》，其中提到寡妇子弟时也只是规定或送入附属学堂使习举业，或许其出堂习业。由此可知，郑观应的上述建议在当时开启了一种崭新的模式，而广仁堂的运营正是在此基础上的尝试。

* * *

本章考察了清末天津的社会救济事业，尤其关注其背后的运

---

① 《广仁堂章程》。

营理念，主要结论可概括如下。1877~1878年华北广大地区发生大旱灾，不断有男性迫于穷困而贩卖家人。江南有志之士展开救济活动，买卖妇女儿童问题受到关注，对策之一即是在天津设立广仁堂。在创建过程中，又增加了仿照南方模式收容寡妇使其守节的功能。与同时期的其他善堂相比，广仁堂的特征在于重视收容者的职业教育，这一点应该是受到了余治、郑观应等知名善士的影响。

上述动向的背后是这一时期特有的时代样貌——轮船业的发展导致天津与上海之间的人口买卖盛行。另外，南方人利用与官府和外国人的关系在天津开展事业，逐渐成为天津的实力人士。南方善士之所以强调职业教育的必要性，也是想借此改造北方人的"懒惰"。

以往关于清末民间慈善事业的研究主要关注官方以外运营主体的形成。前文提及的兰金即强调在光绪初年华北旱灾的救济工作中民间人士的社会救济活动已广泛出现。然而，如本章所述，在此过程中设立的广仁堂其实是李鸿章强行动员天津善士的结果。无论官方还是民间都理解并认可善堂的志向，自然会有此现象。

山本进在分析华北赈灾问题时也提到了广仁堂，① 认为"为华北赈灾做出巨大贡献的绅商仅限于那些和李鸿章、丁日昌有关系或试图搭上关系之人"。本章也大致赞同此说。但是，山本的结论称"他们对直隶和山西的'地方社会'并没有特别的关心和同情"，

---

① 山本進「清代直隷の地域経済と李鴻章の直隷統治」『名古屋大学東洋史研究報告』24号、2000年。

我想就此点提出不同解释。并没有材料质疑南方绅商和善士救济理念的真挚性，问题在于他们是否尊重了北方人的自尊心。或许正是因为他们太过真诚地投身于救济活动，反而才会被视为地方社会的闯入者。

我认为19世纪的善堂并非像兰金所说的那样提供了一个独立于官方的民间活动领域，而是普及"正确"价值观以建设理想社会的宣传机构。正是这种将民众改良到某种理想状态的美梦，引发了善堂管理者的热情。关于这一现象的意义，将在分析20世纪初广仁堂的变化时再做考察（参照本书第七章）。

由于资料不足，本章没能站在被广仁堂等机构收容的人们的立场展开论述。在他们的生存策略中，这些救济机构具有怎样的地位？这个问题虽然超出了本书的课题，但从这样的视角出发，或许能够更加深入地探讨救济理念的意义。

附：广仁堂刊行书籍

《津河广仁堂征信录》卷四载有《津河广仁堂所刻书总目》，据此可知广仁堂的印刷部门刊行了哪些书籍，并可由此窥见广仁堂管理者的理念。根据这份目录的说明，书名是按照雕版完成的先后顺序排列的（实际上多少会有所出入）。

《圣谕广训直解》一卷

《圣谕广训十六条附律易解》一卷

《庭训格言》一卷

《弟子规》一卷

《童蒙须知韵语》一卷

《小儿语》一卷

《性理字训》一卷

《养蒙彝训》一卷

《广三字经》一卷

《六艺纲目》二卷

《袁氏世范》三卷

《聪训斋语》一卷

《训子语》二卷

《女小儿语》一卷

《女诫直解》一卷

《女学》六卷

《教女彝训》一卷

《小学》六卷

《近思录集解》十四卷

《观烂讲义》一卷

《课士直解》七卷

《北溪字义》二卷

《为学大指》一卷

《圣学入门书》一卷

《灵峡学则》一卷

《吕氏乡约》一卷

《朱子行状》一卷

《读书分年日程》三卷

《四礼翼》一卷

《夜行烛》一卷

《乡塾正误》二卷

《教谕语》五卷

《演教谕语》一卷

《吕子节录》四卷

《明贤蒙正录》二卷

《手札节要》三卷

《弟子箴言》十六卷

《恒斋日记》二卷

《性理小学浅说》二卷

《懿言日录》一卷

《读书做人谱》一卷

《卫道编》二卷

《暗修记》□卷

《铢寸录》四卷

《恒产琐言》一卷

《丰裕庄本书》一卷

《蚕桑实济》六卷

《山居琐言》一卷

《莅政摘要》二卷

《校邠庐抗议》一卷

《怡贤亲王奏疏》一卷

《病榻梦痕录辑要》□卷

《愧讷集》十二卷

《柏庐外集》四卷

《桴亭文集》五卷

《陈布衣集》四卷

《况太守集》十六卷

《陈学士文集》六卷

《蔚山草堂集》□卷

《毋自欺室文集》十卷

《龙泉园集》□卷

《张杨园先生年谱》一卷

《陈确菴先生年谱》□卷

《陆清献公年谱》二卷

《汤文正公年谱》□卷

《魏敏果公年谱》□卷

《朱文瑞公年谱》□卷

《陈文恭公年谱》□卷

《汪双池先生年谱》□卷

《罗忠节公年谱》□卷

广仁堂刊行的书籍有一部分保存至今。首先,中研院历史语言研究所傅斯年图书馆（台北）藏有《津河广仁堂所刻书》十二册。

第一至四册，胡达源《弟子箴言》十六卷（光绪七年十二月）。

第五至六册，朱熹《小学》六卷（光绪七年九月）。

第七册，谢金銮《教谕语》四卷补一卷（光绪七年十月）。

第八册，程若庸《性理字训》一卷，佚名《先喆格言》一卷，薛于瑛《灵峡学则》一卷（光绪七年八月）。

第九册，李江《乡塾正误》二卷（光绪七年十月）。

第十册，李毓秀《弟子规》一卷，万斛泉《童蒙须知韵语》一卷，吕得胜《小儿语》一卷（光绪七年八月）。

第十一册，曹端《夜行烛》一卷（光绪七年十月）。

第十二册，圣祖仁皇帝《庭训格言》一卷（光绪七年十月）。

以上十二册被合为一套，不知是广仁堂的意思还是书店或图书馆的便宜行事。十二册均为光绪七年刊行。从内容来看，基本是程朱理学的简明读物及向初学者讲解学问心得的书目。

此外，同样藏于傅斯年图书馆的王炳燮《毋自欺室文集》也由津河广仁堂刊行（光绪十一年五月），其影印版收入沈云龙主编《近代中国史料丛刊》（文海出版社，1968）。王炳燮担任过天津知县，曾协助广仁堂的设立，大概是因此缘故广仁堂才会在其去世后刊行其文集。

另外，东洋文库（东京）藏有题为《津河广仁堂所刻书》的一套三十册，均为光绪八年刊行，与傅斯年图书馆的《津河广仁堂所刻书》无重复。

  第一册,陆庆颐《陆氏观澜讲义》一卷,光绪八年正月。

  第二册,杨希闵《读书举要》一卷,光绪八年二月。

  第三至四册,陈淳《北溪字义》二卷,光绪八年四月。

  第五至六册,彭定求《明贤蒙正录》二卷,光绪八年五月。

  第七至九册,佚名《蚕桑实济》六卷,光绪八年六月。

  第十册,潘曾沂《潘丰豫庄本书》一卷,光绪八年七月。①

  第十一至十二册、第十三至二十二册,朱用纯《愧讷集》十二卷,光绪八年九月。

  第二十三至二十六册,朱用纯《柏庐外集》四卷,光绪八年十一月。

  第二十七册,张英《恒产琐言》一卷,光绪八年十月。

  第二十八册,张英《聪训斋语》一卷,光绪八年十月。

  第二十九至三十册,陆陇其《莅政摘要》二卷,光绪八年十二月。

  东洋文库还藏有《陆清献公年谱定本》(光绪八年七月刊)和《毋自欺室文集》。

  京都大学人文科学研究所也藏有总称为《津河广仁堂所刻书》

---

① 该书封面印有"潘丰裕庄本书",书脊则记为"潘丰豫庄本书",这里采用了书脊的写法。此书无题笺。

的书籍。

第一册，吕坤《四礼翼》一卷。☆

第二册，陈淳《北溪字义》二卷。☆

第三册，程端礼《读书分年日程》三卷。☆

第四册，彭定求《明贤蒙正录》二卷。☆陆庆颐《陆氏观澜讲义》一卷，光绪八年正月。杨希闵《读书举要》一卷，光绪八年二月。

第五册，佚名《蚕桑实济》六卷。☆

第六册，潘曾沂《潘丰豫庄本书》一卷。☆张英《恒产琐言》一卷。☆张英《聪训斋语》一卷。☆

第七册，陆陇其《莅政摘要》二卷。☆

第八至十册，朱用纯《愧讷集》十二卷。☆

第十一至十二册，朱用纯《柏庐外集》四卷。☆

这套书籍与东洋文库所藏多有重复，其中标记了☆的书目均印有"光绪壬午津河广仁堂校刊古虞孙钟豫署检"字样，可知为光绪八年刊行。

东京大学东洋文化研究所藏有陆陇其《莅政摘要》二卷（光绪八年十二月）。

我想根据以上书籍信息分析一下广仁堂刊行了什么样的图书。有些书的具体内容无从得知，只能通过书名来推测。就我的推测能力所及，这些书大致可以分为三类。

第一，儒学（科举考试）入门书和启蒙书，以傅斯年图书馆所藏书为例。

第二，有助于读书人管理家庭、处理行政实务的书籍。其中包括记述个人经验教训的书籍，如张英《恒产琐言》、汪辉祖《病榻梦痕录》。也有对政策的建言，如冯桂芬《校邠庐抗议》、罗允祥《怡贤亲王奏疏》①。还有农业指南，如佚名《蚕桑实济》、潘曾沂《潘丰豫庄本书》。

第三，明清时期大儒的文集、年谱，包括张履祥、陈瑚、陆陇其、汤斌、魏象枢、朱轼、陈献章、罗泽南等。

如此看来，创立初期的广仁堂对出版活动投入了相当大的精力，其中包括了大量的实用类书籍和儒学相关图书。这些实用类书籍除了市场需求量较大、易于打开销路，还因为是儒学入门书（举业的初步知识）而得以使人掌握正确的知识，并且对经世济民的实用之学有所裨益。广仁堂大概是希望成为发扬此类理念的源头。第三类书籍的入选儒者并非以文献注释等考证学成果闻名，而是高唱儒学理念、投身社会实践的代表性人物。可以说这样的选择并非偶然。

---

① 怡亲王胤祥于雍正年间致力于直隶的水利事业。党武彦「明清期畿輔水利論の位相」『東洋文化研究所紀要』125 册、1994 年。天津为纪念怡亲王建有祠堂，创设广仁堂时又特意在堂内设立了怡贤亲王的"神牌"。《津河广仁堂征信录》卷一。

第四章　义和团的活动与团练神话

义和团运动及与此相关的诸问题在中国近代史研究中向来引人关注。当然，关于义和拳的起源、清末华北农村的社会状况、围绕庚子事变的国际关系等问题尚有许多值得深入探讨之处。

还有一些问题一直没有被作为主题而加以充分考察，其中之一就是义和团在城市社会中的活动。本章拟考察光绪二十六年（1900）义和团在天津进行的一系列活动的历史意义，同时关注鸦片战争以来天津防卫外敌进攻的种种记忆如何在此过程中得以再现。我希望能够通过本章的分析更好地理解清末的官方治理和社会秩序的特征。

回顾学术史，义和团与官方或王朝的关系及义和团具有怎样的宗教性一直是义和团（拳）研究中非常大的争论点。一种观点认为义和拳原本是白莲教的一个流派，因此本来就和清政府相对立。完全相反的看法则认为义和团是在官方的承认和奖励下组建的地方自卫武装。此外还有观点认为上述两面在不同时期有所变化，有人主张从前者转向了后者，也有人主张从后者转向了前者。当然，每位研究者都是基于自己的理论展开论述，并非像以上概括的那么简单。但我还是认为，直到最近几年学界仍旧没有对问题的核心得出一致结论。①

本章也意识到了以上问题的重要性，但由于并非义和团在山东的起源为主题，因此无意加入上述论争。在天津参加义和团的人大多并不是来自山东的农民，因此天津拳民的行动并不仅仅由传播到天津的初期运动模式和构想所决定。路遥和程歗曾指出："要全面认识义和团同清王朝的关系，有必要对各个不同的阶段、不同地区和不同的拳民队伍作具体的分析，特别是有必要对运动高潮时期的各地团坛作分类考察。"② 本章即遵从这一原则，把考察的对象限定为天津。我认为，只有如此才能理解天津既有的行动模式和历史记忆给天津的义和团带来了怎样的影响。

本章使用的《国闻报》和《京津泰晤士报》(*Peking and Tientsin Times*)都是当时在天津发行的报纸。此外，还引用了中国新史学研究会主编的《义和团》所收史料。③ 侨析生等

---

① Joseph W. Esherick, *The Origins of the Boxer Uprising* (Berkeley: University of California Press, 1987); 周锡瑞:《义和团运动的起源》，张俊义、王栋译，江苏人民出版社，1994，"中文版前言"; 佐藤公彦『義和団の起源とその運動——中国民衆ナショナリズムの誕生』研文出版、1999。

② 路遥、程歗:《义和团运动史研究》，齐鲁书社，1988，第236页。

③ 管鹤:《拳匪闻见录》，《义和团》第1册; 刘孟扬:《天津拳匪变乱纪事》，《义和团》第2册; 佚名:《天津一月记》，《义和团》第2册; 佚名:《遇难日记》，《义和团》第2册; 阮国桢:《津乱纪实》，《义和团》第2册。

所著的《京津拳匪纪略》(光绪二十七年香港书局石印本)也将在本章中被多次引用。

一　天津的地方官与义和团

双方关系概观

首先梳理一下义和团与天津地方官之间的关系,其中有些内容已是众所周知。

天津的义和团出现于光绪二十六年(1900)正月。此时使用义和拳术者已经进入天津县,在南门外和河北(天津城北的运河以北地区)地区操练。二月到三月,天津滴雨未降,疫病流行,各种天灾不断,拳民以此为契机,一边宣扬"扫平洋人自然下雨消灾",一边与人治病,习拳信众因此越来越多。人们也相信义和团具有超能力,拳民的"坛"大多设在庙内,坛上供有关羽等传说中英雄人物的"神位"。① 这些坛口既是义和团的祈祷之所,也是他们的根据地和组织的基本单位。②

天津知县阮国桢称由于他采取了镇压方针,风潮得以被暂时压制。三月十五日6个习拳者被送往县衙。有儿童在河北狮子林的福寿宫练习拳法,阮国桢为此处罚了福寿宫的道士和管辖该地的

---

① 刘孟扬:《天津拳匪变乱纪事》,《义和团》第2册,第8页。
② 陈贵宗:《义和团的组织和宗旨》,吉林大学出版社,1987,第37~45页。关于天津义和团的组织,中村达雄提出了颇有意思的观点。中村达雄:《清末天津县的乡镇结构与义和团组织》,《义和团运动与近代中国社会国际学术讨论会论文集》。

地保。①

然而，由于总督裕禄不许对义和团进行真正的武力镇压，天津城内外的坛口还是逐渐增多，义和团甚至开始蔑视地方官。②阮知县发出告示禁止铁铺打刀，但并无效果。③义和团进而在天津城内的三义庙竖旗设坛召集"无业游民"，知县和知府为此请求总督裕禄出兵镇压。但裕禄不仅不允，反而从保甲局派出四人保卫坛口，义和团因此更加气势昂扬。听说三义庙的坛口未被禁止，于是有更多坛口纷纷设立。两天之内，城内新设坛十余处，城外新设二三十处，每处都有拳民数十到数百人。④由此可知，义和团之所以会在天津市街上"飞扬跋扈"，裕禄的容忍态度是重要背景之一。

总督裕禄当初曾在奏折中指出，为了不给列强制造出兵保护本国国民的借口，必须对义和团进行镇压，⑤但此后不久就改变了想法："因天津义和团民，近已聚集不下三万人，日以焚教堂、杀洋人为事，值此外患猝来，断难再分兵力剿办拳民，势不得不从权招抚，以为急则治标之计。当将该团头目传集，示以招抚之意。该头目等均称情愿报效朝廷，义形于色。"他一边汇报官兵与义和团携手对战

---

① 阮国桢：《津乱纪实》，《义和团》第2册，第177页；*Peking and Tientsin Times*, 21 April 1900, p. 30；《隐庇受惩》，《国闻报》光绪二十六年四月二十五日。

② 阮国桢：《津乱纪实》，《义和团》第2册，第177~178页。

③ 刘孟扬：《天津拳匪变乱纪事》，《义和团》第2册，第9页。

④ 佚名：《天津一月记》，《义和团》第2册，第141页。

⑤ 《裕禄奏》（光绪二十六年五月十九日），国家档案局明清档案馆编《义和团档案史料》，中华书局，1959，第142~143页。

列强的情况,一边表明进一步交战的决心。① 上谕肯定了战斗成果,给予义和团高度评价:"所有助战之义和团人民,不用国家一兵,不糜国家一饷,甚且髫龄童子,亦复执干戈以卫社稷。此皆仰托祖宗之昭鉴,神圣之护持,使该团民万众一心,有此义勇。"② 为了能在军事危机中利用义和团,直隶总督和朝廷都采取了容忍态度。

让我们再来看看义和团对待官府的态度。团民在街上行走时,若遇官弁坐轿者必喝令下轿,骑马者必喝令下马,且必脱帽旁立,不从者则挥刀恐吓。③ 义和团公然往来无忌,官兵遇之反避道而行。④ 团民把在教会发现的所谓"地雷"带到县署前,口骂县令"赃官",令其验看,县令惧甚。为首之人质问县令:"地面上有此凶险之事,何不实力查究?幸被我等算出,不然全城休矣!"该令莫敢谁何,唯有谢过而已。⑤ 拳民此后占据县署、府署、道署,并在这三处官衙大堂设坛。⑥

一个重要的问题是,我们能否由此得出结论,认为义和团具有"反权力性"或"反体制性质"?知县阮国桢的确因为当初的镇压方针而成了义和团的憎恨对象,但团民骂他"赃官",似乎又说明他们默认也有"好官"存在。

---

① 《裕禄奏》(光绪二十六年五月二十四日),《义和团档案史料》,第157~159页。
② 《上谕》(光绪二十六年五月二十五日),《义和团档案史料》,第161~162页。
③ 刘孟扬:《天津拳匪变乱纪事》,《义和团》第2册,第10页。
④ 佚名:《遇难日记》,《义和团》第2册,第166页。
⑤ 刘孟扬:《天津拳匪变乱纪事》,《义和团》第2册,第13页。
⑥ 佚名:《天津一月记》,《义和团》第2册,第143页。

义和团占据江苏、浙江各会馆后,门悬大黄旗两面,上书"替天行道""扶清灭洋"字样。不久另一团到来,又更红旗,上书"奉旨义和团"字样。① 这些口号的含义其实极为暧昧。"替天行道"看似超越了现实政治秩序的观念,但把这句话和"扶清灭洋"联系起来看,也可以理解为义和团是要顺应"天意"来帮助清朝与外国作战。"奉旨义和团"的"旨"可以照字面简单理解为清朝皇帝的圣旨,但也可以认为是"玉皇大帝"等上神的命令。

我认为,以上这些口号的含义之所以难以确定,是因为义和团的团民本来就没有彻底想明白究竟要不要否定现实的清朝权力。充分解答这个问题已经远超本章的目标,但下文想提出一个理解义和团民主观动机的线索。

祈雨和附体

天津的伦敦会传教士在寄给总部的信中如此说明气候与义和团兴起之间的关系。

> 拳民(boxer)的运动正如燎原之火般扩散,官员确实在进行煽动,给我们的传教工作造成了极其恶劣的影响,基督徒也受到威胁。只要能连续下雨三天,可怜的农民就可以播种,奇迹也就会发生了吧(亦即运动能够立即平息)。不下雨

---

① 佚名:《天津一月记》,《义和团》第 2 册,第 151 页。

的责任都被归咎于基督徒。①

已经有研究者指出义和拳的流行受到了旱灾的影响。② 柯文（Paul A. Cohen）尤其重视光绪二十六年（1900）侵袭了华北广大地区的旱灾，认为这是义和团兴起的原因。当时的人们相信基督教的传教活动触发了天怒才引发干旱，所以只要除掉基督教或者外国人就能重获甘霖。这种对干旱的解释方式成为义和团民的重要动机。与此同时，旱灾导致农民无法耕种，这就使他们有时间学习拳法。③

我认为，在柯文的以上论述之外还应该关注天灾与官府之间的关系。对于清代的地方官来说，祈雨也是工作的一部分。不论地方官本人究竟在多大程度上相信祈雨的有效性，举行祈雨仪式对于维持统治必不可少。④ 反过来说，天灾的发生可能会引发严重的社

---

① George Purves Smith (Medical Mission at Tientsin) to George Cousin (Foreign Secretary of London Mission Society), 16 April 1900, London Mission Society Archives, Correspondence, North China, Incoming, Box 12, Folder 1, Jacket D.

② 戴玄之：《义和团研究》，"中国学术著作奖助委员会"，1963，第56~57页；林敦奎：《社会灾荒与义和团运动》，《义和团运动与近代中国社会国际学术讨论会论文集》。

③ Paul A. Cohen, *History in Three Keys: The Boxers as Event, Experience, and Myth* (New York: Columbia University Press, 1997), pp. 69-95；柯文：《义和团、基督徒和神——从宗教战争角度看1900年的义和团斗争》，《历史研究》2001年第1期。

④ Erik Zürcher, "Middle-Class Ambivalence: Religious Attitudes in the Dianshizhai Huabao," *Études chinoises*, Vol. 13, No. 1-2 (1994), pp. 126-128. 地方官对于天灾的处置，以下文章富有启发。小島毅「宋代天譴論の政治理念」『東洋文化研究所紀要』107册、1988年；小島毅「牧民官の祈り—真徳秀の場合」『史学雜誌』100編11号、1991年。

会动荡。如本书第二章所述，同治九年（1870）上半年的天津大旱导致民心不安，以此为诱因，天主教拐骗儿童的谣言才得以流传开来，最终酿成教案。

义和团兴起的光绪二十六年（1900）也是持续干旱，天津因此火灾频发。

> 北直自入庚子以来即大旱，数月禁屠求雨，毫无灵效。津郡城厢内外，火灾又起，每日夜必有数次，烧毁铺户居家不计其数。①

久旱之下，官府祈雨宣告失败，义和团逐渐兴起。

> 四月间，仍无雨。督道府县等，屡次设坛求祷，依然亢旱，反起暴风。各处拳匪，渐有立坛者，河北、河东、城内外，皆后先踵起。②

在这条记述中，官方祈雨时所设之"坛"与义和团所据之"坛"的共同性和代替性值得关注。我们可以想象两者之间或许有某些关联。

为了确认祈雨的实际情况，让我们看看义和团运动发生两年

---

① 佚名：《遇难日记》，《义和团》第2册，第161页。
② 刘孟扬：《天津拳匪变乱纪事》，《义和团》第2册，第8页。

第四章 义和团的活动与团练神话 141

前的例子。光绪二十四年（1898），天津从三月开始滴雨未降。四月十日，盐运使和署理天津道分别前往各处焚香祈雨，随后细雨渐下，人们越发期盼能来一场透雨。①民众纷纷在黄纸上大书"好雨""大雨"等字悬挂于门前。天津的文武官员认为祈祷还不够充分，决定前往户部街的关帝庙祈雨。四月十日至十二日一直开设祭坛祈雨，并贴出告示禁止屠杀及卖酒。②闸口的龙王庙也设坛祈雨三天。四月十五日上午8点，总督王文韶亲率属下至龙王庙祈雨，天津各官员早早迎候。正午时分微风渐起，细雨飘落，现场民众大喜。③十五日至十七日再次在户部街关帝庙祈祷，一律禁止屠杀和卖酒，④但期待中的降雨并没有出现。四月二十四日至二十七日又一次禁止屠杀和卖酒。⑤或许是祈祷终于灵验，二十六日晚黑云来袭，凉风渐起，大雨降临，官民大喜。⑥

实际上，在官方主导祈雨的同时，更为传统的民间祈雨仪式也在进行。

兹据友人述及津俗，祈雨向例用强健工匠一名，于祈祷

---

① 《求雨得雨》，《国闻报》光绪二十四年四月十一日。
② 《建醮求雨》，《国闻报》光绪二十四年四月十二日。根据黄六鸿《福惠全书》卷二四《祈祷晴雨》（康熙三十八年刻本）的记叙，禁止屠宰和卖酒是"所以惧灾节味也"（敬畏天灾，节制饮食）。
③ 《祈祷有灵》，《国闻报》光绪二十四年四月十六日。
④ 《官样文章》，《国闻报》光绪二十四年四月十七日。
⑤ 《待慰苍生》，《国闻报》光绪二十四年四月二十六日。
⑥ 《油然沛然》，《国闻报》光绪二十四年四月二十八日。

日至龙王庙，向神前叩头，以数百计。以神马系诸额上，即谓神附其体，起立步行，出庙瞠目直视，两手奋击，似有格斗之状，而膂力胜于平日。前后有五六壮丁，或牵或挽，沿途观者，皆纷退让。其前导则有黄布旗十数面，书写"天降大雨""风调雨顺"等字样。相传执是役者为龙王差官。事后此人即觉，劳乏异常，调养数天，方能复原。事虽近诞，然往往奇验，或者精诚所至，亦能感格上苍欤。①

这种祈雨方式与下文描写的义和团附体（possession）仪式非常相似。

据这个中国人说，他看到了年轻的义和团民练习的样子。他们站成一列，闭眼念诵某种咒语后即翻倒在地，失神（in a trance）躺卧片刻。随后又再次起身，各自手持武器猛挥一阵。他们似乎一睁开眼睛就会从失神状态中清醒过来，看起来非常疲惫。如果你问我该如何理解他们的行动，我可以明确地说，除了"附体"，再没有其他的解释。②

如此看来，义和团的附体仪式可能包含了为干旱而祈雨的意义。由以下天津史料可知，这种民间仪式往往会在官方祈雨无效

---

① 《有龙则灵》，《国闻报》光绪二十四年四月十三日。
② *Peking and Tientsin Times*, 10 March 1900, p. 7.

第四章　义和团的活动与团练神话　143

时举行。

　　天津入春后，因无雨泽，经官诚求两次，皆未见上感苍穹。而北直土风，每遇官求不应，即有幼童求雨一举。本月初一日，津郡幼童数十人各出求雨。①

义和团出现的光绪二十六年（1900），由于官方设"雨坛"祈祷无果，永善水局（天津的消防组织之一）不仅制作龙神塑像抬至街头游行，还让儿童折柳枝跳"秧歌"。②这可能也和天津机器局的习拳工人召集儿童、教授"歌诀"③一事有关。

　　综上所述，我认为官方祈雨时所设的"坛"与义和团作为据点的"坛"密切相关，义和团的兴起具有代替官方祈雨的意义。④进而言之，这种把官方的祈雨惯例与民间信仰相结合的统治方式，正是义和团运动出现的前提条件。

---

① 《求雨刨闻》，《申报》光绪四年三月十四日。
② 《望口云霓》，《国闻报》光绪二十六年四月二十一日。
③ 《地保解事》，《国闻报》光绪二十六年四月二十九日。
④ 义和团在城市中的组织据点是"坛"，在乡村是"厂"。"厂"原本也与祈雨关系颇深。例如，河南省的乾隆《郾城县志》卷一中即记载："天旱民间祈雨，设厂迎神，鸣金击鼓，昼夜不绝。"佐藤前揭书413页也引用了这一史料。关于华北农村的村落社会关系和祈雨及民间信仰的关系，参见 Charles Albert Litzinger, Temple Community and Village Cultural Integration in North China: Evidence from "Sectarian Cases" (chiao-an) in Chihli, 1860-95, PhD Dissertation, University of California, Davis, 1983, pp. 32-35. 还应该注意庙的空间布局和阶层性及与义和团运动的关系。关于这个问题，可参照中村達雄「天津県の社会空間——聚落・廟・戸口を手がかりとして」『名古屋大学東洋史研究報告』25号、2001年。

二 义和团的活动与天津居民

天津义和团的构成人员

接下来将进一步考察没有加入义和团的天津居民与义和团活动之间的关系。我的主要关注点是：义和团为什么能在天津扬威，甚而控制天津？面对义和团，天津居民如何尝试自卫？为了回答这些问题，先来看看天津的义和团由哪些人组成。

我们往往认为义和团都是农民出身，但天津的拳民其实未必如此。当然，相当数量的拳民，尤其是大部分教拳的头目来自邻近的外县。"庚子春，津地渐有练习之者。教之者，口音不一，率皆异乡人。"①此外，"刻下津邑聚集拳匪甚多。除本津所有数百人不计外，从青、静、沧、盐、南、庆各州县，及他处各乡邑来者，约有二万余人"。②"由春迄夏，天旱不雨。乡民失业，受团匪之欺，随异乡匪首渐入郡城。"③由此可知，不少拳民是从天津周边的农村进入天津城。

但天津本地人也有参加。用小车推土、帮别人干零活挣工钱的李元善（20岁）即是参加者之一。"本地义和团很多回家吃饭，外地在坛口吃饭"，"参加义和团的多半是劳动者，多数是卖苦力

---

① 侨析生辑《京津拳匪纪略》卷一《拳匪缘起》，上洋书局，1902，第1页。
② 刘孟扬：《天津拳匪变乱纪事》，《义和团》第2册，第20页。
③ 侨析生辑《京津拳匪纪略》卷一《拳匪缘起》，第2页。

的，如拉车的、推车的、做小买卖的"。① 还有"圉仆"（马夫）向主人乞假习拳。② 天津机器局的工人中也有练拳者。③

此外，天津的无赖"混混"也加入了行动。

> 津地土棍，俗称混混，分党称雄，藐视法纪。多有十二三龄童子，即能与人角。河东、河北，往往白昼持刀而行，以人命为草菅，以敢死为能事。械斗之际，途无行人。……迨拳术播传，遂相率入党。故恶焰较他处弥甚。④

这些"土棍"畏惧义和团首领张德成和曹福田的"神术"，于是街巷间无复向日之纷扰。⑤

"异乡拳匪潜入煽惑，号召匪棍及无业游民"，"拳匪入境，游民和之"。⑥ 从这些记述可以看出，相当一部分活跃于天津的义和团成员并不是农民，而是城市中的下层民众。当发现战况不妙、义和团头目的治疗并无实效后，"土棍游民曾入其中者，皆托辞而出"。⑦ 天津被外国军队占领后，"混混"又转投洋人，借势掳掠。⑧

---

① 南开大学历史系编《天津义和团调查》，天津古籍出版社，1990，第141页。
② 管鹤：《拳匪闻见录》，《义和团》第1册，第472页。
③ 《地保解事》，《国闻报》光绪二十六年四月二十九日。
④ 管鹤：《拳匪闻见录》，《义和团》第1册，第471页。
⑤ 管鹤：《拳匪闻见录》，《义和团》第1册，第477~478页。
⑥ 侨析生辑《京津拳匪纪略》卷三《毁堂启衅》，第3页；卷四《津郡城陷》，第3页。
⑦ 侨析生辑《京津拳匪纪略》卷二《分坛招匪》，第1页。
⑧ 管鹤：《拳匪闻见录》，《义和团》第1册，第471页。

对城市中的无产者和无赖来说,参加义和团其实也是利用好斗天性来谋生的便宜之计。

天津居民与义和团

接下来的问题是拥有一定房屋和财产的居民与义和团之间的关系。义和团在街上到处巡视,不断给住户下达各种指示,如传令各家于晚间用竿高挑红灯一个,并插一小红旗,名曰"得胜旗"。裕禄转而拥护义和团后,义和团又命各铺户居民皆用红纸书"义和神团,大得全胜"八字贴门旁。①

官军和义和团与外国军队战斗归来后,送得胜饼、绿豆汤者络绎不绝于道。②义和团首领张德成率四五千人到津,谕众人曰,"吾在城内安坛,管保城内平安,永不见炮弹",于是馈送大饼者不乏其人。③即使是对义和团持极端批判态度的史料也承认:"自拳匪立坛以来,每向各家勒索大饼,不许用盐,而家家皆乐送之,且必诚心敬意,不敢稍亵。甚至有家无隔宿之粮,而亦虔诚备办者,为求福也。"④由此可知,的确有居民期待义和团能够保卫地方。

但并不是所有人都支持义和团并甘愿送上慰问品。有的馈赠近似贿赂,"绅商馈粮与义和团者络绎于途,且请其保护"。⑤有的

---

① 刘孟扬:《天津拳匪变乱纪事》,《义和团》第2册,第11、16页。
② 刘孟扬:《天津拳匪变乱纪事》,《义和团》第2册,第16页。
③ 刘孟扬:《天津拳匪变乱纪事》,《义和团》第2册,第26页。
④ 刘孟扬:《天津拳匪变乱纪事》,《义和团》第2册,第24页。
⑤ 佚名:《遇难日记》,《义和团》第2册,第166页。

第四章 义和团的活动与团练神话

则接近强行征收,"遵者不入其门,违则合家不保"。① 还有下面这样的极端事例:"义和团初来的时候,住在城隍庙一带,找到地方绅董富户要口粮和费用。当时我家开古玩珍珠店,很富,为了求得保护,我就参加了义和团,象我这样的有好几个。"②

就这样,天津的居民向义和团提供食物,并通过悬挂红纸、红旗表示支持。之所以有此行为,是因为居民们期待义和团能够保护本地区和自家的安全。那么"保护"的实际情况又如何呢?要了解这一点就需要确认义和团统治天津的方式。各团在城内皆划地管辖,昼则巡街,偶遇教民即诛。夜则巡更,遇形迹可疑者,指为奸细即杀之,于是仇杀蜂起,居民无宁日。又沿街出示,令商贾公平交易,齐心灭洋。③ 虽然如此,各街市铺面有售卖洋货者仍担心遭到劫掠,皆用红纸将招牌上的"洋"字糊上,改写一"广"字。④

义和团还进行审判。逃难者行至一处,盘诘一处,必须到义和拳坛中,经首领验明实非教民始可放行。六月三日拿获放火者二名,送交义和团首领曹福田坛中杀毙。教民也被带回坛中杀死。⑤ 类似把人带到坛口处死的例子还有很多。虽然不能完全理解上述行为的意义,但可以说坛口已经成了义和团的审判场。

---

① 佚名:《天津一月记》,《义和团》第2册,第143页。
② 中国科学院山东分院历史研究所编《义和团运动六十周年纪念论文集》,中华书局,1961,第263页。
③ 佚名:《天津一月记》,《义和团》第2册,第143、151页。
④ 刘孟扬:《天津拳匪变乱纪事》,《义和团》第2册,第18页。
⑤ 刘孟扬:《天津拳匪变乱纪事》,《义和团》第2册,第16、27~28页。

如上所述，义和团的统治包括发布告示、执行审判、索要物资等多种方式，这其实是在模仿地方官的职责及团练在非常时期的功能。按照拳民的理论，他们是在代行"正当"的地方统治。义和团之所以能够统治天津，大前提当然是他们本身就是武装集团，而总督和朝廷拥护义和团的姿态，又使其他地方官和本地实力人士既失去了对抗义和团的名义，又失去了对抗的实力。此外，虽然程度不一，但一部分居民的支持也是义和团实现统治的原因之一。

不过，也有人反抗义和团的统治。早在义和团势力逐渐增大时，就有学界诸人联名具禀督署，大意谓"邪匪横行，终酿大祸，宜设法严拿"，但为总督所拒。义和团以内有"奸细"为名将一家客栈劫掠一空，众绅商愤甚，联名向督署禀控，裕禄竟置之不理。①

为了防止"土匪"趁乱抢掠及"奸细"暗中放火，天津设立了城市居民的自卫组织"铺民局"，以"邑绅"张少农为总局，各处居民亦皆轮班坐夜。②考虑到当时的情况，铺民局应当以防卫地方为目的，其中包含了牵制义和团横行的意图。各铺户出资集"铺勇"，闻团将至某处焚杀，即令铺勇尾随其后，并于各街口防堵，有诬陷则与战。③由上可知，天津居民之中也有人选择与义和团对抗，组建自卫组织。

---

① 刘孟扬:《天津拳匪变乱纪事》,《义和团》第 2 册, 第 26、33 页。
② 刘孟扬:《天津拳匪变乱纪事》,《义和团》第 2 册, 第 16 页。
③ 佚名:《天津一月记》,《义和团》第 2 册, 第 151 页。

天津社会的撕裂

不同的社会集团与义和团的关系也不尽相同。正因如此，义和团的统治引发了天津社会内部各集团间的对立——下层民众加入义和团开展活动，拥有一定财产者则组织铺勇进行反抗。

各个宗教团体的态度也有差异。在天津拥有众多信徒的民间宗教在理会被义和团视为"师兄弟"，从未受过伤害。① 而回民（穆斯林）的态度则非常敌对。自身也是回民的刘孟扬记载，回民不信义和团所说，又因清真寺被烧，大有势不两立之意。②

除了外国人和基督徒，天津居民中还有一类人也是义和团积极攻击的对象，那就是籍贯为广东、浙江等地的南方人。

在天津目睹了义和团飞扬跋扈姿态的广东人如此记述。

> 拳匪恶南人，以为北官多南人，洋行多南人。岂知南官亦多北人，洋行中北人较南人尤多！言语不通，服饰稍从乡俗，匪辄少见多怪，而于吾粤为尤甚。余所托业者洋行也，学堂也，铁路也，事事为拳匪所疾。所幸生长津地，娴北方语音，无少差谬。河东战事初开，由锦衣卫桥至河北，渡河入城，觅相识者，借着津俗衣物。③

---

① 管鹤：《拳匪闻见录》，《义和团》第1册，第470页。
② 刘孟扬：《天津拳匪变乱纪事》，《义和团》第2册，第7、35页。
③ 侨析生辑《京津拳匪纪略》卷四《仓宪莅津》。

滞留在天津的上元（南京）人管鹤也害怕从服装上被认出是南方人。

> 余衣稍瘦小，足着南式缎鞋。途遇一人曰："尔此等装束，有似吃洋行饭者，大不相宜。请速易之。"余称谢，然已无可如何。内子遂呼余，脱却外衫，放在车中。惟鞋无可易，乃用泥满涂之，殊为好笑也。①

义和团民称学堂毕业生和洋行职员为"二毛子"②，不断加以攻击。这些人中不少是居住在天津的南方人，因此义和团的兴起也就具有了从天津排除南方人的性质。市古宙三曾指出："北方人似乎厌恶南方人吸收西洋文化的行动，这导致了义和拳之乱。"③ 我想在此重新思考市古的这一看法。

在天津从事对外贸易及被外国人雇佣者以南方人居多，天津本地人则很少。此外，李鸿章担任直隶总督时期采取了种种富国强兵政策，在此过程中起用的人才也多为南方人。南方人巧妙利用与外国人和官员的关系，一举扩大了在天津的活动范围。正如本书第三章所示，善堂运营方式的变化即是典型一例。

义和团统治下的天津，南方人受到彻底攻击，不得已只好逃往别处，"很多广东人和宁波人为了登上停泊在大沽的新丰号

---

① 管鹤：《拳匪闻见录》，《义和团》第1册，第477页。
② 管鹤：《拳匪闻见录》，《义和团》第1册，第475页。
③ 市古宙三《近代中国の政治と社会》東京大学出版会、1971、304頁。

(Hsinfung),今天就乘舢板或拖船出发"。① 事实上,如此程度的排斥南方人行为几乎只发生在天津。甚至可以说,看似针对西方的排外主义实际上是本地人对外省人之反感的外在体现。如前所述,不少天津居民支持义和团的统治,或许正是因为这种南北矛盾。②

庚子事变结束后需要一种理念来修复天津社会的撕裂,建立一种新的团结感。无论是回民还是南方人都能在城市社会中共存——支撑这种生存模式的理念,就是"中国人"的认同感(见本书第八章)。

三 社会记忆的再现

同治九年天津教案的记忆

有人曾给英文报纸投稿,呼吁警惕义和团势力的抬头。

> 当年天津屠杀发生时,我有几位朋友也身在现场。他们中的一些人认为有征兆表明和当年类似的准备工作如今正在

---

① [Wh. Coish], *Tientsin Besieged and After the Siege* (Shanghai: North-China Herald Office, 1900), p. 30. 这个小册子原本并未写明作者姓名,只是记为 A Daily Record by the Correspondent of the "North China Daily News"。但 Bodleian Library, University of Oxford 所藏的版本中写有献词和署名,应为作者手笔,我由此推断出了作者的姓名。

② 虽然这个事例不一定能够说明所有地区间的差异,但至少可以让我们认识到,不应该把运动的性质做本质上的同一规定,而应当详细地考察每一个具体个案。此外,巴斯蒂的研究详细分析了直隶正定府的事例,认为不能说该地区的运动具有反帝性质。巴斯蒂:《义和团运动期间直隶省的天主教教民》,《历史研究》2001 年第 1 期。

进行。如果当年有人（像伊索寓言中的牧羊少年那样）高声呼叫"狼来了"的话，那场冷酷的杀戮或许能够避免。①

这篇文章提到了 30 年前发生的天津教案，提醒读者暴力事件已有先例。作为"当年天津屠杀发生时也身在现场"的一员，传教士理一视致信英国领事建议加强警戒，信的末尾写道："我清楚记得 1870 年的暴动。我想告诉您，那次事件发生前的状况如今正在重演。"②虽然所述情况未必仅限天津一地，但天主教传教士樊国梁（Alphonse Favier）在谈及整体情况时也表示："经历过 30 年前天津屠杀的人们都说，今日的情况与当年惊人的相似。"③

作为义和团的攻击对象，外国人尤其是传教士基于以往经验预测到了未来的事态走向，希望从过去的失败中吸取教训。参照往日的类似事例展开行动乃人之常情，也是一种普遍现象。不过，此处值得特别注意的是，过去的事例并非仅仅停留在个体经验层面，还可能作为一种社会记忆影响后代人的看法。事实上，若想真正理解有关天津义和团的种种现象，就必须要注意对以往事例的参照决定了时人的想法与行为。

---

① *Peking and Tientsin Times*, 10 March 1900, p. 7.

② Jonathan Lees to W. R. Carles, 3 June 1900, enclosed in Carles to Claude MacDonald, 4 June 1900, FO 228/1349.

③ Favier et al. to Stephan Jean Marie Pichon (French minister), 19 May 1900 (translation), enclosed in Edwin H. Conger to John M. Hey, 21 May 1900, United States, *Papers Relating to the Foreign Relations of the United States, 1900* (Washington, D. C.: Government Printing Office, 1902), p. 130.

1870年天津教案的影响并非仅限于洋人。天津教案起因于教会用药诱拐儿童、挖眼剖心的谣言。同样的情况此后屡屡发生,其中尤为重要的是光绪二十三年(1897)夏天流传的拐骗儿童谣言。① 根据天津英国领事的报告,事情经过大略如下。

有谣言称保定府有儿童被拐,用作修建铁路、铁桥时的人祭。此事传到天津后变得更加危险,原因是同治九年教案中被毁的天主教堂刚刚完成重建,正要举行典礼。天津人被笼罩在诱拐的恐惧之下,有群众在街上抓到三四个像是拐骗犯的人并动用私刑。直隶总督王文韶应法国方面要求实行警戒,地方官也发布告示,承认有拐骗事件发生,但否认有外国人参与。如此对外国人的攻击才几乎没有发生,教堂的纪念典礼得以平安举行。②

由上可知,天津本地居民和洋人的脑海中都烙下了天津教案的印记。正因如此,三年后义和团开始活动时,同样的念头才会自然而然地浮现在人们的心头。有记录称:"不久到庚子年,皆因外国用迷魂药打童男女无数太多,记〔激?〕急民人,才出义合团

---

① Mark Elvin, "Mandarins and Millenarians: Reflections on the Boxer Uprising of 1899-1900," *Journal of the Anthropological Society of Oxford*, Vol. 10, No. 3 (1979), p. 119; reprinted in Mark Elvin, *Another History: Essays on China from a European Perspective* (Sydney: Wild Peony, 1996), pp. 206-207.

② Carles to MacDonald, 11 August 1897, FO 228/1253.

因尤〔由〕。"① 义和团主要散布两个谣言,一个是教民向井里投毒,另一个是教民用药拐骗。②还有传言称租界内有一空室,内有三瓮,一贮人血,一贮人心,一贮人眼。③从此谣言也能看出天津教案的记忆。

由此或许可以说,对外国人的排斥其实是源于地方社会过去所受的心理创伤。

团练神话中的义和团

接下来将讨论地方武装的问题。先来看一个比较单纯的事例——"得胜饼"。天津义和团命居民制作得胜饼作为团民的食物,④即便战败归来时也会索要此饼,有史料因此辛辣地批评道:"顾名思义,能勿汗颜!"⑤据我所知,似乎还没有研究分析过"得胜饼"这一名称的由来。

我们当然很容易想到义和团期待旗开得胜,自然会喜欢"得胜"一词。除了得胜饼,义和团还命居民在门口插一小红旗,名曰"得胜旗";又命居民皆用红纸书"义和神团、大得全胜"八字贴门旁。⑥天津义和团首领之一的张德成还将城北门改名"得胜门",

---

① 王火选辑《义和团杂记》,《义和团史料》(上),中国社会科学出版社,1982,第4页。
② 《津门乱象》,《国闻报》光绪二十六年四月二十五日。
③ 佚名:《天津一月记》,《义和团》第2册,第151页。
④ 管鹤:《拳匪闻见录》,《义和团》第1册,第474页;刘孟扬:《天津拳匪变乱纪事》,《义和团》第2册,第16页;侨析生辑《京津拳匪纪略》卷一《毁堂启衅》,第4页。
⑤ 侨析生辑《京津拳匪纪略》卷一《毁堂启衅》,第5页。
⑥ 刘孟扬:《天津拳匪变乱纪事》,《义和团》第2册,第11、16页。

以此祈祷胜利。①

不过，得胜饼其实早有先例。如本书第一章所述，咸丰三年（1853）太平军兵临城下时天津曾组织团练迎击，在稍直口大破敌军，稍直口因此改名得胜口。在这场战斗中，雁户在水中以排枪伏击（以佛郎机置于小舟上，覆以苇）的战术发挥了奇效。当时负责天津防卫的商人张锦文见团练大获全胜，火速回城将预备之馍饼数千斤辇送大营，城中住户亦纷纷效仿争送，谓之得胜饼。② 义和团时期的得胜饼，应该正是沿袭了这个典故。

鸦片战争后，天津经常要组建团练抵御外敌入侵，团练的成功也因此一再反复，又一再被人们记忆。例如，光绪二十年（1894）甲午战争时，天津县士绅王守善（二品顶戴候补道）即上书北洋大臣李鸿章请求组建团练，其中如此写道：

> 此次倭人败盟构衅，沿海戒严，天津为近京重地，必须多为之备，以杜敌人窥伺。溯查咸丰年间，粤匪窜扰，芦商募勇御贼，郡城得以安堵，阙功甚著。迄光绪十年法越之役，复经举办，亦颇著声势。津民果敢可用，实为他属所不及。③

---

① 侨析生辑《京津拳匪纪略》卷四《津郡城陷》，第1页。
② 吴惠元:《天津剿寇纪略》附编，张焘:《津门杂记》卷上。
③ 《李鸿章片》（光绪二十年七月二十二日），戚其章主编《中日战争》第1册，中华书局，1989，第119~120页。

事实上，除了得胜饼，义和团时期发生在天津的很多现象都应当基于过去的天津防卫事例加以说明。或者不如说，只有考虑到了与以往事例之间的连续性，很多现象才能得到解释。

在抵抗前来天津镇压义和团的列强军队时，聂士成率领的武卫前军发挥了很大作用，[①] 义和团自然也勇敢迎战。但除此之外还存在其他的义勇兵组织。这些组织的建立，应该是为了回应"天津一带，义勇麇聚甚多。着裕禄迅速派员招集，编成队伍，以资捍卫"[②] 的上谕。

首次明确指出这些义勇兵组织的是小林一美。他写道："将义和团大众和清朝官兵截然区分的想法未必正确。当时的天津存在义和团化了的一般士兵、清朝化了的义和团，以及对义和团的战斗或信仰产生了共鸣，因而同情支持义和团的士兵、大众、义勇兵（芦勇、安勇、保卫军、民团、消防队）等多种组织。"[③]

作为上述分析的证据，小林引用了一段日本陆军参谋本部编纂的战史。

> 此外有义和团约一万人（行间小注省略），直隶总督招募的安卫军、芦勇、保卫军、民团及雁排枪队等约二千人。

[①] 刘凤翰：《武卫军》，中研院近代史研究所，1978，第667~683页；林华国：《义和团史事考》，北京大学出版社，1993，第126~136页。

[②] 《上谕》（光绪二十六年五月二十一日），中国第一历史档案馆编辑部编《义和团档案史料续编》，中华书局，1990，第603页。

[③] 小林一美『義和団戦争と明治国家』汲古書院、1986、272-273頁。

第四章 义和团的活动与团练神话

且十五日占领天津城后,城墙上之死者中亦有无数身着义和团或芦勇、安卫等号服者。由此观之,此等诸兵亦参加了战斗。①

我想根据小林没有引用的《京津拳匪纪略》卷三《招募兵勇》中的相关记述来进一步分析这些义勇兵。《京津拳匪纪略》中提到了以下几种义勇军:安卫军、保卫军、芦团、芦勇、民团、雁排枪队、铺民。其中,安卫军由陈国璧、何永盛(少甫)招募。保卫军由某人组织,但并未活动。芦团由长芦盐运司出资组建,芦勇与芦团相同。民团为招募而成。雁排枪队原本是在小舟上伏击野鸭的村民组织。前六者都以长芦盐运司库为经费来源。同一经费来源竟会产生如此名目繁多的武装组织,很可能是因为负责招募的几个中心人物没有联手合作而是各自为战。不过,雁排枪队也位列义勇兵之中还是让人感到颇为奇怪。《京津拳匪纪略》对雁排枪队和芦团的说明是:"于咸丰年发贼北窜时曾经举办,立挫贼锋。至今津民犹乐道。"② 由此可知,时人基于过去的"得胜"记忆组织了这两支武装队伍,期望以此再度抵御外敌的进攻。

---

① 参谋本部『明治三十二年清国事変戦史』卷二、川流堂、1904、244 頁。
② 参谋本部『明治三十二年清国事変戦史』卷一、104-105 頁也有类似说明。即除武卫前军、武卫左军、练军、淮军外,天津附近招募的勇丁还有如下几类。"安卫军,上衣记有安卫军字样,携旧式枪支,专任地方镇抚。保卫军,为保护乡间而设,无固定服装,武器亦为旧式,仅去去而已。芦勇,盐运使所招募,上衣标有芦勇二字。民团,与保卫军性质大体相同。雁排枪队,招募余庆浦(宜兴埠)附近狩猎鸭雁者而成,因当年长发贼(太平军)之乱时奏得奇功,故再次招募。以上总数约有二千人。"

此外，铺民乃由天津巨商张鸿翰（少农）出资，倡率约集城厢内外各绅耆公议举办，"铺民只镇压城市，无与战事"，①亦即主要负责城市内部的治安维持。如前文所述，铺民实际上是对抗义和团的自卫组织。关于组织者张鸿翰，史料中特意指出"鸿瀚者，锦文之孙也"，②而张锦文正是太平军来袭及第二次鸦片战争时组织铺勇保卫天津之人。从这一点上我们可以再次看出以往经验对组织地方武装的影响。绅商为躲避战祸而欲与联军交涉时皆推举张少农为代表，理由即是"乃祖张秀岩大绅之有先声"③。

八国联军攻陷天津城后，也有人对比张锦文当年的事迹来解释和预测其孙张鸿翰的行动。

> 津人张秀岩者，俗呼张海五，人极权变，以盐务起家，白手致富数百万。庚申中外议和，张与闻其事，津中人每盛称之。至谓其得各国王赠物甚多，并有国书，无论何国皆不得犯其家。今墓木已拱，其孙张少农，但知吞云吐雾，不能绳武。津城既失，津人犹多诈传，或谓少农代各国预备粮饷，即以其家为粮台，有谓其送洋人礼物值数万金，有谓其出资数十万，请洋人保险。更有谓失守时，少农将各国赠物陈列厅事，请洋人饮，洋人入见即下拜，立派兵护其宅。其实少

---

① 侨析生辑《京津拳匪纪略》卷三《招募兵勇》，第6页。
② 王守恂编《天津政俗沿革记》卷一六，1938年刻本，第38页。《义和团史料》第962页也引用了这段叙述。
③ 侨析生辑《京津拳匪纪略》卷二《绅商议和》，第6页。

农全家，城未失已远避矣。①

这篇文章对张鸿翰表示了彻底的讽刺态度。不过在一部分天津人的叙述中，张鸿翰还是重现了他祖父当年的事迹，正与40年前的情况相同。

义和团统治天津期间，另一个引人注意的现象是被称为"水会"或"火会"的消防组织的积极活动。

光绪二十六年（1900）六月三日，仓场侍郎刘恩溥接到了命其赴天津组织水会、与义和团民共同抗敌的上谕。上谕指示道："闻天津水会七十二局，不下万人，该处民人，素怀忠义，若能与团民联为一气，亦足以壮声势，而挫敌锋。着派刘恩溥克日前往天津，迅速招集水会，挑选强壮，编成队伍，与武清、东安、通州三处团民，分起择要驻扎。"根据刘恩溥后来的报告，他在询问团民与水会的合作情况时，得到答复称水会连日来都在交战时送来馍饼和水，他为此召集水会头目，予以褒奖并再加勉励。②事实上，联军攻打天津城时，在城上站守的皆为新募之水会中人。③

不过，日本领事在攻城前发出的报告中写道："为预防纷扰，

---

① 佚名：《天津一月记》，《义和团》第2册，第157页。
② 《刘恩溥奏》（光绪二十六年六月五日），《刘恩溥奏》（光绪二十六年六月十四日），《义和团档案史料》第218~219、278~280页。
③ 刘孟扬：《天津拳匪变乱纪事》，《义和团》第2册，第40页。

天津消防队接到命令，决不能和义和团民争斗。"① 这就表明水会与义和团之间甚至有可能存在对立关系。为什么上谕要命令联合水会与义和团共同防卫呢？上谕应该是参考了某些人士的提议，而之所以会有此提议，无疑是基于天津水会曾竭尽全力保卫地方这一过去的声望。实际上，无论是鸦片战争时还是太平军来袭时，水会都曾接受动员与团练一同保卫天津。此外，如本书第二章所述，同治九年教案发生时火会也在行动中发挥了核心作用。

由上可知，在义和团时期的天津防卫中，鸦片战争、太平军来袭、第二次鸦片战争等先例无疑曾在时人的脑海中浮现。我认为，一部分天津居民期待义和团能够保卫天津、甘愿供应得胜饼，应该正是基于以上思路。

在这一点上，北京的朝廷也有类似情况。从著名的宣战诏书开始，朝廷内部的议论就一直建立在鸦片战争以来的团练神话之上。朝廷为了"护持王朝"的大义名分而下令组建团练，而这一脱离实际的设想又与天津社会中不断积累的历史记忆相呼应，共同决定了现实的走向。

* * *

义和团的兴起具有设"坛"代替官府祈雨的意义。这种模拟

---

① 《郑永昌致青木周藏电报》(1900年6月13日)，外務省『日本外交文書』33卷别册一『北清事変』上、日本国際連合協会、1956、21頁。

官方统治的现象同样出现在义和团统治天津时。当然,拳民行动的动因不止于此。正如诸多"揭帖"和"乩语"所示,"劫"(世界末日)的观念也是义和团兴起的思想背景之一。① 不过,大骂官员为"赃官"这种乍看之下"反体制"的行动,也说明在义和团民的主观认识中,他们是在代行并协助办理官员本应采取的举措。

我们应该认识到天津义和团活动中的很多现象是基于以往的记忆。同治九年的教案奠定了人们的排外感情,而鸦片战争以来的天津防卫传统则让人们忆起团练和火会的辉煌过去。

这种记忆的不断反复,因被八国联军打败——就天津而言即是外国军队的占领——而被切断。对于众多天津居民来说,义和团时期的体验极为苦涩。

> 做官的信邪,所以宠信那义和拳,把他们当作天上降下来的神仙,恭恭敬敬的,一点儿亦不敢错他们的令。就打算真是天上派了许多神仙,要帮着大清国把洋人灭了呢,那知道反险些儿把自己的国灭了,这不是信邪的坏处么?再者,要有天旱了不下雨,必须断屠求祷,不是往龙王庙求去,就是往大王庙求去,真要是恰巧下了雨,他就说是自己求下来的,这不是信邪的缘故么?②

---

① 陈振江、程歗:《义和团文献辑注与研究》,天津人民出版社,1985,第208~219页。
② 《说中国人信邪坏处》,《大公报》光绪二十八年七月十日。

就这样，时代开始逐渐转向。宫庙信仰等民众文化开始被大力否定，祈雨仪式中显示的官方礼仪与民间信仰的连接点因此消失。此外，正如光绪三十一年（1905）的反美运动所表现的那样，人们开始有意识地用"中国人"的团结这一主张替换从前的排外观念（见本书第八章）。在上述动向中，城市精英不再将充满陈旧礼仪的王朝政治体制视为理所应当，而在广大的乡村地区，农民又屡屡反抗各种以"文明"为由的政策，导致民变频生。[1] 这样的平衡失调，正是体制瓦解的征兆。

---

[1] Roxann Prazniak, *Of Camel Kings and Other Things: Rural Rebels Against Modernity in Late Imperial China* (Lanham: Rowman and Little Field, 1999).

第二部分

行政机构的革新与社会管理

第五章　巡警的创设与城市行政的演变

　　光绪二十七年（1901）袁世凯就任直隶总督，开始以天津为中心推行各种改革，①时称"北洋新政"。其中师法欧美及日本建立的警察组织（时称"巡警"）尤为改革之重。大正时代的日本人所写的袁世凯传记甚至如此评价："袁世凯甫一就任直隶总督即倾尽全力锐意施行新政，最先成功的是直隶警务制度改革。"②

　　巡警在天津的创设从全国来看都具有先驱和模范意义。此前也曾有其他城市进行过同样的尝试，但不及天津彻底。③以天津城

---

① 胡光明：《北洋新政与华北城市近代化》，《城市史研究》第6辑，天津教育出版社，1992年。
② 佐久間東山（石橋秀雄校注）『袁世凱伝』現代思潮社、1985年、94頁。此书原载《福冈日日新闻》1916年5～7月。
③ 常长儒《中国近代警察制度的形成》（中国社会科学院法学研究所法制史研究室：《中国警察制度简论》，群众出版社，1985）认为警察制度改变的先驱是光绪二十四年（1898）在长沙设置的湖南保卫局。以时任署理湖南按察使的变法派人士黄遵宪为中心构想了这次改革，但保卫局仅设置了数月，就因康有为等在

区的经验为基础,巡警制度逐渐普及到包括农村在内的直隶全省,并最终于光绪三十一年(1905)创设了中央机关——巡警部。当然,进入20世纪后其他省也纷纷引入巡警制度,①过度强调天津是各地的模仿对象并不合适。不过还是可以肯定,天津的巡警创设在当时产生了很大影响。

创建巡警组织是"新政"中积极推进的改革课题之一,但本章关注的重点则是巡警制度在地方行政,尤其是城市行政中的历史定位。不难想象巡警组织应在城市行政中占据核心位置,那么巡警的创设给过去的行政体系带来了怎样的变化,巡警又在哪些方面继承了既有行政体系的特点?

以往有关"新政"的研究当然都曾提到巡警的设立,但大多仅限于罗列相关政策,并没有充分考虑秩序维持方式的历史性发展、地方行政机构的变迁等更为宏观的问题。②

北京变法失败而被朝廷下令废除。关于保卫局的专论,参见藤谷浩悦「湖南変法運動の性格について——保衛局を中心に」辛亥改革研究会編『菊池貴晴先生追悼論集·中国近現代史論集』汲古書院、1985;目黒克彦「湖南変法運動における保衛局の歴史的位置」『東北大学東洋史論集』2輯、1986年。此外,义和团运动后,受八国联军在北京设立的治安维持机关的影响,清朝创设了工巡局,而旧有的步军统领衙门则继续与其并存。参照渡辺修「清代の步軍統領衙門について」『史苑』41巻1号、1981年。

① 王家俭:《清末民初我国警察制度现代化的历程》,《历史学报》第10期,1982年;王笛:《晚清警政与社会改造——辛亥革命前地方秩序的一个变化》,中华书局编辑部编《辛亥革命与近代中国——纪念辛亥革命八〇周年国际学术讨论会文集》,中华书局,1994;韩延龙、苏亦工等:《中国近代警察史》上册,社会科学文献出版社,2000。以下为四川的个案研究,Kristin Eileen Stapleton, "County Administration in Late-Qing Sichuan: Conflicting Models of Rural Policing," *Late Imperial China*, Vol. 18, No. 1 (1997).

② Stephen R. MacKinnon, *Power and Politics in Late Imperial China: Yuan Shi-kai in Beijing and Tianjin, 1901-1908* (Berkeley: University of California Press, 1980), pp. 151-163.

第五章　巡警的创设与城市行政的演变

有鉴于此，本章将首先分析天津创设巡警的历史前提及巡警在城市社会中的具体功能，在此基础上从地方行政（也可以说是城市行政）的演变这一视角来考察巡警创设的历史定位。

一　巡警的创设过程

历史前提

要了解巡警创设的历史前提，首先需要梳理一下此前的治安维持机构。

清代，各省的警察职能属于一般行政的一环，归知州或知县衙门（官署）处理，案件发生时由衙门派出捕役、衙役搜查。此外绿营也负有警察之责，尤其经常参与处理暴力性的强盗案件。[1] 至少就天津一地而言，公权力负责的警察业务可概括为以上两类。

保甲制度也不容忽视。清代的保甲制度为十户设一牌头，十牌设一甲头，十甲设一保长，通过这种编制方式控制居民，也使居民相互监视，实现维持治安的作用。进入19世纪后，为应付各地的叛乱又增设了团练，力图以此整编、强化保甲制度。[2]

如本书第一章所述，天津强化保甲制度，直接原因是鸦片战

---

[1] 谷井俊仁「清代外省の警察機能について——割弁案を例に」『東洋史研究』46巻4号、1988年；太田出「清代緑営の管轄地域とその機能——江南デルタの汛を中心に」『史学雑誌』107編10号、1998年。

[2] 关于清代保甲制度的整体性说明，可参见临时台湾旧惯调查会编《清国行政法》二卷、临时台湾旧惯调查会、1910、第一编1~2章；和田清编『支那地方自治発達史』中華民国法制研究会、1939、第五章。

争时期的对外危机。当时天津城内外被分为20个堡,每堡各设义民局办理团练。① 此外,光绪四年(1878),天津知县王炳燮为让绅董宣讲《圣谕广训》而设立了45处乡甲局,定期举行宣讲。② 在民间发生纠纷时,乡甲局也会从中调解,努力维持秩序。③

署理天津道盛宣怀还设立了守望局。之所以有此举动,是因为既有的乡约局(前述乡甲局的别称)虽收效颇大但因由民间运营而权限较小,故设守望局加以补充。从衙门选派文武官员及士兵,分为20个"段"各自巡察。④ 光绪十二年(1886),绅商又受知县之命设立民更保卫局,负责巡夜和保持灯火。⑤ 上述事例与下文所述的巡警制度在职能上有诸多共同之处,是巡警制度得以顺利导入的前提条件。

此外,还有租界内的治安维持机构。以上列举的种种动向应该是受到了此类租界治安机构的刺激。咸丰十年(1860)《北京条约》签订,天津由此成为通商口岸,在城东南的海河沿岸设立了英、美、法租界。美租界并未积极进行行政管理,于光绪二十八年(1902)并入英租界,因此可以暂时搁下不谈。英租界和法租界各自设立了名为工部局的行政机关,下设维持租界治安的警察组织。张焘在《津门杂记》中记述了这些警察组织的具体活动。

---

① 《设立义民局告示条规》,《津门保甲图说》第1册。
② 张焘:《津门杂记》卷上《乡甲局》。
③ 《拨沙拣金》,《时报》光绪十二年七月五日。
④ 光绪《重修天津府志》卷二四《公廨》。
⑤ 《会商局务》,《时报》光绪十二年十月一日;《民更局规条》,《时报》光绪十二年十月三日。

第五章 巡警的创设与城市行政的演变

> 工部局,亦曰巡捕房。以分派巡捕,平治道涂,是其专责也。看街巡捕衣有左右圆圈,内有中西号码,使人易识。手持木棍,昼夜看守,分段巡查,风雨无阻。每六点换班,遇有小窃及争斗等事,立即扭送捕房,以凭究办。总捕头为洋人,其等级在衣袖上有金线三环、四环者,人因以三道四呼之。其平治道涂,雇佣夫役甚夥。每日扫除街道,灰土瓦砾,用大车载于旷野倾倒之。夜晚则点路灯以照人行。立法甚善。巡查贼匪,宵小潜踪,人得高枕安居。清理街道,无秽气熏蒸,不致传染疾病。为益甚大,何乐如之。①

由此可见,租界内已经存在管理相当完备的警察机构。张焘在记述工部局的职能时理所当然地将维持治安和整备道路这两项并举,说明在他的认识中这两种职能密切相关。

大概是因为这种高度评价租界巡捕制度的看法广泛存在,租界以外也参照租界的制度设立了道路管理机构。光绪九年(1883)在津海关道周馥的建议下设立了工程总局,负责道路的修筑和巡逻(经费问题参见本书第六章)。②

光绪二十五年(1899)义和团在山东兴起,虽遭新任山东巡抚袁世凯镇压仍势力不减,翌年攻至天津租界。八国联军出兵,于光绪二十六年六月十八日(1900年7月14日)攻占天津城。从此

---

① 张焘:《津门杂记》卷下《租界工部局巡捕》。
② 光绪《重修天津府志》卷二四《公廨》。

直到光绪二十八年七月十二日（1902年8月15日）清政府收回统治权，天津被列强占领了两年有余。在此期间，列强为共同管理天津而设立的行政机构为天津都统衙门（Le gouvernement provisoire de Tien-tsin，当时的日语记为"天津临时政府"）。

天津都统衙门下辖八个部门，当时的日语和法语（都统衙门文书使用的语言）名称分别为本会议书记局（chancellerie générale conseil）、保安部（service de sûreté）、卫生部（service de santé）、会计部（trésorerie）、政府财产并个人放弃财产管理局（administration des biens du gouvernement ainsi que de ceux délaissés par des particuliers）、军事课（section miliaire）、法务课（section judiciaire）、公众给养局（bureau de l'alimentation publique）。① 其中负责警察业务的是保安部，具体结构如下。

> 分为陆上、水上两部，陆上警察由日、英、法、德、意诸军派遣之巡捕队（各国派兵百名左右）及华人巡捕1500名组成；水上警察由意大利海军士兵100名及中国人巡捕10名组成。②

华人巡捕的设置采纳了天津绅商的意见。天津都统衙门的告示如此写道：

---

① 外務省『日本外交文書』35卷、日本国際連合協会、1957、事項15「天津行政清国へ還附一件」、335 附記二「天津政府庁条例」、629 頁；Gouvernement provisoire de Tien-tsin, Procès-verbaux des séances du conseil du gouvernement provisoire de Tien-tsin (Tien-tsin: The China Times, n. d.), p. 2.
② 陸軍省『明治三五年九月清国事件書類編冊』防衛庁防衛研究所図書館蔵、清国事件M 35－10、第 26 号、「天津仮政府始末書ノ件」における原田輝太郎（天津仮政府会議委員・陸軍歩兵中佐）による説明。

第五章　巡警的创设与城市行政的演变　171

照得现据绅商先后来辕禀请各街设立华巡捕一案，原为绥靖地方，保护绅商，得以安居复业起见，本都统等甚属欣慰，应即照准。兹将城厢内外各地方划为八段，添设华捕巡查一切，并每段公举公正绅商六名，相助为理。虽无管理巡捕之权，遇有不法情弊，亦可亲赴本衙门汉文司员禀陈。前项华捕仍听候洋巡捕作为领袖，统为本衙门巡捕官管辖，以一事权。①

此外，还有如下记述。

天津城厢内外，已设立华巡捕，共划各地方为八段，每段公举绅商六名，相助为理。其华巡捕仍由洋巡捕作为领袖，统为都统衙门巡捕官管辖，由是街面甚为安静。②

值得注意的是，天津都统衙门的告示强调华人巡捕的管理权属于都统衙门，而非绅商所有。这意味着天津都统衙门拒绝组建保甲和团练那样由绅商管辖的治安机构。

至于和警察共同承担治安重责的审判制度，"外国人于殖民地判处清国人之法律同样应用于此地，作为适用于清国人的刑法"，由天津都统衙门的法务科负责执行。根据1900年11月的公审案件

---

① 奇生编《庚子莘蜂录》，中国社会科学院近代史研究所近代史资料编辑组编《义和团史料》，中国社会科学出版社，1982，第289~290页。

② 刘孟扬：《天津拳匪变乱纪事》卷下，《义和团》第2册，第52页。

统计，赌博（61件）、强盗及盗窃（49件）、勒索及诓骗（39件）是位居前列的犯罪类型。①

维持警察机构需要充足的经费。天津都统衙门为此设立了工巡捐局，征收房铺捐、车捐、戏捐等税目，以此充当警察和整修道路的经费。有研究者强调各种名目繁多的"捐"成了压在天津民众肩上的沉重负担，②但我认为之所以会征收此类税款，其背景是维持警察组织等各类城市行政机构时所必须解决的经费问题。总之，天津都统衙门设立的巡捕成了袁世凯创设巡警制度的历史前提。

天津回归问题和巡警的创设

光绪二十七年九月二十七日（1901年11月7日），直隶总督兼北洋大臣李鸿章去世，曾竭力镇压义和团的山东巡抚袁世凯继任。如前所述，此时的天津尚处于列强占领之下，原本的直隶总督衙门所在地被天津都统衙门占据，袁世凯因此不得不以省城保定作为总督的居所。除了继续镇压义和团，摆在署理总督袁世凯面前的课题还有与列强谈判收回在军事上和经济上都对清朝具有重要意义的天津的统治权。

在谈判过程中，列强撤退后如何维持天津的治安成为焦点。光绪二十八年三月五日（1902年4月12日）的通牒中写明，作为

---

① 陆军省『明治三四年自一月至一二月清国事件書類編冊』防衛庁防衛研究所図書館蔵、清国事件M 34－1、第42号、「石川憲兵中佐北清地方視察報告ノ件」。
② 董振修：《天津都统衙门的军事殖民统治》，《天津文史资料选辑》第30辑，天津人民出版社，1985；陈瑞芳：《略论天津"都统衙门"的军事殖民统治》，《南开史学》1987年第2期。

归还天津的条件，清军不得在天津市区周围30公里内驻军。森悦子指出，正是因为考虑到了这项条款，袁世凯才想要组建巡警这种"只负责维持治安的非军队组织"。①

关于袁世凯与巡警的关系还有如下说法。黑龙会所编《东亚先觉志士纪传》记载："北清事变（即八国联军侵华）后，袁世凯由山东巡抚转任直隶总督。入京谒见期间，川岛与青木宣纯曾共同造访其旅寓，陈述振兴警察制度之意见。袁当即赞成，称上任后将尽快实行。至保定上任后不久，即以冯国璋为使节来迎川岛，商谈创立警察之方法。川岛滞留保定十余日，与袁任命之委员等商议，最终决定创立模范警察。"② 这里提到的"川岛"就是日本大陆浪人的代表人物之一川岛浪速。根据这段记述，他在天津的巡警创设中起到了很大作用。在面见袁世凯前，川岛还曾得到肃亲王的赏识，尝试在北京引入日本的警察制度。③ 不过，目前仍不能确定川岛浪

---

① 森悦子「天津都統衙門について——義和団戦争後の天津行政権返還交渉を中心に」『東洋史研究』47巻2号、1988年。

② 黒竜会『東亞先覚志士紀伝』中巻、黒竜会出版部、1935、285頁。

③ 关于川岛浪速，请参照会田勉『川島浪速翁』文粹閣、1936；赵军『大アジア主義と中国』亜紀書房、1997，157-188頁；中見立夫「川島浪速と北京警務学堂・高等巡警学堂」『近きに在りて』39号、2001年。日本的警察制度最初是学习法国，明治十四年政变后开始积极模仿普鲁士。大日方純夫「日本近代警察の確立過程とその思想」由井正臣・大日方純夫校注『日本近代思想体系（三）官僚制・警察』岩波書店、1990。关于此制度引入北京的情况，可参照 David Strand, *Rickshaw Beijing: City People and Politics in the 1920s* (Berkeley: University of California Press, 1989), pp. 66–72; Frederic Wakeman, Jr., "American Police Advisers and the Nationalist Chinese Secret Service, 1930–1937," *Modern China*, Vol. 18, No. 2 (1992); Douglas R. Reynolds, *China, 1898-1912: The Xinzheng Revolution and Japan* (Cambridge, MA: Council on East Asian Studies, Harvard University, 1993), pp. 161–172.

速对于促使袁世凯关注警察制度究竟起到了多大作用。之所以这么说，是因为《东亚先觉志士纪传》旨在强调日本人在中国的业绩，在引用其中的记述时须特别谨慎。不过，在川岛的参与之下北京的确开始引进新的警察制度，因此可以认为袁世凯曾有过深入了解此制度的机会。

袁世凯在光绪二十八年五月十六日（1902年6月21日）的奏议中谈及了巡警，但此时不过是在论及军队组织的整体改革时将巡警视为其中的一部分，并没有明确论述巡警的具体内容。[①] 不过，在天津返还迫在眉睫的光绪二十八年七月五日（1902年8月8日），袁世凯再次上奏，明确提出在保定创设警务局和警务学堂。由此可以推测袁世凯在两次上奏期间加深了对巡警的认识。那么，他是如何理解西欧式警察制度的意义呢？

> 臣窃惟备军所以御外侮，警兵所以清内匪。中国自保甲流弊，防盗不足，扰民有余，不得不改弦更张，转而从事于巡警。查各国警察，为内政之要图，每设大臣领其事。盖必奸宄不兴而后民安其业，国本既固而后外患潜销。且国家政令所颁，于民志之从违，可以验治理之得失，而官府所资为耳目，借以考察舆情者，亦惟巡警是赖。直隶自庚子以来，民气

[①] 《奏陈厘订练兵营制饷章折》（光绪二十八年五月十六日），"国立故宫博物院故宫文献编辑委员会"编《袁世凯奏折专辑》，广文书局，1970，第562~565页。此外，天津图书馆、天津社科院历史研究所编《袁世凯奏议》（天津古籍出版社，1987，第508~511页）也收入了此文。

凋伤，伏莽未靖。非遵旨速行巡警，不足以禁暴诘奸，周知民隐。①

由此可知袁世凯将巡警视为治理内政之关键、联系官民之节点。对义和团运动后治安混乱的危机感，以及认识到既有的保甲制度的缺陷，是他创设巡警的重要动机。

基于上述理念和目的，保定效仿"西法"设立了"警务总局"一处、"分局"五处，在城内及周边地区配备"巡兵"500人，并设"警务学堂"教育"巡兵"及"警务各官"。"警务局"和"警务学堂"均制定有详细章程。负责以上工作的是袁世凯提拔的赵秉钧及从日本警视厅聘请的三浦喜传。②

光绪二十八年七月十二日（1902年8月15日），清朝收回天津的统治权。4天前的七月八日，巡警队到达天津，九日大部队陆续到来，驻扎在海河以北的张公祠（为表彰本书第一章提到的张锦文而建立的祠堂）。最终，巡警局总办曹嘉祥率巡警千名驻屯在大王庙附近的曾公祠，另外2000名驻屯于张公祠。自十一日起，巡警队开始和都统衙门治下的华人巡捕交接岗位。回归当天，各区域的"捕坊"自早晨8点起便开始转移物品，外国士兵也陆续退回租

---

① 《奏拟保定警务总局章程折》（光绪二十八年七月五日），《袁世凯奏折专辑》，第643~644页。《袁世凯奏议》第604~605页也有此文。
② 『東亞先覚志士紀伝』中卷、285页。关于赵秉钧，可参照《又陈道员交军机处存记片》（光绪三十一年八月十二日），《袁世凯奏折专辑》，第2005~2006页。《袁世凯奏议》第1193页也有此文。

界。① 当时的具体情况如下:

> 同日下午六点,日、英、法、德、意各国之巡捕队于前述临时政府门外的铁桥南侧集合,按字母顺序依次排列,在当日值班委员奥萨利文上校的命令下举行分列式,其后各自返回所属军队。在此期间,法、德两国军乐队奏乐。②

就这样,天津治安的权限和责任被交还给了清政府,而具体承担这一权限和责任的就是新设立的巡警组织。

二 巡警的职能特征

巡警组织

天津巡警的设置状况如下。先是接收天津都统衙门的警察机构在旧城内设立了天津警察总局两所,此后又在旧城外海河北岸的河北地区设立了巡警总局一所,但不久便与旧城内的两局合并。③这样一来,天津旧城内外地区最终以海河为界被划分为两半,分别

---

① 《巡警来津》,《大公报》光绪二十八年七月十日;《警队续闻》,《大公报》光绪二十八年七月十一日;《逐段交接》,《大公报》光绪二十八年七月十二日;《交地退兵》,《大公报》光绪二十八年七月十三日。

② 陸軍省『明治三五年九月清国事件書類編冊』防衛庁防衛研究所図書館蔵、清国事件M 35 - 10、第 26 号、「天津仮政府始末書ノ件」における原田輝太郎(天津仮政府会議委員・陸軍歩兵中佐)による説明。

③ 清国駐屯軍司令部編『天津誌』博文館、1909、259-261 頁。

归南段巡警总局和北段巡警总局（"段"即管辖区域）管辖，其中旧城区及其周边的繁华地区基本属于南段巡警总局的辖区。南段巡警总局下设五个分局，北段巡警总局则下设两个分局。①

分局之下又设立了更小的区划，称为"段"。例如，天津回归后不久的光绪二十八年八月，河北巡警第二局的辖区内设立了13个段，其中第一段为针市街，第二段为茶口店、火神庙，第三段为北阁。②各段分别设有被称为"岗"的警察岗亭，配有一名巡查站岗。在曾有罪案发生但犯人尚未落网的路段还会增设"岗"。③

"岗"在天津都统衙门时期就已存在。天津的回归意味着各街道的"岗"被都统衙门指挥下的巡捕移交给了巡警队。但是，由于巡警队不了解天津的情况，不得不将一度解散的都统衙门巡捕再次召集起来，请他们协助巡警队共同维持治安。④这个事例表明，袁世凯部分沿袭了八国联军军事占领时期的制度，两个时期的制度之间具有连续性。

那么，巡警设置后收效如何呢？天津的日报《大公报》发表论说，提出了改革巡警制度的若干建议，其中之一即是增设巡警。

> 巡兵每段一人，孤立无助，遇有三五成群形迹可疑者，巡兵断不敢直前盘诘，贼众有恃无恐，坦然行之，虽有巡兵，

---

① 参照史习芳《解放前天津行政区划沿革》，《天津社会科学》1982年第2期。
② 《巡警分段》，《大公报》光绪二十八年八月四日。
③ 《添设岗兵》，《大公报》光绪三十年四月二十四日。
④ 《纪巡警队》，《大公报》光绪二十八年七月十五日。

直成虚设。似宜昼间一人站岗，夜间自十点至次晨六点，均用二人站岗。遇有形迹可疑者，一人盘究，一人遥立执哨，果为盗贼，巡哨一鸣，巡兵齐集。①

文章要求完善警备以期万全，显然是对新设巡警的警力抱有疑问。

巡警的警备能力的确首先取决于巡警组织的人数。英国外交官1906年前后访问了曾任巡警局总办的曹嘉祥，据此写成了关于天津巡警组织的报告。根据这份报告，曹嘉祥在河间府培养了1000人，又将他们带到保定府进一步加以训练。天津回归时，曹嘉祥把他们带到天津，与从都统衙门接收的800人混编在一起。曹嘉祥在接受采访时还表示当时天津的警察约有2000人。② 我认为天津巡警组织的规模应大致如此。不过，同一史料中还引用了名为青木的军人提供的信息，称巡警有1200人。③

比起人数，能否保持组织纪律性是决定警备能力的更重要因素。天津回归伊始，巡警的纪律问题便受到关注。袁世凯在给巡警干部的训示中写道："严饬所属，谨慎当差，不得骚扰闾阎。至于稽查巡逻，更须谨慎。"④ 数日后，天津巡警总办曹嘉祥也有如下训诫。

---

① 《整顿巡警条议》，《大公报》光绪二十八年九月二十一日。
② "New Police in Chih-Li," enclosed in Satow to Foreign Office, 17 January 1906, FO 371/31. 麦金农（Stephen MacKinnon）也使用了这一资料。
③ 我认为，此处提到的青木应为日本陆军军官青木宣纯。关于青木的基本生平，可参照土肥原賢二刊行会编『日中友好の捨石·秘録土肥原賢二』芙蓉書房、1972。
④ 《明查暗访》，《大公报》光绪二十八年七月十五日。

该巡丁等，务须恪遵条规，奉公守法，不得妄滋事端，扰累居民。如购买什物，悉照市价公平交易，不准稍有抑勒。倘有以上情弊，一经察觉，定即从严惩办，决不宽贷。各宜凛遵毋违。①

袁世凯和曹嘉祥的担心并非杞人忧天。警官或是因在街头动武，或是因工作态度恶劣而屡受惩罚。举例来说，天津回归后不久，华捕（原在都统衙门治下的华人巡捕）沈、曹二人偕同巡警兵王连升夜间巡逻，见有住户门首之灯被风吹灭（出于治安上的理由，住户有义务一直保持门前点灯②），沈等借此将该户之篱笆门撞开，欲拘住户送办。住户贿以洋银作为罢论，次早赴该管巡警局控告，即经局官传集三人质询得实，将三人各责"军棍"，立即开革。③在这个事件中，警官以"送办"威胁住户，意图借此索要钱财，因此受到处分。

领导巡警组织的曹嘉祥本人据说正是靠勒索富人才筑成巨富。④曹嘉祥上任不足一年就被免职，光绪二十九年（1903）四月

---

① 《巡警员示》，《大公报》光绪二十八年七月十八日。
② 根据李然犀《庚子沦陷后的天津》（《天津文史资料选辑》第8辑，天津人民出版社，1980），应彻夜点亮门首灯火（大都是蜡烛）的规定始于八国联军占领时期，违者罚款一元。
③ 《巡警得赃》，《大公报》光绪二十八年七月二十日。
④ 佐藤鉄治郎『袁世凯』天津時聞報館、1910、第三節「警察政度之施設」。本书保存于外务省外交史料馆。『袁世凱ト題スル著作物在天津小幡総領事ヨリ送付一件』、史料番号1・6・1・41。

改由赵秉钧出任总办。①

赵秉钧上任后致力于严肃纲纪、明分赏罚。为维持巡警纪律，他不仅对违规者予以处罚，还将有功者树为模范，如在各分局内拔取曾记"大功"之巡长（相当于巡查部长），分别等次以示鼓励（最上级为"头等巡长"）。②

就我所知，目前尚没有明确记录巡警组织成员出身和经历的史料。根据先前提及的英国外交文书，赵秉钧任用巡警的条件包括年龄18~25岁，身高五英尺四英寸（大约162厘米）以上，家中至少有地30亩（约两公顷）。其中第三个条件要求的有地30亩大致是当时维持稳定的农业经营所需的土地面积，因此这一规定其实是想确认应征者是否有一定身家、出身是否可靠。

不过，很难确定以上三个条件是否得到了严格遵守。也有记述称："录用巡警的规则与总督袁世凯录用新军的规则相同。不过即便规则存在，在任何情况下都只是个摆设而已。"③总之，很难对巡警的出身阶层做更深入的考察。

天津回归后的最初一段时间，治安工作由都统衙门时期的巡

---

① 《改委总办》，《大公报》光绪二十九年三月二十七日。英国外交档案中记录了曹嘉祥本人的说明。据他说，因为他推行严格的管理规则而引起了市民的反感，这才遭到罢免。"New Police in Chih-Li," enclosed in Satow to Foreign Office, 17 January 1906, FO 371/31.

② 《有赏有罚》，《大公报》光绪二十九年四月十六日；《论遵局规》，《大公报》光绪二十九年五月九日；《拔取巡长》，《大公报》光绪三十年四月二十七日；《续拔巡长》，《大公报》光绪二十九年四月二十九日。

③ "Report on the Tientsin Constabulary," enclosed in Satow to Foreign Office, 3 March 1906, FO 371/33.

捕和赵秉钧在直隶其他地区训练、回归时带至天津的巡警队协作执行。此后警察的培训机构逐渐完备：光绪二十八年（1902）秋，在直隶省河间府募集了300余人送到天津训练；① 同年在天津设立了巡警学堂，翌年与保定的巡警学堂合并成立北洋巡警学堂。北洋巡警学堂有"官学生"（学业一年）和"兵学生"（学业两年）的区别，前者将来担任干部。袁世凯的目标是让巡警组织的所有人员都接受专门教育。兵学生需要在巡警总局当三个月的警兵（相当于巡查）才能获得结业证书。②

警官的月薪又是多少呢？据英国人的调查，1906年前后巡长的月薪为10~20两，巡兵则为6两。③ 根据光绪三十三年（1907）的巡警章程，一等巡长为十两八钱，二等八两七钱，三等七两三钱；一等巡警六两六钱，二等六两三钱，三等五两九钱。④ "警官的工资相当优厚，故有很多人的志向就是成为警察。"⑤

包括工资支出在内，巡警组织如何确保经费呢？如前所述，天津都统衙门时期，道路整修和警察组织的维持以"捐"为经费来源，为征收"捐"而设立了工巡捐局。天津回归后工巡捐局仍继续

---

① 《新兵操练》，《大公报》光绪二十八年十月八日。
② 『天津誌』、234-235頁，《奏陈筹办天津设立巡警折》（光绪三十年十一月二十九日）、《袁世凯奏折专辑》，第1656~1658页；《饬令文凭》，《大公报》光绪三十三年二月九日。
③ "Report on the Tientsin Constabulary," enclosed in Satow to Foreign Office, 3 March 1906, FO 371/33.
④ 甘厚慈辑《北洋公牍类纂》卷八《天津南段巡警总局现行章程·额数》，益森印刷有限公司铸版，1907。
⑤ "Report on the Tientsin Constabulary," enclosed in Satow to Foreign Office, 3 March 1906, FO 371/33.

存在。既然袁世凯想要继承道路整理和警察管理这两项都统衙门时期开始的工作,那么自然也会继承维持这两项工作的经费筹措办法(参照本书第六章)。

巡警的任务

巡警的任务一直被简单地概括为维持治安,但具体包括哪些内容,人们对巡警的责任有哪些期待,又有哪些情况属于巡警的处理对象?接下来将就这些问题展开论述。

首先,统治者如何认识巡警的必要性?虽然前文已经多次提及,但我想再次引用袁世凯设立巡警的上奏。

> 天津地处海滨,民俗强悍,大兵之后,人心浮动,伏莽尤多;其海口一带,商旅骈集,海盗出没靡常,联军驻境时,地方官法令不行,益复披猖无忌,举境骚然。臣于莅任之初,即预筹津地收回,必当有以善其后,而尤虑华洋交替之际,匪徒乘间思逞,情形较内地尤为紧要,是非举办巡警无以靖地面而清盗源。①

这段说明体现了天津治安正受盗匪威胁的危机感。可以说,创设巡警最初就是期望取缔盗贼。

---

① 《奏陈筹办天津设立巡警折》(光绪三十年十一月二十九日),《袁世凯奏折专辑》,第1656~1658页。

民间对巡警又有何期望呢？让我们再来看看前文提及的《大公报》对巡警改革的建议。

> 天津巡警之设，原为缉捕盗贼保卫商民起见，乃各段布设警兵，至周且密。而盗贼滋扰之事，时有所闻，段内居民仍有夜不安枕之势。近又闻本月初十、十七两日，某宅两次被盗，均于晚间十二点钟前后，有盗多人入院威吓，第一次给与银洋三元，第二次给与银镯二付。曾经事主禀报请办，而警务人员及事主亲友均极力劝阻，盖一恐为曹游戎嘉祥所知，一恐结无穷盗党之怨也。复经该段局员于某宅左近北马路下罗家胡同小大院地方，添设巡兵站岗，未始非亡羊补牢之计。第思巡警兵役昼夜梭巡，而盗贼猖獗若此，容或有巡警章程不尽周备者，事关地面大局，不忍缄默。①

文章接下来提出了种种提高巡警警备能力的建议。这段引文表明，在城内拥有房产及一定财产的人们期待巡警能够成为保障他们生命和财产安全的机构。既然各家各户缴纳的"房捐"是巡警的重要经费来源，作为回报，人们自然期待巡警能够尽到维持治安的责任。②

---

① 《整顿巡警条议》，《大公报》光绪二十八年九月二十一日。
② 《直督袁饬巡警局天津府县收丐防窃保卫居民札》，《东方杂志》第1卷第1期，光绪三十年正月二十五日，"内务"，第4页。通过这份公文可以看出，公权力同样认识到，作为让居民负担"捐"的代偿，政府应当承担治安维持工作。

那么，巡警组织又如何规定自己的任务呢？为了具体考察这一问题，我想分析一下天津回归后不久颁布的《巡警条规》。这份条规列举了巡警的取缔对象，内容多达18项。由于这份史料很好地体现了当时天津的社会氛围，故而在此全部列出。

一、遇有斗殴、强抢、劫盗、小窃、诱拐人等，当即立时拘捕；一、夜至十点钟，行人不得多携包裹，违者拘局，讯明释放；一、凡遇赌博，一律拘罚；一、夜至十二点钟，所有车辆不得装拉包裹货物，违者拘罚；一、凡遇通衢大道，小街僻巷，各处路口，及贮水地等处，不许大小便，倒溺器，及倾弃灰渣秽物，以防疫疠，违者拘罚；一、凡夜间有在屋角堆积秽物者，亦应一律拘罚；一、不准身体裸赤；一、凡车马行人，须靠左边行走，以免拥挤，如故意抗违者拘罚；一、凡街道两旁不得摆设货摊以致阻塞；一、凡路口转角之处，不准结队成群；一、浮桥开合时，往来车马行人均须陆续过去，不准争先恐后；一、不准在各衙署及公家屋宇粘贴告白；一、各项车辆不准争先夺路以致拥塞；一、如有匿名揭帖干犯法律者，无论于何处即应拘拿；一、如有聚匪结会刊刻谣帖蛊惑人心者，立即捕拿；一、凡遇卖违禁物件如火药、枪弹、军器之类，均应拘局究办；一、遇有酒馆、戏园、书场滋扰喧闹者，均应拘局惩罚；一、凡夜深逾限而酒馆尚未闭门，或戏园演剧未散俱迟至子时者，亦

第五章　巡警的创设与城市行政的演变　185

应拘罚。①

　　这些条目此后经过增补改订而越发详细，②不过以上引用部分已经清楚体现了巡警任务的基本要点。袁世凯和《大公报》最期待的取缔盗贼职能当然位列其中，除此之外，在日本相当于违反"轻犯罪法"的种种琐细行为也被列入取缔对象，其中各种有关保持街道畅通和街容整洁的规定尤其引人瞩目。此外街道卫生也被纳入考虑范围，③大概是计划与都统衙门时期新设的卫生局联手合作。④由于巡警本来就以设在街道上的"岗"为据点放哨和巡逻，那么也就可以理解成巡警是为了管辖街道这一公共空间、维持街面秩序所设。这种认识方式，与前文提及的《津门杂记》在描述租界工部局时将警察和道路整修工作理所当然地联系在一起相呼应。大概由于当时的中国人普遍认为这两种职能非常相近，所以光绪三十二年（1906）时负责整修道路的天津工程局才会被并入巡警总局。⑤

　　如《巡警条规》所示，被押送至巡警局者会受到处罚。为此有必要再次考察巡警的处置方式。

---

① 《巡警条规》，《大公报》光绪二十八年七月二十日。
② 更为详细的《巡警条规》可见甘厚慈辑《北洋公牍类纂》卷八《天津南段巡警总局现行章程・办法》。
③ 巡警局命令各家每日清扫街道。《南段巡警分局示》，《大公报》光绪三十年七月十日。
④ 关于卫生局，请参照『天津誌』、261、524-528 页。
⑤ 天津市政工程局公路史编委会编《天津公路史》第1册，人民交通出版社，1988，第89~90页。

巡警的处置

在清代的审判制度中,身为"父母官"的知县或知州原则上要初审所有案件。也就是说,如果一个人想在天津县起诉,那么他首先要向天津县衙门提起诉讼。审理后,比较轻微的处罚可在县一级执行,否则就要将案件移送至上级官厅,根据案情的重大程度分别进行数次复审。

然而巡警在天津的活动动摇了这种由知县进行初审的原则,原因是巡警组织开始自行审理。报纸上犯罪报道的常见叙述套路是,先记述案发经过和逮捕犯人的过程,然后以把犯人"扭局惩罚"或"带局究办"作结。① 这意味着巡警组织本身就具有判决和执行的职能。来看几个实例。某男子违反禁令,聚众演唱小曲,被巡兵扭获至巡警局,巡警第五分局局长将其"鞭责数十"后释放。② 以前只有知县才有权自由裁量(不受法律规定所限)鞭责或"枷号"(戴枷示众),而在此事件中巡警分局有了知县的权限,裁定并执行了鞭责。在另外一个案件中,犯人被送到南段巡警总局接受处理。③ 此外,租界也会将罪犯解送至巡警总局处置。④ 巡警的处罚方式包括体罚(鞭责)、罚款、"枷号"、"苦工"等。报纸上常

---

① 《惩罚抬价》,《大公报》光绪二十八年十一月二十四日;《岗兵尽职》,《大公报》光绪三十二年十二月十二日。
② 《招摇扭案》,《大公报》光绪二十八年十二月二日;《鞭责释放》,《大公报》光绪二十八年十二月三日。
③ 《枷号游街》,《大公报》光绪三十年五月十三日。
④ 例如,《南段巡警总局案由》,《大公报》光绪三十年五月十九日。

写"扭局惩罚",但很少写明具体的惩罚内容,我想大概不外乎以上几种。"苦工"的期限有时为一年,有时为 4 个月,由此可知大概是要在官衙服杂役一定期限。以上这些处罚方式都并非成文法中规定的刑罚,而是为维持社会秩序所采取的行政措施。

这种现象让我想起滋贺秀三的理论。滋贺注意到地方官在认定某一行为需要被取缔时会判处体罚等各种处罚,据此指出:"清代的知州和知县正具有相当于警察署长(兼检察官)职能的一面。"① 我认为,巡警组织实际上是在承袭地方官既有特点的基础上,继承并专门行使了其原有职能中的某一特定部分。

那么,巡警处置案件时的特点又是什么呢? 史谦德(David Strand)曾指出民国时期北京的巡警具有调停性。②"调停"这一观点极具启发。例如天津南段巡警总局的《岗规摘要》的开头部分即如此写道。

> 凡街巷遇有喧哗争斗等事,巡警随时婉言劝解,以期息事。不许持械打人。如不服劝解,两造受有重伤,带局分别讯究。总以立时解散为上。③

这么看来,所谓"扭局惩罚",与其说是要在巡警局内施行

---

① 滋贺秀三『清代中国の法と裁判』創文社、1984、248 頁。
② Strand, *Rickshaw Beijing*, pp. 65-97.
③ 甘厚慈辑《北洋公牍类纂》卷八《天津南段巡警总局现行章程·办法·巡警规条·附》。

某种惩罚，倒不如说扭送至局这种行为本身就是一种制裁措施，以此来促使当事者反省、推动纠纷的解决。总而言之，巡警的处置并不一定是基于某一实定法、通过形式上的理论操作来执行，而是致力于通过劝说及偶尔行使强权来平息本地社会中的争执尤其是暴力事件。这一功能与过去的知县听讼及"差役的职能"[①]颇为类似。

史谦德试图以儒教因素来解释巡警职能的这一特点，但这种分析未免太过笼统。我认为更准确的理解应该是巡警组织基本上承袭了县衙维持秩序稳定的职能。[②]巡警局既继承了县衙调停纠纷的权力，又加深了这一权力对日常生活的渗透程度——连频繁发生的街头争吵都会介入。

巡警局和县衙的权限关系是如何呢？第一，有些案件会由巡警局移交县衙处理。[③]特别是体罚、罚款等轻微处罚不足以解决的重大犯罪，仍然需要经过从县开始逐级向上的复审程序。但需要注意的是，巡警局与县衙之间并没有明确的从属关系。案件的移交或许会让人感觉巡警局是县衙的下属机构，但巡警局总办赵秉钧的身份是候补知府，在品级上比知县还高。正因如此，即使是巡警开始处置各种案件之后，县衙也并没有在制度上将处置轻微案件的固有

---

① 滋賀秀三「清代州県衙門における訴訟をめぐる若干の所見——淡新档案を史料として」『法制史研究』37号、1987年。
② 以下研究指出，直到现代，讲道理以使人心悦诚服仍是解决纠纷的手段。高見澤磨「罪観念と制裁——中国におけるもめごとと裁きとから」『シリーズ世界史への問い（五）規範と統合』岩波書店、1990年。
③ 《南段巡警总局案由》，《大公报》光绪三十年七月十二日。

权限移交巡警局，二者的职能实际上有所重叠。这样看来，巡警似乎抢占、继承了县衙的一部分业务，并与县衙的业务展开竞争。第二，由于巡警组织的活动被分散安排在街头等各处市内要地，所以一旦事发即可迅速赶到现场，更加贴近也更加积极地介入居民生活，因此对民间社会的渗透程度远高于县衙。这样一来，公权力的功能其实在整体上得到了扩大。在增加官方行政权力这一层面上，巡警与县衙毋宁是相辅相成的关系。

为了解决巡警局和县衙在审判权限上的问题，官府开始尝试改革既有的审判制度——效仿西欧模式，将司法职能从县衙这个行政机构中剥离出来。[①]为此设立的新机构就是光绪三十三年（1907）诞生的"审判厅"。审判厅究竟在多大程度上实现了行政和司法的分离目前尚有疑问，但以审判厅的设立为契机，处理案件时开始需要明确划分管辖范围。具体而言，审判厅设立前巡警局也要负责民事案件，与县衙的权限多有重复；审判厅设立后确定了"违警罪目百二十五条"，其中明确规定了可以在巡警局的简易审判机构"发审处"处理的轻罪，而除此之外的案件则需交由审判厅系统的相关机构裁定。同时还规定，无论在哪种情况下，逮捕犯人的权限都由巡警掌握。[②]由此可知，当局力图明确划分各机构的权限，提高办事效率。

---

① 《秦报天津地方试办审判厅情形折》（光绪三十三年六月九日），《袁世凯奏议》，第1492~1494页；甘厚慈辑《北洋公牍类纂》卷四《天津府属试办审判厅章程》；西川真子「清末裁判制度の改革」『東洋史研究』53卷1号、1994年。

② 甘厚慈辑《北洋公牍类纂》卷九《南段巡警总局会同天津府县详拟定局厅划分权限暨试办违警罪目文并批》。

三 城市行政的结构性改变

作为城市行政机构的巡警局

接下来将要探讨巡警局这一新行政机构的设立给既有的县级行政带来了哪些改变,以及这些改变发生的原因。我希望通过回答这些问题逐步阐明巡警创设的历史意义。

首先,需要概览一下清代地方行政的总体情况。清代公权力的末端单位是县(或州、厅)。知县亦被称为"父母官",负责照料县内人民生活的方方面面,具有总揽一切行政事务的权限和责任。也就是说,制度上并不存在独立于官方行政对象之外的私人领域,行政专门化和分工化的意向也非常微弱。知县介入地方社会的主要手段是"告示"。例如在解决个别纠纷时,为防止类似问题日后重演,会发布告示列明应行和禁止的事项,有时还会将其镌刻在石碑上。不过告示的效果时有时无,县衙并不具备足以强制贯彻执行告示内容的设备和人员。如此一来,县衙行政的实际情况就是出现问题时即对症下药式地发布告示,若是无效便一再颁布。① 作为这种官方行政的补充,本地士绅也被期待能够承担一部分行政事务,其中尤以被总称为"善举""义举"的社会福利活动的传统最受重视。我认为,士绅的此类活动有助于间接

---

① 寺田浩明「清代土地法秩序における「慣行」の構造」『東洋史研究』48卷2号、1989年。

维持治安。

19世纪后半叶以来天津的城市化发展显著，1906年的城市人口已是1840年时的2倍以上。这样的人口激增应该是由于商业繁荣的吸引力和大量破产农民的流入。① 然而，半流民性的城市居民的增加难免会引发社会不安。为了应对这一情况，民间的"善举"更显必要。

但仅凭"善举"不能完全解决问题。《大公报》的一篇评论文章指出，通常认为中国乃是"文明国家"，但这种一般认识其实有误。文章强调庶民的越轨行为，列举了凶骂斗殴、做买卖时争秤争斗、满街上都有人看淫秽画像、无赖之徒恐吓勒索商铺等种种恶行。作者引用"告示烂，王法散"的谚语，慨叹县衙虽然会以发布告示的方式下达指令，但城市的混沌状态并未因此而有丝毫改变。②

在这样的情况下，人们需要一个比既有的县衙行政更积极地介入城市生活、努力维持秩序稳定的机构。鉴于天津相继经过了义和团和八国联军占领的时期，治安尚且不稳，这一课题就显得更加迫切。为此，袁世凯试图通过更加积极介入的方式重新编制城市行政，而这一构想的主轴正是巡警的创设。

袁世凯主政天津后不久，天津府便发布了如下告示。

---

① 1840年天津的城市人口为198715人（《津门保甲图说》），到了1906年，仅华人居住区就有356857人，若再加上租界则达到424553人（『天津誌』）。李竞能主编《天津人口史》，南开大学出版社，1990，第81~86页；李竞能主编《中国人口（天津分册）》，中国财政经济出版社，1987，第64页。

② 《浮文何益》，《大公报》光绪二十八年八月二十二日。

现在督宪莅任，收还地面，设立巡警局，以期保卫闾阎，缉拿盗贼，所有一切章程，至纤至悉，无非为尔居民计。诚恐有无知之徒，任意横行，轻犯法网，合亟出示晓谕，为此示仰诸色人等知悉。自示之后，尔居民人等务须恪守章程，悬点夜灯，禁止强乞，各事实力奉行，俾尘市街道整齐严肃，自然有一翻气象。倘不遵诫谕，妄作胡为，轻则薄罚示惩，重则按律治罪，勿谓言之不预也。其各凛遵毋违。①

　　这份告示的行文基本上沿袭了从前的模式，但有一点与以往极为不同——巡警活动的存在使告示的内容可以在一定程度上得到强制执行。可以说，巡警的活动对于行政模式的转型具有划时代的意义。

　　那么，县衙的行政地位又发生了怎样的变化？由于既继承了都统衙门时期设立的机构又设置了若干新机构，所以袁世凯主政时期的天津出现了许多清朝既有官制中本不存在的新部门。以巡警局为首，还有前文提及的卫生局、工巡捐局，此外府级和省级也各自创设了新机关。这些专门负责某一行政领域的新官衙之所以会在此时期登场，是因为日益复杂化的社会需要这些新行政领域。其结果就是，这些新设的官衙分别从原本统归于县衙的行政职能中各自切取了一部分，将这一部分确定为自己的专属职责。以前知县作为唯

---

① 《天津府示》，《大公报》光绪二十八年七月二十一日。

第五章 巡警的创设与城市行政的演变 193

一的"父母官",为谋求人民生活的安宁而统管社会的方方面面,但随着这些新衙门的纷纷设立,知县在行政系统中的地位被相对弱化了。

接下来让我们以审判和征税这两个原本一直由县衙负责的职能为例,具体分析一下知县的行政地位是如何被相对弱化的。由于巡警组织连极为轻微的犯罪都要取缔,由县衙负责初审的原则实际上已无法维持——轻微犯罪的案件数量十分庞大,仅靠县衙的既有审理方式已无法应对。正因如此,巡警组织才会取得"违警罪目"的审理权。此外,由于时人在欧美法的影响下力图实现行政与司法的分离,县衙也逐渐失去了司法审判的权力。

至于征税,县衙虽然依旧负责田赋(正规土地税)的征收,但随着烟草税、酒税、盐税等类型税收的增加,田赋在省财政收入中所占的比重呈下降趋势。① 此外,如前所述,为天津的城市行政提供经费的各种"捐",也是由工巡捐局这个传统官制中本不存在的新设机构负责征收。

从财政规模上也能看出各个官衙行政职能的大小。例如,根据宣统三年(1911)设定的下年度预算额,天津县衙的经费为49530两,②

---

① 貴志俊彦「「北洋新政」財政改革について」『広島大学東洋史研究報告』9号,1987年。
② 《国家岁出预算比较表》岁出经常门第四类第五款第二一八项,《直隶清理财政局汇编宣统四年全省岁出入预算比较表》第2册,东京大学东洋文化研究所藏。我想,由于辛亥革命后的政局动荡,这份表格中的预算额很难按计划执行,但这并不妨碍我们从中读取预算安排的大致倾向。

天津东西南北中五区的警务经费为259973两，[①]警务经费是县衙经费的5倍以上。当然，作为管理社会的一线队伍，巡警的人数更多，所需的人员费用自然也就更高。但是，把高额预算投入在一线队伍上这种财政规划本身就已经体现了行政体系的变化。

由上所见，光绪末年天津行政机构的基本状态是，巡警局、卫生局、工巡捐局等诸多新设衙门各自承担专门的业务，原有的县衙虽然在行政体系中的地位被相对弱化，但基本上仍在继续行使原来的职责。这种新旧衙门并存的现象在省级乃至更高级别的行政系统中亦同样存在。而且，由于这些新衙门不属于正式的国家机关，因此与其他相关机构的统属关系也暧昧不明，如巡警局就既不是县衙也不是府衙的下属机关。那么，到底能不能说这些官衙构成了一个统一的行政体系呢？

如果说这些部门在一定程度上实现了整体性统一的话，我认为那主要应当归功于总督袁世凯的处置。换言之，作为全部官衙的统辖者，总督在行政体系中具有极为重大的意义。

另外，面对这种官方主导的行政结构变革，非官方的本地实力人士立足于本地区的种种活动又发生了怎样的改变？首先应该关注的是，他们就地方事务发言的制度性基础得到了不断完善。光绪三十年（1904）设立了天津的商人团体天津商务总会，[②]光绪

[①] 《地方岁出预算比较表》岁出经常门第一类第二款第八项，《直隶清理财政局汇编宣统四年全省岁出入预算比较表》第4册。宣统二年废除了巡警南段和北段，重新改编为五区。参照史习芳《解放前天津行政区划沿革》，《天津社会科学》1982年第2期。

[②] 胡光明：《论早期天津商会的性质与作用》，《近代史研究》1986年第4期。

三十三年（1907）时又在全国率先以选举的形式选出了天津县议事会，成为县内实力人士集中发表意见的平台。① 这些举措并不纯粹是民间的活动，而是作为"新政"一环重组地方行政机构的结果。不过，虽然有官方的参与，但上述政治发言的主体仍然与官方有别，它们在这一时期出现具有重大的历史意义。关于这一点后面的章节还将详细讨论。让我们重新回到巡警问题，对照当时的观念探讨其创设的意义。其中，"风俗"一词尤其值得注意。

社会秩序和风俗论

光绪末年，天津行政的高密度化使城市的社会秩序发生了很大转变。当政者和本地实力人士是如何认识这个转变过程的？想要回答这个问题，一个重要的线索就是"风俗"一词。众所周知，明清时代的地方志中常常设有"风俗"项目，例如光绪年间的天津地方志便如此写道：

> 然民间风气强劲，以义气自雄，而械斗之风遂炽，加以通商而后，商贾辐凑，盗贼因以生心。既有淮勇、练军各营环镇于外，又立保甲、守望各局周巡于内，而窃劫之案不能

---

① 近年关于天津县议事会的研究成果有浜口允子「清末直隷における諮議局と県議会」辛亥革命研究会編『菊池貴晴先生追悼論集・中国近現代史論集』汲古書院、1985；貴志俊彦「清末の都市行政についての一考察——天津県の事例を中心として」『MONSOON』創刊号、1989年；貴志俊彦「「北洋新政」体制下における地方自治制と形成——天津県における各級議会の成立とその限界」横山英・曽田三郎編『中国の近代化と政治的統合』渓水社、1992。

悉泯，此其由来久矣。①

由此可知，天津的城市化带来了"风俗"问题，而既有的秩序维持机构不足以充分应对这一情况。可以想见，正是基于这样的现状认识，时人才会感受到设立巡警的必要性。不过我们首先需要厘清的问题是，所谓"风俗"究竟是一种什么样的观念？

这一时期的报纸经常会刊登感叹"风俗"堕落的社论和读者来信，《大公报》的《叹津俗》即是其中一例。

> 天津本是个胜地名区，老前辈也出了些个上等人物，文的有做过学院的，武的也有做过提镇的，至于那翰林举人，文武秀才，更是数不尽的了。富商巨贾，也不止一家，而且都是乐善好施，见义勇为。故此这天津一处，善举是数不尽的。既有这些位人物维持风俗人心，故此天津人，到了外方，没有不高看一眼的。……现在天津有几样极坏的风俗，实在可虑。头一样是狡诈好讼，第二样是械斗群殴，第三样是习尚奢华，第四样是嫖赌太盛。②

这种行文方式其实是先在头脑中设定一种过去的良好"风俗"，然后通过与过去对比来批评现状。类似的写法在明清时代的

---

① 光绪《重修天津府志》卷二六《风俗》。
② 《叹津俗》，《大公报》光绪二十八年九月二十三日。

地方志中随处可见。这类"风俗"评论的典型内容是，过去曾有过美好"风俗"；近年来"风俗"因健讼、暴力、奢侈等倾向而紊乱。这种评论方式背后的逻辑特征是，从伦理的角度来评判个人生活方式的好坏，并把这种个人生活的好坏和整个地区社会秩序的好坏直接联系在一起。除此之外，在传统的"风俗"言说中，地方官的"善政"和本地实力人士的"善举"被视为创造良好"风俗"的关键，其中其实包含"教化"的意义。即使只有少数人破坏了秩序，也可能迅速扩大而酿成社会危机，因此需要地方官适当介入，以此保护"风俗"。即使这种介入的实际效果有限，但理论上并不存在自立于官方行政之外、具有自主性的私人领域。现代社会的一般性认识是，法律规定了应行之事和禁止之事，破坏了法律就是在搅乱社会秩序，理应论处；相反，只要不触犯法律，每个人的行动应任其自主决定，个人自主和社会安宁应当分离并存。这种现代社会的认识方式与支撑"风俗"言说的逻辑具有本质不同。

接下来将考察"风俗"言说与创设巡警之间的关系。首先来看袁世凯向朝廷报告将在天津创设巡警的奏折。其中写道"天津滨临渤海，民俗强梁，盗风素炽"，旨在强调天津的"俗""风"中的暴力倾向，并指出经过义和团运动后这一倾向正愈演愈烈。袁世凯表示需要引入巡警组织来治理这种情况，并请求朝廷批准其加强处罚权。[①]

[①]《又陈解审盗匪就地正法片》（光绪二十八年八月二十二日），《袁世凯奏折专辑》第677页；《袁世凯奏议》，第636页。

再来看看巡警的日常业务。"管理戏园及各游览所"的规定中写道:"管理之要旨,须令其无碍于火灾、卫生、风俗等事。"[1]由此可知巡警组织也关心"风俗",具有从维持"风俗"的角度进行社会管控的一面。宣统二年(1910)进一步整顿警察制度后还出现过以下事例。围绕当红女星小莲芬该嫁给谁的问题,济良所(专门针对女性的改造机构)、直隶巡警道和天津商务总会展开协商。巡警方面给出的标准是:"不背所章,不违律例,无碍于风俗,无拂于人情。"[2]也就是说,巡警考虑的问题不仅仅是合法与否,还有"风俗"和"人情"。在这个意义上,巡警局的活动其实具有践行县衙既有行政目标的一面。在天津的社会现状被解读为世风日下的情况下,巡警也就背负上了"风俗"捍卫者的期待。

如果不拘泥于是否把"风俗"一词明确列为目标,我们还能从巡警的活动中找出更多切合"风俗"言说的职能。如前所述,巡警在平息纷争时会表现调停的姿态。这种姿态与过去知县断案时的目的相同,都是在事态升级前介入,以此确保人民的和谐及社会的安定。前文提及的"巡警条规"之所以会不厌其烦地罗列各种琐细的管控事项,不单单为了应对城市社会的需要,也是基于这样一种认识——生活规律的紊乱有可能会发展为社会性危机。可以说,

---

[1] 甘厚慈辑《北洋公牍类纂》卷八《天津南段巡警总局现行章程·办法·管理戏园及各游览所》。

[2] 《直隶巡警道为店员岳殿仁请领小莲芬为妻是否妥靠事致津商会函》(宣统二年六月十七日),天津市档案馆、天津社会科学院历史研究所、天津市工商业联合会编《天津商会档案汇编(1903~1911)》,天津人民出版社,1989,第2168~2170页。

"风俗"论为巡警代替县衙门行使具有更高实效性的社会管控提供了观念基础。

城隍和巡警

但另一方面，巡警的登场也与一种新秩序意识的出现有关。那就是以城市为活动基础、力图仿照西欧模式积极重构政治秩序的新志向。

最能体现这种新志向的例子就是城隍庙。城隍是城市的守护神，① 在天津，府级城隍庙和县级城隍庙并存。城隍庙的主要仪式是农历四月六日和八日的"城隍泥像"巡游，不过事实上四月一日至八日都被视为"庙会"的会期。按照天津习俗，凡有病之家均对天许愿，病而不死者则须在此时还愿。一到三月下旬，各小组会均赴会场报到，凡报到者即将其会名书诸黄纸，贴之庙外。所有上会会员不外三种，均许愿还愿者也。一曰"扮鬼"，须购铠甲一身、面具一副；一曰"扮犯"，须备囚服一身、鱼枷一面，由"扮鬼"者牵以锁；一曰"挂灯"，由庙中道士穿其臂肉成孔，左右各三，每孔挂羊角灯三只，灯中燃烛，出会时随行"鬼""犯"之后。② 光绪十八年（1892）刊行的《醉茶志怪》中收入了很多有关天津城隍庙的逸闻，可以看出时人将城隍庙视为

---

① 关于城隍庙的研究，可参照濱島敦俊「明清江南城隍考」唐代史研究会编『中国都市の歴史的研究』刀水書房，1988；小島毅「城隍廟制度の確立」『思想』792号、1990年。

② 《庚子先之城隍庙会》，戴愚庵：《沽水旧闻》，天津古籍出版社，1986。

冥界审判的场所。①

然而，八国联军占领天津时，城隍庙却被当成了外国军队的宿舍。对军队来说，在市区占有一定面积的庙宇是绝好的驻屯地。泥塑遭到破坏，两个城隍像被运走藏在别处。我想，前来镇压义和团的外国军队对天津人的"迷信"大概抱有敌意。

城隍像在天津被归还总督袁世凯后回归原位。不过，袁世凯进驻天津后不久城隍庙的用地之内便设置了巡警分局，②其他巡警分局也多设在庙内。之所以会有如此安排，除了庙宇能够提供适当的场地，也是沿袭了在庙内设置秩序维持机关的惯例。例如，"乡甲局"就设置在庙宇等民众信仰之地，为教化人民以"使人心风俗一归于正"而举行宣讲。不过，对于巡警局来说，即便同样是设置在庙内，所具有的意义却大不相同。此外，应考虑作为教育机关的新式学校（"学堂"）也和巡警分局一样被设在庙内。

考察城隍庙问题时，必须要注意到这一时期出现了明显反感城隍信仰的论调。例如下面这篇《大公报》的报道就显示了城隍庙地位的动摇。

> 每年四月初八日为城隍庙出会之期，届时牛鬼蛇神纷扰街市，其一种野蛮之象，实属可笑。自城破后，迄未举办。

---

① 李庆辰：《醉茶志怪》，卷一《阴司》；卷二《红衣女》；卷四《土偶》，光绪壬辰年本。该书明显受到了《聊斋志异》《阅微草堂笔记》等的影响，收集了很多有关天津的逸闻。

② 《巡警纪文》，《大公报》光绪二十八年七月二十四日。

闻今年又拟按照旧例，于四月初八日出会，仍由府县各班办理。噫！今日天津为若何之景象，忍生人之饿而博偶像之欢。岂皆为不知死之鬼乎？既可怜又可恨。①

这种把民众对城隍庙的信仰视为"野蛮"的想法在19世纪时尚鲜少存在，但经历过义和团、进入"北洋新政"时期后便不罕见了。

同治十年（1871），应李鸿章之邀访问天津的李慈铭在现场参观了城隍庙的活动，并在日记中如此写道："是日为浴佛节。津俗，以此前后三日盛赛会城隍庙，灯花幡节，士女如云。庙左为谢公祠，祀故天津知县忠愍公子澄，香火亦盛（谢子澄在防卫太平军进攻时战死）。"②此外，光绪十年（1884）初刊刻的张焘《津门杂记》卷中《四月庙会》也记述了城隍庙举办庙会时的情景，称"灯棚之盛，历有年所，尤为大观"，给予了正面评价。

然而进入20世纪后，报纸上开始刊登如下戏文，内容是虚构的县城隍与府城隍之间的对话。

县城隍不觉的落下泪来，就对府城隍说道，唉，自从庚子以后，咱们就算倒了运了，洋兵住在庙里，把咱们赶到别处去，不敢露面。其实咱们是管人生死的，为什么不都教他们

---

① 《太无心肝》，《大公报》光绪二十九年四月二日。
② 李慈铭：《越缦堂日记》，同治十年四月八日。以下资料也收入了这份记录。罗澍伟：《〈越缦堂日记〉中所见之近代天津史料》，《城市史研究》第13、14合辑。

死了？我的职分小，办不到，为什么大人也不办呢？府城隍说，唉，你好不明白。咱们藏着还怕藏不严咧，还敢出头惹他们，碰他们钉子去吗？再说他们把咱们鬼卒都弄没有了，咱们教谁拘他们魂去？县城隍说，这话也有理。但是自从咱们被了难，到如今也是五六年了，这五六年中，咱们也没有鬼卒拘人的魂去，怎么听说阳间不断的死人，到底是怎么死的呢？府城隍说，这事真也奇怪。县城隍说，咱们十殿阎君合判官全没有了，这些死人的魂，也不知道在那里？也不知道谁判断他们的善恶。我常见咱们庙里巡警的官不断问案，问的可全是阳间的案子，阴间的事，他们是管不到的。府城隍说，大约这些死人的魂，因为没有人管他们，他们全逃走了。县城隍说，可恨在咱们庙里立的学堂，他们所讲究的学问，没有一样儿不是砸咱们饭碗子的道儿，你说可气不可气。①

在这之后，府城隍安慰称虽然他们无法再执掌人间的生死，但来此烧香的愚民仍络绎不绝，不必担心断了生计，文章即到此结束。这篇游戏之作意在揶揄那些去城隍庙参拜的人们，同时很好地展现了此时期的历史语境。

县城隍和府城隍原本对应着县衙和府衙，起到补充官衙统治的作用。也就是说，"阴间"的秩序和"阳间"的秩序（现世王朝的位阶）相互对应，地方官的权威和城隍信仰互为表里。这种对民

---

① 《天津府县城隍谈心》，《大公报》光绪三十一年四月九日。

间信仰的吸纳是公权力统治的支柱之一。

但是到了光绪末年，上述戏文的作者评论巡警分局和学堂设置在城隍庙内时认为这是将"野蛮"之地变成了"文明"之所，通过标榜"文明"来突出"文明"与被视为"野蛮"的民间信仰世界之间的乖离。站在"文明"立场的人们支持统治方式的重组（具体而言即是巡警、学堂等机构的登场）。一直以来社会秩序意识都是靠"阎魔十王"判定善恶这样的观念来支撑，而现在这种观念遭到了否定，人们转而追求以巡警来维持秩序。前文提及的县衙地位的相对弱化现象，也和这种政治文化的转向不无关系。[1]

与这一过程并行，前述"风俗"论虽然继续维持其逻辑特征和结构特征，但在具体内容上不得不做出改变——不再一味怀念过去的淳风美俗，而是力图实现新的"文明"；不再把民众彼此守望相助的朴素社会视为理想，而是力图创造一个民众在新式学校接受教育、在巡警的保护和管控下生活的城市。代表着"文明"的巡警和学堂，可以说是新的教化者。

* * *

巡警的创设是以欧美和日本经验为模式的"新政"的一环。这项改革最直接的政策意图是收拾庚子事变后社会秩序的危机形

---

[1] 最近，警察和医学在生死管理上所发挥的作用尤其引人关注。杨念群：《民国初年北京的生死控制与空间转换》，杨念群主编《空间·记忆·社会转型——"新社会史"研究论文精选集》。

势，另外也回应了城市化进程中出现的增强行政力量的社会管控功能的需要。

以巡警局为首，光绪末年新设的诸多官衙各自承担专门的行政职责。这一方面导致原本统辖一切的行政机构县衙被相对弱化，另一方面也使官方的行政能力整体上得到了增强。另外，非官方的地方实力人士通过成立商务总会及县议事会等形式确保了发言权的制度化。就这样，官民共同增强了行政功能，以此应对复杂多变的城市社会。

巡警的活动承袭了知县的统治特性——必要时关注民众生活的方方面面，以此求得地方的安宁——具有管理者、调停者、教化者的特征。要理解创设巡警的历史意义就必须要注意支撑统治体制的概念体系的变迁。在此之前，地方官的威信部分来源于对民间信仰的吸纳，而向往"文明"的新潮流则将因果报应视为迷信行为而加以否定，转而致力于改造行政体系。巡警的登场，正顺应了上述变化。①

---

① 在农村批判"迷信"、重组统治结构的尝试也开始于此时，但正式推行则要等到1920年代以后。三谷孝「南京政権と「迷信打破運動」(1928—1929)」『歴史学研究』455号、1978年。

第六章　捐与城市管理

"捐"字的本意是捐赠（contribution），可不论是哪个时代和地区，捐赠往往并非完全出于自由意志，在很多情况下都是不得已而为之。本章研究的清末时期的捐就是其中一例。

临时台湾旧惯调查会编纂的《清国行政法》对捐的解说可谓切中要领。

> 捐者，乃为临时弥补财政之穷乏而于公课之外赋课之收入。捐本为义捐之意，须出自个人之自由意志。一旦国家将其作为公课强制征收，则不得以"捐"而名之。义捐与强制实为两相对立之观念。何况以捐之名冠于临时公课，实为令人民负担，以此达报效国家之目的，终究难免假借美名聚敛钱财之讥。①

---

① 临时台湾旧惯调查会编《清国行政法》，临时台湾旧惯调查会，1913，第7页。

贾士毅编的《民国财政史》也对"杂捐"做出了解释："洎乎光宣，创兴学校及警察，大吏往往责令各县筹款开办。于是杂捐一项，乃征及日审琐屑之物，不厌烦苛。"① 这里所说的光绪、宣统年间学校和警察的创设乃是义和团运动后开始推行、以西欧及日本模式为典范的政治改革"新政"的一部分。

以上是旧史料中关于"捐"的记载。后世学者在谈论"新政"的特点时总会提及苛捐杂税的征收，主要见解大致可分为以下两类。第一类，为筹措赔款和推进"新政"所必需的经费而设立各种名目的捐税，以此剥削民众。第二类，工商业的课税渐渐高于土地税，表现了从传统财政向近代财政的转型。

第一类是捐的相关研究中较多采用的见解，一直通行至今。② 黑田明伸批评了这一见解，认为"赔款、新政经费→苛捐杂税→抗捐抗粮斗争→辛亥革命"的逻辑推衍过于片面，并深入分析了当时的财政构造。③ 第二类则以小岛淑男的研究为代表。小岛指出："这意味着由原来的地税附加为中心转型至加强对工商业征税，体现了奖励工商业政策的一个侧面。"④ 此外，贵志俊彦在考察直隶省财政时也捕捉到了

---

① 贾士毅编《民国财政史》二编，商务印书馆，1917，第528页。
② Chuzo Ichiko, "Political and Institutional Reform, 1901-11," John K. Fairbank and Kwang-ching Liu, eds., *The Cambridge History of China*, Vol. 11（Cambridge: Cambridge University Press, 1980）, pp. 414-415; 小島晋治·丸山松幸『中国近現代史』岩波書店、1986、59頁。
③ 黒田明伸『中華帝国の構造と世界経済』名古屋大学出版会、1994、188-227頁。相应论文首次发表于1983年。
④ 姫田光義ほか『中国近現代史』上巻、東京大学出版会、1982、144頁。

"从土地附加税转换至工商业征税这种向近代税政的转型"。①

以上这些观点对于理解捐的性质都不可或缺。不过持第一类见解的研究称"直隶省连娼妓和人力车夫都要课税",② 以此强调捐对下层民众的压迫,而我却不禁产生这样的疑问——为什么要特意向这些承受能力极低的人收捐,被征收者又如何应对?此外,对妓女、人力车夫等征收的捐也算是第二类见解所说的"近代性"的体现?由此看来,对于清末的捐的理解尚有许多有待深入之处。

本章旨在从天津这一城市社会的具体情况出发考察捐的历史特性。我将具体分析各种类型的捐,在此基础上归纳总结各类捐的共性,由此论证捐显著体现了该时期权力存在方式的特征。换言之,本章的目的并不是从数量上把握当时的财政构造,而在于找出支撑收捐的逻辑。为了实现这一目标,我希望把当时的城市管理情况与捐联系在一起考察。

以下将首先追溯捐在天津的起源,然后探讨以往研究中没能充分说明的、向都市下层民众收捐的逻辑,以此考察捐的性质。

一 捐在天津的起源

"捐"一词常用于指官员为在任地推行必要的事业而做出的捐献,或指当地有志者对社会福利事业的捐献。

---

① 貴志俊彦「「北洋新政」財政改革について」『広島大学東洋史研究室報告』9号、1987年。

② 小島晋治・丸山松幸『中国近現代史』、59頁。

而本章关注的捐款基本上带有强制征收的性质。在天津，此类捐款起源于第二次鸦片战争时期。如本书第一章所述，咸丰八年（1858）外国舰队进逼天津时，天津官员命富商张锦文等供给饮食，所需费用暂以官府库银垫付。外国舰队撤离后，当地出现了 20 余万两的亏空需要填补。官府与张锦文商议后决定设立"义馆"抽取捐银，具体做法是所有报税货物先投义馆上捐，然后再去报税。车船运来之粮米每石亦捐若干，铺面收入及房租也需上捐。①

这种为应对军事危机而收捐的情况，在 1884~1885 年的中法战争时期也曾出现。天津为地区性防卫组织了团练，按照以前的规定在城内及周边地区收捐，以此充当团练经费。②

除了上述军事性的紧急筹措，还有一类捐作为都市行政经费被常规征收。光绪十二年（1886），天津府、道、县会同绅董设立民更保卫局，雇更夫在夜间巡逻并确保街道上的灯火照明，所依靠的经费即来自捐。除征收房租捐外，还将有财力的店铺分为三等，每月收捐。③

在此之前还曾为整修道路而收捐。海关实行附加征收，由海关道和英法租界当局分配收入，自光绪八年（1882）起征。为了利用这项被称为"码头捐"的收入，津海关道周馥于光绪九年（1883）三月向北洋大臣李鸿章提议设立"工程总局"。此后又仿效租界制

---

① 郝缙荣：《津门实纪确对》，《第二次鸦片战争》第 1 册，第 582~583 页；《津郡劝办厘捐章程及收捐数目》，《四国新档·英国档下》，第 764~766 页。
② 《筹办团练折》（光绪十年九月二十一日），《李文忠公全集·奏稿》卷五一。
③ 《比户蒙庥》，《时报》光绪十二年十月十三日。

度，修缮了从租界到天津城的道路并在各处安排巡查人员。除码头捐外，对人力车夫征收的执照费也是此项事业的经费来源之一。①

上述行动与租界的基础设施整顿事业正好接轨。英租界的主要财源是码头捐（mooring fees）、出租外滩费（bund rent）、地税（land tax）、人力车执照费（jinricsha licences）（表6-1），主要用于建设道路、整修码头和外滩及新建房屋。②

表6-1 天津英租界年收入构成

单位：%

	1891年	1901年	1904年
码头捐	38	17	20
出租外滩费	36	11	16
地税	4	2	5
房屋税	0	4	10
人力车执照费	1	18	17

资料来源：*Decennial Reports, 1892-1901*, Vol. 2, p. 574.

光绪二十六年（1900），八国联军攻占天津，成立了临时机构天津都统衙门。天津都统衙门向当地民众征收各种捐税（des droits,

---

① 《李鸿章文》（光绪十一年八月十四日），天津法码头漕船停泊津贴案，总理各国事务衙门清档，中研院近代史研究所档案馆，档号：01~18, 70函70宗三册；《周悫慎公全集》年谱卷上，光绪八一九年条；光绪《重修天津府志》卷二四《公廨·工程总局》；天津档案馆、南开大学分校档案系编《天津租界档案选编》，天津人民出版社，1992，第569~572页；《直隶清理财政局说明书》第四编第一章第二节第二款。

② China. Maritime Customs, *Decennial Reports, 1892-1901*, Vol. 2（Shanghai: The Statistical Department of the Inspectorate General of Customs, 1906），pp. 574-575. 光绪十九年（1893）引入了对房屋租金（估值）征收房屋税（rental assessment）。关于租界行政的总体情况，参见天津市政协文史资料研究委员会编《天津租界》，天津人民出版社，1986；尚克强、刘海岩主编《天津租界社会研究》。

taxes et contributions），①具体数额在第32次委员会议上议定。②八月二十七日贴出告示，规定民众需缴纳房捐、铺捐、船捐、车捐及戏剧、烧锅店、建造房屋等项捐银。③

光绪二十八年（1902），天津都统衙门解散，直隶总督袁世凯接管天津。袁世凯对天津都统衙门时期设立的捐做了若干调整，但基本原样沿用了下来。在给朝廷的奏折中，他解释称这样做是因为"巡警未可骤撤，街道并须修培"，④而捐则是警察事业和整修道路的必要经费来源。光绪三十二年（1906），天津都统衙门时期负责收捐的工巡捐局和负责土木工程的工程总局都被归入了南段巡警总局，成为其下属部门之一，这样一来街道管理和收捐便都成为巡警机构的职责。由此可以看出时人认为这几项业务彼此关联⑤（这些业务后来又再度分离，负责收捐的机构先被命名为工程捐局，后又改名捐务局；负责土木工程的机构则仍叫工程总局）。

表6-2和表6-3显示了当时的地方财政结构。由此可知杂捐在地方岁入中十分重要，所占比重高达61.16%；而地方岁出则以

---

① Gouvernement provisoire de Tien-tsin, *Procès-verbaux des séance du conseil du gouvernement provisoire de Tien-tsin*, p. 1. 本书是天津都统衙门委员会的议事录（东洋文库藏），其中文节译本为刘海岩、郝克路编《天津都统衙门会议纪要选》，《近代史资料》第79号，中国社会科学出版社，1991。

② Gouvernement provisoire de Tien-tsin, *Procès-verbaux des séance du conseil du gouvernement provisoire de Tien-tsin*, p. 28.

③ 西村博编《天津都统衙门告谕汇编》，《天津历史资料》第15期，1982，第44页。另见奇生编《庚子并蜂录》，《义和团史料》，第290~291页。

④ 《附陈续办天津铺车税捐片》（光绪二十九年四月十二日），《袁世凯奏折专辑》，第890页；《袁世凯奏议》，第784页。

⑤ 『天津誌』、261页。

民政费最为醒目,其中巡警费占据了绝大部分。可以说,创设并维持公权力的一线部队巡警的庞大经费支出,以及收捐的重要性这两点共同构成了当时地方财政的特征。①

表6-2 直隶省预算地方岁入(宣统四年)

	预算额(两)	百分比(%)
岁入经常项门	2990379	98.83
附加税	325902	10.77
杂税	190803	6.31
杂捐	1850644	61.16
房捐	79558	
铺捐	131335	
车捐	56651	
晓市捐	878	
窑妓捐	39638	
官业收入	413017	13.65
杂收入	210013	6.94
岁入临时门	35586	1.17
捐款	23246	0.77
公债	0	0.00
杂收入	12340	0.40
总计	3025965	100.0

注:表中所列的房捐、铺捐、车捐、晓市捐、窑妓捐为"天津捐务局收各捐"的一部分。

资料来源:《直隶清理财政局汇编宣统四年全省岁出入预算比较表》第1册。

---

① 《直隶清理财政局汇编宣统四年全省岁出入预算比较表》。由于宣统三年发生了辛亥革命,这份财政预算不太可能按计划执行,不过我们还是可以从中大致了解到当时的财政结构。从该表可以看出地方岁出远远超过了地方岁入,这是因为民政费、教育费、实业费等项主要靠国家岁出来补贴(同书第2册国家岁出简明册)。这也意味着地方财政与国家财政的分割只是形式而已。

表 6-3　直隶省预算地方岁出（宣统四年）

	预算额（两）	百分比（%）
岁出经常门	4350005	77.83
民政费	2653595	47.48
省城府厅州县巡警费	2049713	
教育费	953655	17.06
实业费	742755	13.29
官业支出	0	0.00
杂支出	0	0.00
岁出临时门	1239055	22.17
民政费	407976	7.30
教育费	30594	0.55
官业支出	0	0.00
偿还地方公债	800000	14.31
杂支出	485	0.01
总计	5589060	100.00

资料来源:《直隶清理财政局汇编宣统四年全省岁出入预算比较表》第 2 册。

在名目繁多的捐中，房铺捐最为重要。其具体内容为：

> 房捐分瓦、灰、土三等，与市房、住房等类，均按时值租价，每百抽三。铺捐分商铺、客货栈、饭馆、典铺、花茶馆、戏园、澡堂各名目，而各名目中又各分等级。收捐之期，除花茶馆另有分季缴纳者外，其按月缴纳者，均限每月二十五日以内缴纳。逾限催传，照缴原捐并加罚一倍。惟自来水公司按年汇缴行平化宝银两，余皆收洋元。至土房在三间以内者及各善堂房屋，一概免捐。小本营生亦然。①

---

① 《直隶清理财政局说明书》第六编第二章第一节第一款。

负责征收房铺捐的是工程捐局，而征收的前提则是掌握每家每户的具体情况。通过巡警的户口调查，官府很容易掌握居民和商店的信息。以下这则新闻便如此写道：

> 津郡房铺捐项照旧按月输纳，自地面交还后，漏报者颇多。现经工巡捐局梁太守将漏报房铺号数注明知照各段巡警局长，即行分段详细查察。漏报者限五日内补纳，倘有仍行延期，立即送县惩罚。①

未缴纳房铺捐者的追缴工作由工巡捐局和巡警局负责，相应的处罚则由县衙进行，由此可见各部门间的分工配合。

反过来讲，居民既然缴纳了捐，自然就会期待规范的城市管理。总督袁世凯命令巡警局、天津府、天津县取缔小偷、乞丐的札文中即写道："天津创立巡警，岁需巨款。居民各效捐输，原欲共资保卫。"②

不过，不仅仅是期望治安得到维持的人们才被收捐，那些被视为妨害治安的人们同样成了捐的赋课对象。接下来就让我们看看负担捐的街头小贩、人力车夫、娼妓等都市下层及杂业层民众的具体情况。

---

① 《饬查各捐》，《大公报》光绪二十八年九月七日。
② 《直督袁饬巡警局天津府县收丐防窃保卫居民札》，《东方杂志》第1卷第1期，光绪三十年正月二十五日，"内务"，第4页。

二 都市民众与捐

街头小贩

以很少的本金进货,在道路两边贩卖的商业形式叫作"摆摊";挑着货物走街串巷叫卖的则被称为"肩担"。由于资金规模很小,这些买卖又常被统称为"小本营生"。① 如后文所示,生意的内容五花八门,其中尤以买卖食品和杂货为主。

根据进攻义和团的日本陆军随军医生的调查,"北清"的城市(以北京和天津为主)中常见到以下场景。

> 徘徊市中即可发现露天店铺甚多,所卖商品成百上千,不遑枚举。更有不少摊贩将破旧茶碗、缺损酒壶,乃至旧鞋、旧五金器具、旧针一根等悉数排列,等待顾客光临。……事变前生活尚属富裕、无需经商的中等以上居民,因一朝财产尽失,事变后生活骤然变貌。有人转而制作点心露天贩卖,有人站在路旁叫卖花生,有此遭遇者甚众。……道路两旁,摊位栉比鳞次,贩卖各种小吃、布头、日用品、茶碗、旧五金器等物,可谓杂沓至极。②

---

① 关于摆摊,以北伐前后时期为对象的研究可参见金子肇「上海における「攤販」層と国民党に関する覚書——商民協会の結成とその廃止をめぐって」『広島大学東洋史研究室報告』10号、1988年。

② 前田政四郎『北清事情大全』下巻、小林又七出張所、1903、161-162頁。

由此可知，对于都市民众来说，在街头摆摊是维持生计的重要手段。

可是巡警章程中规定"凡街道两旁不得摆设货摊，以致阻塞"，① 街头小贩因此成为巡兵等巡警组织的取缔对象。以下仅举几例。

（事例1）督署辕门迤东一带地方，出摆茶摊、书场及食物等摊颇多，袁宫保恶其拥塞官道，行人不便，昨已饬兵一律驱逐云。②

（事例2）东北马路单街子沿河滨一带，多有设摊卖物及搭盖窝铺，侵占马路，有碍行人。现经工程局西员饬派警兵，限至昨日止，一律驱逐，违则究办云。③

（事例3）估衣街至乐壶洞一带，街道两旁摆设货摊者颇多，因有碍道路行人，拥塞不便，昨经警兵等一律驱逐，违则扭局惩办云。④

---

① 《巡警条规》，《大公报》光绪二十八年七月二十日。此外，甘厚慈辑《北洋公牍类纂》卷八《天津南段巡警总局现行章程·巡警规条》中也有同样的规定。
② 《驱逐设摊》，《大公报》光绪二十八年七月二十八日。
③ 《驱逐设摊》，《大公报》光绪二十八年九月二十四日。
④ 《驱逐货摊》，《大公报》光绪二十九年二月二十四日。不仅是这种有组织的压制政策，警兵与路边小贩的冲突也不断发生。比如西头巡警第三局四队的两名警兵，因为一点嫌疑便用刺刀将"小本营生"的柴姓商贩刺成重伤，家属当即到巡警总局上诉，二人受到巡警总局的严厉处罚。《警兵酿祸》，《大公报》光绪二十九年六月九日。

摆摊时遭巡警驱赶乃是家常便饭，但也有例外情况——通过纳捐，小贩可以从巡警局得到在街道两边摆摊的许可。这种捐就是晓市摊捐，肇始于光绪三十三年（1907）天津旧城北部繁华大街估衣街商董元吉永等七人的请愿。在向巡警总局申请后，元吉永等又给天津商务总会（下文简称"天津商会"）递交了请愿文书，其中写明了有此请求的原委。天津商会是打破各同业集团屏障的工商业联合机构，光绪三十年（1904）由原有的天津商务公所改组而成，以盐商、粮商、钱商等大商人为领导。① 元吉永等之所以会向商会请愿，应该是想利用商会的发言权来向巡警局施压。请愿书的主要内容为：

> 估衣街口一带，向有晓市，每日早晨黎明起至十点钟以前止，均是肩担摆摊贩卖干鲜糖豆零物等小民，贸易谋生，历经年久，贫民是赖。前自光绪三十年八月间，蒙前巡警局宪饬令择迁地方，当经该民等以生计攸关，再四央恳，商等据情叩乞示准照常贩卖，惟令早集早散，并各货摊移靠墙根，让出街心，以便行人，以及随时打扫，不准污秽等因。现于

---

① 胡光明：《论早期天津商会的性质与作用》，《近代史研究》1986 年第 4 期；胡光明：《论清末商会对长芦盐务风潮的平息》，《历史档案》1994 年第 2 期。这一时期的商会是近年来的研究热点，主要研究有朱英《辛亥革命时期新式商人社团研究》，中国人民大学出版社，1991；虞和平《商会与中国早期现代化》，上海人民出版社，1993；马敏《过渡形态——中国早期资产阶级构成之谜》，中国社会科学出版社，1994；小岛淑男「二〇世紀初期企業経営者層の結集と経済改革の模索」『日本大学経済学部経済科学研究所紀要』21 号、1996 年。

去年冬月，复蒙工程局宪传讯该小民等一切前情，并仍饬令移改他处宽阔地方摆摊等示。伊等闻命之下，恐若迁移，散漫不论，或买或卖，倘不能聚集交易，必致各相瓦解，殊于生计有碍，遂即惶惶无措。故又环恳商等据情代求，并各称云，务仍照旧原处摆摊，情愿按年四季认纳摊捐，以资报效。……伏思小民生计维艰，专恃此等晓市养生者为数不少，所生恐惧各情，亦属实确。商等再四筹思，情关乡梓，耐难默视，惟有冒昧代禀恳求，免令移改，以便谋生。①

围绕同一条街道，注重交通便利和卫生的官方需求与注重维持生计的民众需求之间发生了矛盾。

一番交涉之后，政府最终决定设立晓市摊捐。以北马路以东及估衣街一带（均为天津旧城北部的繁华街道）为界，凡在道路两侧商店之店头摆摊、贩卖干鲜水果及点心等物者，摊主需每年四次向工程捐局纳捐。②

所谓晓市摊捐，其实就是为了让官方容忍原则上所不许的经营而付出的相应代价。从这个意义上说，晓市摊捐算是"宽恕的代价"，也可以说是堂堂正正送出的贿赂。民间通过申诉特殊情况而博取官方的温情，以此求得法外施恩。可如果纳了捐就能摆摊的

---

① 《估衣街商董元隆敦庆隆等七家禀陈估衣街口一带晓市关于贫民生计自认摊捐请勿令他迁文》（光绪三十三年二月三日），《天津商会档案汇编（1903~1911）》，第1467页。

② 《直隶清理财政局说明书》第六编第二章第一节第四款。

话，巡警局其实是自我否定了以妨碍交通为由而禁止摆摊的原则。由此可见，这个制度从一开始就潜藏着矛盾。

矛盾爆发的事例之一是光绪三十三年（1907）发生的北马路摊贩与巡警局的交涉。商会向巡警局转达了摊贩的要求，巡警局亦做出相应答复，往来文书很好地体现了双方各自的逻辑。先来看看刘国庆等 26 家摊贩的理由。

> 窃身等系摆零货小摊为生，曾于前月间蒙巡警分局驱逐，未免失业流离，贫苦难堪。身等前赴巡警总分局公具哀禀，至今未蒙批示，理宜敬候，奈赋闲日久，均系小本营生，未免积压各商号货本，以致全家受累。且近见北马路一带早晚两市有已纳捐者，则准其摆设并不驱逐，身等故此公同集议，以商会乃众商界之所宗，倘一经恳请自必恩施，大力移请庶可为抚恤保护微末小贩之众生，使身等各安生业，俾得全家糊口。①

以上是摊贩向商会请愿的内容。商会在向巡警局转达请愿时也表达了对摊贩所处困境的同情，但仍称"该商等拟照摆摊纳捐成案，哀恳恩施格外以恤寒微，惟事关贵局路政，敝会未便越议"，② 将决定权交给了巡警局。

---

① 《北马路二十六家摊贩自愿纳捐肯准设摊文及津商会致巡警局函》（光绪三十三年八月二十七日至九月八日），《天津商会档案汇编（1903~1911）》，第 826~827 页。
② 《北马路二十六家摊贩自愿纳捐肯准设摊文及津商会致巡警局函》（光绪三十三年八月二十七日至九月八日），《天津商会档案汇编（1903~1911）》，第 827 页。

对于摊贩的再三请求，此前一直保持沉默的巡警局又是如何回答的呢？

> 准查该商民等摆设货摊，因其有碍行路，是以谕令迁移，并非敝局有意苛禁。兹准前因，又复委员查勘明确，该商民等设摆地址并非北马路，实系北门外乐壶洞两边街道，其西边石道虽有一丈五六尺之地，而各车往来行人如织，其东边走路仅止九尺，地更狭隘。加以电车不时行驶，尤形拥挤，在此摆设货摊实与行人大有妨碍。若因二十余户小摊之请，致滋千万人往来之碍，事难照准。然听其因此失业亦所未忍，敝局现为筹计，可令其在于围城各马路一带，选择空旷地方，禀由贵商会转请工程局派员勘定，准其设摊安业。①

对此，摊贩再度请愿。

> 奈身等在该处出摆已数年矣，欠内欠外诸多账目均以该处为交往之区，况买货主顾亦认是地，势难即行迁挪。焦思至再，惟有仍恳天恩据情转详俯准，身等各就墙根台阶占地不逾二尺，不敢宽占致碍行人，得邀恩准，身等出自愚诚，

---

① 《北马路二十六家摊贩自愿纳捐肯准设摊文及津商会致巡警局函》（光绪三十三年八月二十七日至九月八日），《天津商会档案汇编（1903—1911）》，第 827~828 页。报道中提及的电车通行问题请参照本书第九章。

情甘仿照晓市章程按摊纳捐，稍尽微忱用答宪恩。"①

有鉴于此，商会提出如下的折中方案："现该商请以各就墙根摆设，占地二尺，就东边走路九尺核计，余地七尺，似与行人当无妨碍，仍随时由该管岗兵稽查，若于二尺外再有侵占，即行驱逐，以维路政。"工程局亦同意暂时许可摊贩在墙根二尺范围内摆摊，但并未采纳摊贩纳捐的请求。②

这个事例可以总结如下。巡警一方企图以保障通行为由将驱逐摆摊的行为正当化；摊贩一方则为维持生计一边据理力争，一边诉诸感情，最终通过把交涉具体化为占地面积问题及请商会从旁说项而艰难争取到了官方的承认。摊贩主动请求纳捐是为了使其成为"宽恕的代价"，以此进一步巩固已经得到的营业许可。

巡警的目标又是什么呢？巡警希望在形式上执行法规，但比起对法规的贯彻，人们更期望它展现合乎常识的温情一面，巡警最终也的确选择了满足人们的期待。这种情与理的矛盾频频在天津这个都市上演，妥善调节类似矛盾正是维持社会秩序的关键所在。只要能够维持情与理的平衡，公权力对都市社会的积极介入就被视为必要，也具有其正当性。

不过，上述措施不过是权宜之计。巡警到底应不应该为了交

---

① 《北门外马路众摊贩请原地墙根设摊文及工程局只准占地二尺的批文》（光绪三十三年九月十四日至二十一日），《天津商会档案汇编（1901~1911）》，第828页。
② 《北门外马路众摊贩请原地墙根设摊文及工程局只准占地二尺的批文》（光绪三十三年九月十四日至二十一日），《天津商会档案汇编（1901~1911）》，第829页。

通便利而驱逐摊贩,此后一直是争议的焦点。① 记者丁子良(号竹园)在1910年末时发表了一篇白话文,站在因被巡警驱逐而无法做生意的摊贩的立场上批评称,"唯独有一样儿新政,太不体下情",② 要求政府在施政时顾及穷人的生活。

在这篇文章中,丁子良指出有"匪徒土棍"假冒官府向摊户征收"地钱及规费节钱等等"费用,要求巡警局给予严惩。③ 无赖之徒在自己的地盘上索要钱财本属常事,但巡警局征收的晓市摊捐竟看起来与此颇为相近。对于巡警局来说,要想消除这些地痞无赖的势力就需要亲自征捐、对摊贩实行排他性的管理和保护,而这一措施又和保障交通畅通的目标相矛盾。要想理解巡警局政策的左右摇摆,以及为什么晓市摊捐只被允许在有限区域内实行,必须要考虑上述社会背景。

人力车夫

人力车本是日本的发明,光绪八年(1882)前后经由上海传到天津,一时间极为流行。④ 汉语中的"东洋"指日本,所以人力车一般被称为"东洋车",有时也简称"洋车"。

关于天津的人力车,日本人有如下观察。

---

① 同样的现象,可参照《天津商会档案汇编(1901~1911)》,第852~853页。
② 竹园:《求您给穷人留活路儿罢》,《天津白话报》宣统元年十二月十三日。
③ 竹园:《求您给穷人留活路儿罢》,《天津白话报》宣统元年十二月十三日。
④ 『天津誌』、152頁。

> 一踏入天津便会有人大喊"您回来啦",十几名车夫旋即蜂拥而至,喧嚣之势令人吃惊。彼等所拉人力车较南方之车大体更为华美坚固,大半为租借而来以供营业。车夫中少有强行拉客的恶德之人,年少者亦为数不多。无论砂砾漫天之三伏酷暑,抑或朔风割肤之严冬清晨,始终不顾擦拭汗珠而东奔西走,只要一双铁脚尚能坚持就毫不停歇。但辛苦所得,日均仅有三角而已。①

作为20世纪前半期都市下层民众的代表性职业,人力车夫一直颇受学界关注,关于其劳动和生活状况的研究也在不断推进。②本部分将集中探讨人力车夫负担的捐及与此密不可分的巡警管理问题。

针对人力车的"东洋车捐",由光绪九年(1883)天津海关道周馥提议设置的工程总局负责征收。具体征收办法是每辆人力车每月缴纳1000文(后改为500文),缴费时领取牌照。为什么要对人力车收捐呢?根据地方志记载,由于人力车作为交通手段既便宜又便捷,靠拉车谋生的贫民因此不断增加,导致道路拥堵甚至引发纠纷,需通过收捐加以控制。③除此之外,时人或许也认为工程总局整修道路方便了人力车通行,车夫作为受益者理应负担捐税。

---

① 東亜同文会『支那経済全書』第一輯、丸善、1907、347頁。
② Strand, *Rickshaw Beijing*, pp. 20-64.
③ 光绪《重修天津府志》卷二四《工廨·工程总局》。

位于英租界和天津府城之间的法租界是通行的必经要地，最初决定既不对人力车登记也不收捐，①但最终还是出台了《人力车相关规定》(1894)，开始对人力车进行管理。根据这项规定，人力车需向租界当局提交申请领取号牌。号牌需悬挂在车后，跑动时亦能让租界警官轻松辨认。登记逐年更新，每次更新时需缴纳大钱500文，若卫生方面存在问题则停止发放号牌。②可以说，实施登记并征收执照费实际上是一种行政指导手段。

前文已经提到，八国联军占领天津后，不仅人力车，所有车辆都需缴纳车捐，由都统衙门下设的工巡捐局负责征收，用于道路养护和维持巡捕队伍。袁世凯政权接管天津后亦继承了这一制度。对于滞纳者，工巡捐局会通知巡警局追究相关责任。③

征收的具体数额，都统衙门时期为人力车每辆每月3钱，光绪三十二年(1906)为营运车辆每辆0.4元。富裕家庭配有专门车夫的自家用车在光绪三十二年为每年3元。各外国租界也设有执照费，如日租界为营运车辆每月0.5元，自家用车3元。为了在旧天津城内外及各租界自由通行，车夫不仅需要向工巡捐局纳捐，还需向八国租界分别纳捐。④

---

① 《李鸿章文》(光绪十四年七月十三日)，天津法租界免征东洋车费订立津贴合同案，总理各国事务衙门清档，中研院近代史研究所档案馆藏，档号：01-18, 70函70宗4册。

② Concession francaise Tien-tsin, Reglements municipaux, 1894 (Typographie du pe-tang, 1894), pp. 36-38. 该书东洋文库有藏。

③ 例如《认真查捐》，《大公报》光绪二十八年九月九日。

④ Gouvrenement provisoire de Tien-tsin, Reglements municipaux, 1894, pp. 28, 121;『天津誌』, 153-156 頁。

根据巡警局的规定，车夫需将捐牌横钉在车旁挡泥板下方以便查考。这个捐牌应该就是车捐缴纳完毕的证明，没有捐牌的车辆将被取缔。由此可知，车捐实质上是一种营业许可费。①

人力车之所以会成为巡警的管理对象，是因为车夫往往被视为治安上的隐患。以下这则新闻报道就反映了时人的这种认识。

> 老龙头火车站之十大恶者，著名恶匪也。又有一种拉洋车之匪徒，其恶更甚。日前北马路广顺义之铺东某甲等三人自北京乘火车来津，在车站换乘洋车至铺门首下车时与铺内人揖让讯问，一时疏忽，未将所带皮包携于手中。该车夫见财起意，拔步飞逃，四处追寻，杳无踪影。闻包内红货等物约值五百余元云。②

为防止此类事件再次发生，巡警局做出规定：事先给每辆车发放身份证明书，客人携带行李乘车时，车夫需将证明书交给乘客，客人下车结算完毕后再将身份证明书交还给车夫。此外，捐务局还给车夫发放"号坎"，背上缝有中文数字和阿拉伯数字的编号。③

---

① 甘厚慈辑《北洋公牍类纂》卷八《天津南段巡警总局现行章程·管理东洋车》。不过，只有人力车的所有者才有纳车捐的义务，并非所有车夫都需纳捐。若车夫是从"车厂"（出租洋车的车行）租车，那么捐务局将与车厂主人交涉。
② 《见财起意》，《大公报》光绪二十八年五月十六日。
③ 甘厚慈辑《北洋公牍类纂》卷八《天津南段巡警总局现行章程·管理东洋车》。

巡警既然将街道划为自己的管辖区域，自然需要密切关注人力车以防止其影响道路交通。例如，在市内设置了150处停车场，严禁在街角、桥上或碍路之处上下客，亦不得在道旁随意停车。有急欲越过前车者，须先告知前车避于左方，后车由右边过去。①

光绪三十二年（1906）秋，天津的人力车总计营业车辆6127辆、自家用车611辆，车夫按户计算共有2306户。同年天津的总人口（包括外国人在内）为424553人，平均每63人就有一辆人力车。当时的总户数（不包括外国人和租界内居住者）为63472户，车夫占比为3.6%。② 如此众多的车夫难免会引发混乱，为此才需要巡警进行管理以维持秩序。

由上可知，车捐也可说是"宽恕的代价"。对人力车夫收捐不仅是出于财政上的需要，登记管理本身亦是这项制度的目的所在。

娼 妓

光绪初年，天津的妓馆情况如下所述。

> 每当客到，男仆相迎，让客归座。即高挑帘栊，大呼见客。随见花枝招展，燕瘦环肥，珊珊而来者几目不暇给

---

① 甘厚慈辑《北洋公牍类纂》卷八《天津南段巡警总局现行章程·管理东洋车》。另见『天津誌』，152頁。

② 『天津誌』，24、153頁。

> 矣。……每晚游人甚夥，东出西进，彼往此来。①

此类场所主要集中在天津城北门外的侯家后一带。当然，并非所有妓馆都像上述史料描绘的那样光鲜亮丽，也有性病滋生但价格低廉之处。此外，西门外的西关地区也汇集了一些等级较低的妓馆。租界外之地亦有"土娼"数处，所居多矮屋泥垣，迎风待月，则皆半老徐娘。②租界所在的紫竹林有来自广东的娼妓，当时的天津也有男妓。这些男男女女多半都是人口买卖的结果。当时大约花上 10 两银子就能买到一个五六岁以下的孩子，一流艺妓的价格则为 350~600 两。③

天津的无赖组织被称为"混混儿"或"混星子"，依靠暴力度日，妓馆多由他们经营。南市一带聚集了妓女卖唱的"落子馆"，每个落子馆都附属妓院数十家。④

艺妓和娼妓的悲惨境遇可以从如下记述中窥见一二。

> 楼主对待艺妓和娼妓极为苛刻，营业稍不如意即打骂或罚其挨饿，客人给妓女之钱财均遭楼主剥夺……。艺妓能歌

---

① 张焘：《津门杂记》卷中《妓馆》。
② 张焘：《津门杂记》卷中《妓馆》。
③ 曾根俊虎『北支那纪行』前编、海军省、1978、7-8 页。此后英租界禁止卖春，而法租界则娼妓盛行，除日本人外的娼妓均集中在这里。张焘：《津门杂记》卷下《租界例禁》；《天津租界》，第 63~65 页。
④ 朱寿钧：《天津的混混儿琐闻》，《天津文史资料选辑》第 31 辑，天津人民出版社，1985。关于这一无赖集团，可参照张焘《津门杂记》卷中《混星子》。

善乐，娼妓则毫无技艺。然无论艺妓、娼妓，一旦声价坠落、营业不振即被转卖他处，此点与我国之艺妓、娼妓并无二致。层层转卖间，其身家亦不断降低，艺妓终将沦为娼妓，娼妓则更沦为秘密卖淫者，更有人最终沦为街头乞丐。①

对于此等营生，县衙等公权力在19世纪时并没有表现出积极管理的姿态，②直到列强主导的天津都统衙门时期管理才真正开始。都统衙门下设卫生局，为防止鼠疫等传染病蔓延而采取清洁道路等措施，同时对娼妓的性病问题给予了很大关注。对艺妓及娼妓定期进行梅毒检查，检查完毕后发给"腰牌"以示证明的制度由此开始。③

袁世凯从都统衙门手中接过天津的行政管理权后维持了卫生局的设置。报纸在报道卫生局的延续时表示，希望该局能像以前一样逐月对娼妓进行检查，遇有病症则留局医治。④

回归后的卫生局发布告示称仍旧设立妇医院，无论内科、外科病症悉听其到医院就医，并命妓馆纳捐以充医药之需。妓馆分为

---

① 『北清事情大全』下卷、140-141頁。
② 光绪《钦定大清会典事例》卷八二五中写明了操纵卖春将会遭到处罚，但并没有像现代日本的《卖春禁止法》那样对卖春的法律范畴做出明确规定。下文是详细论述该问题的文章。Matthew H. Sommer、寺田浩明訳「晩清帝制中国法における売春——十八世紀における身分パフォーマンスからの離脱」『中国——社会と文化』12号、1997年；Matthew H. Sommer, *Sex, Law and Society in Late Imperial China* (Stanford: Stanford University Press, 2000).
③ 『天津誌』、524-525頁。关于该时期鼠疫肆虐的问题，参见飯島涉『ペストと近代中国』研文出版、2000。
④ 《纪卫生局》，《大公报》光绪二十八年七月十九日。

四等，头等窖捐（针对妓院的捐）每月洋银 25 元、妓捐（针对妓女个人的捐）每人每月洋银 4 元。① 不过这个布告"关于检查的规定很松"，有人甚至指出检查根本就没有实行。不经梅毒检查就发放的腰牌实质上成了艺妓、娼妓的营业许可证。"梅毒等病蔓延甚剧，状实可怖，健康无病者几近于无。"②

既然梅毒检查有名无实，那么腰牌制度究竟有何意义？它作为经费来源之一，具有捐的性质。妓捐虽然后来改由工巡捐局征收，但征得的费用一直都用于卫生局。③ 不过，卫生局"虽为获取经费而新设娼妓税，仍不敷所需，未能充分提供设备"。④

另外值得注意的一点是，以征收捐为契机，巡警组织开始对娼妓进行登记，这对于加强管理十分有效。巡警局章程写道："天津为通商码头，商贾云集，租界相望，娼寮、妓馆势难禁止。除由卫生局收捐稽查外，如有不安本分，诱拐贩卖，及窝藏来历不明之妇女，拘局查究。"⑤ 由此可知，巡警局担负着协助卫生局共同管理

---

① 《卫生局示》，《大公报》光绪二十八年八月六日。
② 『天津誌』、527 頁。朱寿钧提到，因纳捐便可得到营业许可，妓馆此后日益繁盛。关于上海的研究从卫生和道德这两个方面探讨了上海取缔娼妓的政策，参见 Christian Henriot, "Prostitution et 'polices des moeurs' à Shanghai aux XIXe-XXE siècles," Christian Henriot, dir., *La femme en Asie orientale* (Paris: Université Jean Moulin, Lyon Ⅲ, Centre rhonalpin de recherche sur l'Extrême-Orient contempporain, 1988).
③ 《直隶清理财政局说明书》第六编第二章第一节第四款。
④ 『天津誌』、525 頁。不过，卫生局的经费中，"防疫经费""戒烟总分各局经费"均从海关税（洋货进口正税）中拨款。《直隶清理财政局说明书》第四编第一章第一节第一款。我推测，之所以采用这种拨款方式，是因为时人认为传染病和鸦片的毒害是对外贸易的产物。
⑤ 甘厚慈辑《北洋公牍类纂》卷八《天津南段巡警总局现行章程·管理娼妓》。

的职责。未经登记的"暗娼"成为巡警的取缔对象,[①]这也意味着,只要登记纳捐就可以获得营业许可。

此外,由于娼妓所在之处往往容易成为赌徒及盗贼的温床,所以自然会受到巡警的特别关注。[②]对于巡警而言,"管理娼妓与管理居民、铺商不同,无论何时皆可前去检查,但不得稍有扰害情事"。[③]之所以要特意写明避免在取缔过程中引发骚动,是因为"近来各警兵时有向侯家后及西关外等处各娼寮滋闹之事"。[④]由上可知,妓捐其实也是"宽恕的代价"。

这里还需要提到巡警总局监督下的"济良所"。若有领家(即掌管妓馆的老鸨)虐待妓女,巡警局将对其施以重罚,并将受虐妓女送往济良所收容。根据《天津济良所章程》,凡津郡租界内外南北各妓以及教演女戏,或诱拐贩卖来历不明,或年至25岁而领家勒掯不令从良,或非理凌虐查有实证者,均送往济良所"教养择配",俾期"化贱为良"。具体做法是教导她们或学缝织,或习书算。对于年幼者则留所教养,俟16岁择配,无论为妻为妾,家道必须清白殷实,不致再流入娼窑。济良所会向迎娶所中女子的男性酌情收取"身价"充作运营经费,但运营费主要还是依靠官员绅商捐办。[⑤]由此可见,作为社会福利机构的济良所与作为治安机构的

---

① 例如《驱逐宜严》,《大公报》光绪三十三年二月二十三日。
② 例如《天津县示》,《大公报》光绪二十八年八月七日。
③ 甘厚慈辑《北洋公牍类纂》卷八《天津南段巡警总局现行章程·管理娼妓》。
④ 《警兵滋事》,《大公报》光绪二十九年闰五月二十四日。
⑤ 甘厚慈辑《北洋公牍类纂》卷八《天津南段巡警总局现行章程·试办济良所章程》。

巡警在开展工作时保持着紧密联系。

不过，正如以下报道所示，济良所也存在问题。

> 济良所之设，为援救娼妓，使之出水火而为善良，德政也。闻近有奸狡之徒，从中托买，以图价廉。且有出所仍复为娼之说，实与立所宗旨不合。①

这则报道表明《天津济良所章程》想要预防的"再流入娼窑"还是发生了。从这点能看出，通过收捐和发放腰牌来管理娼妓也是运营济良所的前提条件。

以上内容探讨了公娼制度的起源。作为性别史的一环，公娼制度正在受到越来越多的关注，也有必要将其放置在肇始于清末的各种捐的权力论的脉络中进行考察。

捐的权力论

接下来将考察各种捐的共性。

先从"戏捐"入手。戏捐也由工巡捐局征收，同样用作巡警及修缮道路的经费。戏捐顾名思义是向戏园征收的捐，创设于都统衙门时期。② 那么，为什么要对戏园收捐？

---

① 《流弊宜防》，《大公报》光绪三十三年二月八日。

② Gouvrenement provisoire de Tien-tsin, *Reglements municipaux, 1894*, p. 29;《直隶清理财政局说明书》第六编第二章第一节第四款。关于戏园，请参照郑立水《天津的戏园》，《天津文史资料选辑》第51辑，天津人民出版社，1990。上海也有类似事例，参见大野美穗子「上海における戯園の形成と発展」『お茶の水史学』26・27号、1983年。

首先应该考虑戏园和巡警的关系。戏园的演出内容丰富多彩，是当时代表性的娱乐场所。但园中常出现因琐事引发的打架斗殴事件，往往需要巡警出面解决。

（事例1）河北大街庆春茶园日前晚戏，有甲乙二人搭桌，不料与某优伶丙、丁等滋事斗殴，当经河北第二局长何大令督兵弹压，随扭甲等四名到局惩责，并令赔偿该园器具，始准释放云。①

（事例2）天乐园托杨某代邀德君如龚处来津演唱，报单已贴，并未登台。昨日在园滋斗，坐客和之，旋为警兵拘去。②

此外，戏园的演出被认为有可能扰乱"风俗"，因此也成为监视的对象。③当时曾有人向报社投稿，批评戏园上演淫秽节目。④

由此可见，对巡警来说，戏园是颇费精力的场所。正因如此，他们才会对戏园收捐，以此作为管理的代偿。巡警还可以通过纳捐时的登记手续控制戏园的营业——只有经过这道程序，经营才能得到许可。

前文已经指出，晓市摊捐是巡警组织为允许摆摊而收取的

---

① 《滋事被惩》，《大公报》光绪二十八年十月十一日。
② 《戏馆滋事》，《大公报》光绪二十八年十月十九日。
③ 甘厚慈辑《北洋公牍类纂》卷八《天津南段巡警总局现行章程·管理戏园及各游览所》。
④ 《禁演淫戏说》，《大公报》光绪二十九年正月二十五日。关于当时的戏剧改良运动，参见李孝悌《清末的下层社会启蒙运动（1901~1911）》，第149~210页。

"宽恕的代价",并且这种征收还被视为恩惠行为。我认为戏捐也具有同样的性质。此外,车捐和作为卫生局经费来源的妓捐的开征,分别成为对人力车夫等交通运输业从业者及艺妓、娼妓进行登记的契机。此类从业者被视为扰乱社会秩序的潜在威胁,而车捐、妓捐则担负着管理这些不稳定因素的功能。由于人力车夫和妓馆只有纳捐才能获得营业许可,所以车捐和妓捐无非也是"宽恕的代价"。

即便是对店铺征收的铺捐和对民宅征收的房捐,也并非完全没有"宽恕的代价"的性质。铺捐显然是为了得到营业许可而缴纳的费用。房捐则以巡警的登记为证明,若不缴纳就会遭到拘押。也就是说,只有纳了捐才能被允许在巡警的保护下居住生活。在天津,都市社会的秩序并非基于居住自由、营业自由(住宅的神圣不可侵犯及保障私有财产)等综合性原则,而是靠与官员的个别互酬关系来维系。

捐的上述性质在同时代官府的记述中也有所体现。"房、铺、车、船等捐则含有保护之意","戏、妓、摆渡、晓市摊等捐则含有取缔之意"。① 不过,无论"保护"还是"取缔"都无非管理和统治的具体手段,难以清晰地一分为二。虽然创设时的重点有所不同,但这些捐所承担的"保护"或"取缔"功能,其实都是公权力管理和统治的表面形态。而正如晓市摊捐的设立过程所示,对于纳捐一方来说,负担"宽恕的代价"可以换取公权力对营业的许可,

---

① 《直隶清理财政局说明书》第六编第二章第二节。

纳捐本质上是与公权力的交易行为。捐其实充分体现了当时都市社会的运转逻辑——公权力既不断加强对社会的管理，同时在一定程度上妥协性地容忍社会现状。

江口久雄曾考察广东省的"闱姓捐款"，将其视为清末在原有的田税、盐课、关税以外设立的诸多新税的先驱。所谓"闱姓"指的是预卜中试考生姓氏的赌博方式，闱姓捐款即是对这些博彩业者征收的捐，肇始于从业者在道光年间的纳赎。关于闱姓赌博一直存在严禁论和解禁论的对立，直到光绪年间解禁论获胜，闱姓捐款才终于被正式认可。对于这一转变过程的历史意义，江口如此评价，可以说"中国政府亲自放弃了传统的财政原则"，但这并不是"创建新原则的发展性改变，而是徒然加深了无原则化"。①

各种捐的创设的确并非基于新财政原则的确立。不过，正如江口的研究所示，未经许可的赌博将遭到取缔，而在官方统治下纳捐的博彩业者其实获得了垄断地位。从这个意义上说，他们支付的捐无疑是"宽恕的代价"。由此可见，此类现象并非只是"无原则"，而是与当时的社会权力运作机制紧密相连。

* * *

以往研究已对清末财政史提出了诸多论点。官方如何在固定的

---

① 江口久雄「広東闈姓考——清末の中国財政に関する一考察」『東洋学報』59 卷 3・4 号、1978 年。

正规财政框架之外确保经费来源，如何将商业财富吸纳进财政，捐税负担者又是如何应对？这些都是有关清末财政的重大课题，[1]我们当然可以把捐的出现置于上述历史潮流之中。并且，由于捐在地方财政中占据了很大比重，它也成为地方自治时期的政治议题之一。[2]

官方吸取城市中商业财富的手段——这是捐的一个侧面。基于城市居住和经营的捐自不必说，对路边小贩、车夫、娼妓等都市杂业层的赋课，归根到底也是对城市中灵活资金流转的征税。

不过，捐的问题不应仅从确保新财源的角度来考察，对城市杂业层进行必要管理这一视角也不可或缺。以往研究注意到"直隶省连娼妓和人力车夫"都要承担苛捐，意在指出连最底层的都市民众都被迫纳捐。而按照本章的理解，倒不如说正因为是最底层的民众，所以才会通过纳捐这种方式成为管理的对象。对于杂业者来说，纳捐可以使自己的营生得到许可，可以说是"宽恕的代价"。

由此看来，我们可以从更广阔的视野来理解捐。本野英一曾指出："在中国，不论生产、交换还是其他任何一切，能够从当权

---

[1] Susan Mann, *Local Merchants and the Chinese Bureaucracy, 1750-1950* (Stanford: Stanford University Press, 1987); 臼井佐知子「太平天国末期における李鴻章の軍事費対策」『東洋学報』65巻3・4号、1984年；岩井茂樹「中国専制国家と財政」『中世史講座〔六〕中世の政治と戦争』学生社、1992；山本進「清代後期四川における地方財政の形成——会館と釐金」『史林』75巻6号、1992年；山田賢『移住民の秩序——清代四川地域社会史研究』名古屋大学出版会、1995、188-215頁；古市大輔「光緒初年盛京行政改革の財政的背景——東三省協餉の不足と盛京将軍の養廉確保の意図」『東洋学報』79巻1号、1997年。

[2] 貴志俊彦「「北洋新政」体制下における地方自治制の形成——天津県における各級議会の成立とその限界」横山英・曽田三郎編『中国の近代化と政治的統合』渓水社、1992。

者手中获取在某地开展某种经济活动的权利，远比赚取利润和积累资本更为重要。因此，作为近代资本主义社会前提条件的私有产权在中国只属于一小部分人。也就是说，私有财产权其实是向当权官僚缴纳了税款的人们才可以享受到的特权。"① 这一观点与本章论述的城市杂业者缴纳的捐的本质相同。我认为，城市中的征捐其实与保护和管理的权力互为表里。

在其他时代和地区也有类似事例，亦可以用本章提出的逻辑加以解释。例如在宋代的城市中，官府想要禁止侵占街道的行为而不得，最终决定采用征收"侵街钱"的方式在一定程度上容忍（并管理）这种行为。② 这样的现象也可以理解为"宽恕的代价"。

那么，清末的捐具有怎样的历史意义？我认为，捐的出现正是为了应对清末通商口岸城市的人口流动。也就是说，一方面想要通过巡警组织对包括杂业层在内的整个都市社会进行综合性管理，另一方面又愿意妥协性地容忍社会现状。向杂业层收捐这种行为本身对于确保经费来源并不具有什么重要意义，尤其是这些行业原本就是分散经营，征收时需要耗费相当多的劳力（巡警局、卫生局等部门的劳务费）。不过，如果加强对底层都市民众的统治、维护都市社会秩序被视为必要的话，那么捐作为经费来源的意义也就处于次要地位了。

这种强化都市管理的倾向，很明显体现了与近代欧美和日本

---

① 本野英一「イギリス向け紅茶輸出貿易の衰退と中国商人「団結力」の限界——福州での紛争、論争を中心に」『東洋学報』77 巻 1・2 号、1995 年。

② 宮崎市定「漢代の里制と唐代の坊制」『宮崎市定全集』7 巻、岩波書店、1992。

相同的趋势。当时的人们之所以意识到需要导入包括巡警制度在内的制度性框架并最终将这些构想付诸实施，是因为他们面对共同的课题。不过捐的征收逻辑已经表明，它是保护私有权等权利意识缺失的社会的产物，很难仅仅将其解释为外国的影响。

本章探讨的巡警和都市杂业层的关系，可以说是典型的都市现象，对于当时频频引发动乱的农村的捐的弊害则需另外讨论。正如以往研究所示，捐是模仿西欧和日本而推行的政治改革"新政"的经费来源，但实际从"新政"获益的则是地方实力人士，大部分农民仅仅承担了改革带来的负担。"新政"时期的矛盾根源或许正在于此。[①]反过来说，把捐的征收、巡警的管理，以至于地方自治、新式教育等原本适用于都市的制度简单扩展到情况完全不同的农村，这种改革方式本身就值得关注。都市和农村之间的差异已经巨大到了无法靠相同原理进行统治和收捐的程度，而这种两个社会间的乖离，正是辛亥革命前夜历史的特点。

[①] 波多野善大「辛亥革命直前における農民一揆」『東洋史研究』13 巻 1・2 号、1954 年；狹間直樹「山東萊陽暴動小論——辛亥革命における人民闘争の役割」『東洋史研究』22 巻 2 号、1963 年；山下米子「辛亥革命の時期の民衆運動——江浙地区の農民運動を中心として」『東洋文化研究所紀要』37 冊、1965；湯本国穂「辛亥革命の構造の検討——1911 年の中国西南地方における政治変動の社会史的意味・昆明の事例」『東洋文化研究所紀要』81 冊、1980；Joseph W. Esherick, *Reform and Revolution in China: The 1911 Revolution in Hunan and Hubei* (Berkeley: University of California Press, 1976).

第七章　在善堂与习艺所之间

在袁世凯的改革潮流中，对善堂的期待发生了变化。本章的目标即是考察善堂的改革，尤其关注其运营理念的变迁。主要考察对象是本书第三章分析过的广仁堂及已有悠久传统的育婴堂。通过本章的考察，我希望揭示善堂在不断改变目标的同时，也在顺应时代的变化，灵活回应新的社会需求。[1]

作为刑罚改革的一环，这一时期还设立了名为习艺所的劳教机构。这一举措影响了城市的社会工作，也推动了善堂的改革。我认为，在研究此时期的善堂时，有必要同时关注习艺所的创设。事实上我们将看到，这两类机构开始具有相似的性质。

---

[1] 民国时期上海慈善事业的盛行和丰富多彩可以帮助我们预想到这一点，参见小浜正子『近代上海の公共性と国家』研文出版、2000、65-150頁。此外，朱英论述了戊戌变法时期慈善事业的变化，朱英：《戊戌时期民间慈善公益事业的发展》，王晓秋主编《戊戌维新与近代中国的改革——戊戌维新100周年国际学术讨论会论文集》，社会科学文献出版社，2000。

天津市档案馆藏有截至1940年代的广仁堂档案，不过本书仅将分析时段限定到辛亥革命为止。之所以做此限定，是因为善堂的运营理念在清末时期发生了重大变化，尽管时段不长，但需要探讨的问题已是相当复杂。此外，为分析20世纪初期的问题，我还利用了中国第一历史档案馆藏的长芦盐运使司档案。

一 习艺所的诞生

教养局的设立

义和团运动后，天津一度被八国联军占领。光绪二十八年（1902），直隶总督袁世凯收回了天津的统治权。众所周知，在他的治下天津尝试了多方面的改革。

这一时期大力推行实业振兴，[1]与此相关的游民对策得以确立。光绪二十八年（1902）九月，荒废已久的贡院（科举考场）被重新修建，改为"教养局"。教养局收容贫困子弟，因材施教——对有能者教授外语和汉文，稍差者则让其学习"工艺"。[2]该机构成立初期收容100人，设有织布、地毯和染色三科，聘请三名日本技

---

[1] 渡边惇「袁世凯政権の経済的基盤——北洋派の企業活動」東京教育大学アジア史研究会『中国近代化の社会構造——辛亥革命の史的位置』教育書籍，1960；林原文子「清末、民間企業の勃興と実業新政について」『近きに在りて』14号、1988年；貴志俊彦「清末、直隷省の貿易構造と経済政策」『島根県立国際短期大学紀要』2号、1995年；胡光明：《北洋新政与华北城市近代化》，《城市史研究》第6辑，天津教育出版社，1991。

[2]《纪教养局》,《大公报》光绪二十八年九月二十三日；《纪教养局》,《大公报》光绪二十八年十月三日。

术人员授课，成果颇为显著。① 下文描述了教养局的教学情况。

> 北清一带少壮者的做工特点是：第一忍耐，第二温顺，第三勤勉，第四热心。这些都是工业上最不可或缺的品质。而且他们只要得到足够的金钱奖励就无须旁人督促，是容易引导的善良工徒。他们的记忆力尤其惊人，只要学过一次就能全部暗记于心。即使是目不识丁的工徒，在学习两年后也能记录下必要的工业方法，凭借文字形狀记下西洋文字，也能正确掌握染料的英文名称。即使是教授后进子弟时，也会使用大量文字和西式算数。仅用两年的短暂时光就能培养出各项科目均达熟练的技术工人，诚可谓异数。毕业工徒中成绩优秀的几人，目前正在工艺总局所设的实习工场中担任织布、染色两部的技术员。其余工徒则被分配到地方担任技术员，从事织布、染色、地毯织造等工作。②

不过，尽管教养局积极推进针对贫民的职业教育，但街头的流浪汉和乞丐并未因此减少。这一点从袁世凯下令收容乞丐、防范盗贼，以此保护居民的札文中能看出。光绪二十九年（1903）冬，天津盗案频出，路边乞丐日渐增多。除加强防范外，袁世凯还做了如下指示。

---

① 『天津誌』、391 頁。
② 『天津誌』、391 頁。

> 乞丐一项，津地有教养局、育黎堂、广仁堂及卫生局之贫民院等处，均可收养。乃仍有乞食于路者，地方官不能教民养民，致穷黎流而为乞，有司牧之责者，能无愧怍？①

袁世凯为此命令巡警局总办赵秉钧、天津知府凌福彭、天津知县唐则瑸"将地方穷黎乞丐随时收入教养局等处，其少壮者，使之学习工艺，俾可自谋生计，老弱分别留养"。② 由此可知，教养局实为乞丐收容机构。而负责在街头实施收容工作的，应该就是这一时期引入的新式警察组织——巡警。袁世凯的上述指令发给了巡警局长，大概正是出于这一原因。

综上所述，设立教养局包含了产业振兴和加强治安这两种意图。不过，周学熙在阐述产业振兴政策时却特意将教养局和其他产业振兴教育政策区分开来。

> 伏思教养局系收养无业游民，办法宜仿营伍，以约束整严为主。工艺学堂系造就人才，办法宜仿义塾，以培养诱掖为主。考工厂系鼓舞市情，办法宜仿赛会，以交通联络

---

① 《直督袁饬巡警局天津府县收丐防窃》，《东方杂志》第1卷第1期，光绪三十年正月二十五日，"内务"，第4页。
② 《直督袁饬巡警局天津府县收丐防窃》，《东方杂志》第1卷第1期，光绪三十年正月二十五日，"内务"，第4页。

为主。①

如此一来，教养局就不仅是产业振兴政策的一环，还与职业教育相联系，成为刑罚改革的一部分。下文将对此展开具体分析。

监狱改革和习艺所

司法制度是袁世凯改革的重要对象。②作为司法改革的一环，监狱的改良尤其受到重视。在此过程中，习艺所应运而生。

首先简单回顾一下改革前的刑罚体系。唐律确立了笞、杖、徒、流、死的五刑体系，清代基本沿袭了这一框架。其中，"笞"和"杖"是用棍棒抽打的体罚；"徒"原本指发配到驿站服役，至19世纪时实际仅指驱逐出原来所在地；"流"指发配远方；"死"则指绞首或斩首。五刑之外，还有枷号（披枷戴锁示众）、充军（实际上与"徒"相同）、发遣（流放到新疆、黑龙江等地）等。③到了清末开始有人提出改变上述体系，其中徒刑执行机构的设置成为最大的课题。

刑罚改革之前监狱就已存在。不过五刑体系之下的监狱附设于相关衙门之内，基本上用于监禁尚未被判刑或是已经被判死刑但正

---

① 《周学熙秉袁世凯》（光绪二十九年六月初五日），《直隶工艺志初编》，章牍类，光绪三十三年刊本，东京大学东洋文化研究所藏。

② 西川真子「清末裁判制度の改革」『東洋史研究』53巻1号、1994年。

③ 仁井田陞『補訂　中国法制史研究——刑法』東京大学出版会、1980、47-152頁；滋賀秀三「刑罰の歴史——東洋」荘子邦雄・大塚仁・平松義郎編『刑罰の理論と現実』岩波書店、1972。

在等待行刑的犯人。也就是说，监狱本身并不是实施刑罚的机构。①
天津县衙内的监狱，"槛内各室设有三面木板，白天当作长椅，晚间则在木板前的空地上就寝"。②这样的监狱里自然没有劳役。

都统衙门将天津划分为五个区，每区任命区长一名（Chefs de districts）。区级刑事司法的处罚权限包括关押（emprisonnement）、苦工（travaux-forcés）、枷号（cangue）、笞杖（bamboo）。③都统衙门的判决中便有"罚充苦工一年"的例子。④"苦工"这一处罚概念在都统衙门解散、天津回归清朝官员治下后仍然存在，具体而言就是让犯人在县衙等机构服劳役，例如修建巡警总局时就从县衙调来了20名"苦工"人员。⑤

在服刑期间加入职业教育是一种新的刑罚方式。作为这种新

---

① 本章参考的监狱研究通史为薛梅卿主编《中国监狱史》，群众出版社，1986。以下为专门论述明清时代监狱的研究。滨岛敦俊「明清時代、中国の地方監獄——初歩的な考察」『法制史研究』33、1983；滨岛敦俊「明末東南沿海諸省の牢獄」西嶋定生博士還暦記念論叢編集委員会編『東アジアにおける国家と農民』山川出版社、1984。赵晓华对清末监狱的实际情况做了详细论述，参见赵晓华《晚清讼狱制度的社会考察》，中国人民大学出版社，2001。

② 『天津誌』、278頁。

③ Gouvernement provisoire de Tien-tsin, *Procès-verbaux des séances du conesil du gouvernement provisoire de Tien-tsin*, pp. 115, 119. 以下中文资料也收入了相关内容，但需要注意，以下资料中的用语并非完全采用了当时使用的汉语。刘海岩、郝克路选编《天津都统衙门会议纪要选》，《近代史资料》第79号，中国社会科学出版社，1991，第51、56页。

④ 西村博编《天津都统衙门告谕汇编》，《天津历史资料》第15期，天津社会科学院历史研究所，1982，第55页。

⑤ 《提犯帮工》，《大公报》光绪二十九年正月十九日。

刑罚的执行机构，习艺所应运而生，直隶则被定为示范区。①光绪二十八年（1902），护理山西巡抚赵尔巽以"充军、流、徒"三刑在执行过程中逃犯频出、并无实效为由，建议朝廷设立新的监禁机构习艺所。②受此影响，袁世凯派天津知府凌福彭到日本考察监狱，在此基础上于光绪三十年六月十七日（1904年7月30日）在天津开设了习艺所，③凌福彭任总办，并从巡警学堂选派学生待命。开设之初，首先选派了在县衙内服役的"苦工"100名进入习艺所。④

---

① 关于直隶习艺所，以下研究从法制史和刑罚史的角度进行了详细论证。島田正郎『清末における近代的法典の編纂』創文社、1980、123-165頁；薛梅卿、从金鹏主编《天津监狱史》，天津人民出版社，1999，第12~41页。此外，以下研究关注官方对经济发展的推动。彭泽益《中国近代手工业史资料》第2卷，三联书店，1957，第515~533页；倉橋正直「清末の実業振興」『講座中国近現代史［三］辛亥革命』東京大学出版会、1978。然而，我认为上述两个研究视角尚未彼此对话。以下研究也将习艺所作为当时制度改革的一环。MacKinnon, *Power and Politics in Late Imperial China*, pp. 154-155; Reynolds, *China, 1898-1912*, pp. 173-174. 简单的介绍性文章还有刘正文《天津旧习艺所简介》，《天津文史丛刊》第3期，天津市文史研究馆，1984。

② 《赵尔巽奏》（光绪二十八年十一月二十三日），朱寿朋：《光绪朝东华续录》卷一七七。此外，《大清光绪新法令》第九类"司法、变造现行律例、刑部议复护理晋抚奏请各省通设罪犯习艺所折"收入了刑部针对此奏折的讨论。Marinus Johan Meijer, *The Introduction of Modern Criminal Law China* (Batavia: De Unie, 1950), pp. 137-152.

③ 袁世凯对此事的奏折，可参见《奏办理创设罪犯习艺所折》（光绪三十一年二月十八日），《袁世凯奏折专辑》，第1792~1793页。此外还可见于《袁世凯奏议》，第1109页。凌福彭的复命书收入甘厚慈辑《北洋公牍类纂》卷五《天津知府凌福彭考察日本监狱情形节略》。关于凌福彭的赴日考察，参见熊達雲『近代中国官民の日本視察』成文堂、1998、153-154、307-309頁。关于当时日本的徒刑制度，参见篠田公穂「明治期における刑務作業の展開」平松義郎博士追悼論文集編集委員会編『法と刑罰の歴史的考察』名古屋大学出版会、1987。

④ 《纪习艺所》，《大公报》光绪三十年六月十五日；《提犯习艺》，《大公报》光绪三十年六月十六日；《详记开办习艺所情形》《大公报》光绪三十年六月十九日。

习艺所建在天津西郊，面积约 33000 平方米，由坚固砖墙环绕，内部设施完备，呈扇面式排开。① 这里主要收容两类人。第一类，凡军、徒、流罪犯非常赦所不免者，及犯事受罪已定监禁年者；第二类，凡地痞、恶丐及无业游民或年轻子弟不遵父兄教训者，由地方官及巡警局送监收禁。②

习艺所的划时代意义在于，它不仅是监禁机构，还为在所内开展职业教育开办了各类工场，如地毯厂、制鞋厂、纺织厂等，并支付给囚犯一定工资。此外还设有教诲堂，有教诲师进行演讲。③ 最能体现习艺所特点的是各监房的汉字编号——按照平面图的顺序将八个汉字连在一起，即是"知过必改，得能莫忘"。由此可知，习艺所试图从精神和经济两个层面教授犯人正确的为人处世之道。根据西方人的记录，习艺所内有囚犯 700 名，刑期从 6 个月到 10 年不等，所内设施及运营方式都值得高度评价。④

此后教养局被合并进习艺所。合并后的游民习艺所的经费由负责社会救济工作的赈抚局拨给，⑤ 实际运营情况如下。

---

① 『天津誌』、288 頁。
② 甘厚慈辑《北洋公牍类纂》卷五《天津罪犯习艺所章程》。截至光绪三十三年二月末（1907 年 4 月初），共收容第一类罪犯 580 人，其中包括盗案 72 人、窃案 218 人、小偷 46 人、欺诈 32 人、拐骗 62 人、私铸 29 人、赌博 53 人、奸案 11 人、斗殴 35 人、杂案 22 人。比上述罪行更轻的犯罪者则被处以罚款、体罚、枷号等刑罚，而杀人等重罪犯则被处以死刑。『天津誌』、290 頁。此外《大公报》报道了平素品行不端之人被其父告到巡警局，被罚进习艺所做"苦力三年"。《忤逆被惩》，《大公报》光绪三十三年二月一日。
③ 『天津誌』、290 頁。
④ China Maritime Customs, *Decennial Reports: 1902-1911*, Vol. 1, p. 212; *The China Times*, 27 July 1910.
⑤ 《开办游民习艺所》，《大公报》光绪三十二年正月十四日。

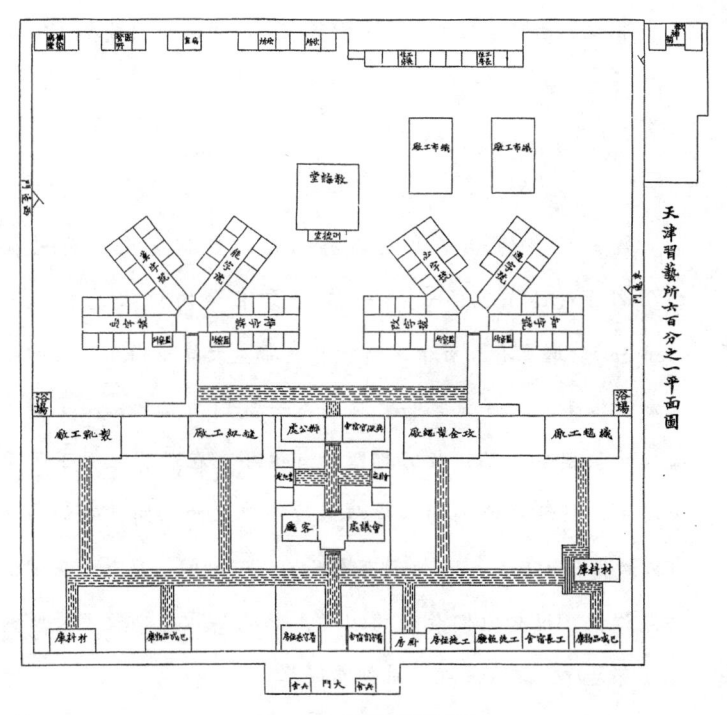

第七章　在善堂与习艺所之间　245

图7-1　习艺所平面图

资料来源:『天津誌』博文館、1909。

　　收容天津游民，授以简易教育，以教习工艺为主，务使其日后得以正业谋生。此种赈恤事业原为天津官民有志者之义举，终因仅凭民力难以成功，遂转而附于本所，但财政关系依然握于有志者手中。廊内设有仓库、工艺品陈列室、游民收容室、工场及其他职员室等。现收容游民550余人，此外另募集工徒50人作为将来之职工长。游民即徘徊于天津市内之乞丐及其他惰民，收押于所辖巡警局，从中择有望改善并能从事工业者押送入所。共设游民室200间，每间可容6人。①

西方人对游民习艺所评价颇高。

> 监狱所在的地皮上还建有一座与监狱完全隔开的大型管教所（reformatory）——或许更准确的说法是收容所（refuge）。这里有五百余名青少年，都是天津市内无家可归之人和流浪者，大半是乞丐。这些人并非因为犯罪，而是因为流浪才被巡警逮捕。收容期限为4~8年，在教育方面下了很大功夫。教授给他们的工作与教授给犯人的相同，他们同样可以做得很出色。……他们有充足的闲暇时间，每天都被带出去做体操。说起他们最大的乐趣，那就要算是唱歌了。所内还设有大厅，配有管理人员弹奏风琴。②

可以说游民习艺所既继承了教养局的事业，又贯彻落实了将游民对策和实业振兴一并推进的方针。工艺总局在呼吁广设工厂的文章中写道："其流品较低及不安本分之徒，则拨归游民习艺所。"③由此可知，游民习艺所被视为产业振兴政策的一环。

还应该留意的是，担负逮捕游民职能的巡警对于贫民习艺所的运营十分重要。巡警局的规定中写道，"凡遇穷民、乞丐、不能

---

① 『天津誌』，288-289页。
② Chian Maritime Customs, *Decennial Reports: 1902-1911*, Vol. 1, p. 213.
③ 《工艺总局示谕》（光绪三十二年闰四月二十四日），《直隶工艺志初编》章牍类。

自存者，则拘局送习艺所学习工艺"，"游行街市，并无执业，徘徊各处者，拘局讯究。果系不安本分游民，应即发送习艺所习艺"。①后一条规定不单针对乞丐，还包括靠暴力等反社会行为度日的"无赖"阶层。

此外，有时还会从原有的贫民救济机构粥厂中选拔健壮者送入习艺所。②如此一来，习艺所不仅收押罪犯，还是封闭性管理游民的教育和改造机构。

二　善堂的演变

广仁堂女工厂

由以上叙述可知，设立习艺所的背后存在这样的理念——职业教育与振兴实业息息相关，因此需要加以重视。这一理念对既有的善堂产生了一定影响。

如前所述，广仁堂当初是为了应对人身买卖而设，但在建设过程中越来越重视收容寡妇以使她们成为节妇。此外，重视职业教育是广仁堂的特征之一。义和团运动被镇压后，广仁堂在整顿财务的同时再次把收容者的教育问题提上议事日程，长芦盐运使陆嘉谷和天津道周学熙为此被任命为总董。袁世凯下达了如下命令。

---

① 甘厚慈辑《北洋公牍类纂》卷八《巡警规条（附岗规摘要）》。
② 《挑归艺所》，《大公报》光绪三十一年四月六日。

> 照得天河广仁善堂创始于光绪四年，嗣后历加推广。苏皖浙三省义绅捐款为多。从前定章，原有蒙养、工艺、力田等所，规模最为宏远。自经兵燹诸事停废，殊为可惜。况现在新政，振兴女学、提倡女工，皆为切要之举，不容置为缓图。应即就原有房屋重行修葺，并将各项进款逐细清厘，设立女学堂、工艺厂，使左近贫民妇女皆可入堂学习，以广仁施而副名实。该堂向由南绅经理。兹查长芦陆运司嘉毂、署天津周道学熙，籍隶浙皖，应即派为总董，督饬驻堂司事，整顿扩充。①

遵照袁世凯的指示，广仁堂得以扩建，于光绪三十一年二月十日（1905年4月4日）开设了女工厂。②工厂规章对运营方式做了详细规定，以下择要介绍。

> 一、本厂专以教授女工为宗旨。但每日轮班在讲堂兼学书、算，一点钟毕，仍归工厂习艺。
> ……
> 一、女学徒应开具年岁、籍贯、姓氏、住址及家长姓名，作何营业、报明注册，以凭查考。至入厂名牌及衣衿牌号均只用第1、第2等号数编列以代名字，易于识别。

---

① 《袁世凯札陆嘉谷》（光绪三十一年八月二十八日），奉督宪札饬以天河广仁善堂应即督饬驻堂司事整顿扩充迅将应办各事拟具章程详候核夺卷，长芦盐运使司档案，中国第一历史档案馆藏（下略），档号：第266包。
② 《广仁堂总董陆嘉谷等详》（光绪三十一年十二月初八日），天津市档案馆编《袁世凯天津档案史料选编》，天津古籍出版社，1990，第202页。

第七章 在善堂与习艺所之间

……

一、本厂先行教授玲珑西式花瓣、机器缝纫、刺绣、草帽辫、毛巾、织布、编绒等7科手艺,此外,如绘画、裱褙、印刷等事,随时酌量添设。

……

一、女学徒在未经毕业期内,每日所习工艺,由女监工认真察看勤惰,于5点钟放工时,复查验其所领之料实能如数、完全,并无偷减糟蹋情形,逐日登记查工簿内,凡做足8点钟功夫为1工,准给奖赏津钱80文,逐日按钟点计数,候届半月一结。如查有偷减料物,或工作草率、不用心学习者,亦逐日记入查工簿,应记过罚扣奖赏。……

……

本厂栅门终日关锁,钥匙归女稽查掌管,栅门以内除总办、会办、坐办外,一般男子不准擅入一步,违即拿究。……①

负责人周学熙在其自叙年谱的光绪三十一年(1905)条目中写道:"开办广仁堂女工厂,收学徒三百余人。由室人偕两女前往亲自提倡,教授手工,是为女子职业之先河也。"② 由此可知,周学熙的妻子刘氏发挥了一定作用。

---

① 《天津广仁堂女工厂章程》,《袁世凯天津档案史料选编》,第202~206页。
② 周学熙:《周止庵先生自叙年谱》,文海出版社,1985,第29页。也可参照周明泰《天津广仁堂女工厂记》,周叔媜:《周止庵先生别传》,1948,第216~218页。该史料收入周小鹃编《周学熙传记汇编》,甘肃文化出版社,1997,第26、288~290页。

表 7-1　广仁堂女工厂人员情况

单位：人

	织布科	绣花科	机器科	毛巾科
工师、工匠	6	3	1	2
敬节所节妇	17（其中工匠1）	3	16	1
节妇女	10	9	1	1
慈幼所恤女	83（其中工匠1）	7	2	6
外招工徒	14	9	1	12

资料来源：《中华民国二年广仁堂女工厂工徒分科一览表》，女工厂杂件，广仁堂档案，档号：130-1-174。

根据民国二年（1913）广仁堂女工厂的名簿，原本已被广仁堂收容的女子中有相当一部分进入了女工厂，其中不乏掌握技术成为工匠、起到指导作用的女性（表7-1）。与此相对，寡妇之子则或被送入学堂学习，或成为学徒工，到合适年龄后便可出堂。①

广仁堂也在继续发挥原有的功能——对于那些遵守堂规、断绝与男子往来、已达规定年限的寡妇，会将其事例上报官府，请求按规定予以旌表，此外也会收容巡警局救出的被卖的少女。对于被收容的未婚女性，有时也会安排其结婚出堂。②

---

① 《各学生或入学堂或习工艺》，广仁堂档案，档号：130-1-185。
② 《津广仁堂总董陆运司等汇禀》（光绪三十二年十二月十二日），《袁世凯天津档案史料选编》，第206~207页；《送堂收养》，《大公报》光绪三十二年三月二十九日；《恤女择配》（广仁堂档案，档号：130-1-178）中可以见到申请迎娶堂内未婚女性的民国初年文书，其中必附有男申请人的照片。这种收容与出嫁事业承接了针对娼妓的济良所的做法（参照本书第六章）。

由上可知，推行新政的袁世凯和周学熙等希望推行实践性的女子劳动技术培训、确立严格的劳动纪律，善堂正是他们实现这一目标的手段。并且改革前的广仁堂就重视对寡妇的封闭式管理，这一特点使它与习艺所具有相似的性质。

助产术和广仁堂

虽然略显突兀，但当时还有人计划将广仁堂收容的女子培养为助产妇。补用道麦信坚即有如下提案。

> 方今提倡新学，输入文明，上下竞以改良政俗为宗旨，而独于妇科接生之法迄未讲求，及其流弊所在，将益使民族微弱，社会悉蒙其影响，何则？接生之优劣得失，关于孕妇之安康与儿童之发育，为强种兴国之最初起点。是以泰西各国女医学堂，莫不有妊娠专科。
>
> ……
>
> 若不加意改良，而欲使人人体质强壮，具有国民之资格，生成尚武之精神，必不可得。故欲养成完全之国民，应以设立女医学堂，讲求收接之术，为肇端之第一要义。独是开办之初，若尽招未笄女生，则数年以后始能卒业，缓实不足以济急。其难一；女生嫁后，万一夫家富足，未必复理旧业，诚恐良法美意或将废于半途，其难二；华族女子多以跬步不出闺门为主义，夫家即不素封，又谁肯以年轻少妇深夜侍人临蓐？其难三；且女与妇不同，妇科而以室女专习亦有隔膜不能融贯之

病,其难四;今若专招贫妇,则妇人有主中馈之义务,而又抚养儿女料理家务,安能专心于学堂之中,其难五。

因其难而筹其易,莫若将广仁堂变通办理,以收事半功倍之效。查广仁堂收养节妇,洵为功德之林,第是徒养其生,转致终身废弃,何如兼教以学,俾得谋生有资。以彼罪犯身罹咎戾,尚设习艺之所,以为其自新糊口之计,而于节烈之妇,转有养而无教,亦非我宪台教育普及之意。①

麦信坚的上述言论包含了两个要点:指出培养助产妇的必要性;将培养助产妇和在广仁堂内实施职业教育的提案联系在一起。这种联系方式虽然略显牵强,但这两个论点本身在当时都颇有说服力。麦信坚对助产妇之必要性的解释乃是基于"强种"——为了在严酷的国际环境中生存下去而强化种族——的志向,这种志向又与"民族""国民""尚武"等相互作用,共同立足于当时通俗的身体观、医疗观和国际政治观。此外麦信坚还主张,"以彼罪犯身罹咎戾,尚设习艺之所,以为其自新糊口之计",那么广仁堂就更应当实施职业教育。这一想法其实是想要缩小善堂与习艺所之间的差异。在这一言论的背后可以看到价值观的转换——将为亡夫守节视为"虚度一生"的行为而加以全面否定,转而认为对"民族"和

---

① 《麦信坚禀》,《袁世凯天津档案史料选编》,第213~215页。此文附于盐运使咨广仁堂文书中(光绪三十二年二月二十日)。根据长芦盐运使司档案第266包中收藏的同文书,将原文中的"竟"字修正为"竞"。

"国民"发挥作用才真正重要。①

袁世凯对麦信坚的提案表示了关注,指示广仁堂对此进行研究。但陆嘉谷等的答复则是反对麦信坚一石二鸟的提案,理由大致为:广仁堂的节妇约有 50 人,除去老弱病残者,余下的有孩子;由于妇女不识字,很难进行教育;而且这些女人看不起助产妇,不愿学习。他们因此提议,若要建立女医学堂,还是请各州县送来合适的节妇为好。②

专门会集节妇并将她们培养成为助产妇的构想并没有实现。由于一般人对助产妇这一职业还存在偏见,实现上述构想比开设女工厂还要困难。但也应该注意到,这个乍看起来颇为离奇的计划,被认真地提出并进行过讨论。通过这一点,或许可以看出时人对收容设施看法的变化。

育婴堂的改革

基于类似想法,比广仁堂具有更悠久传统的育婴堂成为改革对象。袁世凯得知主教包儒略(Jules Bruguière)在正定府城开设女工艺厂一事后命周学熙派人前去学习参观。参观者受到包儒

---

① 这种看法与当时的优生学观念如出一辙。参见 Frank Dikötter, *Sex, Culture and Modernity in China: Medical Science and the Construction of Sexual Identities in the Early Republican Period* (London: Hurst, 1995); Frank Dikötter, *Imperfect Conceptions: Medical Knowledge, Birth Defects, and Eugenics in China* (London: Hurst, 1998); 坂元ひろ子「恋愛神聖と民族改良の「科学」」『思想』894 号、1998 年。关于此前的生育观,可参考熊秉真《幼幼:传统中国的襁褓之道》,联经出版公司,1995。
② 《广仁堂总办陆嘉谷等上袁世凯禀稿》,《袁世凯天津档案史料选编》,第 215~216 页。

略的热情招待,考察了工艺厂的运营方法并获得了建筑设计图。周学熙以该报告为基础,决定改革由长芦盐运司出资运营的育婴堂。①

周学熙的意见书说:"正定教堂以传教为宗旨,收养女婴,授以技艺,实为行善起见,教养兼施,法良意美。天津旧有育婴堂,养而无教,似属缺憾。"由此可见改革的目标是发展教育。袁世凯命令盐运使按此方向推进改革。②

负责人报告称,尽管育婴堂的规模比不上习艺所和实习工厂,但仍希望对其进行改革。

> 自王贤宾总纲(盐商总负责人)创习织布,又蒙大人筹给款项编织草帽以来,较比从前,在堂女子有养无教者,功效已见。若再扩充工场,添设女学,延请女教习,教以识字、女红、手业、妇女规范,以七岁入学、十六岁毕业后,不但易于择配,并可留充本堂教习以资表率,而中国女学风气渐开,尤可派往各处充作技师,以广教育。③

由此可知,育婴堂的改革理念是对女子进行知识和道德教育

---

① 《周学熙禀袁世凯》,《袁世凯札盐运使》(光绪三十一年六月二十一日到),长芦育婴堂改良办理卷,长芦盐运使司档案,档号:第260包。
② 《周学熙禀袁世凯》,《袁世凯札盐运使》(光绪三十一年六月二十一日到),长芦育婴堂改良办理卷,长芦盐运使司档案,档号:第260包。
③ 《祁仲璋等禀盐运使》(光绪三十一年九月二十四日到),长芦盐运使司档案,档号:第260包。

并使其从事工业生产，这份报告所附的改良方案中也详细说明了这一点。报告首先阐明了女子教育的理念。

> 中国女子之懦弱，实原于公德之缺乏，而欲讲女德，自以兴学为根本。夫人自襁褓以至垂髫，凡饮食晏息，无分贵贱贫富，靡不恃于母也。是故有贤女而后有贤母，有贤母而后有贤子。然则女学之兴，不惟于女界振精神，实可与人才相消长。①

对于工艺教育则有如下看法。

> 中国今日之患贫，在分利之人多而生利之人少。女子之分利，尤占大部分者也。故有男子而不能赡其家，或以食力之故，竟有不能娶一妻者，是影响于生殖也尤大。况堂中女婴出聘既系寒家，竟有已聘数年，生子二三，而回堂求贷助者。向使各能工艺，尽可助夫以谋生活，何至贫苦？②

---

① 《谨拟育婴堂扩充工艺及改良旧章条陈六则》，长芦盐运使司档案，档号：第260包。关于此处涉及的清末女子教育理念，可参考濑地山角『東アジアの家父長制——ジェンダーの比較社会学』勁草書房、1996、131-138 頁；周叙琪《1910~1920 年代都会新妇女生活风貌——以〈妇女杂志〉为分析实例》，台湾大学出版委员会，1996，第 9~20 页。

② 《谨拟育婴堂扩充工艺及改良旧章条陈六则》，长芦盐运使司档案，档号：第260包。史料中提到"分利之人多而生利之人少"，我认为这是沿袭了梁启超的说法。梁启超：《论学校、女学》，《时务报》第 23 册，光绪二十三年三月十一日；小野和子「清末の婦人解放思想」『思想』525 号、1968 年。

基于这样的设想，长芦育婴堂改良新章表明："本堂宗旨在保存弃孩之生命，实行家庭之教育，并振兴女学，发达女工，养成女子之人格，预备完全之妇德。"① 这意味着育婴堂在推进改革时考虑到了新的女性形象，而善堂正承担宣传理想女性形象的功能。

此外，先前提及的女子医疗（妇产科）问题也和儿童医疗一起被重新纳入育婴堂改革。周学熙指出，"中国妇婴卫生素未讲求，而善堂人众杂居，其卫生尤不得法"，育婴堂中每年都有100名儿童死亡，广仁堂也有不少患病者。周学熙等为此聘请了外国女医生金韵梅负责育婴堂的卫生和诊疗，给所有儿童发放牛奶，并在堂内开设产科和护理科课程，还希望她改革广仁堂的卫生状况。"在外洋各国地方卫生局，必有极高等女医，以稽查社会中女子之卫生视为要政。中国女子医道不讲，妇婴病症多至束手。"金女医的工作被寄予了很高期望。②

在上述背景下建立起来的就是包括五名职员和八名教员的长芦女医学堂。③

如上所见，广仁堂和育婴堂都改变了以往的运营理念。这种改变不仅是为顺应产业振兴的时代潮流，也是把习艺所这样的机构视为改革的样板。

---

① 《长芦育婴堂改良新章》（光绪三十三年五月），长芦育婴堂改良办理卷，长芦盐运使司档案，档号：第345包。
② 《周学熙禀袁世凯》（光绪三十三年五月），长芦盐运使司档案，档号：第345包。
③ 王守恂：《天津政俗沿革记》卷十《文化·学校》。

＊　＊　＊

　　本章关注实业振兴成为重要的政策课题之后善堂随之做出了哪些改革，同时注意到了习艺所的设立乃是法制改革的一环，考察了社会救济工作运营理念的变迁。

　　进入20世纪后，广仁堂开始附设女工厂，向妇女传授技术并确立了严格的劳动纪律。这一动向和当时的实业振兴政策及监狱改革密切相关。在此时期，为亡夫守节这种生活方式开始被视为无意义之举，取而代之的是对女子教育和女子劳动的重视。沿着同样的路线，育婴堂也进行了改革。

　　我们当然可以基于上述变化强调19世纪和20世纪之间的断裂性。批评育婴堂等旧式善堂"养而无教"，正契合了20世纪以后的改革议题。广仁堂是职业教育的先驱，而更正式的发展则要等到袁世凯主政天津时期——作为实业振兴政策的一环设立了习艺所。在此潮流下，善堂也被迫改变。

　　当然，可以从强化社会管理的角度理解上述改变，[①]但若只强调这一点则未免太过片面。当我们关注善堂性质的演变时，的确可以从目标理念的变迁中看出历史性的变化。但是，在通过社会救济实现社会理想这一根本构想上，19世纪和20世纪之间又存在结

[①] 李健鸿的研究即基于这一视角。李健鸿：《慈善与宰制——台北县福利事业史研究》，台北县立文化中心，1996。

构性的连续。以寡妇的生活方式为例，过去是基于守贞观念运营善堂，此时则视守贞为无意义之举、力图对寡妇进行职业教育以使其参与社会活动，这两种理念之间的确存在很大的割裂，但有一点一脉相承——无论哪一种理念，都不承认也不认可每个个体重视的价值其实多种多样。从这个意义上说，所谓善堂，其实就是运营者展示并推广自己理想中的为人处世之道的教化机构。无论是尽力创设广仁堂的李金镛还是本章提及的周学熙，都想要努力实现理想的人伦。

善堂和习艺所当然有差异，但是也很容易发现两者之间的共性——相信人类善良的本性，并对其进行改良。这两个机构都在19世纪至20世纪初收容无正当职业者，教授他们能够为产业振兴做出贡献的技术，促进他们的经济自立。以此为连接点，善举和收监被联系到了一起。我们应当注意，时人在改革善堂时考虑到了习艺所的存在。

正如本书第三章所述，善堂其实是一种宣传机构，其功能是推广被视为正确的价值观，以此建立一个理想社会。因此，真正值得考虑的问题并不是社会管理如何被强化，而是救济理念本身发生了怎样的变化。

本章的重点与夫马进、梁其姿的大著略有不同，主要关注善堂如何应清末的社会形势而变、不断挑战新的课题。在欧洲的同类工作中也能看到相似的情况——具有基督教背景的慈善观念、被纳入名望家的温情主义统治的救贫、产业结构变化和中产阶级崛起所引发的贫民救济与教化、强化取缔乞讨（还有福利国家）等。① 若是进一步对比中西间的异同，应该会发现很多有趣的课题。

---

① 关于英国的社会救济工作，可参照大沢真理『イギリス社会政策史——救貧法と福祉国家』東京大学出版会、1986；常行敏夫『市民革命前夜のイギリス社会——ピューリタニズムの社会経済史』岩波書店、1990；岩間俊彦「産業革命期リーズの都市エリート 1780 - 1820——名望家支配からミドルクラス支配へ」『社会経済史学』64 巻 4 号、1997 年；長谷川貴彦「イギリス産業革命期における都市ミドルクラスの形成——バーミンガム総合病院 1765 - 1800」『史学雑誌』105 編 10 号、1996 年；坂下史「名誉革命体制下の地方都市エリート——ブリストルにおけるモラル・リフォーム運動から」『史学雑誌』106 編 12 号、1997 年；Norval Morris and David J. Rothman, eds., *The Oxford History of the Prison* (Oxford: Oxford University Press, 1995).

第三部分
爱国主义所形成的社会统合

第八章　抵制美货运动与"中国"的团结

抵制外国运动是中国近代史研究的重要课题，因其被视为体现了中国人民的民族主义而备受关注。然而，如果站在宣扬中国民族主义的立场，或是自我投射而与运动参加者站在同一阵线，就很难在研究中将这些运动的意义进行历史性地对象化。我认为这样说或许更加准确——中国民族主义之所以能发展成为一种坚定不移的主张，抵制运动在其中发挥了重要作用。

基于上述视角，下文将探讨因限制对美移民而引发的光绪三十一年（1905）抵制美货运动。停止与西洋商人的贸易这种行为本身并非20世纪的新现象。道光二十九年（1849）围绕英国入城问题发生的广州事件①、光绪八年（1882）因茶叶贸易的商业秩

---

① Wakeman, Jr., *Strangers at the Gate*, pp. 90–105.

序而引发的汉口事件①、光绪二十四年（1898）在上海发生的四明公所事件等都是抵制运动的先例。②但光绪三十一年的抵制运动具有划时代的意义。之所以如此断言，是因为此次抵制运动无论是起因还是波及的范围都超出了地域限制。大量民众的广泛参与使光绪三十一年的这次抵制运动达到史无前例的规模，也奠定了此后不断发生的各种抵制运动的基本模式。

虽然并非专门论述，但波多野善大曾将此次运动定位为"新民族主义"发展的一环，指出上海总商会整体上表现了慎重态度，抵制运动的"初衷并不是力图开拓中国人自己的产品市场"，"教师、学生、新闻记者成了运动的推动力"。③

光绪三十一年的抵制运动也在菊池贵晴的一系列抵制外货研究中占据了首要位置。菊池批判了波多野的观点，提出了重视"民族资本"与抵制运动关联性的研究视角。他指出："应该留意，中国抵制运动虽然发端于政治、军事性事件，但从初期阶段起就站在排斥外国商品、保护培养本国产业的立场。应该重视抵制运动与中国民族资本主义的发展，甚而与民族生产力解放之间的关联，考察抵制运动作为保护关税之替代品的作用。"④

---

① Rowe, *Hankow: Commerce and Society*, pp. 145-151.
② 董枢：《上海法租界的发展时期》，《上海通志馆期刊》第1卷第3期，1933年。
③ 波多野善大『中国近代工業史の研究』東洋史研究会、1961、244、269-270頁。
④ 菊池貴晴『中国民族運動の基本構造——対外ボイコットの研究』大安、1966、11-56頁。初版为1956。同时期的此类研究还有和作辑《1905年反美爱国运动》，《近代史资料》1956年第1期；Margaret Field, "The Chinese Boycott of 1905," *Papers on China*, Vol. 11(1957).

正如菊池所说，关税替代论自清末便已存在，但并不能确定当时的人们是不是因为知道了关税替代论这样的主张才对运动产生了共鸣。菊池还进一步指出，尽管抵制运动反映了不断发展的"民族资本"的要求，实际上却受到"商业资本色彩浓厚的商会"的指导，正是这种"民族资本"的脆弱性成了运动失败的主要原因。这样的结论难免给人以过于抽象之感，特别是对运动的中坚力量缺乏具体的考察。阅读抵制运动的相关史料可以感受到字里行间充溢的激情，这让我感到，进一步探究波多野所说的"新民族主义"的表现形式才能准确理解此次运动的特性。①

张存武对此次抵制运动的研究最为全面，②但没有充分考察向公众大声疾呼的媒体，并且由于使用了"帝国主义"这一概念而不证自明地将"民族"预设为其对立面。本章力图探讨各种媒体唤起"国民"意识的过程，认为正是通过这次运动，"中国人"的自我认知才获得了广泛认同。

---

① 最近下列论文指出了1905年运动的"崭新性"。Sin-kiong Wong, The Genesis of Popular Movements in Modern China: A Study of the Anti-American Boycott of 1905-06, PhD dissertation, Indiana University, 1995；金希教：《抵制美货运动时期中国民众的"近代性"》，《历史研究》1997年第4期。此外，土屋洋的「清末山西における鉱山利権回収運動と青年知識層」(『名古屋大学東洋史研究報告』24号、2000年）对该时期进行了分析，推进了对菊池贵晴见解的再探讨。

② 张存武：《光绪卅一年中美公约风潮》，中研院近代史研究所，1966。此外还有基于英文史料、从美国政治外交史角度分析该问题的研究。Delber L. McKee, Chinese Exclusion Versus the Open Door Policy, 1900-1906 (Detroit: Wayne State University Press, 1977).

"中国"一词由来已久,①清末时负责清朝外交的官员便已经将其作为国名使用。②但"中国"成为能够唤起强烈归属感的词并被频繁使用,则始于20世纪最初的五年。

为了重新描绘此次运动的具体情况,本章将重点考察天津的动向。天津并不是抵制运动开展最彻底的地区。在输出了大量移民并拥有丰厚汇款收入的广东,抵制运动更加激烈,但这种激烈主要是因为此事直接关乎地方利益。对于天津居民来说,事件并非切身之急,为什么他们还会对抵制运动投入如此大的热情?如果想要探究地域社会如何参与构筑"中国"的共同性,天津反倒是更适合的考察对象。此外,上述研究均没有使用在抵制运动中发挥重大作用的天津日报《大公报》,难免有轻视天津运动之嫌。③

本章将依据以《大公报》为首的众多新闻报道,但并不是简单地从报纸中抽取信息,还将充分关注新闻业在此次抵制运动中发挥的作用。

---

① 安部健夫「中国人の天下観念——政治思想史的試論」安部健夫『元代史の研究』創文社、1972;敏一『中国と古代東アジア世界——中華的世界と諸民族』岩波書店、1993、3-35頁。安部健夫前揭书初版于1956年。

② 川島真「天朝から中国へ——清末外交文書における「天朝」「中国」の使用例」『中国——社会と文化』12号、1997年。

③ 桑兵指出北京、天津的学生在抵制运动中十分活跃。桑兵:《晚清学堂学生与社会变迁》,稻禾出版社,1991,第253~265页。关于《大公报》可以参考何炳然的《〈大公报〉的创办人英敛之》(《新闻研究资料》第37、38辑,中国社会科学出版社,1987)。

一 移民问题与抵制运动的开始

清朝真正开始向美国输出移民始于1848年加利福尼亚发现金矿。移民主要从广东出发，经由香港前往因淘金热而沸沸扬扬的美国西海岸。1868年签订的《蒲安臣条约》包含有推进人口流动的内容，这主要是由于美国因建设铁路需要中国移民作为劳动力。但是在旧金山等美国城市，在盎格鲁－撒克逊系新教徒统治下处于劣势的天主教（爱尔兰系等）民众带头掀起了排华运动。在这样的舆论背景下，1880年清朝同美国签订的条约中加入了允许美国限制移民的款项，最终在1882年的美国国会上表决通过了此后十年禁止华人劳工移民的法案。①

1894年，出使美国大臣（相当于驻美国公使）杨儒与美国国务院进行了谈判，但美国政府最终还是规定十年内禁止"华工"赴美。此外，福建、广东移民较多的菲律宾、夏威夷也在1898年

---

① 可児弘明『近代中国の苦力と「豬花」』、1-98頁；油井大三郎「一九世紀後半のサンフランシスコ社会と中国人排斥運動」油井大三郎ほか『世紀転換期の世界——帝国主義支配の重層構造』未来社、1989；藤川隆男「オーストラリアとアメリカにおける中国人移民制限」『シリーズ世界史への問い「九」世界の構造化』岩波書店、1991；貴堂嘉之「一九世紀後半期の米国における排華運動——広東とサンフランシスコの地方世界」『地域文化研究』4号、1992年；貴堂嘉之「「帰化不能外人」の創造——一八八二年排華移民法制定過程」『アメリカ研究』29、1995年；Chares J. McClain, *In Search of Equality: The Chinese Struggle against Discrimination in Nineteenth-Century America* (Berkeley: University of California Press, 1994); Lucy E. Salyer, *Laws Harsh As Tigers: Chinese Immigrants and the Shaping of Modern Immigration Law* (Chapel Hill: The University of North Carolina Press, 1995).

成为美国领土，不久这些地方也开始适用排华法案。光绪三十年（1904），杨儒签订的条约期满，美国要求继续延长，拒不让步。①时任驻美公使梁诚虽然拒绝接受，但美国还是迫使北京的外务部签字。②本章的讨论对象——光绪三十一年（1905）的大规模反对运动于是由此开始。

光绪三十一年（1905）四月七日，上海绅商召开会议，曾铸发表了拒用美国商品的演说，同时给上海以外的"各口商务局"发去电报，要求采取一致步调。③十八日上午，严筱舫、徐润、曾铸等与美国驻上海总领事劳治师（James L. Rodgers）会谈，并在下午的商务总会大会上汇报了会谈情况。④二十二日，商董宴请劳治师，提出给美方两个月的缓冲期，如果情况没有改善便会开始抵制。⑤五月十六日，御史张学华基于民间反对条约的动向上奏朝

---

① 陈翰笙主编《华工出国史料汇编》第1辑，中华书局，1985，第1433~1438页；张云樵：《伍廷芳与清末政治改革》，联经出版公司，1987，第461~633页；Yen Ching-hwang, *Coolies and Mandarins: China's Protection of Overseas Chinese during the Late Ch'ing Period, 1851-1911* (Singapore: Singapore University Press, 1985), pp. 204-248, 283-335.

② 《美禁华工约稿强迫中国画押》，《申报》光绪三十一年四月二日。

③ 《纪沪上绅商公筹抵制美禁华工新约事》，《申报》光绪三十一年四月八日。商务局是各城市为了统合大商人而设立的产业行政机构。曽田三郎「清末における「商戦」論の展開と商務局の設置」『アジア研究』38巻1号、1991年；Eiichi Motono, *Conflict and Cooperation in Sino-British Business, 1860-1911: The Impact of the Pro-British Commercial Network in Shanghai* (London: Macmillian, 2000), pp. 149-153.

④ 《外务部收上海商董曾铸等禀》，中研院近代史研究所编《清季华工出国史料》，中研院近代史研究所，1995，第55~60页；《美员邀集华董会议华工禁约》《商会再议美禁华工事》，《申报》光绪三十一年四月十九日。

⑤ 《记本埠商董公宴美国官商互议美约事》，《申报》光绪三十一年四月二十四日。

廷，主张应该在对美交涉中彻底坚持清朝的主张。① 据《申报》报道，慈禧批示："内外人民皆国家赤子，万不忍稍加苛待。今我民族旅居外洋谋衣食而为工，已属我国失养，反致外人之虐待，我实不忍。尔等务须速议废约，电饬驻美使臣认真保护，勿负朝廷轸念商民之至意。"② 这段话表明了其对移民的同情和对条约的反对。

美国国内也有商人担心条约会妨碍贸易。③ 或许是考虑到了抵制运动的蔓延，联邦政府同意稍稍放缓规定。路透社电报称西奥多·罗斯福总统命令"优待华商及旅客"，驻美公使梁诚也报告称美国国务院表现出了温和姿态。④ 不过梁诚还是指出，美国政府内部仍有人反对总统，形势尚不容乐观。⑤

六月十七日，沪学会及各界领导人在上海组织召开集会，决定从十八日起开始抵制美货运动。⑥ 十八日，上海商务总会及沪南商学会也召开总会，做出了同样的决议。⑦

---

① 《张学华奏》(光绪三十一年五月十六日)，《大清德宗景皇帝实录》卷五四五。

② 《皇太后垂询华工禁约事》，《申报》光绪三十一年五月二十七日。

③ *The Economist*, 27 May 1905, p. 877.

④ 《路透电报》，《申报》光绪三十一年五月二十七日。

⑤ 《时事要闻》，《申报》光绪三十一年六月七日。

⑥ 《公议实行不用美货之特别大会》，《申报》光绪三十一年六月十八日。

⑦ 《商务总会决定不用美货之大会议》《商学会实行不用美货之大会议》，《申报》光绪三十一年六月十九日。上海总商会以曾铸为代表，号召营口、沙市、烟台、福州、厦门、苏州、宁波、青岛、广东、汕头、宜昌、九江、汉口、扬州、嘉兴、南京、镇江、芜湖、温州、重庆、南昌、绍兴、湖州、杭州、安庆、济南、长沙、开封、常州、常熟、淮安、北京同步开展活动。《时事要闻》，《顺天时报》光绪三十一年六月二十日。这其中没有天津，大概是因为此前天津总商会号召发起运动但遭遇挫折（下文详述）。

不过，天津其实早在上海之前（六月十八日）便已经开始运动了。下文将对此展开论述。

二　天津的运动开展过程

四月七日上海倡议抵制集会后，天津接到了联合抵制的邀请。曾铸在发给天津商务局（实际收到电报的是天津商务总会）的电报中如此写道。

> 前美例苛禁华工，波及士商游历。现梁使不肯签约，闻美直向外部交涉。现沪商已合词吁恳外部暂缓签约，并拟相戒不用美货，暗相抵制。祈传谕各商。

在给天津商务总会的答复中，上海商务总会还传达了以下决议：如果美方不改变态度，两个月后将断绝对美关系。①

天津商务总会最初阶段的反应颇为迟缓。天津《大公报》报道称："我天津商会除与沪会往返一二函电之外，别无如何之举动。"文章指出商会是商人创办的独立组织，没有必要顾忌官方。②

这一时期的《大公报》已经展现了积极推动抵制运动的论调。自五月九日起，新闻报道前开始加注"本报不登美商告白"字样，同日还刊登了以下白话文。

---

① 《天津商会档案汇编（1903~1911）》，第 1876~1877 页。
② 《本报记者敬告天津商务总会》，《大公报》光绪三十一年五月十日。

要是大家齐了心,这一下子就把美国治过来了。无奈下等人,他们不懂这层意思,也不可不教他们明白。现有三位爱国的,一位是山阴的周思毅,一位是会稽的马廷林,一位是海宁的陈醒民,在保定编了一段白话的告白,叫作《禁买美货约》,用誊写版印了许多张,横头上写"快看"两个大字,往各胡同口上粘贴,围着观看的人极多,还有不认识字的,求别人替他讲说,大家全都脸上露出忿忿的样子,足见此举最容易动人。

文章还写道,如今天津也有印刷同样传单的人,让人欣慰;而在保定,鼓动人心的传单还在继续张贴。

美国人禁止"中国人"去做工,欺侮如畜类一般。先去的人,受尽苦楚,已不必说了。……有人说,这么办恐伤了两国和气。这实在是不明白。我们光是约会不买,不是不许他卖。百姓买东西,谁还能勉强么?这是咱们"中国人"应当尽的一点心力。奉劝大家,照着办吧。

美国的货有后边三样洋字为记,AMERICA 或 U.S.A 或 U.S.。①

---

① 《这个办法极好》,《大公报》光绪三十一年五月九日。

《大公报》每天都刊登对上述英文字母的警告,使大家能够避开美货。此外还设立了"抵制美约要闻"的特别专栏,尽力介绍各地的抵制新闻。对于有商店拒绝卖货给美国人一事,《大公报》也予以报道,同时援引"友人"的评论,认为这样做并不好。① 不仅报道事实,还指出抵制运动应有的样子,这就是《大公报》的报道态度。

学界也有所行动。私立敬业中学教师张寿春(张伯苓)等呼吁各学堂在"修身科"中向学生讲解抵制运动。② 京师译学馆的学生则致信天津商会:

> 倘我商界、学界中人能同心合力推行此举,则或救同胞于困难之中,挽利权之已失者。故禁买美货之举,实为抵制美人虐待华工最善之策也。惟恐民间未能周知此举,则推行不免有所阻碍。现敝校同人拟搜罗各报,搜集群议汇成一书。

学生为此请求商会提供一份美货商标一览表。在一份大概是为此制作的一览表中,有"布匹""斜纹粗细布"等纤维制品及面粉的商标。③ 布匹、斜纹粗细布和面粉都是当时美国出口天津的主要商品。④

在这样的舆论热潮下,天津商务总会于五月十六日下午2点到

---

① 《中国商人请听》,《大公报》光绪三十一年五月十五日。
② 《敬告天津学界中同志诸君》,《大公报》光绪三十一年五月八日。
③ 《天津商会档案汇编(1903~1911)》,第1883~1885页。
④ 『天津誌』、418页。

6点召开大会,商讨实施抵制。"各帮商董"悉数到会(只有福建帮缺席),出席人数共有200多人。平时一直购买美国商品的同业团体都署名宣誓今后不会再买。大会还做出决议,若有违反者当处以五万元罚银。①

在这次会议上,商会总理王贤宾宣读了宁波帮王铭槐撰写的宗旨说明,②其中的四条大纲很好地阐释了此次运动的性质。第一,采用和平手段。具体而言即善待美国传教士及商人,不得采取强硬手段。第二,团结一致。以上海为首,各大城市联手合作,天津本地商人也要保持团结。此外,由于"知识人人所同具",此次运动又是为了"华人公共之利益",因此小商人同样具有发言权。第三,持久运动。保护弱小商人,贩卖"土货"。第四,尽"公共"之义务。"商战竞争"之世界以优胜劣败为法则,若不能秉持"公共之思想"而团结一致,中国就无法在竞争中取胜。因此需要实行监督和劝谏,以防有人破坏抵制运动。③由此可见,坚定团结一切可以团结的力

---

① 《商界之大会议》,《大公报》光绪三十一年五月十七日。光绪三十一年五月二十三日《申报》略做修改后转载了这篇文章。

② 《商界之大会议续志》,《大公报》光绪三十一年五月十八日。关于王贤宾(王竹林)为总理的天津商务总会,可以参照胡光明《论早期天津商会的性质与作用》(《近代史研究》1986年第4期),以及近年写成的Xiaobo Zhang, Merchant Associational Activism in Early Twentieth-century China: The Tianjin General Chamber of Commerce, 1904—1928, PhD dissertation, Columbia University, 1995。王铭槐原籍浙江省宁波府鄞县,依靠李鸿章的关系在天津以买办致富,是天津宁波帮的中心人物。参见王芷洲《我家三代买办纪实》,天津市政协文史资料研究委员会编《天津的洋行与买办》,天津人民出版社,1987;张章翔《在天津的宁波帮》,《文史资料选辑》第119辑,天津人民出版社,1989。

③ 《天津商会档案汇编(1903~1911)》,第1878~1883页。光绪三十一年五月十八日《大公报》,光绪三十一年五月二十三日、二十四日《申报》也有刊登。

量被视为成功的关键，同时意识到了要避免过激行为。

值得注意的是，这次运动以同业团体作为基本单位。对于成立不久的商会而言，此次运动成了统辖各个团体的绝佳机会。此时商会的组织力量还不够强大，想要推进抵制运动，能够集结各组织的平台不可或缺，商会正当此任，并借此机会为获取地方代表的地位做好了铺垫。另外，虽然商会的领导职位都为天津商人所占据，但宁波帮的王铭槐也明确表示合作。在此之前，王铭槐在报纸上登出广告，号召同乡参加五月十六日的大会。[①] 可以说，反美运动给了人们一个超越地域、为同一个目标而合作行动的机会。对身在美国的"同胞"的关切超越了地区内部的利益对立，成了使整个城市团结一致的契机。

同样是在十六日，天津府官立中学堂、私立敬业学堂的学生带头号召"天津各学堂同志诸君"召开集会。号召的手段除了发放传单还包括在《大公报》上刊登告白。集会地点最初选在敬业中学堂，后因场地狭小而改到阎津会馆。[②] 十六日下午，504名学生加上其他人士119人，共计623人聚集到阎津会馆。以敬业中学堂的时作新[③]为首席，包括13岁的养正小学堂学生在内，共有17人发表了演说。学生之外的演讲者中有考工厂"议绅"宋寿恒（宋则

---

① 《敬请江浙同乡诸君十六日商务总会集议启》，《大公报》光绪三十一年五月十四日、十五日。
② 《敬告天津各学堂同志诸君小启》，《大公报》光绪三十一年五月十四日、十五日。
③ 时作新（时子周）后来成为天津南开中学教师，五四运动时期是回教联合会的领导人之一。片岡一忠『天津五四運動小史』同朋舎、1982、21、25頁。

久)①、敬业中学堂陶履恭②等天津的新生代活动家，此次集会作为他们的初期政治活动而备受瞩目。大会表决通过了如下事项：不买美国产品；规劝家人、朋友不要购买美国产品，并告知缘由；碰到美国人时如常对待，不得发生冲突，并将此点向学界以外的人们宣传；进行实际调查；汇总各地调查结果；对于尚未开展抵制者，设法予以诱导；调查可以替代美国产品的"华产"并加以振兴；汇总各地"志士"以供参考；各学堂选举1~2人在适当地点演讲，普及拒买运动；将运动开展到底。③

如此一来，天津就不必拘泥于上海设定的两个月缓冲期，可以即刻开始抵制了。但就在运动即将开始的五月十九日，商会领导受到知府衙门传唤，被要求终止活动。《大公报》分析称，这是因为袁世凯担心抵制运动可能会恶化与美国的外交关系。④商会向商人们分发传单，指出抵制运动将给刚刚从义和团运动中恢复起来的

---

① 关于宋寿恒，可参考林原文子『宋則久と天津の国貨提唱運動』同朋舍，1983；宋美云、黄玉淑《辛亥革命前后宋则久的实业活动》，《天津文史资料选辑》第47辑，天津人民出版社，1989。

② 陶履恭（陶孟和），1889年生，其父陶仲明曾受严修（天津的进士，后升学部侍郎）所招在严氏家塾任教。敬业学堂（后为南开学校）延续了这一严氏家塾的系谱。陶孟和在英国学习社会学，回国后在北平社会调查所等开展调查。对于陶孟和的追忆收入中国人民政治协商会议全国委员会文史资料研究委员会编《工商经济史料丛刊》第3辑，文史资料出版社，1983。

③ 《学界之大会议》，《大公报》光绪三十一年五月十七日。《大公报》关于商人集会和学生集会的报道，上海的报纸《时报》也做了转载（虽有若干省略）。和作辑《1905年反美爱国运动》，《近代史资料》1956年第1期，第34~35页。

④ 《袁宫保对于抵制美约问题》，《大公报》光绪三十一年五月二十日。袁世凯的意图是日俄战争后在美国的调停下，使东三省回到清朝统治之下。张存武：《光绪卅一年中美公约风潮》，第67页。

天津经济带来打击:"窃思我津商人当此创巨痛深之后,实不能再受此扰累,为此,公议传单知会各行,凡有天津生意,一切照常交易,万勿为浮言所动,以期保全市面。"巡警总局的赵秉钧命令将此传单递送《大公报》。①

五月二十五日,商会向袁世凯请愿:"伏查商约本系国家与美国签约,商民理宜遵守,何敢干预。但旅美华人既经受其种种苛虐,凡属商民既有同种之呼,应切同胞之义,惟有吁请宪恩,设法拯救,以慰众望。"②此次请愿的意义可以理解为"如此乃可以对津人,乃可以谢天下,且亦可以保名誉"。③对这一请愿,袁世凯回复商会称"甚是"。④

天津商人们看起来似乎是屈服于官府的压力,但也应该考虑到,商人们本身也担心拒绝美国商品会给天津经济带来不良影响。⑤选择用维持市场安定作为放弃抵制的理由,也是因为这个主张在商人群体中比较有说服力。商会既感到市场安定的重要性,又受到官府的压力,同时不能无视"众望",可谓进退维谷。对于商人退出抵制运动一事,《大公报》慨叹"民气"挫伤、团结不

---

① 《天津商会档案汇编(1903~1911)》,第1887~1888页。
② 《天津商会档案汇编(1903~1911)》,第1889页。《大公报》光绪三十一年六月一日亦刊有此文。
③ 《论天津解散团体之可惜》,《大公报》光绪三十一年五月二十七日。
④ 《天津商会档案汇编(1903~1911)》,第1889页。《大公报》光绪三十一年六月三日亦刊有此文。
⑤ 运动尤其给商人造成了经济损失。参加者的负担不均等问题被认为是运动失败的原因之一。王冠华:《爱国运动中的"合理"私利——1905年抵货运动夭折的原因》,《历史研究》1991年第1期。

在,①还刊登文章牵制投机商人。

> 昨天有一位朋友来到本馆。看他那脸上神色,像带着气似的,问他是跟谁吵嘴啦,他说没跟谁吵嘴,不过是暗自着急。问他因为什么着急,他说:"我遇见一位美国朋友,他对我说道,'……现在天津有个商人,他以为大家不买美货,将来存美货的,必要大获厚利,他已经定买了十万箱美孚煤油。品海烟(Pin Head)也因为有人暗买,每箱倒长价银五两。我早就看不起你们中国人,如今联合团体的时候,商人里还有这个样儿的,我更看不起你们中国人了'。这是美国人对我说的话。"

在这篇文章中,客人为商人的背信弃义而愤怒,主人却安慰称无须动怒,只要如此答复那位美国人即可——这样的商人只是极少数,且必将为"爱国"的人们所蔑视。②这篇文章大概是虚构之作,目的是呼吁坚持抵制、以此捍卫"中国人"的名誉。换言之,文章的意图并不是客观报道实际发生的事情,而是试图通过具体的事例来唤起读者的"中国人"意识。

与商界正相反,学界对抵制运动极为热心。各学堂里的美国商品渐渐消失了踪影,学堂附近的商店也都将美货换成了别国

---

① 《论天津解散团体之可惜》,《大公报》光绪三十一年五月二十七日。
② 《不必生气》,《大公报》光绪三十一年五月二十九日。

商品。①

另外，官府继续保持高压方针，命令 20 人以上的集会必须事先申报。②一直极力鼓吹抵制的《大公报》也引起袁世凯的不悦。七月十六日，袁世凯下令禁止巡警总局、天津府县阅读《大公报》，并禁止铁路局、邮政局配送该报。③

七月十七日，《大公报》主动刊登了该禁令，并以总理英敛之、主笔刘孟扬之名宣布被迫暂时停刊。不过，二人最终还是决意继续刊行。表明决意的文章称，《大公报》因获罪于官府而被禁，但这"罪"并非"私罪"，而是"公罪"。

> 巡警总局合府县会衔出告示，不准天津人看我们的报。事到如今，我们还说什么，一赌气子决意停歇不干了。后来又转一想，我们大公报担的责任很大，开民智、正风俗、维国政、保国权，全是我们应尽的天职。

文章最后表达了决心："为'国民'殉了难，也算死得值。"④七月二十一日，收集抵制消息的专栏被取消，同时刊登了题为"言论自由"的论说。虽然没有明示，但可以看出这是在指责袁世凯的压迫（此后也有若干关于抵制运动的报道）。此外，英敛之在日记

---

① 《天津学界特色》，《大公报》光绪三十一年五月二十四日。
② 《天津府县巡警总局会衔示谕》，《大公报》光绪三十一年五月二十二日。
③ 《袁督禁阅大公报》，《申报》光绪三十一年七月二十五日。
④ 《一息尚存勉尽天职》，《大公报》光绪三十一年七月十九日。

中称"八月初刘伯年改节去巡局",①应该是指主笔刘孟扬被袁世凯提拔为南段巡警总局稽查科科长之事。②

九月十四日,天津商务总会致信巡警总局,以《大公报》已经不再刊登抵制相关报道,并且有助于开"民智"为理由,请求其转给袁世凯,解除对该报的禁令。最终请求获允,官府贴出告示,允许照常购阅。③

三 抵制与启蒙

抵制运动力图尽可能广泛地号召群众拒买美货。前文提到的译学馆学生致商会信中即写道:

> 将美人虐待华工种种情形及抵制方法详载无遗,分散各省广为传布,务使乡间之士、陋巷之民,皆知此事之可愤,此举之不可不办,大声疾呼唤醒我同胞于睡梦之中者,我辈固不能辞其责也。④

要唤醒"乡间之士""陋巷之民",使其投入抵制运动,传递

---

① 方豪编录《英敛之先生日记遗稿》,文海出版社,1974,第988页。
② 根据英敛之日记及《顺天时报》七月四日《直隶新闻》,英敛之6月30日结束访日回国,所以此前《大公报》推进抵制的态度很可能是主笔刘孟扬的立场。刘孟扬的经历可参见外务省政务局『現代支那人名鑑』,1916,282-283頁。
③ 《天津商会档案汇编(1903~1911)》,第1893~1894页。
④ 《天津商会档案汇编(1903~1911)》,第1885页。

信息（及启蒙）的手段至关重要。以下将对媒体进行考察。

如前所述，传单被大量散发。天津南门外有人挨家挨户发放题为"敬劝同胞不买美货广告"的传单，东马路张贴有同样的传单，引得众人驻足围观。①

极力宣传抵制运动的《大公报》是当时代表天津的日报。根据稍后时代的统计，该报的发行量为 4000 份左右②或 8400 份③。前文提及的禁令中写道禁止运送《大公报》，说明通过铁路和邮局的配送,《大公报》的读者已经扩展到了天津以外的地区。光绪三十二年（1906）天津的住户数（外国人除外）为 70434 户。④假设《大公报》在天津的销量为 3500 份，那么每 20 户中就有 1 户购买该报。

当然也有住户购买其他报纸。值得注意的是，即使是不买报纸的人也有机会了解报上的内容。这就要提到天津的启蒙运动。当时天津正在掀起一股新式教育的热潮，"官民间均流行创办学堂，稍有余裕者皆跃跃欲试"。⑤此外，为了更广泛地启蒙一般民众还设置了大量"阅报处"和"宣讲处"。阅报处备有各种报刊、图书，向普通民众开放。"当地清人，每千人中识字者仅约百人，此百人中购阅报刊者又仅十人。虑及开发人智之困难，乃备有各种新报、书籍供人随意阅览，且于文意不明处予以说明。更设有机构于

---

① 《敬劝不买美货》,《大公报》光绪三十一年五月十九日。
② 『天津誌』、539 頁。
③ China. Imperial Maritime Customs, *Decennial Reports, 1902-11*, p. 220.
④ 『天津誌』、24 頁。
⑤ 『天津誌』、226 頁。

夜间教授文字、讲解文章。"①

阅报处尚未开设时,《大公报》曾发表文章如此呼吁：

> 只怕没有开头儿的。有了开头儿的，就有仿办的了。天津现在学务之盛，实为别处所不及，开头儿不过是从半日学堂引起，这才几年的光景，居然就得了三四千开通的学生。假如再有人仿照北京的办法，多立阅报处，不但是入学堂的可以开通，学堂以外的人也可以得开智的益处。②

由此可知，阅报处原本是为了启蒙未入学堂者而设置的。这篇文章刊出一个月后便出现了益智阅报社，备有北京、天津、上海、广东、新加坡的汉字报纸及"新出各种有益书籍"，免费向公众开放，经费来自有志之士的捐助。③不久又开设了启明阅报处，此外还对贫苦之士开展识字教育。④值得注意的是，这些新动向都是在光绪三十一年（1905）夏天（正是抵制运动开展的时期）开始出现的。⑤

一个很明显的问题是文盲无法读懂报纸。虽然《大公报》的

---

① 『天津誌』、546頁。
② 《天津也当设立阅报处》,《大公报》光绪三十一年四月二十七日。
③ 《阅报社出现》,《大公报》光绪三十一年六月三日。
④ 《又一阅报处》,《大公报》光绪三十一年六月十三日。
⑤ 『天津誌』(546-547頁)例举的阅报处及其创办时间为启文阅报处（光绪三十一年六月）、准提庵后看报处（同年七月）、进明阅报处（同年九月）、日进阅报社（同年十一月十日）、小老爷庙看报处（光绪三十二年十月）。

启蒙性文章均以简明易懂的白话文书写,但不通文字者还是无法阅读。为此有人提议采用"说报"的方式。私塾河东育英学馆的杜学义投稿给《大公报》,如此写道:

> 看报的好处本不小,究竟不如讲报的好处大。为什么呢?看官别忙,听我分辨分辨。看报不过二三人明白,讲报是大家都要明白。我本是一个穷教书的,家中不甚充裕。……真是穷不怕。我忽然间要立一讲报处,宗旨就是鼓励我们"国民"的心,养我们"国民"的廉耻,激发四民的热心。是要"国民"自强的意思,可并不干预国家政事。我就在五月十七日晚间,买了一个玻璃灯,在敝馆门外演说,不过是《白话报》〔不详〕、《敝帚千金》〔《大公报》发行,收入了该报刊载的白话文章〕等。从前来听说报的人,有数十位,不过是左近的人,不待十日,渐渐的可就多了,每晚就有四五十位了,不但左近,远处住的也来了。①

据杜学义介绍,此外还有四五位志同道合者于每晚8点到11点为大家说报,但由于缺乏资金、设备不足,众人只能站着听讲,他因此呼吁各界支援。从这篇文章可以看出,说报的目的在于提高"国民"意识。

宣讲处就是在这种情况下出现的。"宣讲"原本指讲解《圣谕

---

① 《奉告同业诸君》,《大公报》光绪三十一年六月十一日。

广训》以教化民众，但如今"教化"的内容变成了《大公报》等报刊发表的具有浓厚进步主义色彩的文章，以此实现对民众的启蒙。从新蒙学馆投稿表示赞同杜学义的尝试，称赞杜为"热血先生"。这篇投稿称该校教师白天授课，晚上到文昌宫听讲，但听讲不如宣讲，因为听讲仅仅是提高自身的学问，而宣讲则是为了提高大家的学问。从新蒙学馆为此准备了《大公报》《直隶白话报》《青龙报》《京话日报》《启蒙画报》，请同行鼎力相助。①

《大公报》也发表了对宣讲处的看法。首先，演说非常有利于对事物的理解，听过的内容更容易被印在脑海中。以往的书场讲说的是《三国演义》《封神演义》《西游记》，阻碍了"民智"的进步，故此上个月在天津东门外天齐庙设立的宣讲所责任重大。"讲的要是好，'国民'的思想，可以由黑暗进入光明。"但若是照本宣科，《圣谕广训》则可能落得与书场同样的下场。《大公报》认为，演说的内容是当破因果报应之说，当破吉凶祸福（易占、相面、择日、风水）之说，当表明兴学之本意，当痛戒缠足之恶习。②遭到批判的《三国演义》《封神演义》《西游记》正是义和拳拳民所请诸神的来源。新的宣讲旨在否定这样的民众文化、提高"民智"，以此创造被启蒙了的"国民"。③

---

① 《奉告我们同业诸君》，《大公报》光绪三十一年六月十九日。
② 《敬告宣讲所主讲的诸公》，《大公报》光绪三十一年七月十六日、十七日。
③ 『天津誌』(545頁) 例举的宣讲处及其创办时间为天齐庙宣讲处（光绪三十一年六月一日）、西马路宣讲处（同年十二月五日）、地藏庵宣讲处（同年十二月十日）、甘露寺宣讲处（光绪三十二年七月五日）。

根据日本的调查（调查述及的情况或许略晚于光绪三十一年），阅报处、宣讲处的实际运营情况如下。阅报处由总理、书记、庶务员、役夫组成，经费均来自有志之士的资助。阅报处内摆有很多桌子以供阅读，另设有桌子用来陈列报纸、杂志和图书。阅览者先在门口领入场券，然后向管理人借阅书报。开场时间为上午八点或九点至十二点，下午一点至六点或七点，每日的阅览者平均为五六十人。到了晚上还会给目不识丁者口头讲解重要或有益的文章，听讲者报上姓名、住址便可得到入场券，演讲时间为七点至八点半。讲解人将报纸的内容写在黑板上并解说其意义，听讲者自带文具抄写。听讲者中，"来自下层社会的不解文字者"居多。①

宣讲处的经费也来自有志之士的捐赠，开讲时间为每晚七点或八点至十点或十一点。设备方面，场地正面设有讲坛，场地当中放有长条木凳供听讲者坐。听讲者通常为每日百人左右，发生特别紧要问题时则可达数百人。演讲时"均以平易谈话为主。为供宣讲，当地一二中文报刊特设有白话栏，登载时事问题及其他有关风纪之事项，以谋其便。听讲者虽类别不一，但多属中流以下，能肃静谨听"。②

关于这些阅报处和宣讲处，李孝悌已有非常出色的研究。他将此类设施视为义和团运动后蓬勃兴起的启蒙运动的一环，旁征博引地展开论述。他指出此类设施在光绪三十一年（1905）后迅速发展，

---

① 『天津誌』、547-548 頁。
② 『天津誌』、545-546 頁。

但并没有具体说明划时代性的变化为何会在这一时期出现。① 李孝悌将光绪三十一年的抵制运动视为启蒙运动中的一个"特殊事件",但我认为与其说抵制运动是启蒙思潮的体现,倒不如说抵制运动是启蒙思潮得以兴盛的契机,并为启蒙设施的创办提供了动机。

比如,前文提到从新蒙学馆计划开展宣讲。在准备宣讲之前,该学馆已经在给《大公报》的投稿中表达了支持抵制运动的立场。这篇投稿刊登于五月二十九日,表示在"商界上诸位掌柜办的极坚固,学堂中诸位先生也结合的极有力"的情况下,"我等私塾先生亦当如此"。尤其是给学生讲解抵制,还可以进一步传递给他们的家人和朋友,大家便可越来越"齐心"。投稿还附上了面向学生的演讲稿,其中写道:"这不买美货的事,并非有上谕有告示,实在是民人齐心。咱们也当结合起来,办成了这回事,也是咱们中国最要紧最露脸的一件事,又是造咱们国民将来无限的幸福。"由此可知,从新蒙学馆开展宣讲的动机之一即是借此宣传抵制运动。前文提及的"热血先生"杜学义特意在文章中说明讲解报刊"并不干预国家政事",表明他意识到了巡警总局发布的20人以上集会的禁令。但他开始活动的五月十七日,其实正是学界决议抵制的第二天。如果这不是偶然的话,就完全可以认为杜学义正是为了鼓吹抵制运动才开始演说。关于宣讲处的说明,日文文献写道:"虽以矫正旧俗弊风为宗旨,实为唤起舆论而设之新机构。光绪三十一年夏对抗美货之际,当地实力人士尽力鼓吹,遂于天津旧东门外天齐庙创设宣讲处。"②

---

① 李孝悌:《清末的下层社会启蒙运动(1901~1911)》。

② 『天津誌』、544-545页。

由此可以推断，尽可能广泛地呼吁民众参与抵制运动，是天津设立启蒙机构的直接动机。

当然也不能忽视官方主导的教育改革。袁世凯亲自命令学务总董林兆翰创办小学堂和宣讲所兼半日学堂。① 不过，生员们之所以积极主动地接受这一命令并迅速让这些学堂的运营走上正轨，主要还是在于爱国运动的展开。

《大公报》和众多启蒙设施追求的提高"民智"的目标究竟与抵制运动有什么关系？需要注意的是，启蒙者其实对抵制运动的开展抱有担忧。《大公报》指出，由于运动参加者"工商贤愚不等"，因此一定要始终注意运动的目标是抵制美货而不是"仇洋"。只有使"大众"明白"万不可仇恨在中国的美国人，也万不可仇恨美国教会"，才能"免得他们误会造谣，因事生风"。② 该报在报道全国范围的抵制运动时也强调运动中不存在"野蛮"行为，堪称"我中国向来所未曾有之文明举动"，③ 体现了与报道天津本地运动时相同的论调。虽然没有明说，但这里所说的"野蛮"显然指的是义和团（或此前的天津教案）的行动方式。《大公报》认为，抵制运动必须采取不同于民众起义的方式来对抗外国，因此要特别警惕"愚

---

① 长芦盐运使司档案第 257 包 "据学务总董林兆翰择定城内旧营务处、河东西方庵、河东过街阁关帝庙、河北陡头村旧警务学堂、西沽三官庙堪设初等官小学堂又河东地藏庵、西马路设立宣讲所请先拨银二万两卷"所收光绪三十一年九月的文书。学务总董林兆翰、袁世凯、天津府县、盐运使等相互协商，最终筹措经费。

② 《敬告今天会议抵制美约的诸君》，《大公报》光绪三十一年五月十六日。

③ 《各省抵制略情》，《大公报》光绪三十一年七月十一日。

民"的动向。① 换句话说，这里所说的启蒙，并不是基于个体理性的公共性使用而开展讨论的市民阶层自我启蒙，而是将民众文化定性为邪教，教导人们正确认识事实及正确行动。这一时期中国语境下的"启蒙"，应该被放置在"使人心风俗，一归于正"②的"宣讲"系谱之中。

* * *

抵制运动也在天津以外的地方展开，移民之乡广东的活动尤其引人瞩目。不过，天津、长沙等没有直接利害关系的地方都踊跃加入了抵制队伍，这一点对于理解此次运动的性质至关重要。③

运动的转折点是八月二日——这天发布了禁止抵制运动的上

---

① 日本驻天津总领事伊集院彦吉的报告称袁世凯表示："今后需密切关注，为防团匪事变时之失态重演，定当保持警戒不懈。"伊集院彦吉「排外気運ニ関シ袁総督ト談話ノ件」外務省記録『清国ニ於ケル排外説ノ瀰漫並ニ南清地方ニ於ケル暴徒蜂起一件』外務省外交史料館所蔵、五・三・二・六三。关于当时的义和团讨论，可参照堀川哲男「義和団運動と中国の知識人」『岐阜大学研究報告（人文科学）』15号、1967年；堀川哲男「辛亥革命前における義和団論」『岐阜大学研究報告（人文科学）』16号、1967年；久保田文次「義和団評価と革命運動」《史艸》17号、1976年。正如柯文所说，义和团的"神话"化从这一时期已经开始了。Cohen, *History in Three Keys*.

② 张焘:《津门杂记》卷上《乡甲局》。

③ 关于运动的扩大过程，可参阅苏绍柄《1905年反美运动各地开会日表》,《近代史资料》1954年第1期。广东、湖南的情况，可参考丁又《1905年广东反美运动》,《近代史资料》1958年第5期；Edward J. M. Rhoads, "Nationalism and Xenophobia in Kwangtung (1905–1906): The Canton Anti-American Boycott and the Lienchow Anti-Missionary Uprising," *Papers on China*, Vol. 16（1962）; Esherick, *Reform and Revolution in China*, pp. 53–58.

谕（"不应以禁用美货，辄思抵制"）。此外，停止交易带来的损失也在很大程度上影响了商人的行动。在这种情况下，抵制运动逐渐停息。

很难从数字上说明抵制运动究竟产生了什么样的效果。美国驻天津领事的报告甚至称贸易额有所增加。

> 根据截至本年度（1905年）10月的海关出入口报告，与1904年同期相比，天津的进口贸易显著发展，但出口贸易则呈现相反情况，这无疑是由于汇率的高涨。相比1904年同期，美国的斜纹粗细布、布匹及石油的进口额非常惊人。①

不过就全国范围来看，也有材料做出如下分析。

> 美国1905年对中国出口额为5300万美元，与上一年度相比激增4000万美元，似乎未受到反美运动影响。要言之，美国对中国出口因日俄战争而大幅增长，若无抵制运动，则增长数额可能更大。②

---

① U. S. General Record of Department of the State, Consular Despatches: Tientsin, 7 December 1905, James W. Ragsdale to Secretary of Labor and Commerce (microfilm).

② 国連連盟支那調査外務省準備委員会『支那ニ於ケル対外ボイコット』、[外務省]、1932、56頁。当时夏天到访天津的定留吾郎称："当时清人之排美热情已达绝顶，商人相约拒绝一切美货。未几，依靠美国人资本的 Peacock 便倒在憎恶的毒矢之下。" 定留吾郎『天津雑貨視察復命書』神戸高等商業学校、1906、14頁。关于这一时期的贸易情况，可参考小瀬一「中国における二十世紀初頭の「恐慌」について」『一橋論叢』103巻2号、1990年。

也就是说，由于日俄战争的影响，中国的美国产品进口额整体上呈增长趋势，若是没有抵制运动，进口额本可能有更大幅度的提升。

此外，从罗斯福总统的让步姿态可以看出抵制运动给美国政府造成了一定压力。①这是外交史的研究题目，本章不做深入讨论。以下将集中讨论抵制运动对于地域社会和创建"中国"具有怎样的历史意义。

菊池贵晴将"民族资本"的发展与抵制运动联系在一起，表示"不妨认为运动盛行的地区亦是工厂不断开办的地区"。但事实上，热心宣传抵制的并非民族资本家。运动的参与者首先当推新闻界，如《大公报》便大量收集并转载了全国各地报纸关于抵制运动的报道。此外，学生、私塾先生等学界中人也多持"爱国"立场。当然，有不少商人应该也怀有相同的感情。正因如此，当时的人们才会用"齐心"②或"万众一心"③这样的词来表达由于情感的一致性而达成的"国民"团结。从天津商务总会需要顾及"众望"这一点可以看出，运动的直接原因正在于包括商人在内的广大天津民众心中普遍涌动的反美情绪。虽然不是所有商人都怀有同样的反美

---

① 有报纸指出，尽管抵制并没有导致贸易额下降，但对美国政府的政策产生了影响。*The Economist*, 16 December 1905, pp. 2018-2019. 话虽如此，移民问题仍没有得到根本解决。宣统二年，旧金山"本港内的美国移民安置所不久前已转移至本港的'天使岛'内，此后移民调查也将全部转在该岛进行，对于移民登陆多有不便"，广东因此再度爆发抵制运动。外务省記録『清国人米貨排斥一件』外务省外交史料馆所藏，三・三・八・二。

② 《这个办法极好》，《大公报》光绪三十一年五月九日。

③ 《仿造美货抵制美货》，《大公报》光绪三十一年七月十七日。

感情，但"众望"已不容忽视。不过，对于参与国际贸易的商人而言，将抵制坚持到底十分困难，因此维护市场安定的说辞才会具有说服力。

应该注意，除了天津籍的学生和在天津商会中占据核心地位的天津商人，宁波帮也协助推动了抵制运动的发展。对于会集了各地人士的都市社会，把团结的范围扩展到"中国"，正是合适的共生之道。①

在天津，有人提出以振兴国货作为抵制手段。抵制运动开始之初，敦庆隆号老板宋寿恒在学生集会上发表演说，呼吁用学堂附设工厂织出的布替代美国布。②清真大寺民立第三半日学堂工艺厂的创办者穆楚帆认为，要用土布对抗洋布就必须提高土布质量，因此积极致力于织机改良。③当时天津的织布工厂还寥寥无几，第二年则迅速增加。④《大公报》评论称不仅要用他国产品替代美货，还要借此机会努力振兴实业。⑤由此可见，抵制运动成了推广、支持国货论的契机。此后，宋寿恒成为提倡国货运动的核心人物，1910~1920年代天津工厂织出的棉布也在商标上标明

---

① 拙稿「ナショナリズムの誕生——反アメリカ運動（1905年）にみる「中国人」意識と同郷結合」濱下武志・川北稔編『地域の世界史［11］支配の地域史』山川出版社、2000年。
② 《敦庆隆主人之爱国》，《大公报》光绪三十一年五月四日。
③ 《改良织机抵制美布》，《大公报》光绪三十一年六月二十二日。
④ 林原文子「清末、民間企業の勃興と実業新政について」『近きに在りて』14号、1988年。
⑤ 《仿造美货抵制美货》，《大公报》光绪三十一年七月十七日。

"爱国布"字样。① 当然，为了实现本地区棉布的自给自足，自古就有"教民纺织"的说法，②但20世纪的新梦想与以往不同，乃是以国民经济规模的棉布自给为目标。

实际上，运动从一开始就超越了菊池贵晴所说的"工厂"的分布范围。菊池也指出，就连朱德老家四川省仪陇县的商业中心区，"人们购买物品时也特别注意别买到美国货"。③从天津、上海等大城市到内陆深处，"心系在美同胞"这一共同感情，驱使身在不同地区的人们不约而同地在购买商品时特意确认是否为美货，而这种共同的确认行为本身，又在打造团结一致的"中国"、创成"国民"的过程中发挥了作用。《时报》便报道称，上海四明公所事件充其量只是一省之团结，粤汉铁路路权收回问题亦不过是三省之团结，而此次抵制运动则发生在一个全新的阶段——"民族主义"发展的第三期，运动的"发起之人，与表同情之人，大抵皆商界中人也，学界中人也，未尝身经海外而亲受其虐待也，于华工禁约无急切之利害也"，但依然"协力同心"参与其中。④

---

① 蒋原寰：《天津爱国布商标综览》，《近代史资料》第81号，中国社会科学出版社，1992。

② 山本進「開港以前の中国棉紡織業——日本との技術比較を中心に」『歴史の理論と教育』69号、1987年。

③ Agnes Smedley, *The Great Road: The Life and Times of Chu The* (New York: Monthly Review Press, 1956), p. 64. 本书译文引自アグネス・スメドレー（阿部知二訳）『偉大なる道——朱德の生涯とその時代』上巻、岩波書店、1977、106頁。

④ 《论中国民气之可用》，《时报》光绪三十一年六月十三日。

如此广泛的团结之所以能够实现，完全得力于各地商会的合作、创办学堂热潮中教育界人士与学生的积极活动，以及报业的宣传。尤其是报刊对省会及通商口岸等大城市的抵制运动进行了细致报道（报刊间相互转载报道的情况也屡见不鲜），由此唤起的关心与共鸣才使运动得以在各地同时展开。① 而信息能够即时传递，电报发挥的作用不容忽视。② 此外，对于刚刚成立不久的商会而言，此次抵制运动成为集结市内各同业团体及与其他地区商会互通声气的契机。

自此以后，"为了中国"这一修辞开始拥有不可抗拒的力量，在政治言论中发挥了巨大作用。即便是在辛亥革命后的政治分裂状态下，也很难公然发表否认"中国"这一框架的言论。这一现象的历史性前提，正在于此次抵制运动。当然，远离城市的农民与"国民"意识尚无关联。换句话说，只有在都市精英这个正在诞生的新兴社会阶层内部，"中国"的表象才得以共有。不过，以"中国"作为叙述对象这种行为本身就包含了尽可能广泛地团结民众、扩大共同体范围的意图。可以说，承担"中国"表象的都市精英阶层，创造了在严酷世界形势下延续生存的最有力的团结

---

① 当时的报刊经常引用重要的文件，并转载其他报刊的文章。这一点之所以能够实现，完全源于汉语作为书面语的通用性。可以说"中国"的团结条件之一正在于此。
② 关于电报业的发展对该时期政治过程产生的影响，可参见石川祯浩「一九一〇年長沙大搶米の「鎮圧」と電信」『史林』76巻4号、1993年；千葉正史「情報革命と義和団事件——電気通信の出現と清末中国政治の変容」『史学雑誌』108編1号、1999年。

核心。①

　　天津的阅报处、宣讲处等启蒙设施的出现与号召民众广泛合作的抵制运动紧密相关。②这种启蒙的尝试也说明，以追求社会进步的都市精英为核心，存在培育新"国民"的目标。此外，正如上述《时报》评论所说，处在启蒙潮流中的抵制运动应当"文明"竞争、"文明"排外，不得烧教会、不得杀教士、不得"野蛮暴动"、不得"野蛮"排外。③抵制美货运动是试图以"文明"替代"野蛮"的时代思潮的体现。④

---

① James H. Cole, *Shaohsing: Competition and Cooperation in Nineteenth-Century China* (Tucson: The University of Arizona Press, 1986), pp. 130-131. 该书指出，为了在严酷的竞争中生存下去，人们过去以同乡、同族为纽带开展合作，"对于中国人而言，民族主义其实扎根于人们所熟悉的协同合作的生存战略之中"。

② 孙文等革命家也采用了宣传这种动员方式，尽管政治主张的具体内容不同，但运动方式非常相似。深町英夫「辛亥革命の中の〈孫文革命〉——その宣伝による動員」『アジア研究』40巻4号、1994年；拙稿「清末政治運動における死とその追悼」『近きに在りて』39号、2001年。

③ 桑兵也论述了这一时期的"文明抵制"。桑兵：《晚清学堂学生与社会变迁》，第265~272页。

④ 抵制运动虽然遭到了袁世凯的镇压，但这一时期官方行政的变化其实也受到了同时代思潮的影响。

第九章 电车与公愤：围绕市内交通的政治

当今中国的主要市内公共交通工具当属公共汽车和无轨电车。有的城市虽然也有有轨电车，但总体上作用有限。然而，回溯过去，有轨电车才是最先出现的市内交通工具。本章将考察有轨电车（以下简称电车）在清末被引进天津的过程及围绕电车展开的地方政治。天津是清朝治下最早运营电车的城市，①但天津居民对电车非常反感，最终宣统三年（1911）发生了捣毁电车事件。

天津的电车公司由比利时投资。光绪末年列强争先投资铁路、

---

① 虽不是市内交通，光绪二十四年（1898）德国公使提出在北京火车站与城门间敷设三里多电车（马家堡—永定门）的计划。这一计划亦被清朝接受。该线路曾在义和团刚兴起时运行。中研院近代史研究所编《海防档·丁　电线》，中研院近代史研究所，1957，第2975~2980页；《德国公使克林德函》（光绪二十六年五月十三日），总理各国事务衙门清档，中研院近代史研究所档案馆藏，档号：01-14，2函2宗1册。

矿山，电车在天津的开通可以说只是其中的小小一例。①翻阅以往研究就会发现清末列强的投资问题向来是争论的焦点，有学者认为列强投资是"帝国主义"的体现，也有学者认为正是这样的投资成了"近代化"的推动力，应当给予积极评价。②

本章关心的并不是对这些评价的再评定，而是力图探求当时的天津人如何看待外国投资所引发的城市生活变化。这样的考察或许可以帮助我们重新思考历史学者基于后世价值观所做出的评价。同时，本章将关注此次运动与第八章提及的抵制美货运动的异同点，以此考察反对电车运动的历史意义。

本章的另一个课题是通过电车问题这一微观视角考察如何在当时的天津表达政见，以及不同政见的对立与交涉情况。近年来对辛亥革命前夕地方政治的关注不断升温，正如本书绪论所说，争论的焦点主要是地方精英的抬头与地方自治。③的确，

---

① 萧祝文：《天津比商电车电灯公司》，《天津的洋行与买办》；罗澍伟主编《近代天津城市史》，第349~350页。电灯、煤气、自来水管道、公共汽车、电车等都市生活相关的公共事业很多是外国资本运营的。東亞研究所第一調查委員会『列国対支投資と支那国際収支』、［東亞研究所］、1941、111-122頁。

② 代表性研究有吴承明编《帝国主义在旧中国的投资》，人民出版社，1956；Chi-ming Hou, *Foreign Investment and Economic Development in China* (Cambridge, MA: Harvard University Press, 1965).

③ 村田雄二郎「王朝・国家・社会——近代中国の場合」『アジアから考える〔四〕社会と国家』東京大学出版会、1994。总结了这一动向并提出了若干课题。关于商人与政权的关系，以下仅举几个代表性研究。Marie-Claire Bèrgere, *La bourgeoisie chinoise et la révolution de 1911* (Paris: Mouton, 1968) ；马敏、朱英：《传统与近代的二重变奏——晚清苏州商会个案研究》，巴蜀书社，1993。关于上海史的研究，参见小岛淑男「辛亥革命における上海独立と商紳層」東京教育大学アジア史研究会『中国近代化の社会構造——辛亥革命の史的位置』教育書

商务总会的成立和自治制度的引入对官方统治起到了很大补充，应该予以关注。但很多研究采用了国家与社会（或官府与民间）的二元对立框架，由此往往推导出"民间"势力逐渐瓦解"官宪"统治的构图。我认为这样的分析值得商榷。比如，这一时期巡警组织在地方政治中发挥的作用不容忽视，但正是因为巡警往往被归入（应当被"民间"所凌驾的）"官宪"之列，导致其一直未得到学界的充分关注，至今都未得到适当的历史定位。地方精英组织的制度性成长当然值得研究，但是也有必要将地方政治中各政治主体的位置、协作、冲突情况作为一个整体纳入观察视野。① 在电车问题中我们将看到，不仅是商务总会、自治组织和巡警组织，上到总督等地方官，下到无名的天津百姓，都作为政治主体发挥了一定作用。正因如此，电车问题可以说是研究地方政治问题的绝佳个案。此外，本章还将特别关注作为政治性修辞的"公愤"一词，将其视为影响各政治主体行动的关键

籍、1960；Mark Elvin, "The Gentry Democracy in Chinese Shanghai, 1905–14," Jack Grey, ed., *Modern China's Search for Political Form* (Oxford: Oxford University Press, 1969); Mark Elvin, "The Revolution of 1911 in Shanghai," *Papers on Far Eastern History*, Vol. 29（1984）；李达嘉：《上海商人的政治意识和政治参与》，《中央研究院近代史研究所集刊》第 22 期上，1993 年。

① 近些年的尝试有藤谷浩悦「1910 年の長沙米騷動と鄉紳——中央と地方の対抗をめぐって」『社会文化史学』31 号、1993 年；田中比呂志「清末民初における地方政治構造とその変化——江蘇省寶山県における地方エリートの活動」『史学雑誌』104 編 3 号、1995 年；深町英夫『近代中国における政党・社会・国家——中国国民党の形成過程』中央大学出版部、1999。此外研究动向可参考 R. Bin Wong, "Great Expectations: The 'Public Sphere' and the Search for Modern Times in Chinese History,"『中国史学』3、1993 年。

要素。①

以下首先将天津开通电车的历史性前提放置在世界史脉络中进行考察，然后尽可能详细地探究围绕电车展开的政治。

一　国际性契机

最早依靠电力驱动车辆并取得真正成功的例子是1879年柏林工业博览会上西门子与哈尔斯克商会（Siemens und Halske）展出的有轨电车。1881年，该商会在柏林近郊的利希特菲尔德（Lichterfelde）运行电车，正式开始营业。此后美国的电车技术取得了长足进步。日本于1890年在上野召开的第三次国内劝业博览会上展出了电车，1895年4月京都电气铁路开业，名古屋和东京分别于1898年和1903年开始电车运行。②田山花袋在《东京的三十年》（1917）中如此写道，"市区改定既已完成，马路大幅拓宽，电车所到之处，电线轰隆作响"，"电车交汇之处客流甚大，取

---

① 为了理解清代的政治结构，关注"公"观念的研究不在少数。Mary Backus Rankin, "The Origins of Chinese Public Sphere: Local Elites and Community Affairs in Late Imperial Period", *Études chinoises*, Vol. 9, No. 2（1990）. 不过，本章关注的是地方精英的政治活动，没有对"公"领域进行实体性设定，只是想论述"公"作为一种修辞的政治性功能。之所以如此，是民众暴动和官府统治都可能被认定为"公"。此外，关于"公"的思想史定位，可参考溝口雄三『中国の公と私』研文出版、1995。

② 電気学界『電気学界五十年史』電気学会、1938、497-510頁；福崎直治・沢野周一『電車と電気機関車』岩波書店、1964、23頁；原田勝正『汽車から電車へ——社会史の観察』日本経済評論社、1995；馬場哲「都市化と交通」『岩波講座世界歴史〔22〕産業と革新』岩波書店、1998。

代了以往的繁华之地，街市状况为之一变"。①19世纪末到20世纪初是科学技术发展大大改变城市生活方式的时代。②

19世纪末也是瓜分世界的时代。比利时国王利奥波德二世（Leopold Ⅱ）即以在非洲扩张比利时势力而闻名。围绕刚果盆地，比利时和法国展开了激烈角逐，柏林会议（1884~1885）后该地区被分割为法属刚果与作为利奥波德二世私人领土的刚果自由国。刚果的分割成为列强全面瓜分非洲的开始。③

利奥波德二世对中国也抱有极大兴趣，还是太子时就主张进入中国。④1877年，出使德国大臣刘锡鸿拜会了恰好驻留柏林的利奥波德。利奥波德称他去过广东省城，在广东人刘锡鸿的详细询问下，回答称当时住在一位传教士家中。1896年李鸿章在布鲁塞尔拜见他时，他也称去过中国。⑤

甲午战争后，中国为了支付对日战争赔款及寻求自强、修建铁路而需要巨额借款，列强则企图通过借款攫取在华利权，由此形

---

① 田山花袋『東京の三十年』岩波書店、1981、261-262頁。

② 除此之外，布宜诺斯艾利斯的电车计划参见 *The Economist*, 7 November 1903, p. 1892. 上海电车的引入晚于天津，1908年在公共租界、法租界，1913年在华界南市开通电车。这三个区域电车的运营分属英国、法国、中国的投资公司，这与通过华界、租界形成统一电车交通网的天津有所不同。上海市公用事业管理局编《上海公用事业（1840~1986）》，上海人民出版社，1991，第331~348页。

③ 板垣雄三「世界分割——二0世紀に向かって」板垣雄三『歴史の現在と地域学——現代中東への視角』岩波書店、1992。该文最初发表于1969年。

④ J.-M. Frochisse, *La Belgique et la Chine: relations diplomatiques et économiques, 1839-1909*（Bruxelles: L'Édition universelle, 1936），pp. 78-81.

⑤ 刘锡鸿：《英轺私记》，湖南人民出版社，1981，第200~201页；蔡尔康、林乐知编译《李鸿章历聘欧美记》，湖南人民出版社，1982，第78页。但是利奥波德所言是否属实无从考证。

成了复杂的外交关系。① 在这一潮流中,比利时在东亚的扩张得以真正实现。1897年,比利时在同英国的竞争中获胜,取得了卢汉铁路(卢沟桥—汉口)的铺设权。比利时的背后还有法国、俄国,利权的争夺越发白热化。②

1900年,比利时为了开展自己的东亚经营成立了"东方国际公司"(compagnie international d'orient)。③ 该公司的旨趣书中如此写道:

> 随着大部分国家封疆固边,我国之生死问题随之告急。担负着庶民幸福与国家未来的全体人士深感在远方开辟新商路的必要性和紧迫性。比利时也须同其他工商业国家一样关注东洋各国。博大的中华帝国向西洋文明的商品、器械开放,可以称之为无限的事业场。④

就在这一年,义和团运动爆发,八国联军攻占了天津。天津

---

① 胡滨:《十九世纪末叶帝国主义争夺中国权益史》,三联书店,1957;佐々木揚「1895年の对清·露仏借款をめぐる国際政治」『史学雑誌』88編7号、1979年;濱下武志『中国近代経済史研究——清末海関財政と開港場市場圏』汲古書院、1989、68-78頁。

② 宓汝成:《帝国主义与中国铁路(1847~1949)》,上海人民出版社,1980,第69~75页;権上康男『フランス帝国主義とアジア——インドシナ銀行史研究』東京大学出版会、1985、145-166頁。

③ 森山茂徳「朝鮮における日本とベルギー·シンディケート」『年報·近代日本研究』2号、1980年。

④ 外務省記録『清国ニ於ケル鉄道及鉱山ノ特許権獲得ニ関シ白耳義「シンヂケート」投資計画一件』外務省外交史史料館蔵、一·七·三·二五。这份材料附带了旨趣书小册子的原件(Compagnie d'Orient, Société anonyme d'exploration scientifique, commerciale & industrielle, "Notice")。该文件中同时附有日文翻译,但该翻译为文言体,且有翻译不当之处,故我重新翻译了引用部分。

暂时由都统衙门管控，列强在占领期间大肆扩张租界。比利时当时虽未加入侵略军，但也成功获得租界，于光绪二十七年十二月二十八日（1902年2月6日）签订了条约。①

"从刚果到中国"②——天津都统衙门的管控和租界的扩张，正处于这一瓜分潮流的一隅。另外，天津与同时代的世界主要城市一样具备了科学技术发展带来的城市生活要素，比利时公司所经营的电车业便是其中之一。

二　电车的运营

电车公司的创办

在都统衙门开展的事业中，最让天津人痛心的莫过于拆除地图上呈算盘状的长方形城墙。③光绪二十六年十二月二日（1901年1月2日）的告示宣布了这一决定。

> 照得津郡街市地面窄狭，于各商往来运货甚为不便，兹本都统等公同商定，所有周围城墙全行拆尽，即以此地改筑马路之用。其靠城墙各房间，仰各业主速行拆去，其砖瓦木

---

① 《天津租界档案选编》，第472~475页。
② 板垣雄三『歴史の現在と地域学——現代中東への視角』、63頁。
③ 天津府城建于永乐二年，此后历经重建，以拥有498年的历史为荣。参照刘孟扬《天津拳匪变乱纪事》中所附"天津城垣考"。刘孟扬《天津拳匪变乱纪事》、《义和团》第2册。但所谓的永乐二年是在别处修建的天津卫，严格意义上讲，天津城的创建尚在其后。

料等项准各房主领回。①

拆除城墙也有军事、卫生方面的考虑。"悲惨的是,(义和团运动时)发现租界可以从城墙上有效发射枪弹或炮弹,此外,城墙之下破旧的民宅群集,滋生病菌的池塘也为数众多。"② 但无论如何,在居民眼中"拆城一事,为千古未有之奇"。③ 刘孟扬的《天津拳匪变乱纪事》即以"无不深叹惜之,谓四百余年之古迹,一旦削去,若非拳匪扰乱,何至如此。予从此亦意兴索然,投笔而起,无心再为记录矣"作结。拆除"被视为野蛮行为,士绅领袖提起申诉,表示无法接受居住在没有城墙的街市中这种不体面的事情"。④ 当然,上述理由并没有被接受。天津百姓则声称拆除城墙定会引发水灾、火灾,更有传言称拆毁之处冒出了"大蝎"。⑤《直报》报道了这些传言,将其视为迷信之说予以驳斥,但也表明了对被拆城墙的痛惜之意。拆除工程由日本商人承包,募集了一批华人民夫。⑥

---

① 奇生编《庚子拜蜂录》,《义和团史料》,第293页;西村博编《天津都统衙门告谕汇编》,《天津历史资料》第15期,第48页。另见《都市两则》,《直报》光绪二十六年十二月四日。
② China. Imperial Maritime Customs, *Decennial Reports, 1892-1901*, Vol. 2, p. 584.
③ 奇生编《庚子拜蜂录》,《义和团史料》,第293页。
④ China. Imperial Maritime Customs, *Decennial Reports, 1892-1901*, Vol. 2, p. 584.
⑤《姑妄听之》,《直报》光绪二十六年十二月十六日。再及,拆除城墙时发现了据称是明代的石碑,虽然碑文模糊,人们仍对此大加议论。《是否谣言》,《直报》光绪二十六年十二月八日。可以想象,石碑谣言与巨蝎谣言的背后,是因城墙拆除而不得不迁居别处的居民的反感、战争后不安定的社会心理、对破坏风水的担忧。
⑥《开筑马路类志》《以昭核实》,《直报》光绪二十六年十二月六日。

讽刺的是，民夫中的很多人正是昔日的义和团参加者。①

就这样，天津在全国各城市中率先拆除城墙，②在其旧址上修建了大马路（东马路、南马路、西马路、北马路）以方便交通。都统衙门对整修道路投入了不小力量，除此之外又修筑了多条道路。③需要注意的是，这些工程都是在市内运行电车的前提条件。特别是在城墙旧址上修建的四条马路，正是日后电车运行的环状路线。④

在此有必要概览一下天津的市内交通工具。一直以来，"中流以上的清人"外出时要么乘坐轿子或是马拉的轿车，要么骑马。义和团运动后，西洋式马车开始流行（图0-1），人力车也自光绪八年（1882）从上海引入后不断增加，发展为重要的交通工具。此外还有用于运送货物的两轮"地扒车"。承担此业务的是被称为"脚行"的车夫团体，他们将天津市内划分为二十几个区域，确定了各自的势力范围，争强好斗，官府也往往束手无策。⑤这些人力车夫和脚行在道路通行及拉客方面都受到了电车开业的影响。

---

① 刘孟扬：《天津拳匪变乱纪事》，《义和团》第2册，第60页。
② 天津城墙的拆除是在都统衙门管控这一特殊条件下进行的，但不久之后，其他城市也出现了以便利性等为理由的拆墙论。从这个意义上讲，天津的事例可以说具有先驱性。例如，李钟珏《且顽七十岁自叙》中关于上海有如下记述。光绪二十九年，李钟珏向上海道台袁树勋进言，为了引入巡警制度和对抗法租界的扩张，应当拆除上海县城的城墙。光绪三十一年，两江总督周馥到访上海之时，上海道台袁树勋转达了李钟珏的进言。周馥对此大加赞赏，并称"予在天津拆城、筑路、通电车，今商市日见繁盛，可为先例"。不过上海的反对意见也很强烈，实际上拆除城墙要等到辛亥革命之后。李钟珏：《李平书七十自叙》，上海古籍出版社，1989，第53、61~62页。
③ 天津市市政工程局公路通史编委会编《天津公路史》第1册，人民交通出版社，1988，第88~89页。
④ 王守恂：《天津政俗沿革记》卷一《电车》。
⑤ 『天津誌』、27、149-156頁。

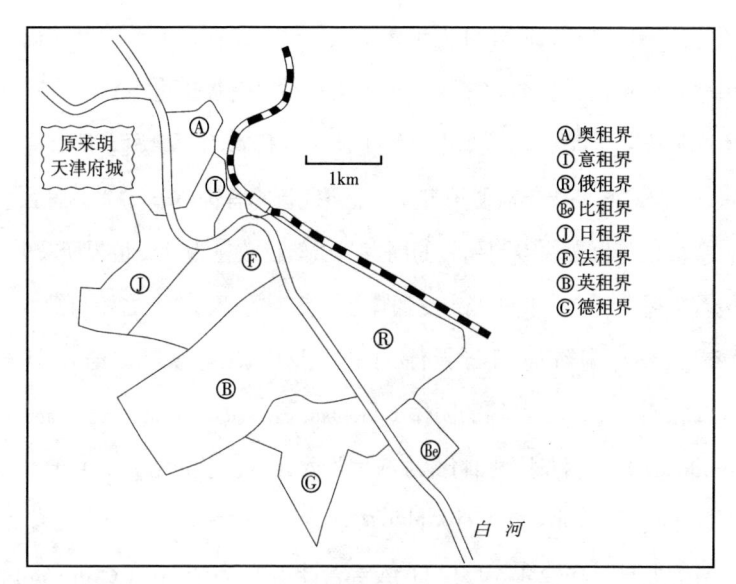

第九章　电车与公愤：围绕市内交通的政治　303

图9-1　1903年前后天津的外国租界
资料来源:《天津租界》;《天津租界档案选编》。

　　早在义和团运动之前，天津便有开通有轨马车的计划。光绪二十四年七月十三日（1898年8月29日），日本在天津城外的西南地区划定了租界，其附属规定中写明将日本船利用的码头设在德租界南面，从码头到天津城南门之间开设中日合办的有轨马车。① 可是第二年英国人、美国人、德国人也集体要求参与有轨马车的经营，为此日本不得不考虑让线路通过德租界、英租界，并最终接受了他们的申请。② 但在天津街面上运行有轨马车的计划最终并未实现。到

---

① 《天津租界档案选编》，第193页。
② 明治32年11月20日機密信第43号天津領事鄭永昌より外務大臣青木周蔵あて、外務省記録『在支帝国専管居留地関係雑件・天津ノ部』外務省外交史料館蔵、3・12・2・32-8。

了都统衙门时期，西洋商人组建了电气铁道公司，纷纷向都统衙门请愿索要铺设权。与此相反，日本人却并没有提出电车计划，三井物产只表示若是有轨马车则可马上施工。日本的天津领事郑永昌慨叹，仅凭"早在十年前便该废弃的、不完备的有轨马车"，[1] 再怎么主张既得权益也无法得到列强的同意。虽然行政权为几个租界所分割，但若想追求一个完整的城市交通体系，各国的通力合作必不可缺。

最终，都统衙门将天津的电灯及电车经营权交给田夏礼（Charles Denby, Jr.）[2] 等的团体（Tientsin Electric Lighting and Traction Syndicate）。比利时企图将此项权利收入囊中，于光绪二十七年十二月二十七日（1902年2月5日）成功签订了收购合同。光绪二十八年五月九日（1902年6月14日），经营此项事业的公司（Compagnie internationale de tramways et d'éclairage de Tientsin）在布鲁塞尔成立（资本金625万法郎）。[3]

---

[1] 明治33年11月23日機密信第43号鄭より外務大臣加藤高明あて、外務省記録『在支帝国専管居留地関係雑件・天津ノ部』外務省外交史料館蔵、3・12・2・32-8。但有轨马车计划，直到前述明治三十六年四月七日机密信第14号天津总领事伊集院彦吉致外务大臣小村寿太郎函时仍然存在。

[2] 田夏礼是美国人，任都统衙门秘书长（Secrétaire general du gouvernement）。《津海关税务司德鲁（Edward B. Drew）致总税务司赫德（Robert Hart）函》（1900年8月20日），中国近代经济史史料丛刊编辑委员会主编《中国海关与义和团运动》，中华书局，1983，第86~87页；Charles Denby, *China and Her People*, Vol. 2（Boston: L. C. Page and Co., 1906）, p. 204.

[3] 明治34年11月8日公信第129号伊集院より小村あて、明治35年6月20日公信第44号アンウエルス領事諸井六郎より小村あて、外務省記録『在支帝国専管居留地関係雑件・天津ノ部』外務省外交史料館蔵、3・12・2・32-8；Frochisse, *La Belgique et la Chine*, pp. 428–431; G. kurgan-van Hentenryk, *Léopold Ⅱ et les groupes financiers belges en Chine: la politique royale et ses prolongements, 1895-1914*（Paris: Palais des académies, 1972）, pp. 682–684.

第九章　电车与公愤：围绕市内交通的政治

都统衙门的行政权于光绪二十八年七月十二日（1902年8月15日）被还给直隶总督袁世凯，双方的协定中包含了继续承认电车公司经营权一项。① 不过，重新确定权利关系花费了相当长的时间，直到光绪三十年三月十一日（1904年4月26日）才由津海关道唐绍仪、天津道王仁宝、候补道蔡绍基、天津知府凌福彭与比利时驻天津领事噶德斯（W. Henri Ketels）、世昌洋行海礼（E. Heyl）、工程司沙特（Lambert Jadot）等签订了契约。② 袁世凯在给朝廷的奏折中强调这是都统衙门时代的遗留事项，不得不批准，但将力争交涉，以使其"无碍地方权利，无损小民生计"。对于电车、电灯事业的好处，袁世凯如此说明："欧美各国，通都大邑，电汽各车，纵横驰骛，故能荟萃商旅，百货骈臻，电灯照耀，通宵不息，巡警易于稽查，盗贼无可潜踪，于闾阎更有裨益。"电车公司每年上缴"报效银"五万两，充实了天津的地方经费。③ 对此，

---

① 刘海岩、郝克路：《天津都统衙门会议纪要选》，《近代史资料》第79号，第69页；事项15「天津行政清国へ還付一件」、外務省『日本外交文書』35卷、日本国際連合協会、1957、593頁。袁世凯在关于天津返还事务致徐世昌信（光绪二十八年六月十日）中称德璀琳（Gustav von Detring）企图在天津返还之际将电车电灯利益据为己有，唐绍仪断然拒绝。北洋军阀史料编委会：《天津市历史博物馆馆藏北洋军阀史料·袁世凯卷》(1)，天津古籍出版社，1992，第349~354页。的确，德璀琳为了电车的经营权私下活动频繁，但可以推测袁世凯此时并不知晓电车公司创办之事。Hentenryk, *Léopold II et les groupes financiers belges en Chine*, p. 683. 此外，通过对唐绍仪的褒奖，可以看出袁世凯并不愿意将电车的经营权交给外国人。

② 《袁世凯奏议》，第953~960页；北洋洋务局辑《约章成案汇览》乙编41卷上，邮电门电政类，光绪三十一年上海点石斋石印本；甘厚慈辑《北洋公牍类纂》卷一三《创办天津电灯电车公司章程》。英文原文收入外務省記録「在支帝国専管居留地関係雑件·天津ノ部」四。

③ 《袁世凯奏折专辑》，第1408~1409页。此外根据《袁世凯奏议》第953页中的朱批可知，该奏文五月二十三日被批准。

《中外日报》发表评论:"按津绅穆云湘曾禀请集股开办大光电灯公司,以保己国利权,乃议办甫有头绪,又被外人将利权夺去,可发一叹!"①

开业与居民的反对

光绪三十一年(1905),电车开通计划实现。比利时人沙特的计划是在城厢内外和各租界铺设轨道,在西南城一角设置车站(用于修整电车等)。此后,《大公报》报道称在南马路的测量已经完成,轨道摆在路旁,只等铺设了。②

可以想象,一些天津民众会对电车这一新式交通工具表示欢迎,但对外国主导事业的不满之情也不容忽视。从《大公报》刊登的署名为"愿学子"的投稿中可以看到道路测量时的一段小插曲。

> 路经南马路,适一西人着眼镜,服紫色衣,口雪茄,天津某公司之职员也,方统我国之工人丈量马路。余本有眼疾,不能远视,不知其何所为也。见人多,遂下车扶而过之,忽觉身后有人以手执余之颈,力使余转回,视之,则西人也。彼曰:"Don't you know that we are working?"(译文:汝不知吾等工作乎?)……某公司者,裨益我津人最多之公司也,何以雇用若此之野蛮,以欺压吾津人乎?呜呼!吾国民其无

---

① 汪敬虞编《中国近代工业史资料》第2辑上,科学出版社,1957,第277页。
② 《电车近闻》,《大公报》光绪三十一年三月十七日;《电车近闻》,《大公报》光绪三十一年四月十七日。

日脱外人之轭乎？①

姑且不论上述描述是真是假，但它无疑反映了民众对"某公司"（电车公司）的反感。投稿者虽然承认电车事业很有裨益，但无法忍受外国人在天津活动时那种反客为主的态度。

《大公报》的海外来稿也强调了电车作为"文明之利器"的优点所在，但《大公报》自身则指出电车事业使本国主权受到侵害，并且将给约9000名人力车夫、千余人的脚行及车把等运输业者的生计带来重大影响。②

对电车的反对并非仅限于纸上论争。天津"阖郡各行商铺商人"最终认定运营电车有种种不便，请求商务总会向官府转达。③31个同业团体的董事联名提交请愿书，要求终止电车运营计划或予以变更，其要点如下：东洋车夫、人力车夫将因此失业；影响道路通行、妨碍商业买卖；引发人身事故（以香港为例，两个月有300人死亡）；有传言说电车沿线的房屋需向后撤；听说要在东马路一带跨沟渠架设轨道，将导致无法疏浚沟渠，引发堵塞；涉及学童的安全问题；将减少人力车、马车缴纳的执照捐；引发道路混乱。④

---

① 《大公报》光绪三十一年四月九日刊登的署名"愿学子"的投稿。
② 《本报记者与友人某君论天津创办电车事书》，《大公报》光绪三十一年五月十八日；《论天津兴办电车之利益》，《大公报》光绪三十一年五月二十日至二十一日。
③ 《大公报》光绪三十一年四月二十八日刊登的署名"恳求绕路设轨"的投稿。
④ 《天津商会档案汇编（1903~1911）》，第2243~2244页。

此后数百名脚夫和东洋车夫①赶往商务总会，要求向官府转达请愿书。他们都希望中止电车计划以保全生活。商务总会为稳住局势，告诉众人已经向官府提交了申请，请大家回去静待答复。②对于大商人的行动，《大公报》以冷淡语气评论称："天津开办电车，初议时并无一人出而抗阻。今已勘定地势，运来铁轨，始有各种绅商等相议设法挽回，刻下正在彼此商议办法，但不知能有效力否。"③

　　最终的结果是商务总会的请愿被袁世凯驳回，④大致理由是此事承袭自都统衙门，无法更改，并且为了保护天津居民的利益已经在谈判中尽了最大努力（四月二十八日）。⑤商人们于是开始商讨集资买回电车权利或者大家一致拒乘电车。《大公报》对此评论道："若果如此，则天津商民团体之结合力，从此日渐发达，我'中国'民势之膨胀，其程度愈进愈高，其范围愈扩愈大，'中国'之危局，或尚有一线之转机乎。"⑥由此可见，商人及《大公报》的执笔者之所以反对电车运营，主要是担心电车将导致下层民众失去谋生手段，且对电车经营权被外国人把持怀有强烈批判意识。

　　请愿书被总督驳回后，脚夫和人力车、地扒车等拉车人再度到商务总会前集会请愿。面对众人的气势，商务总会"善言"劝大

---

① 《北华捷报》指出哀叹人力车夫丢掉饭碗并不恰当，反倒是电车使人员流动量增加，城市周边对人力车的使用在增加。*The North-China Herald*, 16 June 1905, p. 609.
② 《众赋苦人恳求停办电车》，《大公报》光绪三十一年五月三日。
③ 《议阻太晚》，《大公报》光绪三十一年五月四日。
④ 《未蒙批准》，《大公报》光绪三十一年五月五日。
⑤ 《天津商会档案汇编（1903~1911）》，第2245~2246页。
⑥ 《众商团体》，《大公报》光绪三十一年五月六日。

家回去。同业团体的商人借用商务总会的场所商量对策,除了决定继续请愿要求政府采取一定措施,十几个同业团体还共同签署了抵抗方针,主要内容为不装货、不坐人、不燃电灯。①《大公报》认为这样的抵抗无法长久,既然比利时公司敷设电车已成既定事实,那么就应该采取减轻人力车赋课、将装卸电车货物的工作交给沿线脚行等措施。②

生计受到直接威胁的人们激烈反对电车,"苦力人等以生计将穷,日甚一日,少则数十名,多则数百名,环跪会门,叩求详请"。面对这种局面,商务总会一方面召集脚行同业团体的领头人进行劝说,另一方面再度向官府请愿,但知县通过私人信件告称袁世凯的决定并无改变。③对此毫不知情的同业团体和脚行等仍旧再三向商务总会请愿。④最终,官府于六月六日贴出告示,明令禁止反对电车运动。⑤

反对电车公司的同业团体及《大公报》的主张恰好与抵制美货运动有很多重合点。张寿峰在给商务总会的信中写道:"近阅报章于抵制美约、电车二者,感人心之团结,念众志之成城。"⑥但正如本书第八章所述,反美抵制运动与天津并没有直接的利害关系,

---

① 《公议抵制电车续志》,《大公报》光绪三十一年五月十一日。
② 《给抵制电车的解围》,《大公报》光绪三十一年五月十二日。该文章与反美运动也有关联,号召大家团结起来收回利权,但对电车问题则指出彻底的反对方针并不现实。
③ 《天津商会档案汇编(1903~1911)》,第2253~2254页。
④ 《公恳面求》,《大公报》光绪三十一年五月二十八日。
⑤ 《天津商会档案汇编(1903~1911)》,第2261~2262页。
⑥ 《天津商会档案汇编(1903~1911)》,第2254页。

而是为"中国"而发起,将其与电车问题视为同质的人们,似乎与为了求生而反对电车的下层民众同床异梦。至于商务总会,它背负为同业团体及人力车夫等下层民众代言的期待,无法公然违背人们的期望,但最终仍不得不顺应总督之意,容忍电车的开业。

在上述过程中,商会和各个同业团体之间的关系值得关注。同业团体作为政治行动单位在此次运动中发挥了很大作用,尽管本身极具组织凝聚力,这些同业团体仍然试图通过商会来表明政见、获取支持。成立不久的商会虽然组织力量尚未成熟,但在努力回应同业团体期待的过程中开始逐渐发挥其政治意义。

光绪三十二年(1906)一月,南门外开始试运行电车。当时有些孩子在轨道间玩耍,电车公司担心发生事故,请求南段巡警总局采取措施。巡警局为此贴出了公告。① 《大公报》报道称:

> 津郡马路行人过多,并有洋车来往,时常拥挤,又安设电车,占去道路一半,车行至十字路口,行人往往躲避不及,于十八日西城隅被汽车轧毙十一岁幼童一名,望有孩提者其慎之。②

十九日清晨,试行电车碾压了摊贩摆放在北马路道旁的货物。③

二十三日(1906年2月16日),电车公司终于正式营业。环

---

① 《演试电车》,《大公报》光绪三十二年一月十二日;《电车宜避》,《大公报》光绪三十二年一月十七日。
② 《轧毙人命》,《大公报》光绪三十二年一月二十日。
③ 《电车宜避》,《大公报》光绪三十二年一月二十一日。

第九章 电车与公愤：围绕市内交通的政治   311

旧城墙遗址的线路按一等车、二等车分别制定票价，车次密集，乘客众多，很多人前来围观。① 电车运行一周需 45 分钟，② 运行距离为 5172 米，③ 由此可知平均时速约为 6.9 公里。电车公司制定了规章以确保运行安全和车内秩序。④ 巡警局忧虑安全问题，以简明易懂的白话文贴出告示，提醒民众注意电车。

　　小孩子们虽说不懂事，家里头的父兄也可以管教管教，正格的就不怕损伤孩子们吗？我说的是狠要紧的话，你们可别当耳傍风啦。⑤

　　即便如此，人身事故仍然频频发生，发展为严重的问题。⑥

---

① 《电车初次开行》，《大公报》光绪三十二年一月二十四日。
② 《纪电车之速率》，《大公报》光绪三十二年二月五日。
③ 运行距离数据源于《军管理天津电车电灯公司受托运营引继书》、《敌伪军管理电车电灯公司受托运营引继书诸契约译文集》，天津市公用局档案，天津市档案馆藏，档号：84-866。该簿册成于民国三十二年（1943）管理天津电车电灯公司（比利时人经营）向华北电业股份有限公司移交之时，战后由中华民国天津市政府公用局接收。环线运行一周所需时间后来定为 27 分钟，由此计算时速为 11.5 公里。《取缔电车之要闻》，《顺天时报》宣统三年闰六月二十六日。
④ 《电车公司行车章程》，《大公报》光绪三十二年一月二十三日。
⑤ 《巡警局白话告示》，《大公报》光绪三十二年一月二十八日。
⑥ 但并不是说当时天津路面的人身事故责任都由电车负责。《人镜画报》第 8 册（光绪三十三年八月初二日）描绘了一名男子被四轮马车压倒和对此视而不见、坐在车上的绅士，并发表评论："马车横行街途，以势力可恃耳，特恐马车再为发达，中国人之旅行者无完之腿矣。"《人镜画报》第 5 册（光绪三十三年七月十一日）也记载了同样的事例，指出："按津埠五方杂处，毂击肩摩。又益之以马车电车人力车种种车类，则旅行之人异常危险。而御车者时复恃有势力驶行通衢，视人命如草菅。可谓罪大恶极。"《人镜画报》是天津发行的革命派杂志，可以推测批判权势是其宣传的重点。

如前所述，把电车线路延长到各租界需要征得各国的同意。光绪三十一年十月二十日（1905年11月6日）与奥地利、意大利、俄国签署了允许通过租界的协定，①三十二年七月五日（1906年8月24日）与法国签订了同样的协定。②此外，从天津旧城东门外过海河有座东浮桥，光绪三十二年又架设了名为金汤桥的铁桥，十一月二十四日经奥地利、俄国租界到火车站开通了电车线路。③

旧城东南一带的日租界占据了电车线路拓展的重要地段。早在光绪二十八年（1902），电车公司就曾拜托到访布鲁塞尔的涩泽荣一向外务大臣斡旋以允许电车通过日租界，④但交涉花费了很长时间，直到光绪三十三年四月三十日（1907年5月24日），日本总领事加藤本四郎才与比利时公司签署了协定。⑤八月十五日，经日租界、法租界到火车站的线路开通。⑥此外，光绪三十四年八月六日

---

① 英语原文附在外務省記録『在支帝国専管居留地関係雑件·天津ノ部』四。
② 日语翻译收入《敌伪军管理电车电灯公司受托运营引继书诸契约译文集》，天津市公用局档案，天津市档案馆藏，档号：84-866。原文应为英文，但至今未见。
③ 《新车搭客》，《大公报》十一月二十六日。储仁逊的《闻见录》（一四卷下，抄本，天津社会科学院藏）光绪三十一年十二月六日的报道中记载："津之东浮桥，拟改修铁桥。系中国及意奥并电车公司合办。已订立合同，于明春开工。"关于金汤桥，可参照于邦彦《天津桥梁建设的今昔》，《天津文史资料选辑》第21辑，天津人民出版社，1982。另外，几乎同一时期还开通了从万国桥到法租界西开的线路。《电车推广》，《大公报》光绪三十二年十一月二十五日。
④ 渋沢青淵記念財団竜門社編『渋沢栄一伝記史料』16巻、渋沢栄一伝記史料刊行会、1957、689-699頁。涩泽还担任东方国际公司的董事长。
⑤ 英文原文收入外務省記録『在支帝国専管居留地関係雑件·天津ノ部』四。
⑥ 《电车通行》，《大公报》光绪三十三年八月十三日。据天津居留民团『天津民団十週年記念誌』〔『天津居留民団』、1917、65-66頁〕，开通之初适逢收回利权运动高涨，中国人很少乘坐电车，经营状况十分惨淡。

第九章　电车与公愤：围绕市内交通的政治　313

（1908年9月1日）还开通了经法租界到紫竹林码头附近海关的线路。① 至此，四条线路全部完成（图9-2）。

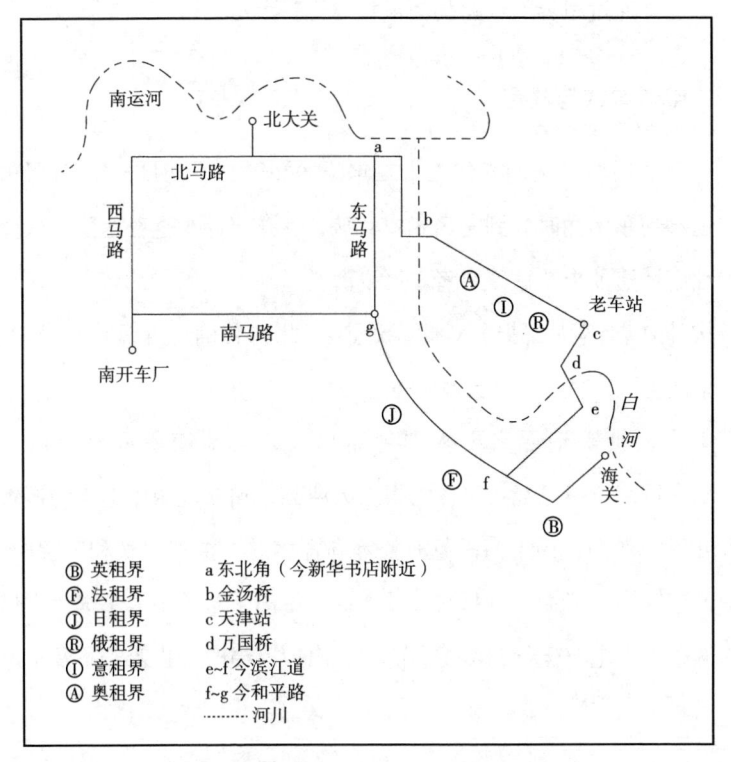

图9-2　宣统三年（1911）前后天津的电车路线
资料来源：『天津誌』；富成一二編『天津案内』中東石印局、1913；鉄道院『朝鮮満州支那案内』丁未出版社、1919；吴蔼宸编《华北国际五大问题》，商务印书馆，1929。

由线路图可知电车起到了连接旧城区和海河沿岸租界区的作用（火车站也得以连接）。电车的运行时段为上午九点半或十点至

---

① 《大公报》光绪三十四年八月四日刊登的公司广告。

下午六点，抵制运动退潮后乘客为数不少。① 车库位于西南城角（南关），每天运行18辆车。票价是环状线绕行一圈铜板4元，半圈2元，通过租界的线路均为铜板3元。②

电车事故与裁定

开业后没多久的光绪三十二年（1906）二月九日，第10号电车运行到东南角时轧到一名6岁女孩，女孩当即被送往医院。天津的绅商请愿要求严惩肇事者。据说海关道在给巡警局的咨文中表示将按律处罚，《大公报》对此评论道："此说若确，可谓政平讼理，一举两得。"③

华世镛等请愿者要求严惩肇事者，对此南段巡警总局于二十一日回答称已经将事件汇报给天津县，请县里做出适当的调查和处理。然而，由于商民赵万松等向巡警总局提议"私和"解决，华世镛等为"公愤"所驱向知县上诉，举出了若干个电车横行霸道的例子。①电车运行到考工厂前时，肩担麻绳的行人躲避不及，电

---

① The North-China Herald, 11 May 1906, p. 298.《北华捷报》这则报道的结论是："若能进一步延长线路，并深思熟虑地应对中国人的感情、偏见和对外来事物的漠不关心的话，人们愉快接受电车开通的日子也就为时不远了。正如同城墙的拆除如今已受到欢迎，其旧址已经成为人声鼎沸、日渐壮大的商业街了。"总而言之，电车毫无疑问起到了在空间上连接旧城区和租界的作用。刘海岩：《租界与天津城市空间的演变》，《城市史研究》第13、14合辑。

② 石小川编《天津指南》第四卷交通，十三电车，宣统三年十月初版，天津图书馆藏；富成一二编『天津案内』中東石印局、1913、81頁。

③ 《轧伤幼孩》，《大公报》光绪三十二年二月十一日；《按律惩办》，《大公报》光绪三十二年二月二十日。

车虽然及时刹住了车，但司机下车把行人痛打了一顿。②在北门东侧，电车撞晕了来天津的外地人，却连车也不停便扬长而去。③电车撞坏了马车，结果反倒是马车被查扣。④人力车夫躲避电车稍稍迟了一点，司机便唆使意大利人（可能是乘客）下车殴打车夫。⑤将无法在道路上任意行驶的不满撒在巡警身上。对以上种种现状，华世镛等痛斥"司机人恃洋势以害同胞"，并指出："惟恐如赵万松者正多，只知保全一人，不顾地方大局，径请私和，致将地方主权断送于电车公司之手。"①

三月十五日，造成车祸的司机张瑞廷在病中被抬至审判现场。去世孩子的家人吕氏作证称电车"故意不停"，当班的巡警称"告伊停车，伊若罔闻，以致轧毙"，此后调查取证继续进行，最终判张瑞廷入狱等待刑罚。②然而问题并没有因为对司机的处罚而得到根本解决。三月二十四日下午五点，又有一名10岁儿童在东浮桥以南遭电车碾压，被巡警送往医院。③

人身事故究竟是谁的责任？鲁莽驾驶的司机当然应受到谴责，但在人口密集地区，若是有小孩突然跑出来，再怎么注意也躲避不及。每辆电车都配有司机和乘务员（"卖票人""车守"）各一名（都是华人），曾有外国人在报纸上发表文章介绍以下见闻：一位女教师被人力车甩出，手部受伤，当时站在电车线路上的车夫没注

---

① 《天津绅士华君世镛等公呈县尊禀稿》，《大公报》光绪三十二年二月二十六日。
② 《复讯轧毙命案》，《大公报》光绪三十二年三月十六日；《收禁候办》，《大公报》光绪三十二年四月二十六日。
③ 《轧伤幼童》，《大公报》光绪三十二年三月二十六日。

意到电车开来，结果被撞。英文报纸的通信员指出了车夫的不小心，并写道："我接下来连续乘坐了几辆电车，留心观察车辆的运行状况。由此可以断言：司机和乘务员都非常谨慎，但路上的行人则完全相反。"①

对于事故的处理，天津地方官和电车公司订立的合同规定：该公司所有中外一切司事人员都须遵守地方官所示公道合理规条，如有犯者罚办剔革。车路上如有伤人毙命、毁损产业等事，其祸出于该公司所用之人，公司必须格外赔恤。如受害之家以公司所偿不足控诸有司，地方官如准其禀，可以通知公司教以办法，倘公司不能允从，即按二十五款请秉公人妥理。②

为了考察上述规定的具体运用情况，让我们重新根据司机张瑞廷事例中的相关史料回顾一下办理程序。首先是司机本人被巡警局拘押。海关道之所以要求巡警局"按律"处罚，是因为巡警局在禀明"案关人命，罪关刑律"之后将司机和案卷移交天津县衙，委托县衙办理。也就是说，由于事关重大，巡警局无法自行裁量做出处分，而是必须履行援引律例呈报刑罚、等待上级裁决的程序，县衙的审理正是这一程序的起点。严格说来，对张瑞廷进行量刑裁定的并不是县衙，而是"谳局"。这大概是在司法和行政分离的制度改革下新设立的最下级审判机构，附设于天津县衙之内。

张瑞廷后来的命运不明，如果要"按律"处分，问题便在于他

---

① *The North-China Herald*, 28 September 1906, p. 747.
② 《袁世凯奏议》，第 958~959 页。

第九章　电车与公愤：围绕市内交通的政治　317

的行为是否属于法律规定的"过失"。① 在另一起事故中，刘得胜碾压了吕教习，刘家人前往县衙呈递了请求宽大处理的请愿书，但衙门则以刘得胜未能按照规则小心驾驶为由驳回了家属的申请。② 这里所说的"规则"，应该是指巡警总局和电车公司协商制定并得到直隶总督许可的"电车公司行车专章"。规章中写明了诸如应在何处鸣笛、缓行等注意事项，规定："行车如有伤毙行人，应由巡警查明司机人有无不合章程，如行车应停不停、应慢不慢、应吹号不吹号等情，或大意或故意，分别轻重，送由地方官按律惩办。"③ 这意味着，只要司机依照安全准则驾驶就可以在事故发生时免于问责。

光绪三十三年（1907）二月十日，天津在进一步的制度改革中设立了专门的判决机构——审判厅，④ 为明确其权限贴出了告示，"巡警以维持秩序、保护安宁为宗旨，凡人民有妨害治安、有碍行政等事，无论罪情轻重，巡警均有制禁捕拏之权"，"电车碰伤行人，无论伤之轻重，均送审判厅核办"。⑤ 这意味着一旦发生电车事故，司机等被视为事故责任者将由巡警拘捕送交审判厅，在那里接受调查、等待处分。此外，告示中还把中国人与外国人之间的暴

---

① 乾隆《大清律例》二六卷刑律人命之"车马杀伤人"条规定："若因公务急速而驰骤杀伤人者，以过失论。"该卷"戏杀误杀过失杀伤人"条规定："若过失杀伤人者，各准斗杀伤罪，依律收赎，给付其家。"事故中司机的罪责如果是按"过失"处理的话，则需缴纳罚金交给受害者。关于清律中的"过失"概念，详见中村茂夫『清代刑法研究』東京大学出版会、1973。
② 《不准宽释》，《大公报》光绪三十二年十二月十一日。
③ 甘厚慈辑《北洋公牍类纂》一三卷《电车公司行车专章》。
④ 西川真子「清裁判制度の改革」『東洋史研究』53 巻 1 号、1994 年。
⑤ 《高等审判分厅地方审判厅示》，《大公报》光绪三十四年四月九日。

力事件及电车事故的相关规定与"户婚田债"（家族、财产）等一般纠纷并列记载，由此可见司法当局对电车事故的关注度之高（抑或说明了天津电车事故发生频率之高）。

让我们看几个具体的处理案例。60多岁的老人马玉宽在电车还没停稳时就跳下车，导致跌倒受伤。司机张树森在审判厅接受调查，判明并非他的责任，提交具结后结案。① 5岁儿童为躲避电车跌倒受伤，巡警将司机及孩子家属带到巡警局，让司机拿出2元作药费，具结后放司机回家。这个巡警是"五局三区岗兵"，也就是在"总局"－"分局"－"区"这一组织体系中，第五分局管辖下的第三"区"所设"岗"的负责人。② 在另一个案件中，司机从马在东马路撞死了杨洛贵，被审判厅拘留，但受害人家属来到审判厅，以从马家中有年迈母亲无人照顾为由请求释放从马，从马的亲属、邻居也一同请愿。于是由邻居赵兴堂签署保结，从马被当庭释放。③ 当事人大概是通过（包含支付金钱的）私了解决了问题。像这种在请愿书中称肇事者尚有"孤儿寡母"的情况，在司机宋文耀撞死张歪毛的事件中也可以看到。④

以上事例中，对肇事司机的处罚可以说比较得当。但正如华世镛等所说，对"司机人恃洋势以害同胞"的反感的确存在，让人

---

① 《误伤讯明结案》，《大公报》光绪三十四年四月三日。
② 《幼孩磕伤》，《大公报》光绪三十四年五月一日。
③ 《呈准援例留养》，《大公报》光绪三十四年三月十八日；《取保开释》，《大公报》光绪三十四年五月八日。
④ 《命案将定》，《大公报》宣统元年十二月十八日。

怀疑上述判决是否能够平息舆论。此外，华世镛等还指责电车一方"迁怒警兵"，由此可见负责调查的巡警与电车运营者之间未必总能交流融洽。受害人自然总是会强调司机的过错，司机的处境有时可能十分艰难。①

议事会的行动

袁世凯担任直隶总督时期，天津在全国范围内率先开展地方自治运动，光绪三十三年（1907）地方选举结束后成立了试办县议事会。②议员解沅湜在议事会上提议向电车公司抗议，理由是南马路开通了双轨线路，违反了合同。③收到这一提议后，议事会认为商议及监察本地的土木事业属于该机构的权限范围，④于是在十一月十六日向时任总督杨士骧呈递了意见书。

---

① 乘务员也可能因为与乘客发生口角，招致反感而成为当事人。有个乘务员因为车中乘客过多而口出不逊，"车中人均抱不平"。这名乘务员身穿西装、没留辫子，原因则是他有前科。还有的乘务员卖票时因为找零钱的问题与乘客争吵，打伤乘客头部而被巡警拘捕。乘务员、学界寒士吴某因为电车轧死路人而与司机一起被捕，虽然调查判定乘务员与事故并无关联，但因为吴某没能支付"差账"（小官征收的手续费）而未被释放。《怨声载道》，《大公报》光绪三十三年十月九日；《车守滋事伤人》，《大公报》光绪三十四年一月二十一日；《差账累人》，《大公报》光绪三十二年十月二十一日。

② 貴志俊彦「「北洋新政」体制下における地方自治制と形成——天津県における各級議会の成立とその限界」横山英・曽田三郎編『中国の近代化と政治的統合』溪水社、1992。

③ 《天津县议事会提议各事》，《顺天时报》光绪三十三年十一月十日。

④ 此处提及的权限在甘厚慈辑《北洋公牍类纂》卷一《天津府自治局禀遵拟地方自治应办各事及权限文并批》中有记载。

> 工程一项，其措施当否，最为地方利害之大源，不独关系民间生计之消长。是以东西各国于一切路矿权利，无不竭力经营。何则？路权所在，即主权所在也，国家地方同一比例。近见电车公司在南马路违章加修双轨，业已禀准，无可挽回。若不申明定章，预为防杜，则他日由双轨而展路线，由展路线而推及四方，所谓定章，直同废纸。

这里所说的"定章"指的是前文所说的光绪三十年（1904）的合同。议事会列举具体条文，指出了电车公司的过错，称"议员等忝居'全津居民代表'，不能不思患预防"，要求电车公司今后若再有增建工程，应事先与议事会商议。

对此，杨士骧二十四日命令津海关道和洋务局加以商讨。津海关道蔡绍基等在答复中称，"地方'绅权'每足以辅官力之不逮。近来各省路矿，外人动辄要求，纠结纷纭，官中颇难对付，一经'绅民'抗议，事遂转圜，办理容易就绪"，承认天津议事会有权讨论电车公司计划的可否，并提请总督认可，认为若能如此，则"既可以杜外人之狡谋，复不至有'民权'之流弊，似于'地方公事'较有裨益"。杨士骧认为此议甚好。① 经过这次讨论，议事会和官方都意识到了利权收回运动已经在全国开展起来。② 双方都以

---

① 《关于地方自治事宜文件》，《大公报》光绪三十三年十二月十九日；甘厚慈辑《北洋公牍类纂续编》卷一四《督宪杨据津海关道等详复会议电车公司嗣后接造加宽等项工程经议事会协议准驳仍禀候核示批准方能实行札天津县议事会查照文》。
② 关于全国的动向，参考堀川哲男「辛亥革命前の利権回収運動」『東洋史研究』21卷2号、1962年。

团结一致抵抗外国为前提，在此基础上，议事会作为居民的"代表"主张协商权，而官方则担心"民权之流弊"，力图保留总督的决定权。

宣统元年十月二十七日（1909年12月10日），天津议事会召开定期大会，议案之一即是向总督请愿，要求电车公司改善运行规则、杜绝伤亡事故（刘孟扬、崇一清提议）。会议审议决定请求海关道与电车公司进行交涉，①可是提出议案的议事会副议长刘孟扬很快就辞职了。②

刘孟扬就是前文引用的《天津拳匪变乱纪事》的作者，辞职后不久便于十二月一日创办了《天津白话报》。③从署名报道中可以看出他对电车及议事会的态度。创刊前的十一月九日，电车公司在南开车库向绅士和巡警公开了新研发的安全装置，④十几名议事会议员休假一天前往参观，刘孟扬对此揶揄道："这不成了游行议会了吗？"⑤

这期间电车公司又在天津城的东北角铺设轨道。施工得到了护理总督兼布政使崔永安的批准，但直到工程结束后的十二月六

---

① 《开会详情》，《大公报》宣统元年十月二十八日。
② 《议事会记事》，《大公报》宣统元年十月二十九日。刘孟扬是称病辞职，但似乎另有隐情。《天津县议事会复刘孟扬书》《刘孟扬复天津县议事会书》，《大公报》宣统元年十一月一日。
③ 《天津白话报》宣统元年十二月和宣统三年五月至六月。
④ 《电车防险》，《大公报》宣统元年十一月十日。
⑤ 刘孟扬：《敬告天津县议事会》，《天津白话报》宣统元年十二月八日。

日,巡警总局才召集商务总会和议事会进行审议。① 刘孟扬认为议员就电车问题前往巡警局不合常理,严厉批评议事会,称:"要是在巡警局里议定了就算。不如赶快把前者禀准督宪的成案取销,免得办法两歧。并把议事会会场撤掉,免得虚有其名。"② 刘孟扬、李玉苏(名镇桐,号剑颖,主持《天津白话报》)等意在批评议事会没能坚决要求对电车事务享有审议权的软弱态度。③

刘孟扬是回民,在科举考试中取得了生员资格,曾担任《大公报》主笔,光绪三十一年(1905)因积极倡导抵制美货运动而被袁世凯视为麻烦人士,被招安入巡警局任职。未几离开巡警局,执笔《商报》;④ 宣统元年(1909)又创刊《民兴报》,每日的发行量高达"三千多张"。⑤ 宣统二年(1910)十一月二十日起,《大公报》屡屡刊登刘孟扬的照片,实际上这是滋补药"日光铁丸"的宣传广告。广告语引用了刘孟扬的来信,称自己为"地方诸事"所疲,服用该药后得以恢复健康。刘孟扬被介绍为"民兴报馆总理,议事会议长〔实为副议长〕,为津郡报界、学界、商界最有名誉、最热心公益之人",事例之一即是"天津电车累次伤人,刘君无不

---

① 《走了后头口拉》,《天津白话报》宣统元年十二月五日;《商议着办别抬杠》,《天津白话报》宣统元年十二月七日。
② 刘孟扬:《敬告天津县议事会》,《天津白话报》宣统元年十二月八日。
③ 剑颖:《留神》,《天津白话报》宣统元年十二月四日。
④ 刘孟扬其人在本书第八章中已有介绍。此外,外务省政务局『現代支那人名鑑』中也有他的履历,不过在此书中他被记载为巡警局总办兼民生部侍郎赵尔巽的秘书,赵尔巽应为赵秉钧之误。
⑤ 刘孟扬:《哈哈天津白话报出现了》,《天津白话报》宣统元年十二月一日。

按理力争，外人为之心服"。商业广告当然会有过誉之处，但应该注意的是刘孟扬具备了可以为宣传所利用的知名度与受欢迎度，他在电车问题上所展现的强硬态度被视为"公益"而竭尽全力。反过来讲，刘孟扬正是通过这种方式一跃成为受人欢迎的政客。

再回看刘孟扬批判的议事会。巡警局将其与商务总会一起召集，说明要解决电车问题必须三者之间协商一致。但需要注意的是，总督的意愿高于三者。刘孟扬所代表的强调议事会权限的论调的确存在，但现实的都市政治则是在巡警局、商务总会和议事会一边发挥各自特性、一边不断商议协调中运转的。从这个意义上说，不论是将这一时期的特征概括为居民的参与和行政的民营化，还是强调以巡警作为尖兵的官府的压迫性，都过于片面。

宣统三年（1911）六月二日，县议事会审议了知县移交的关于电车线路延长问题的议案。周文俊、张炳臣、王文濂等议员指出事关贫苦大众的生计且会危及行人，获得赞同，议事会由此拒绝了线路延长的计划。①

三　围绕电车的暴力事件

暴力事件及事后处理

宣统三年闰六月二十二日（1911年8月16日），引爆人们心中不满的事件终于发生了。中午12点刚过，环绕旧城墙的环线55

---

① 《电车开路事议驳》，《天津白话报》宣统三年六月四日。

号电车行驶到东南城角时轧到了岗亭的巡警。巡警右腿被轧断,现场血肉横飞,惨不忍睹。伤者立即被送往北洋医院救治。①

此事件在日本外交官摘录的新闻报道中有更为详细的记载。一个小孩在东门内的电车轨道上玩耍时,电车自东面飞驰而来,千钧一发之际巡警周俊山(原文"周俊三")不顾个人安危飞身救出小孩,但就在此时,另一辆电车从西面奔驰而来,周巡警右腿被轧断,头部及脚部多处负伤。幸好其他巡警及时赶来,立即将其送往北洋医院接受紧急处理才得以保全性命。②《顺天时报》对此事件的记载略有不同。事发时间为下午一点,南一区(南马路南门以西)巡警周俊山救出了在轨道上玩耍的孩子,但先是被西面驶来的电车撞到头部晕倒,又被从东面驶来的电车轧断了右腿。③

不管具体过程如何,事故消息一经传开便引发"千余"群众聚集而来。人们向肇事电车投掷石块、挥舞棍棒砸烂车厢,现场混乱至极,恰好经过现场的其他两辆电车也被卷入。群众还觉得不够解气,准备进而捣毁其他电车。在此形势下,电车不得已停止运行。④

---

① 《电车轧人》,《大公报》宣统三年闰六月二十三日。

② 外務省記録『各国事情関係雑纂・支那ノ部・天津』、明治44年9月5日公信第252号天津総領事代理高橋新治より外務大臣林董あて、外務省外交史料館蔵、1・6・1・26・1-18。这是当时总领事馆得到的各种新闻报道的选编,该部分根据『天津日日新聞』及各种新闻记事整合而成。

③ 《电车轧伤巡警之概要》,《顺天时报》宣统三年闰六月二十五日。

④ 外務省記録『各国事情関係雑纂・支那ノ部・天津』、明治44年9月5日公信第252号天津総領事代理高橋新治より外務大臣林董あて、外務省外交史料館蔵、1・6・1・26・1-18。

根据前述《顺天时报》的记载，事故后，"一时怜该警因公受难，多有掩泣者，于是大动公愤，民人愈积愈多"。有人扔石块砸碎电车玻璃，司机和乘务员都被打成轻伤。因为电车已经停运，署理巡警道叶崇质前来巡查并提醒众人时已"人心大静"，此后电车恢复正常运行。后来叶巡警道专程到北洋医院探望，据说周巡警为此感怀落泪。最终发放给周巡警50元慰问金，事件处理完毕后又申请了更为优厚的奖励，将其树立为因公受难的楷模。①

肇事司机和乘务员则被送到审判厅接受调查。其他六七名遭到殴打的司机和乘务员先是被带到警务公所（巡警道的官署）取证，又在审判厅接受了询问。打碎电车玻璃的两个人也被带到警务公所。巡警道担心事态扩大，派出14名巡警加强对旧城墙环线电车的巡逻。②

随后事件进入讨论赔偿事宜及日后安全对策的阶段。六月二十二日，电车公司负责人马夏拜访了巡警道叶崇质，强硬地表示要追究巡警在此事件中的责任。争论内容大致如下：电车行驶时已经充分鸣笛提醒，尽管如此巡警还是没有及时离开轨道才导致负伤，司机等并没有任何责任。无法确认小孩曾经在轨道间玩耍。巡警胡乱拘押无罪的司机和乘务员，恣意拷问苛责，不知是何道理？再者，巡警没有及时拘捕破坏电车之人，显然违反了北

---

① 作为其功劳的证明，周被轧断的脚被用药水洗净后密封在了玻璃箱内。《体恤因公受伤巡士》，《申报》宣统三年七月二日。巡警道是省级别的警察行政官署，其官署是警务公所。韩延龙主编《中国近代警察制度》，第139~151页。

② 《电车轧伤巡警再志》，《顺天时报》宣统三年闰六月二十六日。

洋大臣和电车公司之间的协议。基于以上理由，电车公司要求地方官赔偿电车的直接损失和因停运数小时而导致的间接损失，合计6000两。

叶崇质则反驳如下。现场勘查和目击者的证言均已表明巡警负伤乃是电车司机的恶意所致，因此赔偿受伤巡警的责任在于电车公司，刑法上的责任在于司机，此事毫无疑问。对于殴打电车司机、破坏电车的行为，巡警局已经尽了最大努力，断不能接受巡警未尽治安责任的说法。而且最先提出破坏电车的嫌疑人已经被送到了审判厅。①

次日，马夏书面向巡警局提出要求：罢免袖手旁观破坏电车、不采取任何取缔措施的巡警；巡警道赔偿被损毁的电车；今后完全取消巡警免费乘车；电车公司可任意决定电车的行驶速度；虽然因为事故而拘留司机的情况在所难免，但公司不希望电车停止运行。②这次的要求虽然没有前一天那么强硬，但可以看出巡警组织平时对电车公司施加了种种限制，个别巡警还会免费乘车，电车公司是想借事件处理的机会表达这些素日聚积的不满。

---

① 外務省記録『各国事情関係雑纂・支那ノ部・天津』，明治44年9月5日公信第252号天津総領事代理高橋新治より外務大臣林董あて，外務省外交史料館藏，1・6・1・26・1-18；《电车公司之片面谈》，《申报》宣统三年七月四日。

② 外務省記録『各国事情関係雑纂・支那ノ部・天津』，明治44年9月5日公信第252号天津総領事代理高橋新治より外務大臣林董あて，外務省外交史料館藏，1・6・1・26・1-18。六月二十三日马夏致巡警道的书信应该是《大公报》宣统三年七月十一日刊登的《电车公司致巡警道函》，不过具体内容有所出入。对此，叶崇质在文书中指出了公司方面对事实的认识错误。叶指出巡警为救小孩而做出牺牲，事件引发"市民"公愤，一人传十，十人传百，越聚越多，并主张是巡警控制住了"数千"群众才使损害降到了最低。《巡警道致电车公司函》，《大公报》宣统三年七月八日。

第九章 电车与公愤：围绕市内交通的政治

就在马夏提出书面要求的同一天，人身事故再度发生。下午一点十五分，电车在北门以东撞倒了宫义和（50多岁，原文"官义和"），导致其口鼻受伤，右脚遭到碾轧。在岗巡警陈少卿将司机带往辖区调查，随后将宫义和送往北洋医院，司机则被送到审判厅接受询问。辖区采取警戒态势，以防打砸电车车窗等事再度发生。①另外有报道称下午两点多，电车在北马路轧伤了地扒车车夫的小腿，在岗巡警将伤者和司机带到了巡警局。②

面对接二连三的事故，巡警道叶崇质派总巡官陆格奇到电车公司提出坚决要求，内容有二：第一，电车公司目前将环旧城线路运行一圈的时间设定为27分钟，此后应留出更多运行时间；第二，如今司机和乘务员队伍鱼龙混杂，应立即重新遴选，解雇不当人员。③电车公司坚决不改，姿态强硬，叶崇质也决心"为保全人民生命起见"，将主张坚持到底。④

新闻报道反映了一般民众对电车公司的反感。

> 顺直士绅因电车轧伤巡警，又轧毙苦工人宫义和，巡警道与之交涉，该公司持强硬主义，反向宗官索赔偿至八百余元之多，且电灯线毙人事屡见，我官民并未向该公司过问，今又连

---

① 《电车又轧一人》，《顺天时报》宣统三年闰六月二十六日。
② 《电车碰人》，《大公报》宣统三年闰六月二十四日。
③ 《取缔电车之要闻》，《顺天时报》宣统三年闰六月二十六日。
④ 《交涉认真》，《大公报》宣统三年七月一日；《巡警道保全民命之毅力》，《顺天时报》宣统三年七月三日。

次轧人,该公司又如此无理,现正连日会议对待办法云。按,此次电车轧人,众目昭彰,致激公愤,望电车公司勿谓秦无人,宜改强硬,为和平早日议结,免生节外之枝,有碍营业也。①

电车公司总经理马夏鉴于电车伤人事故"致起商界公愤",亲自到商务总会拜访座办李星北,请求下次开会时准许自己同席。②

与此同时,刘孟扬宣布辞去电车公司董事职务,辞呈称:"鄙人蒙举为电车公司董事,本为调和公司与地方人民之感情,不意公司不法如此,鄙人甚不赞成。"③周文俊以前就反对电车公司新增线路,七月六日再度向官府请愿,要求不但不应批准电车公司新增线路,对已经开通的线路也要严加管理。④"众情激愤"之下,"不坐电车,不燃电灯,虽一哄之论,无足重轻,然细察,凡剪发志士,已多数不乘坐电车,虽未剪发而素号开通者,亦以不坐电车为对待。并闻学界中人其对于此等办法为尤甚云"。⑤

为平息事态,警务公所要求电车公司改善运行方式,信函内容如下。

---

① 《士绅会议对待办法》,《顺天时报》宣统三年七月四日。
② 《是何理由》,《大公报》宣统三年七月六日。
③ 《慷慨辞职》,《大公报》宣统三年七月六日。
④ 《为民请命》,《大公报》宣统三年七月七日。
⑤ 《电车公司注意》,《顺天时报》宣统三年七月七日。剪掉发辫并不意味着反对清朝,而是开明的象征。参见拙稿「清末剪辮論の一考察」『東洋史研究』56卷2号、1997年。

第九章　电车与公愤：围绕市内交通的政治　329

贵公司所有电车，自开行以来，屡有伤人毙命情事。近数日间既轧伤巡警周俊山，继复轧毙民人宫义和，甚至激动公愤，酿起风潮。设非本道竭力弹压，当日情形更不知何所底止。查肇事之由，固因司机人之不慎，亦实由约束规则及种种方法尚未完备之所致耳。津郡市民对于贵公司电车情形，近日颇生恶感，倘长此以往，再生事端。

在此基础上，警务公所提出了九条管理规则：①电车公司之营业应遵守合同与安全规章。②在电车前方安装安全铁丝网。③电车公司雇人在危险路段摇旗示意。④电车运行速度当遵循警务公所之指导。⑤司机、乘务员的换班时间当遵循警务公所之指导。⑥司机、乘务员应和气友善对待乘客。⑦一旦发生人身事故或违反规则的情况，岗亭巡警有权带走司机及乘务员。⑧因财物损毁而引发纠纷时，处理方法同上。⑨电车事故发生时辖区有权直接、迅速处置。①

然而，电车公司与巡警道的交涉最终以破裂告终，不得不依靠交涉使出面解决，交涉使则要求商务总会提出稳妥的仲裁方案。②七月二十六日，马夏前往商务总会与同业团体的商人会谈。商业研

---

① 《要件》，《大公报》宣统三年七月六日。
② 外务省記録『各国事情関係雑纂・支那ノ部・天津』、明治44年9月5日公信第252号天津総領事代理高橋新治より外務大臣林董あて、外務省外交史料館蔵 1・6・1・26・1-18。交涉使是负责同外国交涉的省级官员，光绪三十一年奉天、吉林设置的交涉使为首例，此后云南、浙江也纷纷效仿。宣统二年外务部上奏请求将此做法推而广之，随后直隶等省也决定设置（《宣统政纪》二年七月十三日）。电车暴动时直隶省的交涉使是王克敏。『現代支那人名鑑』、325 頁。

究所议长杜小琴①称已有"数百家"商店基于"公愤"向商务总会陈情，强烈要求以不点灯、不乘坐电车的方式予以抵抗，并批评对死亡人员的补偿金额过低。马夏摆出低姿态应对，称电车公司经费仅有200多元的传言乃是误解，实际经费有12360元，向官府缴纳的税款也高达一万多元。马夏还提醒在场众人，合约里已经写明，公司正在着力改良的电车事业在20年后便可由中国全面购回，50年后将无偿交还中国，因此希望商务总会能对电车事业鼎力相助。会议结束后，众人边喝茶边商谈了电车、电线的改良事宜。②

还有一个政治主体对电车问题发表了见解，那就是因引入地方自治制度而设立的天津城董事会。③在七月十二日呈递给巡警道的请愿书中，天津城董事会表达了对马夏当初强硬态度的不满，表示"惟兹有完全权力之警察，倘此次隐忍曲从，则警察权力亦被该公司所侵抑，地方人民更何所依倚"。城董事会自认为"自治机关，负代表人民之责任"，指出电车问题属于"自治范围"，要求巡警道妥善处置。④

---

① 商业研究所宣统元年设立，附属于天津商会，目的是开展有益于商业发展的研究。各同业团体推举一名总董，再由总董选出正副议长。议长是杜宝桢（染商总董），副议长是杨明僧（米商总董）、王柏田（粮商总董）。《天津商会档案汇编（1903~1911）》，第315~318页。据《现代支那人名鉴》记载，杜宝桢（杜小琴）是天津人，1916年时45岁（由此推算生于同治十一年），历任《中华报》总理、商会顾问、商业研究所议长、体育社副社长等职。
② 《华洋会议》，《大公报》宣统三年七月二十七日。
③ 城董事会是县议事会之下的城议事会所设置的机构，具体参见前揭贵志俊彦论文。城议事会也就周俊山的补偿问题和之后的安全对策给巡警道发去了照会。《要件》，《大公报》宣统三年七月七日。
④ 《天津县城董事会呈巡警道文》，《大公报》宣统三年七月十四日。

第九章 电车与公愤：围绕市内交通的政治

奉天法政学堂的校外生（函授学生）、天津县名士李鉴波也向城董事会提交了意见书，如此总结事件始末。

> 该公司创办之初，纯用笼络手段。囊时各界反对者，近来均已允认融洽矣。所以该公司以为有恃无恐，遂勿论路之宽窄稠密，概筑双轨，殊违定章。今轧伤警士周俊山一节，致激众愤，砸毁电车上之玻璃，该公司借此诸多无理要求。

在此基础上，李鉴波希望董事会向巡警道请愿重新审议安全规定，切勿使以前的安全规则成为空文。城董事会回应称，电车事故几乎日日发生，在巡警周俊山的事故中公司还提出"无礼"要求，该会"因地方人民同深愤嫉，当即代表舆论"。七月十二日，该会请求巡警道以坚决态度应对公司，同时接受了李鉴波的意见，要求巡警道彻底贯彻实施以前确定的安全规章。①

安全对策虽经过以上种种讨论，但最终也没有看到问题的实质性解决。呼吁注意安全的同时，人身事故仍在不断发生。七月二十七日中午十二点刚过，"大锯将"赵锡三在南马路的县衙东安家胡同入口处被电车刮倒，左脚受伤。八月十三日上午九点，地扒车车夫张二在东门外狮子大街胡同入口处被电车撞到左手中指，鲜血飞溅。②

---

① 《各陈办法》，《大公报》宣统三年七月二十一日；《天津县城董事会呈巡警道文》，《大公报》宣统三年八月九日。
② 《电车碰人》，《大公报》宣统三年七月二十九日；《电车肇祸》，《大公报》宣统三年八月十五日。

不过，大概是因为八月十九日的武昌新军起义影响了天津的政局，天津民众对电车问题的关心此后似乎不见了。进入民国以后电车问题也多次引发议论，但比利时公司的电车经营一直持续到抗战时期被日本接管为止。①

"公愤"的含义

在上述围绕电车展开的政治中，有关电车伤人事件及事后交涉的史料里频繁出现的"公愤"一词值得特别注意。本处将具体考察"公愤"的含义。

第一，"公愤"的前提是广泛的共鸣。前文引用的《顺天时报》报道称"多有掩泣者"，虽然无法确定究竟有多少人真的在听闻事故传言后落泪（实际上也许根本没有几个人），但这句话足以表明对因公受伤巡警的深切同情与"公愤"之间的联系。巡警道也称轧伤巡警的电车司机激起"市民"的"公愤"，"一传十，十传百"，这才导致"数千人"聚集而来。这个说法的前提条件是信息的扩散自

---

① 比如徐镜波的意见书（民国十五年二月）提出不改善乘客待遇就不许提高票价，"吾津电车，不幸为外人所揽办。纯以多得利益为宗旨。驶行则愈速愈妙。搭客愈多愈善。至危险宜如何预防，搭客宜如何待遇，彼皆懵然不顾"。徐镜波：《镜波公牍》上卷，1927，天津社会科学院藏。国民革命时期有人提出将电车运营权还给中国。吴蔼宸编《华北国际五大问题》，商务印书馆，1929，第四篇"天津电车电灯公司问题"。还可参照朱建斌《天津的城市公共交通的演变》，天津市政协文史资料研究委员会编《天津：一个城市的崛起》，天津人民出版社，1990。北京的争论情况虽略有不同，但电车的引入同样是都市政治的焦点。外務省『支那電気軽便鉄道関係雑件』1、大正三年4月21日公信第119号支那公使山座円次郎より外務大臣加藤高明あて，外務省外資料館蔵，1・7・3・37; Strand, *Rickshaw Beijing*, pp. 241–283.

第九章 电车与公愤:围绕市内交通的政治

动转化为情感共鸣的扩散,而正是情感的共鸣才吸引了超出想象的众多参加者。此外,杜小琴对马夏说的"各商号公愤,联合数百家陈情商会"表明了愤怒之情的广泛共有,意味着抱有"公愤"者的匿名性和多数性。"公愤"不是主张某个个体的利害关系,而是全体民众的普遍情感。

第二,"公愤"还意味着对不公之事表现无法抑制的愤怒。也可以说,正因为是难以抑制地爆发,所以才能无条件地获得立场的正义性。巡警道、城董事会、商务总会等政治主体被期待响应"公愤"行事,这些政治主体也如此自称。正如电车公司所主张的,暴力事件是扰乱秩序的行为,巡警道理应彻底弹压,但实际上巡警道仅仅敷衍地抓了两个人(最终处置结果不明)。就连警务公所的公函也将暴力事件理解为"公愤"的表露,最终将其视为正当之举。此外,时人认为电车公司在事件后不承认自身责任、反而提出赔偿要求的态度引发了"公愤",这一说法的潜台词即是公司的不诚实再次得到了印证。

以上是对"公愤"含义的分析。也许有人会质疑,这只不过是对某一特殊事件中的某一用词的逻辑分析而已,并且以上列举的"公愤"的种种特征可以上溯到古代的政治秩序观念谱系,并无新意可言。①但值得注意的是,巡警组织、地方自治组织和商会都是"北洋

---

① 例如《春秋左氏传》中经常看到"众怒难犯"的词句。参照增渊龍夫「春秋戰国時代の社會と國家」『岩波講座世界歷史[四]東アジア世界の形成 I』岩波書店、1970。关于明末的"公愤"等"公"的概念,参见岸本美緒「比較国制史研究と中国社会像」『人民の歷史学』116号、1993年。

新政"中新出现的政治主体。由于近年来的研究强调了该时期地方政治秩序的划时代性，此处也有必要考察这些政治主体的历史意义。

首先需要注意的是，这些新兴的政治主体都不是仅代表个别利益的团体。巡警组织继承了一直以来的"父母官"的行政姿态，致力于保障全体人民的生活安宁。自治组织县议事会号称"全津居民代表"，城董事会也称有"代表人民之责任"。若是将这些话语与立足于选民委托的代议制原理相类比，虽然不算错，但也不够充分。在实行限制性选举的当时，他们想要代表的，与其说是将他们选为代表的选民（基本上是上层民众），不如说是普通"全津居民"或"人民"的整体意见。商务总会虽然带有工商业团体的属性，但也无法漠视（不可能是商务总会成员的）人力车夫的要求，在处理电车暴力事件时亦是站在全体天津居民的立场上与电车公司交涉。总之，每个组织都标榜自己是应天津居民的普遍情感或一般意愿而行事，他们也的确背负了相应的期待。由此可见，"公愤"一词内含的逻辑在相当程度上决定了当时的政治实态。

这些在都市政治中握有极大发言权的政治主体，是在重新构筑地方政治和行政机构的新政过程中形成的，具备处理复杂都市社会问题的能力和制度性保障。通过它们在电车问题中发挥的作用可以看出，这些政治主体的历史意义即在于为发表政见提供多种路径、为开展政治行动赋予丰富选项。然而，由于这些主体纷纷标榜代表普遍性利益，导致它们既切断了排除官府意志、主张自治权力的途径，又难以对民众的直接行动表示明显的敌意。这意味着，这些政治主体尚没有发展成为具有"阶级"性、能够代表个别团体利益的成熟组织。

不过，要怎么知道什么才算是民众的一般感情？在电车问题中，极少数"暴徒"自然发生（难以抑制）的暴力行为被解释为民意的象征，这意味着不仅议员，连"暴徒"也可以成为普遍民意的代表。一般情况下，如果一场政治斗争以普遍民意的存在为前提，那么焦点往往就不是反映不同利害关系的路线之争，而是把恶人的标签贴在谁身上的论战。而使论战可能发生的"公愤"等普遍民意，最终总会或多或少地沦为可被操控的政治修辞。由于可操作性往往让人期待应对方式的灵活性，自然也更容易引发表达激情的民众暴力。[1]

更值得注意的是，"公愤"政治往往会遮蔽地域社会中纷争的多样性。当时的天津，巡警和居民间的纠纷经常发生（参见本书第五章、第六章），但在这次事件中，为救孩子而受伤的巡警被表彰为英雄，暴力事件的原因被视为对巡警的广泛共鸣，如此一来，巡警组织的社会统合就看似顺畅无碍了。与此同时，站在民众立场上行动的商务总会和自治组织也能借此获得政治威信。也就是说，把"公愤"一致指向电车公司这个反派角色，催生了地域社会中的团结一致之感。但获得团结感的代价就是，"公愤"这一修辞强迫巡警道不得不做出与电车公司对决的姿态。

能不能将反对电车的态度与当时的收回利权运动中显现的中

---

[1] 众所周知，"新政"时期引入的种种新制度及随之而来的负担加重导致全国各地"民变"频发，对此，有人认为应彻底镇压"乱民"，也有人认为正义就存在于民众行动之中，两种意见争执不下。参见狭間直樹「山東萊陽母暴動小論——辛亥革命における人民闘争の役割」『東洋史研究』22卷2号、1963年。

国民族主义联系起来解释？当时的确有人因为电车公司不属于"中国"而加以非难，但更多的人则是因为对事故对策等更为具体的问题而心存不满。然而"公愤"这一修辞使人们无暇思考问题的多样性，种种问题被单纯地合为一体。通过"公愤"政治，居民朴素的反感之情被嵌入"敌人"电车公司与万众一心的地域社会的对立构图，原本的地区内部对立被整合成为全国性批判外国投资运动的一环。

由此看来，认为全国性运动制约地方政治的看法其实过于片面。与电车公司对决的姿态的确得到了民众的拍手喝彩，但这究竟是因为电车公司在电车安全对策上态度不够诚恳，还是因为它是外资？对于这个问题，每个居民的回答大概并不相同，结论其实相当模糊。总之，电车公司被视为敌人，与电车公司对峙成为在地域内获取政治威信的保证。在这样的状况下，"为了中国"这一大义名分便获得了堂而皇之的理论框架。民族主义在博取本地支持的政治运作中被巧妙地利用，并由此逐渐内化进入地方政治。

* * *

面对因外国投资而出现的电车，20世纪初的天津居民的意见和感情相当复杂。诸如"津埠自设电车以来，客商无不称便"[①]的赞许之声的确存在，但也确实有人心怀反感。综合分析反感的原

---

① 《怨声载道》，《大公报》光绪三十三年十月九日。

因，大致可总结为以下三点：电车打击了原有的交通业，夺去了相关从业者的生计；电车的运营受外资支配，不属于"中国"；引发人身（特别是儿童）事故。当然，这些反感的要素在每个人的心中以不同比例相互叠加，特别是第三点中的儿童事故会给人造成无辜儿童受害的印象，更容易引发众怒。

司机违反了本该遵守的规章而引发事故时会受到处罚，但小孩突然窜出等不可抗力引发事故时，人们的悲愤情绪却无处宣泄。加之事故一再发生，暴力事件发生前，天津居民的不满已蓄积甚久。

暴力事件在事后处理过程中频频出现的"公愤"一词是值得注意的政治性修辞。由于这个词意味着全体人民的激情，电车公司由此被视为邪恶一方，团结一致与之对决的态势得以正当化。此外，这个对立构图也被设定为与全国的利权收回运动相契合。也正是因为有了这样的对立构图，民族主义的大义才容易被引入地方政治。

在以一般民意为前提的政治秩序观之下，代表个别利益的团体很难成长。此时期新出现的巡警组织、地方自治组织、商务总会等政治主体都在"公愤"政治中发挥了作用。这些新兴政治主体的历史意义在于在日趋复杂的都市政治中一边充分发挥各自特性，一边开展行动，为解决政治性课题增加选项。但这也导致了事件处理时的交涉路径过于分散，各种对话往往沦为缺乏整体打算的权宜之计。政治活动平台的增加既让刘孟扬之类重视博取支持的骑墙政客大展拳脚，也使这些人的存在成为必要。如果想敏锐地抓住人们的思绪、指出这就是"公愤",并将其反映到地方政治,就必须具有刘孟扬这样的特质。

在政治决定的程序和制度框架尚不明确的情况下,标榜"公"的各政治主体自主发声、积极强调自身的主张。这种活跃的政治参与景象是清末政治改革和新闻业发达的结果。中华民国初年既可以说是活泼又可以说是混乱的政局,也正是这一时期的产物。

第十章　体育与革命：辛亥革命时期天津的尚武理念和治安问题

科举制度展示的文治理念培育自漫长的历史过程。虽说清朝的政治体制明显建立在军事力量之上，但清朝自入关后就并非由军人掌权，而是始终贯彻了由科举官僚统治的文官体制。当然，八旗制度被视作清朝王朝体制的根本，旗人因此被期待能够一直维持武力，但旗人被擢用为高官并不一定是由于军功，往往是因为身为统治集团的一员而更容易得到皇帝的信赖（以及民政上的业绩）。既然八旗是世袭集团，那么对于该集团以外的人们来说，"读书"亦即为科举及第而学习才是出人头地的手段，"崇文"而非"宣武"的风气才是大势所趋。虽然也有武科举，但其地位要比文科举低上一等。①19世纪中叶的战乱时期虽然亟须团练等军事组织，但尚武

---

① 不过若文科举中举无望，也可以转考武科举。冯玉祥便曾从其父亲处听说有地主请来武师教授其子，以备参加武科举。冯玉祥：《我的生活》，上海教育书店，1947，第4~5页。

观念并未就此得到强化。

这种情况与同时期的日本形成了鲜明对比。德川时期虽比较太平，但仍以武士作为统治阶层。武士虽需在日常政务上发挥才能，但仍每日刀不离身，不失军事集团成员的自觉。明治维新后武士身份被取消，但征兵制的引入又引发了全体男性都负有国防责任的理念，军国主义的伦理由此形成。不断将忠君爱国观念灌输进国民脑中的明治军国主义在甲午战争和日俄战争中被证明有效，这给中国人带来了极大威胁，促成了对文官统治的深刻反省。本章即试图在这个历史脉络中考察清末的"尚武"理念和对"体育"的提倡。

本章的考察对象体育社正是清末军事危机意识的表现之一。除了分析这个组织背后的理念，我还将尽可能详尽地考察天津体育社的具体活动，以此论证它与以往的团练和义和团在身体观上的不同之处。此外，我还想延续此前几章的讨论，继续关注体育社与巡警组织的关系及都市的社会秩序问题。尤其需要注意的是，武昌起义爆发后，体育社肩负的责任随着政情的变化而发生了改变——在社会不安日益蔓延的情况下，体育社逐渐演变为天津人的自卫团体。当时的天津还有其他几个治安团体，它们与体育社的关系也值得研究。

朱英关于清末商人社团的研究给了我诸多启发。他从"军国民教育"理念的普及出发，详细分析了上海、汉口和苏州成立"商团"的过程及"商团"在辛亥革命中起到的作用。[①] 不过在涉及天

---

① 朱英：《辛亥革命时期新式商人社团研究》，第114~166页。

津时，对于"体育会"的创建时期等基本问题表述有误。

朱英准确指出："分析不同时期、不同地区商团的诞生原因，还需要作具体的考察，不宜简单地统而论之。"① 不过，他所想定的差异点是有些体育会或商团带有挽救民族危机的政治意义；而有些地区的组织只是商人为保护自身的经济利益而建立，并无明确的政治意图；还有些地区的商团甚至会与清朝统治者合作，起到阻挠革命运动的消极作用。我难以完全接受这样的定性。如果商人把维持治安视为第一要务，当然会支持能够满足这一需求的政权，那么这种选择不也带有政治性吗？至于那些支持革命派的商人团体，可能只是为了避免革命派的军事镇压而做出的战略性选择，目的仍是保护自身的经济利益和维持治安。此外，期盼中国强大的愿望或许已经超越了政治路线的分歧。以上这些问题都需要我们重新思考。

此外，还有若干关于其他地区的研究成果。② 这些研究都值得参考，不过天津的情况其实相当特殊，譬如都统衙门撤出天津时规定天津城附近的军事移动须受外国控制，革命派的军事力量因此并

---

① 朱英：《辛亥革命时期新式商人社团研究》，第 125 页。
② Marie-Claire Bergère, *La bourgeoisie chinoise et la revolution de 1911* (Mouton, 1968), pp. 57–67. 以往的上海史研究已经关注到了商团这种绅商主导的武装组织在辛亥革命时期上海独立中发挥的作用。小岛淑男「辛亥革命における上海独立と商紳層」東京教育大学アジア史研究会『中国近代化の社会構造——辛亥革命の史的位置』教育書籍、1960; Mark Elvin, "The Gentry Democracy in Chinese Shanghai, 1905–1914," Grey, ed., *Modern China's Search for a Political Form*; 李达嘉：《上海商人的政治意识和政治参与（1905~1911）》，《中央研究院近代史研究所集刊》第 22 期上，1993 年。小野信尔着眼于福建，指出辛亥年春天曾一度流传瓜分中国的谣言，为应对这一谣言而成立了"体育会"等组织。小野信爾「ある謡言——辛亥革命前夜の民族の危機感」『花園大学研究紀要』25 号、1993 年。

未直接触及天津;天津配备了完善的巡警组织,除与之合作的机构外,没有组建其他准军事性(paramilitary)组织;包括天津在内的直隶未能独立,接受的是袁世凯领导的中华民国的统治。如果想和其他地区对比,分析条件的不同可能会带来哪些结果的改变,天津可以说是难得的案例。

基于以上理由,本章将首先考察天津体育社的理念根基"强国"和"体育",在此基础上详细追溯体育社的成立过程,再探讨其在辛亥革命中发挥了(及未能发挥)哪些作用。

一 重视军事论与体育理念的流行

光绪三十一年(1905),天津南段巡警总局发布了如下白话告示,向民众呼吁:

> 现在是个尚武的世界,兵力不强,绝不能立国。虽然说整顿工商是富国的根本,国富自然就能强,但是若没有兵力保护着,虽富也是保不住。……我们中国知道富不足以保国,故此加意练兵,以强国力。这几年的工夫,训练的很有个样子。①

告示的后半部分要求民众不得就军事演习散布谣言。巡警局的目的在于让广大民众理解推进军事政策的必要性。

---

① 《劝谕浅说照录》,《顺天时报》光绪三十一年九月二十日。

众所周知，日俄战争是以清朝领土为主战场的特殊战争，引起了从官方到学生广泛而强烈的关注。一直以来的说法是，日本在战争中的优胜地位使人们认为日本采取的立宪制度优于俄国的专制制度，但我们也不能忽视时人对明治军国主义的评价。梁启超在日俄战争前就已经注意到了日本的"武士道"和"日本魂"，以此为着眼点阐释了他的国民理论。① 此外，"军国民教育会"运动也明确提出了"军国民"的理念。② 这种将军人视为国家不可或缺的职业、主张尊重军人的想法，明显不同于以往的崇文传统。③

首先是要形成尊重军人的社会共识。《大公报》的一些论说就体现了这一意图。题为《军人宜特别优待论》的文章写道，"中国国民诚一尚武之国民也，自教育一衰，任民自生自灭，则人渐移其尚武之心而勇于私斗，故其对于外敌也不知与国家有如何之关系，是以屡战屡北，遂成为一极弱之国势"，认为要改变这一状况就必须优待军人。例如，对于从军者，乡里绅董应仿效日本举行壮行会，并对其家属加以厚待；若有人贪生叛逃，则应将其扭送至官府受罚，并使其家属无法在乡里容身。④

一直被作为刑罚手段的"充军"也开始受到质疑。将从事军

---

① 狭間直樹「「新民説」略論」狭間直樹編『共同研究梁啓超——西洋近代思想受容と明治日本』みすず書房、1999。

② 中村哲夫『同盟の時代——中国同盟会の成立過程の研究』人文書院、1992、61-95頁；桑兵：《清末新知识界的社团与活动》，三联书店，1995，第238~272页。

③ 熊志勇：《从边缘走向中心：晚清社会变迁中的军人集团》，天津人民出版社，1998，第35~86页；Edmund S. K. Fung, *The Military Dimension of the Chinese Revolution: The New Army and Its Role in the Revolution of 1911* (Sydney: Australian National University Press, 1980), pp. 87-113.

④ 《军人宜特别优待论》，《大公报》光绪三十一年正月十九日。

务视作刑罚的想法,"下以阻国民尚武之涨力,上以遏国家自强之新机"。"欧美诸国,人人以从军为荣。一语充兵,眉飞色舞,视战场为乐地,受锋镝若甘饴,固其尚武之精神有以异于中国。而国家所以尊重而策励之,亦自有道。"然而中国竟以"充军"作为刑罚,仿佛军为恶名,对此应予改革。①

署名"愿学子"的作者也投书《大公报》呼吁尊重士兵。文章指出中国向来有轻视军人的观念,所谓"好人不当兵",而在西洋和日本,"受过教育的人,皆知既为国民,就有保国义务。所以到了有战争的时候,与敌人对垒交战,皆能尽力疆场,未有不战先溃的"。作者认为这是是否尊敬士兵的差异。②

这些评论的背后是国民皆兵的理念。时人已经强烈意识到,全社会都给予军人高度评价是建设强国的前提条件。

与"军事"和"国民"相关的新词是"体育"。"体育"一词鲜见于古籍,可说是从明治日本引进的概念。③ 为了理解时人对"体育"的认识,让我们先来看看《大公报》刊载的《论

---

① 《论中国亟宜销除充军之罪名》,《大公报》光绪三十一年五月五日。
② 愿学子:《中国当敬重当兵的》,《大公报》光绪三十一年六月二十八日。
③ 王其慧、李宁:《中外体育史》,湖北人民出版社,1988,第154~155页;国家体委体育文史工作委员会、中国体育史学会编《中国近代体育史》,北京体育学院出版社,1989,第50~101页;许义雄等:《中国近代体育思想》,启英文化事业有限公司,1996,第1~121页;Andrew D. Morris, Cultivating the National Body: A History of Physical Culture in Republican China, Ph. D. dissertation, University of California, San Diego, 1998, pp. 46-109. 众所周知,20世纪初,日本汉字词汇被大量引入汉语,"体育"一词便是其中之一。Lydia H. Liu, *Translingual Practice: Literature, National Culture and Translated Modernity-China, 1900-1937* (Stanford: Stanford University Press, 1995), p. 295.

体育》一文。

　　人生之幸福,以何为大? 曰以身体强健为大。盖身体强则精神必健,健则万事可立。身体弱则精神必萎,萎则一事无成。欧美各国之人,其富于思想,善于发明。自皮相者观之,或惊其得天独厚,其材力聪明,万非我中国人所能及其一二。而不知其体魄之伟大、躯干之壮健,实有以远过乎我中国人也。噫! 彼都人士以何修而得此? 则亦赖有体育之故。

　　教育之方法有三,曰智育、德育、体育。体者,智育、德育之基础也。今之觇国势者,定一国之盛衰,不定于版图之大小与人口之多寡,而定于国民身体之强弱。昔者法皇拿破仑蹂躏欧洲之时,欲伐某国,必先使人观其国之体育会如何,然后再加以兵力。若是乎,国民之体育关系于国家,至重且大也。是以欧洲各国之中,体育一科讲求之方,几乎重于智育、德育。故凡居室之中,空气腐败则思有以抽换之。运动之事时刻过多,则思有以休息之。不宁惟是,国民自成童之时,一入学堂则有体操以练其筋骨,有游戏以畅其天机。此外如饮食起居,事事着意者更无论矣。以此之故,故能使身体发达,骨骼长大,而无萎靡不振之态。此其注重体育如此至详且尽,宜乎其思想之富,精力之足,我中国人望尘莫及也。

　　西人无论矣,即以东方人言之,虽曰同处亚洲,同为黄种,而日本人之身体则似较我中国人为强。不必操中国语服

> 中国衣,令人一望而知为中国人也。即令与日本人同居同游,服日本之衣,操日本之语,自冷眼观之,亦能立时分别而丝毫无所疑豫。何也?盖游于街市,则伛偻而前,居于室中,则倚侧而坐。此外如欠伸,如咳嗽等事,日本人更不多见也。夫以我中国如此孱弱之民族,而欲出而与强健人种相竞争,驰逐于此世界,则不待交锋而胜负已立判矣。言念及此,可不为之寒心哉。……①

从中可以看出,此文受到结合了进化论的人种理论的强烈影响。② 这篇文章的后半部分则明确阐述了体育与军事的关系。

> 且营伍之中,日日服军装执军器者虽不过数十万人,若一旦有事,非使全国之人农者释其耒耜,工者释其斤斧,能出没于枪林炮雨之中,则不能以雄视于世界。

作者因此提议学堂除教授柔软体操外还应教授兵式体操,一是为培养服从之性质,二是为造就壮健之军人。"人民者,国家之基础也;身体者,又人生之基础也。身体强则人民强,人民强而国家自无有不强。"③

---

① 《论体育》,《大公报》光绪三十年十一月二十二日。
② 关于这一时代的人种观念,以下研究有详细论述。Dikötter, *The Discourse of Race in Modern China*.
③ 《论体育》,《大公报》光绪三十年十一月二十四日。

基于这样的"体育"理念,人们开始称颂"运动大会"。光绪三十一年(1905)四月二十四日,会集了众多学生的天津运动大会召开,《大公报》为此刊登了以下白话文章。

> 要打算强国,非得强民气不可。要打算强民气,非得讲求体育不可。如今学堂全有体操一门,确是体育的根子。现在北京大学堂,合天津大学堂,全开运动大会,与会的甚为踊跃,足见体育发达。中国人尚武的精神,从此要鼓动起来。①

"体育"理念也被用在了初等教育上,比如体育会开始活动后即有如下事例:从官立及民立小学堂中选拔学生集体练习"枪式步方"。这其实是在效仿军队行进,乃是"天津小学体育观摩会"的预备活动。这场旨在倡导"体育"的运动会在河北公园的运动场举行,内容以唱歌游戏和赛跑为主,但也包含了"兵士体操"项目。②

由上可知,这一时期人们为实现强国而弘扬尚武精神、力图摆脱文弱的生活态度。"体育"观念正与之密切相关,乃是从军事的观点追求国民身体的强化,其中也含有以日本的军国理念为典范的成分。以下将考察具体实现了这一想法的组织——天津普通体育社。

---

① 《说运动大会》,《大公报》光绪三十一年四月二十九日、三十日。
② 《预备会操》《体育开会》,《大公报》宣统三年八月二十一日、二十二日。

二 体育社的成立

宣统二年（1910）末，天津开始具体落实体育社的创设。探访局总办杨以德提出，"东三省危迫万分，比邻直隶唇亡齿寒，万难坐待。拟用治标办法，联合本埠绅商各界组织民团，以保治安"，逐步推进计划。"民团"被命名为"普通体育社"，制定了暂行规约，并决定由发起人选举临时社长。十一月二十日下午一时，体育社借用商务总会的会场召开成立大会，绅、商、工、学、自治各界200余人出席。首先由杜小琴介绍大会宗旨，后由李玉荪逐条宣读暂定规约，经出席者集体讨论后公准。大会选举杨以德为社长，王竹林、孙仲英、徐仆庵、吴洁南四人为副社长，武国栋为审察员，并公决将组织名称更改为"天津体育会"。①

不过，该组织在向巡警道说明成立旨趣时使用的是"天津体育社"的名义（此后也一直使用"体育社"或"普通体育社"的名称）。这份说明由王贤宾（王竹林）、徐诚、杨以德、吴连元、李镇桐（李玉荪）、张国琛、杜宝桢（杜小琴）、刘孟扬等联合署名，目的在于经由总督向北京的民政部汇报该会的成立。报告书首先回顾了中国过去的情况，在此基础上申明体育的必要性。

---

① 《组织民团》《体育社将成》《会员举定》，《大公报》宣统二年十月二十三日、十一月九日、十一月二十二日。

后世武工渐弛，趋重文风。国民尚武之精神，遂日形其不振。当闭关自守之时代尚无可虞，处兹群雄角逐之场则未免相形而见绌。就时势言之，我国宜行通国皆兵之制，以竞胜而争存。惟全国风气未尽开通，骤而行之，必致难收实效。似宜由渐而进，徐引其机，则提倡国民体育之举不容缓也。

根据这份说明，体育社正是基于上述认识而创立，规约参考了《上海商团章程》并略加修改，以"健身卫生"为工夫、"保家保国"为要义，所收社员均为深知底细、确系循规蹈矩者。①总督和民政部不久即批准了体育社的成立。②《大公报》报道称每日都有人踊跃报名加入体育社，其中以教员为多，"据此以观，足见国民程度进步之速矣"。为了"公益"，电车公司特批远道前往体操场的社员免费乘车。③

宣统三年（1911）二月二日，《大公报》刊登了题为《体育社社员诸君注意》的广告，宣布体育社将自二月十五日开始活动，先于十日上午九时点名，请会员着操服携入社证书到指定地点集合。此前已决定操服为蓝底绣紫线。④点名在南门外的杨家花园举行，

---

① 《来件》，《大公报》宣统二年十二月二十五日。
② 《巡警道照会天津体育社公文》《巡警道照会体育社文》，《顺天时报》宣统三年正月十三日、二月九日。
③ 《报名踊跃》，《大公报》宣统二年十二月二十四日；《体育社社员之幸福》，《顺天时报》宣统三年正月十七日。
④ 《会长换人》，《大公报》宣统三年正月二十三日；《体育社异常忙碌》，《顺天时报》宣统三年正月三十日。

包括社长在内，全体社员均着制服整齐集合，"其一种尚武精神，显然毕露。"①十五日按原计划在南门外的练习场举行了公开演武（"演礼"），天津官绅受邀参观。②

从该社章程可以大致了解天津体育社的组织概要。第一条"宗旨"说明了体育会的基本目的："本社以招收本埠土著并寄居之士农工商及其子弟，练习体操，强健身体，振作尚武精神为宗旨。"体育社中凡担任职务（事务、运营）者为"职员"，肄习体操者为"社员"，发起人中非"职员"及"社员"者为"评议员"（第四条）。正社长1名、副社长4名，均由发起人公举（第五条）。另聘"教习"负责训练及收发保存枪械（第七条）。招收社员分两种方法，一是由各团体或职员及评议员介绍，二是由原加入者二人以上介绍（第二十一条）。社员以年龄在20岁至40岁、身家清白、品行端正者为合格，40岁以上自认能耐练习者亦可收入（第二十四条）。关于枪支，通过巡警道呈请直隶总督按学堂领用枪械章程购领（第二十七条）。操衣由社员照体育社定式自行置备（第二十八条）。正副社长、各员司、评议员等凡在社内办公及到社公干者，须穿着本社规定制服，以振尚武精神（第三十条）。如有穿着制服或操衣冶游者，即行公议除名（第三十一条）。③此外，还制定了更为具体的"操规"及社内"礼节"。④

---

① 《体育社分班点呼纪盛》，《顺天时报》宣统三年二月十四日。
② 《体育社开操》，《大公报》宣统三年二月十六日。
③ 《天津体育社章程》，《大公报》宣统三年正月二十日、二十一日。
④ 《操规拟定》《天津体育社礼节简略》，《大公报》宣统三年二月十六日。

第十章 体育与革命：辛亥革命时期天津的尚武理念和治安问题

从杨以德致顺直谘议局议长阎凤阁的书信中，可以看出创立者对体育社性质和目的的认识。阎凤阁等向体育社索取章程，商讨后希望把体育社也推广到天津以外的各府州县。杨以德在回信中表示赞成，同时指出了应当注意之处。他表示，之所以要成立体育社，是因为"夫自强必须尚武，尚武方能自卫，敝社宗旨实在于此"，为避免误解或给"急进党"（指革命派）制造口实，决不使用"国民军""商团"等名称，此外操衣也力求与军服有别。由此可见，杨以德旨在强调该社团并非军事组织，而是以"体育"为目标。①

这封回信中提到的注意点共有四条：①在城乡地区一齐举办，难免发生问题，应以逐渐扩充为宜；②天津为各国官商注目之地，操衣鞋帽不得不稍事华瞻，在其他各县俭朴之地，不必强以所难，但须依照定式以归划一；③教习用退伍兵之有实学者。以退伍兵教练乡人事半功倍；④操练之时应以农业、商工不荒本业为宗旨。②

顺直谘议局给省内各州县寄去了公文和章程凡例，要求官员下令各地仿照天津体育社建立类似组织。谘议局的意图与天津体育社其实并无二致——"我国重文轻武，民鲜知兵，历史相沿已成习惯，恒以当尽义务视为畏途"；"东西各国民皆尚武，人尽知兵，即妇人孺子亦皆明敌忾同仇之义，一旦有事，或以马革裹尸为荣，或

---

① 《体育社社长杨以德致谘议局阎议长书》，《大公报》宣统三年二月十八日。
② 《体育社社长杨以德致谘议局阎议长书》，《大公报》宣统三年二月十八日。

以倾囊助饷为乐。知其训练涵育于平时者,匪伊朝夕之故"。谘议局希望通过设立体育社在国民中广泛掀起"尚武"风气,推动民众挺身而出协助国家应对危机。

天津体育社凭借严格的纪律和认真的态度赢得了高度评价。体育社的正副社长及评议长、评议员等制定了若干规定,如为"重品行",不准身着操服进入各戏院、饭庄及娼寮等处;社员有取去帽章徽章、逐日不到操并不告假者,以两星期为限,如再不到操应即除名;职员、社员均须着本社制服,拍照四寸相片送交事务所,镶镜悬挂以便公司认同。① 《大公报》如此报道社员的练习情况:"社员等每日两操,无一旷误者。社长杨敬林观察早晚步随到场,躬亲一切,以资表率。"②

体育社的事务所原本设在城内二道街,后因地方狭窄而迁移至南关下的杨家花园,与操场同在一处。③ 体育社操场又分为东操场和西操场,修建时得工程局协助,因"事关公益"而免缴工价。④ 由此可知,体育社虽然有意将自己与官方区分开来,但还是接受了官方的后援。

不过,体育社的主要经费来源仍是民间捐赠。包打三合土(石灰、沙子和黏土的混合土,较坚固)头目许俊邦给体育社捐款,在附信中如此说明其捐赠的目的:倡办体育社使我国民皆有尚

---

① 《体育社纪事》,《大公报》宣统三年二月十九日。
② 《体育发达》,《大公报》宣统三年二月二十四日。
③ 《体育社纪事》《事务所将迁》,《大公报》宣统三年二月十九日、二十三日。
④ 《热心可佩》,《大公报》宣统三年二月二十四日。

武精神，鄙人亦是国民一分子，故常愿报名入社，无奈年已五十有余，更有私事所阻，未能随意。所幸现在新操场盖造之讲堂及事务所地脚均系鄙人所作，情愿将全数工价银洋统助贵社，归为开办费。开平启新洋灰公司的刘汤铭称赞体育社"诚恢复我燕赵尚武精神"，无奈自己佣于客土，势难附骥，唯有撙节之零费洋3元2角。报上还刊登了其他捐赠者的姓名和捐款金额，大概是想以此鼓励更多人捐款。虽然其他捐赠者的金额比刘汤铭略高，但10元至20元的小额捐赠仍占大多数，最高金额是杨以德社长捐赠的银洋百元。① 此外，体育社社员每月须缴费一元。②

天津体育社的很多社员已剪去了辫发。"社员二百余人，除社长杨观察敬林外，实行剃发者已有三成之二，余皆剪去一半。故每日下场演操时，异常便捷，大有尚武精神。"③ 剪辫乃是出于尚武理念，并不一定含有反清意图。④ 清朝皇族听闻天津体育社的事迹后甚至亲自赐匾一方，上书"智德并重"四字，体育社敬谨奉到。⑤ 这显然说明体育社并不具有反清的政治性。

体育社实际上受到了官方的监督，前文在介绍使用枪械的相关规定时已经提到了这一点。既然是持有武力的集团，体育社处在官方监督之下也很正常。不久后制定的社员规则中写道，"本社拟

---

① 《热心公益》，《大公报》宣统三年三月二十九日。
② 《体育社纪事》，《大公报》宣统三年四月三日。
③ 《社员剪发》，《大公报》宣统三年三月二日。
④ 拙稿「清末剪辮論の一考察」『東洋史研究』56卷2号、1997年。
⑤ 《体育社纪事》，《大公报》宣统三年四月二十七日。

请巡警道宪为监督,以示服从",进一步严格了对枪械的管理。另外还规定应恭敬接待从北京前来参观的皇室贵族及文武高官,如载涛在视察旅行中途经天津时,天津体育社便在车站举行欢迎大会,载涛褒奖称:"国民尚武,系强国之基础。"①

社长杨以德是巡警组织的要人,从这一点可以推测体育社是因为与官方的密切关系而得到了承认。

三 革命的动荡与各团体的形成

人心动摇

宣统三年八月十九日(1911年10月10日),革命派在武昌发动起义并建立了政权。全国上下大为震动,天津亦不例外。关于武昌起义爆发到袁世凯就任大总统期间的天津史,以往研究只是强调了革命派的活动和"壬子兵变"的情况,对于众多天津居民如何应对政局动荡这一基本问题却几乎没有涉及。胡光明填补了这一空白,他以商会为中心考察了此时期民众的动向。②本节则把焦点集中在体育会及其他几个类似组织,以求进一步推进关于民众动向的研究。只有如此,我们才能理解体育会在此情况下承担了怎样的历史使命。

---

① 《天津商会档案汇编(1903~1911)》,第2394~2396页;《欢迎会纪盛》,《大公报》宣统三年八月二十一日。
② 胡光明:《辛亥革命大潮中津京商会与资产阶级的基本动向》,陈振江主编《辛亥思潮与国情》,天津教育出版社,1992。另见宋美云《北洋时期天津商会的组织系统》,《城市史研究》第15、16合辑。

第十章　体育与革命：辛亥革命时期天津的尚武理念和治安问题

武昌的革命引得天津市内生出种种流言。日本驻天津总领事小幡酉吉在给本国的电报中汇报道："南清变乱连连，此地人心多少有动摇之兆。且坊间传闻革命党秘密侵入，特有暗中侦察情况之必要，请电汇机密费一千美元。"①

天津巡警道叶崇质从一等巡警中选拔30人，令他们每日在茶楼、酒肆、娼寮妓馆等地便衣巡逻，暗中侦察散布谣言之人。②谣言的内容包括总督陈夔龙已经将眷属送到南方、若干官员已辞职回籍、某人已将家眷移居租界等。③真伪姑且不论，预感到政治秩序将要动摇并担心身家安全的社会心理确实存在于这些谣言背后。事实上，官员们的纷纷避难的确已发展为一大问题。④随着事态的进一步发展，又有谣言称滦州的军队已宣布"共和"，北京的富绅巨宦纷纷迁入天津租界避难。⑤

天津商务总会协理吴连元对日本总领事馆翻译濑上称有相识的革命党人前来拜访，此人一脸严肃地表示："近期应于北京及天津举事，总会现总理既已老耄，深恐不足，而贵君正当壮年，且精通天津以外之事，还望君能统率总会，万事为革命党尽力，诺否如何？"吴连元已答应尽力而为。他不仅将此事转告给了日方，还请

---

① 明治44年10月16日小幡酉吉より林外務大臣あて電報（39号）、外務省『日本外交文書』第44卷第45卷別冊清国事変（辛亥革命）、日本国際連合協会、1961、4頁。
② 《保卫治安》，《大公报》宣统三年九月三日。
③ 《谣传勿信》《官场之恐慌》，《大公报》宣统三年九月九日。
④ 《是宜惩办》，《大公报》宣统三年九月十一日。
⑤ 《闻风自扰》，《大公报》宣统三年十一月十八日。

求日本总领事馆帮助他在日租界内物色避难用的合适居所。①

为稳定人心，体育社社长兼探访局总办杨以德在报纸上发表文章，力陈虽有谣言称革命派将在北京起义，但革命势力不会波及北方，并列举出六条理由：①革命党人多产南方，北方民俗纯朴，"革命"二字能解释其义者甚少。纵然欲煽动北人，但因言语不通，很难做出一致的判断；②革命党首先以武昌为根据地，安有舍已得之地而来北方者；③我国纲常大义浸入民心，足与革命之谬说相激，断不会支持在京师犯天下之大不韪；④追随革命党的多为被胁迫者；⑤对革命党而言，武器的补给也绝非易事；⑥国外也支持他们曾给予贷款的政府。②

很难说这篇文章究竟有多大的说服力，不过这至少说明杨以德本人已感到了危机，因此才力图以此番论述来安定社会。革命派频频在天津活动，③而负责镇压的正是杨以德。

如后文所述，体育社在维持治安中发挥了一定作用。不过值得注意的是，天津在此时期还成立了其他各种名义的自卫性组织。

---

① 明治44年10月27日小幡酉吉より内田康哉外務大臣あて電報（第47号）、外務省記録『清国革命動乱二関スル情報（北京、直隷省、山東省）』、外務省外交史料館蔵、1·6·1·46-11。

② 《来函》，《大公报》宣统三年九月七日。

③ 波多野善大「辛亥革命期の汪兆銘」波多野善大『近代中国の人物群像——パーソナリティ研究』汲古書店，1999。该文最初发表于1983年。在天津表演戏剧宣传革命的王钟声即是遭到杨以德镇压的革命派人士之一。梅兰芳：《戏剧界参加辛亥革命几件事》，中国人民政治协商会议全国委员会文史资料研究委员编《辛亥革命回忆录》第1集，中华书局，1961。

治安对策的开展

首先想到成立商团的是敦庆隆的号东宋则久。他认为："冬防吃紧，局势不稳，恐土匪乘机跋扈，非立商团不足以资保护。"为此在商会会议，决定由宋则久挑选店员20人送往体育社练习枪法。① 虽然只是小规模的自卫组织，但体育社的培训以此种形式得到利用仍值得关注。

天津绅商商议募集商勇以进一步发展商团。九月七日借议事会的会场开会，以"事机紧迫，若再妥议章程，为时太迟"为由，当场推举严修和李士铭为领袖，决定招募商勇千人，先由六位商人出资15000元作为经费。会议还决定招募商勇应得到道台的首肯。②

商人此番活动的最终结果是保卫局的成立。经直隶总督批准，严修、李士铭、宁世福等35人出任局绅，负责保卫局的运营管理。招募可信赖之人，建立统巡—总巡长—巡长—巡目—商巡的指挥系统，规定从统巡到商巡均须穿着制服，运营资金则主要依靠广泛募捐。《天津绅商保卫局章程》规定，"本局以防范土匪、保卫城厢治安、补助巡警为宗旨"，如有扰乱治安者，与巡警共同惩处。③

十月二十日下午，保卫局在河北公园会操，严修等保卫局要

---

① 《提倡商团》，《大公报》宣统三年九月九日。
② 《商勇局组成》，《大公报》宣统三年九月十一日。
③ 《保卫局立案》《募团办法》，《大公报》宣统三年九月十三日；《保卫局募款》《来函》《天津绅商保卫局章程》，《大公报》宣统三年九月十六日。

人悉数到场，商巡队分为东西南北中五段各自操演。[①]

除了设立保卫局，商务总会还决议另外组织"铺勇"以对付土匪。铺勇分段编练，首先由估衣街各店铺摊款招募本街脚夫40名，锅店街招募铺勇30名，[②]随后在主要街道设立铺民局、小巷设立民更局，随时巡逻不怠。[③]

为了商讨治安问题，绅商们还召开了"维持公安会"。会场设在天津城议事会，出席者300余人，推举张伯苓为会长。刘孟扬做了主旨报告，称："此会为预防土匪抢劫、官兵扰乱，以保地面公安起见。"会上广征大家意见，有请破除忌讳宣布开会宗旨者，有谓此会为地方公安之问题、非政治之问题者。[④]这里所说的"破除忌讳宣布开会宗旨"，似乎意指脱离清朝、宣布独立。此外，"维持公安会诸君以华界驻兵倘与革命军交战，则于人民之生命财产大有妨碍"，遂有该会某君见某领事馆员谈及此事。[⑤]

维持公安会的工作最终由商务总会办理。工作似乎以赈济为主，王竹林、李星北等禀请总督提供资金。[⑥]

---

① 《商团会操》，《大公报》宣统三年十月二十二日；《商巡合操之盛况》，《顺天时报》宣统三年十月二十五日。

② 《编勇铺勇》，《大公报》宣统三年九月十三日。

③ 参见《天津商会档案汇编（1903~1911）》，第2439~2442页。

④ 《维持会纪略》，《大公报》宣统三年九月二十日。

⑤ 《领事对于驻兵之意见》，《大公报》宣统三年九月二十日。有人批评称这种对待外国的态度实在有伤"国体"，保卫局也表示赞同此批评。《天津绅商保卫局公布函件》，《大公报》宣统三年九月二十五日。

⑥ 《请款赈济》，《大公报》宣统三年十一月九日；《纪公安会开会选举议董认充股员之详情》，《顺天时报》宣统三年十月十二日。

第十章 体育与革命：辛亥革命时期天津的尚武理念和治安问题

就这样，人们对维持治安的关心日益强烈，体育会也逐渐偏离了当初的目标，转而强化其自卫组织的性质。之所以会有此变化，大概是大多数的天津市民希望体育社这样纪律严明又配有轻型武装的天津居民组织能够在紧迫形势之下转用于市民自卫。譬如，商务总会致函体育会称："近日各商先后来会报告，据称贵社连日未见，不知何故，本埠居民且疑且恐，均求敝会转请贵社照常出队，以保治安。"① 另外不容忽视的一点是，负责人杨以德还可以利用体育社来实现他个人的政治意图（镇压革命党）。

体育社的警备活动将市区分为东西南北中五段，分别安排社员巡查。巡视分为昼夜两次，按军队纪律要求。若有非常事件则协同巡警办理，遇有火警则急赴火场维持治安。此外还计划设置马队。以上这些活动均在探访局总办杨以德的管理下进行，李玉荪、杜小琴、刘孟扬等则分别在五段配合管理。② 由此可见，体育会经杨以德与巡警组织产生了一定关联，但实际业务仍由本地名士主导。体育社重新招募文理稍通、身体强壮之商民充任社员，嗣后作为商团教练之选。③ 经费则仍依赖捐款，尤以商务总会为主要金主。④

---

① 《津商会为请该社出队梭巡市面以保治安事致体育社函》（宣统三年九月十七日），《天津商会档案汇编（1903~1911）》，第2398页。
② 《警察队之布置》《查街规则》，《大公报》宣统三年九月十二日、十四日。
③ 《续募社员》《始终将事》，《大公报》宣统三年九月二十九日、十月三日。新加入体育社者需备齐操衣、操帽，可在估衣街的敦庆隆（宋则久之店）购买。《新报名体育社诸君注意》，《大公报》宣统三年十月四日广告。
④ 《捐助社费》，《大公报》宣统三年十一月十一日。

原来的水会也被重组。新建的组织名为水团。阖津水局董事通过商会向总督投具说帖，历数了自咸丰三年（1853）太平军北上犯津至义和团运动期间"各水团"在防卫地方和维持治安中发挥的作用，并指出："财源向由盐运司库支发，历有可查。"阖津水局董事拟照旧例办理水团，以此"保护地面"，获得直隶总督陈夔龙批准。①

新设立的水团的组织状况如下。"阖津水局共有79处，内有在租界者19处，每处除首董外，计伍善50名"，仅华界就有3000人，月薪由盐运司和商会负担。水团以"练成尚武精神"为宗旨，接受体育社的教练，要求成员遵守纪律、勤奋训练。② 至于武器，商会要求给水团配备枪支，但警务公所以"洋枪不敷分配"为由，发放了棍棒150杆。③

以上所见诸团体的性质极为相似。正因如此，诸如"保卫局商勇及体育社社员等约二千余人"在河北各马路"操演行军走队，并借以此弹压地面、镇静民心"的合作活动才能实现。④ 此外，体育会和保卫局都将市区分为五段，大概是为了配合巡警局将天津华

---

① 《直督陈为历届水团皆为保卫天津地面而设此次革党滋扰亦可照准事札饬天津商会文》（宣统三年十月六日），《天津商会档案汇编（1903~1911）》，第2432~2433页。
② 《直督陈为历届水团皆为保卫天津地面而设此次革党滋扰亦可照准事札饬天津商会文》（宣统三年十月六日），《天津商会档案汇编（1903~1911）》，第2432~2433页；《水团成立》《一举两得》《天津普通体育社教练水团暂行章程》《商会助款》《水团增费》，《大公报》宣统三年十月十四日、十一月五日、十二日、二十二日、二十五日。
③ 《津商会为水团枪支不敷应用请暂借一百五十杆事致警务公所函》（宣统三年十一月十三日、十七日），《天津商会档案汇编（1903~1911）》，第2434页。
④ 《商勇游街》，《大公报》宣统三年十一月五日。

界划为五区的管理方式,让巡警和体育社社员及保卫局的商巡等共同维持治安。不过,各组织在设立过程、领导人物、成员构成、理念、经费来源等方面都有所不同,在形式上仍是各自独立存在。这种组织化形式本身是在吸纳并管控不稳定分子的意图之下推进的。

天津红十字会的成立

另外一个值得关注的团体也在此时期成立了,那就是天津红十字会。毋庸赘言,这是国际红十字运动的一部分。国际红十字会是基于1864年日内瓦公约创设的,最初是为了保护战地伤病员,1906年又再次召开会议完善了公约。① 中国的红十字会起源于光绪三十年(1904)日俄战争期间上海绅商与英、法、德、美四个中立国联合设立的"上海万国红十字会"。1907年"大清红十字会"成立,万国红十字会并入。②

红十字会真正在中国受到关注并在各地相继建立,则要等到辛亥革命时期。在北京,"值此革命动乱之际,唯恐北京迟早亦有骚乱,若果真如此,当于骚乱时保护伤病者。为此,本市清人有志者于十月下旬商讨组织慈善会。慈善家为达成此项事业,前来寻求

---

① 『万国赤十字社条約改会議参列委員復命書』陸軍省、1907、東京大学総合図書館蔵。
② 《中国红十字会二十年大事纲目》《本会开创时之奏折》,《中国红十字会二十年纪念册》,中国红十字会,1924;《中国红十字会》,行政院新闻局,1947,第1~2页;中国第一历史档案馆:《中国红十字会的成立》,《历史档案》1984年第2期。李嘉伦(Caroline Reeves)将中国红十字会置于更广阔的背景加以说明,参见Caroline Reeves, "The Changing Nature of Philanthropy in Late Imperial and Republican China," *Papers on Chinese History*, Vol. 5 (1996).

外交团协助"。外交团要求组织者全面依据1906年的新日内瓦公约，获得同意。①国际红十字运动原本是基于人道主义精神在战地救护伤兵，像上述北京方案这样提前预想战争并为之准备，或许不太符合国际红十字运动的初衷。不过，在紧急事态之下选择容易获取国际社会支持的组织形态、仰仗中立外国人的协助，这种想法也属正常。

在天津，人们获悉南方仍在战争，也开始讨论成立红十字会。天津红十字会首先于九月十四日在蒙养院召开发起会，赞成者逾300人，遂又于二十日借法租界内新学书院的宫保堂召开了成立大会。关于活动方针的意见分为两派，一派认为因资力不足，应暂缓赴战地救护，姑且先在天津筹备；另一派则主张火速奔赴武汉等战地开展救护工作。②天津红十字会的特点在于同时从中国人和西方人中选举董事，其中华人董长为宁星普（宁世福），西人董长为赫牧师，董事则包括严修、张伯苓、英敛之、刘孟扬等天津知名人士。红十字会广泛募捐，决定一经筹齐资金便立即出发救护。③由此可见，天津的实力人士和市民绝非只关心本地治安，而是对救助人命的普遍理念心生共鸣。募捐公告上也以肯定语气写明了红十字

---

① 明治44年12月29日在清国公使伊集院彦吉より内田康哉あて書簡、外務省記録『清国革命動乱の際二於ケル同国赤十字社関係雑纂』、外務省外交史料館蔵、5・3・2・78。
② 《红十字会要函》，《大公报》宣统三年九月二十日。
③ 《红十字会纪事》，《大公报》宣统三年九月二十三日、二十六日。史料中记有"宁世浦"，其中"浦"应为同音字"普"的误记。

第十章 体育与革命：辛亥革命时期天津的尚武理念和治安问题

会并非天津一地的组织。①

红十字会的博爱理念吸引了众多人士前来报名，应征"看护生"者男女共计百名以上。看护生要求年龄为20~40岁，并需在医院学习4周。②

在此期间，上海红十字会的核心人物沈敦和给天津商会发来电报，恳请资金援助。电文中列举了若干分会，对天津红十字会却只字未提。③由此看来，力图在全国推广红十字活动的沈敦和似乎并未与天津的红十字会建立联系。换言之，天津红十字会应当是具有相当独立性的地方组织（虽然如后文所见，该会与北京的红十字会有所联系）。④《天津红十字会会章》中仅写道"本会宗旨遵同万国红十字会会章"，完全没有提到与其他组织的关系。⑤

十月二十四日，天津红十字会与体育社在天津郊外的西沽大学堂前举行联合演习。体育社员到约300人，分为南北两军，南北相距约3华里。司令官发令开战，两军相距稍近，"及至切近则互相高呼作威，方始收队"，"据有军事知识者盛称与新军无异，可见我国民之尚武精神矣"。此外，红十字会还当场进行了救护训练。

---

① 《天津红十字会劝捐浅说》，《大公报》宣统三年十一月二十八日。
② 《红十字会纪事》《定期入学》，《大公报》宣统三年九月二十八日、三十日。
③ 《沈敦和为普救湖北事变遇难商民请代筹捐款事致津商会电及复电》（宣统三年九月二十二日、二十六日），《天津商会档案汇编（1903~1911）》，第2407页。
④ 以往研究着重强调了红十字会是具有全国性的组织，但我认为，（在共同的理念和规范下）各地的红十字会实为分别组建，各有不同。Caroline Reeves, "The Changing Nature of Philanthropy in Late Imperial and Republican China," *Papers on Chinese History*, Vol. 5 (1996).
⑤ 《天津红十字会会章》，《大公报》宣统三年九月二十九日、三十日。

如战时有受轻伤重伤之军人，由红十字会中西医官、救护生等前往施救，毕即用布床抬往西沽公理会临时病院医治。凡受伤之部位及轻重，均预先作定，医官如法敷治。然后抬至病院，有调剂部、治疗部、重伤部、轻伤部。病院中所设病床、被褥、疗伤器具以及各种药料、绷布、药棉无一不备。

男救护生12人均着"青呢军衣、皮靴、军帽，嵌红十字肩章"。15位女救护生均"身着浅月色布长衫，白布长背心，浅月色布帽，白色布箍，亦嵌红十字于其上"。中西医官共计3名，来宾除神父和牧师外还有严修、李星北等士绅。①

上述演习内容表明红十字会力图忠实实践亲赴战地展开救护的宗旨，与体育会联合演习这一点也值得关注，而支撑这些活动的则是在不安定的社会中尽力维持社会秩序和尊重生命的意识。进而言之，通过军事和医疗活动来锻炼身体、发扬尚武精神，以及让伤员接受西医治疗这些细节都明显体现了一种新的身体观（这种身体观与义和团时期的求神助武观念及不死之身的信仰明显不同）。在第二次联合演习中，体育社充当东军、水团充当西军进行了野战练习，"伤员"亦由红十字会救护。②

---

① 《演操志盛》，《大公报》宣统三年十月二十六日。
② 《红十字会纪事》，《大公报》宣统三年十一月三十日。

天津红十字会募集到的捐款不断增加,①前往战争一线的机会也旋即到来。在徐州战斗的统领张勋因当地医务人员不足而向北京和天津的红十字会求援。天津红十字会开会讨论,认为如"有负伤士兵需治甚殷,则该会即行出发;若需医务人员,则该会为红十字会性质,不能前往相助"。最终北京红十字人员会来到天津,天津红十字会人员与他们同乘火车奔赴徐州。出发时,天津红十字会人员表态称,"本队全体人员应确守万国红十字会章程,遇有北南军将士被伤,一律救护医治",并做好了"此事纯尚道德,对于个人皆须从权忍待,以期不负初心"的思想准备。②由此可知,天津红十字会明确意识到了持中立立场救助人命的理念。红十字会到达徐州后大受欢迎,因徐州为南北两军必争之地,需时刻准备救助伤员。③

为确保经济来源,天津红十字会在募集民间捐款的同时还尝试举办音乐会筹款。例如,曾特请西洋音乐家在法租界内的新学书院演奏亨德尔(George Frederic Handel)的《弥赛雅》,还在城内鼓楼南侧的广东会馆组织演奏十番乐(笛、大鼓、弦乐等合奏),刘孟扬也当场"寓意小技"。④《大公报》报道,妓女也表示"我辈操业虽贱,岂无人心",纷纷解囊捐助红十字会。⑤

---

① 既有少至2元的小额捐款,也有红十字会董事宁星普捐款500元。《红十字会纪事》《天津红十字会捐款实收数目单》,《大公报》宣统三年十一月十四日。
② 《红十字会纪事》《红十字会出发》《红十字会纪事》,《大公报》宣统三年十一月十四日、十五日、十七日。
③ 《红十字会纪事》,《大公报》宣统三年十一月二十五日。
④ 《音乐会纪盛》《热心筹款》,《大公报》宣统三年十一月十八日、三十日。
⑤ 《妓界善举》《再纪妓界善举》,《大公报》宣统三年十一月二十四日、二十五日。

不过，天津红十字会仍面临结构性的财政困难。随着战争的扩大和持续，向红十字会求援之声急剧高涨，但天津红十字会无法确保充足的经费来源来应对这些求救，当时又恰逢经济萧条与金融危机。万一南北议和不成、战事在天津附近爆发，资金将马上枯竭。正副会长徐华清、孙子文及董事王伯辰为此前往总督处请求资金援助。①

这正是天津红十字会的矛盾之处——红十字会旨在不分阵营地向政府军与革命军双方施以治疗，但为此所需的资金只向其中一方索要。此外，募集捐款的土地也可能即将变成战场。这些特点都表明，天津的红十字会具有不同于国际性红十字运动的独特之处。

天津红十字会原本是为了应对具体的战斗而对症下药式设立的组织，虽然具有一定的国际视野，但在内战中展开救护才是它的首要任务，而这往往又容易发展成为救助本地人士的性命。红十字会与体育社在要求组织性、纪律性上有共同之处，并且二者都被期待尽量减轻内战的惨剧，因此均获得了一定的支持。

四 从兵变到袁世凯政权

围绕独立的激辩

与天津有关的政情中，滦州的动向不容忽视。滦州第二十镇

---

① 《红十字会纪事》，《大公报》宣统三年十一月二十三日、二十四日。

第十章 体育与革命:辛亥革命时期天津的尚武理念和治安问题

统制张绍曾不仅迫请清朝实施立宪改革,还有可能与吴禄贞联手发起军事行动。如此一来,顺直谘议局面临与其他省份同样的政治决断——是否要从清朝独立。张绍曾来津时,曾有传言称他与谘议局筹商了独立之事。①

吴禄贞被暗杀后,第二十镇试图起义,人们因此担心战火殃及北京和天津。小幡酉吉观察到:"驻屯滦州之第二十镇士兵此前有叛乱之嫌,当地谘议局议员最终同意该部队入津,但为避免兵火之祸,劝说总督姑且宣告直隶独立。另外,当地革命党员等人期待该军入津,似有与之联手制造重大事件之形迹。"② 这表明,"独立"也具有避免战火的权宜一面。

当初联军同意解散都统衙门的条件之一是天津城周边20里内不许清军驻扎,这一规定无疑给维持治安增加了不安定因素。总督因此请求领事团暂停此条件、允许军队驻留,获得批准。与此相对,张绍曾带兵入津的请求却遭到领事团的拒绝。③ 这样一来,防卫天津的军事力量就得到了强化,避免了来自滦州方面的进攻。然而,这一情况其实为日后发生的更大灾祸埋下了伏笔。

"直隶保安会"在此期间成立。根据小幡酉吉的报告,该组织

---

① 《谣言可笑》,《大公报》宣统三年九月二十六日。
② 明治44年11月13日小幡酉吉より内田康哉あて電報(第69号)、外務省記録『清国革命動乱二関スル情報』、外務省外交史料館蔵、1·6·1·46-11。
③ Senior Consul (Harry E. Fulford) to Viceroy, 4 November 1911, enclosed in John Jordan to Edward Grey, 10 November 1911, Great Britain, *Parliamentary Papers, China. No. 1(1912). Correspondence respecting the Affairs of China* (London: His Majesty's Stationery Office, 1912), p. 69; Jordan to Grey, 9 November 1911, *ibid.*, pp. 31-32.

旨在维护一省治安，实则思图独立。九月二十七日（11月17日），谘议局正副议长及本地选出的资政院议员发起集会，与会者达300余人。会议选举谘议局议长阎凤阁为议长、谘议局副议长王邵廉及法政学堂监督李舫渔为副议长。"或谓该会之目的在于仿效奉天及山东两地之保安会，但最终似乎并无实行本省独立之意。"①

直隶保安会次日下午两点开会，现场大为混乱。

谘议局议员及有志者五百余名出席，阎会长宣布开会。王副会称本会名为"保安会"，因与奉天保安会同名，似含独立之意，有欠稳妥，故提议改名为"维持保安会"。反对者则对此激烈批判，谓如今各省或已宣告独立，或已归于革命党之手，革命军正欲北上来袭，天津不久亦难逃归其占领之命运，值此迫切之际竟拘泥于名称等末节，实属无聊。并攻击正副议长之温吞态度，最后痛陈本会当于此际宣告独立，如此方属至当。与会者大多表示赞成，会场气氛渐趋紧张。阎会长表态反对此等过激言论，流露欲辞会长之意。讨论愈发沸腾，会场混乱至极。阎会长为此提议从与会者中公选代表40名，今夜再度于谘议局集合，重新密议。此提案获与会者

---

① 明治44年11月18日小幡酉吉より内田康哉あて電報（第75号）、外務省記録『清国革命動乱の際同国各地ニ設立セラレタル保安会関係雑件』、外務省外交史料館蔵、5・3・2・107。关于奉天保安会，参看西村成雄「東三省における辛亥革命」西村成雄『中国近代東北地域史研究』法律文化社、1984；江夏由樹「奉天地方官僚集団の形成—辛亥革命期を中心に」『一橋大学研究年報経済学研究』31号、1990年。西村成雄文章最初发表于1970年。

第十章　体育与革命：辛亥革命时期天津的尚武理念和治安问题

同意，方于下午五时半散会。①

最终，稳健派在这个只有代表参加的秘密会议中获胜，独立被否决，会名被改为"维持保安会"，同时决定向袁世凯请愿，希望其与湖北革命军达成妥协。②

由此可知，有一部分人明确提出了直隶独立的主张。不过，与其说他们是支持革命的大义，倒不如说他们主要是想通过宣布独立这一权宜之计来避免革命军的占领和革命势力的波及。正因为如此，他们才希望袁世凯与革命势力谈判以阻止战火蔓延。

山东省的独立活动也增加了天津的紧张气氛。在此形势下积极开展反对独立论的正是杨以德。他主张"吾以独立自异，庶几图目前之苟安，镇地方之不靖耳"，并举出若干理由论证独立不可能实现。③

最终，直隶没有宣布独立就迎来了改元。政局在此期间发生了巨大变化，宣统帝宣布退位，以此为前提，天津接受了中华民国政权。

定都问题由此成为争论的焦点。旅居天津的南方绅商发起

---

① 明治44年11月18日小幡酉吉より内田康哉あて電報（第76号）、外務省記録『清国革命動乱の際同国各地ニ設立セラレタル保安会関係雑件』、外務省外交史料館藏、5・3・2・107。

② 明治44年11月18日小幡酉吉より内田康哉あて電報（第78号）、外務省記録『清国革命動乱の際同国各地ニ設立セラレタル保安会関係雑件』、外務省外交史料館藏、5・3・2・107。

③ 杨以德：《天津新志士有慕山东独立而欲昌言直隶独立者爰作是说以破之》，《大公报》宣统三年九月三十日、十月一日。

"临时政府地点争议会",要求以北京为首都,在浙江会馆召开的大会共有606人参加。争议会还决定向南方派来的专使(唐绍仪、伍廷芳、蔡元培)请愿,据称蔡元培亦表态:"我辈虽是南人,然以全国大局为前提,则临时政府地点万难舍北就南。"①

巡警道杨以德与谘议局、天津城议事会、天津城董事会、保卫局协商后通知将于十二月二十九日举办提灯会。要求在灯上以红字书写"中华民国共和万岁",计划从西马路宣讲所出发,在军乐队的导引下环城一周。规定旗帜为白色方形,上亦书"中华民国共和万岁"红字,但对于国旗没有明确指示。②此后不久,袁世凯通知直隶总督张镇芳国旗的样式为红黄蓝白黑五色自上而下排列,但这个通知或许没能赶上提灯游行。③

新一年的正月又举行了类似的提灯游行。大年初七(1912年2月24日)这一天,"女子提灯会"由东马路宣讲所出发行至四马路,前有五色国旗及"中华民国女子庆祝共和会"大旗,各女

---

① 《开会力争地点》《欢迎专使到津》《宴会专使》《补录专使谈论》,《大公报》1912年2月26日、27日、28日、29日。

② 《直隶劝学所警务公所公务分会等为发起庆祝共和提灯会事致津商会函并附办法七条》(宣统三年十二月二十七日),《天津商会档案汇编(1903~1911)》,第2390~2391页。

③ 《直督张镇芳为宣布共和南北两军改悬国旗事札饬津商会并警务公所令各界二十九日悬旗通知》(宣统三年十二月二十八日),《天津商会档案汇编(1903~1911)》,第2391~2392页。关于五色旗,参照 Henrietta Harrison, *The Making of the Republican Citizen: Political Ceremonies and Symbols in China, 1911-1929* (Oxford: Oxford University Press, 2000), pp. 98-111; 小野寺史郎「国旗と革命——近代中国におけるナショナリティと政治のシンボル」小島毅編『東洋的人文学を架橋する』東京大学人文社会系研究科、2001。

校也分别持有校旗,其后均持小旗、五色国旗或"庆祝共和万岁"旗。参加者约计200人,众人口唱爱国歌,沿途鸣放鞭炮,并合摄一影。①

这次游行体现了人们新年的喜悦及对新时代的憧憬,可以想见人们已经放心地相信天津没有经历军事动乱就度过了危机。然而,喜悦不过转瞬间,天津人甚至没能平安地迎来元宵节。

"壬子兵变"

1912年3月2日(农历正月十四日)晚,天津华界陷入一片混乱,始于北京的暴力事件也在天津发生了。在天津设店的三井物产株式会社的职员向总社发去了三封告急电报。

> 今夜十时,当地中国街发生暴动,总督衙门、新停(车)场等其他五处着起大火,现火势尚炽。

> 继昨夜以来,火灾、抢掠现仍甚盛。中国街繁华之处已烧毁殆尽。我社分店、正金分店及其他日本商店亦被烧。与中国街交通断绝。暴徒似为兵士及巡查。各居留地尚无危险。买卖断绝,暂无恢复之兆。

> 前电所述我社分店及正金分店被烧,实属误报。两处均

---

① 《提灯会志盛》,《大公报》民国元年二月二十六日。

完好无损，其附近一带则皆遭烧毁，状实惨极。火灾虽已渐收，但市中混乱未止，巡查等仍放枪并大肆抢掠。①

此外，横滨正金银行天津支行的职员也给总行发送了如下电报。

> 昨夜9时许，中国兵开始于中国街各处放火并恣意抢掠，官宪丝毫未尽保护之责。今掠夺尚未停止，损失不小。分店幸免于火灾，因驻屯军及警察之保护而平安无事，正安全归还书籍、账簿、现金。分店目前暂时关闭。各租界及附近均尚平稳。②

保卫局、体育社、水会和红十字会有没有在此次事件中发挥保护生命财产安全的作用呢？我认为，这些团体基本处于束手无策的状态。根据英国领事冷静而透彻的报告，自前一日起从北京乘火车陆续到来的士兵首先挑起了动乱，而天津本地的火会（fire brigades）、团练（local militia guards）成员乃至下层市民也加入了抢掠行列。巡警组织亦无应对之策，甚至有许多巡警协助了放火和

---

① 外務省記録『清国革命動乱後の状況二関スル地方雑報』、外務省外交史料館藏、1·6·1·60。这份文件以三井物产株式会社的便笺纸书写，应为天津支店发给总部的电报，此后又由总部提交给了外务省。
② 天津支店から本社にあてた電報、明治45年3月4日横浜正金銀行副頭取井上準之助より内田康哉あて書簡に添付されている、外務省記録『清国革命動乱後の状況二関スル地方雑報』、外務省外交史料館藏、1·6·1·60。

掠夺。^① 外交团照会袁世凯，再次禁止中国军队进驻天津城周边20里以内。^②

在提交商会的呈文中，天津居民激烈表达了财产遭到掠夺、住房与店铺化为灰烬的愤慨之情。一个商人团体如此表达了期望落空的惊愕和懊悔。

> 窃商等均在北门内大街经商，突于阳历三月二号即壬子年正月十四日晚十钟，忽闻连环枪声，甚为惊骇。霎时间，见满街军人，或持洋枪，或载轮炮。初以为弹压土匪、保护治安而来，各商家颇觉可恃，继见该军人等身穿军服，手持军械，纵火鸣号，砸门入室。商等猝不及防，所有货物及现存金银家具一切，并同人衣被等件，抢劫一空，复继以焚，较庚子联军入境尚不致如是之甚。伏思国家养兵，原以保卫商民，维持秩序，乃该军人等竟违法施放军火，昼夜强抢。^③

另一些商人则严厉批评保卫局等组织未尽到自卫职责。

---

① Fulford to Jordan, 5 March 1912, enclosed in Jordan to Grey, 11 March 1912, Great Britain, *Parliamentary Papers, China, No. 3 (1912). Further Correspondence respecting the Affairs of China* (London: His Majesty's Stationery Office, 1912), pp. 216-217.

② Collective Note to Yuan Shih-kai, enclosed in Jordan to Grey, 11 March 1912, *Parliamentary Papers, China, No. 3 (1912)*, p. 217.

③ 《北门内大街众铺商痛陈猝遭兵变被焚烧一空情形文》（1912年3月9日到），《天津商会档案汇编（1903~1911）》，第2476~2477页。

> 兵犹火也，不戢将自焚也，纵兵殃民，虽咎在统驭，然不能先事预防，其咎应在何人？往事已矣。况津埠商民，月纳若干之房铺捐以办警察，及至湖北起义，又纳月捐若干，又办许多保卫局等，以维持秩序。不意事变，军队志在金钱，所谓警察也、保卫局也、商巡也、水团也，不敢与之辩论，以乱兵器精人壮故，商等所可异者，尾随军队之土匪，焚火抢掠，而所谓之保卫局、商团、水团等，严守中立而不知诘责，任其自便，遂使繁盛市面一变而为瓦砾之场，倾家败产，在在皆是。倘保卫局、商团、水团实力保护，何至如斯？商等素日糜若干之钱，而今只享此权利，呜咽不忍言。①

体育会自然也属于这篇文章的批判对象。

解决问题最终还是需要具有实际统治能力的中央政府。无论"壬子兵变"是否为袁世凯的阴谋，作为此次动乱的结果，袁世凯政权的确被人们期待掌权并最终上台。在与南京派来的蔡元培等协商后，袁世凯决定尽快在北京建立政权。②

既然不允许中国军队进驻，那么天津的治安工作就只能仍由巡警组织负责。如此一来，率领天津巡警组织的杨以德便占据了重

---

① 《煤油洋广货商信泰生号等泣陈津埠兵变爆发经过及三点原因文》（1912年3月6日），《天津商会档案汇编（1903~1911）》，第2475~2476页。该文另见《来件》，《大公报》1912年3月10日。

② 《南京电允在京组织统一政府》，《大公报》1912年3月6日。此时，黄兴主张在南京建都，章炳麟则持反对意见，主张应在北京建都。《章太炎驳黄总长主张南都电》，《大公报》1912年3月5日、6日。

第十章 体育与革命：辛亥革命时期天津的尚武理念和治安问题

要位置。杨以德当时本应调任口北道台，因动乱发生而得以在天津留任。① 关于他的事迹和性格，日本外务省编纂的人物事典简洁地写道：

> 该人出身卑贱，不过勉强识得文字。能得今日之位置，总因其处事敏捷且有胆力。袁世凯知其能力，用其所长，屡屡保举，遂得今日之官职。革命事变发生时，其为探访局总办，探知革命党之动作报告于总督，遂得防患于未然。晋升巡警道后依然对革命党施加压迫，对彼等计划屡加破坏并最终导致其未能实现。维持天津治安颇有成效。②

杨以德此后一直担任天津警察厅厅长，直至袁世凯去世。

在袁世凯死后仍持续不断的战乱时代，体育会背后的国民皆兵思想并未得到落实。即便是在军人掌权的时代，强国之梦也没有能够实现。尽管如此，"体育"的理念和实践仍改变了以往的身体观和国家观，由此开辟了一个崭新的历史阶段。

* * *

体育会由天津的有志之士创建，旨在发扬"尚武"精神，实

---

① 《督辕牌示》《警道留任》，《大公报》1912年3月1日、2日。
② 『現代支那人名鑑』、394-395頁。

现强国梦想。它一边从官方获得赞助,一边动员天津居民加入。天津体育社运营管理中的关键人物是巡警组织的要人杨以德。因此缘故,天津体育社才得以顺利运营并获得枪械。天津体育社还展现了一种新样式———般市民身着体操服,每日集合进行练习。

武昌起义的成功及此后的动荡政局动摇了天津的人心。在此过程中,体育会被转用为自卫组织,并与同时期成立的各种自卫团体共同训练。就这样,不断高涨的危机感和加强警备的必要性使体育社的军事性和集体行动日益渗透到社会。红十字会与体育社的共同演习表明,这些团体所基于的身体观已经与以往的团练和义和团等组织截然不同。

然而,"壬子兵变"这一惨祸让人们痛切感受到了体育会、保卫局等自卫组织的无力。在上海等宣布独立的地区,绅商主导的武装团体或革命派的军事力量也没能建立十分稳固的政权。结果就是,内战难以避免地给市民带来了巨大危险,无法再乐观地依靠自卫性的武装团体。于是不断有人移居租界,希图依靠外国人的庇护获得安全。无论从爱国主义的观点考虑,还是从日常防卫这一维持治安的观点考量,这种社会状况都亟待改善。

在此情况下,袁世凯就任了临时大总统。天津人对于他任职直隶总督期间的政绩尚记忆犹新,也期待他能够实现稳定治安和建设强国的目标。相比南方人组成的革命集团,天津人自然对袁世凯有更好的印象。

最终,确保治安和建设强国的课题在袁世凯死后仍然继续残存。杨以德在宣统三年(1911)率领的体育会或许在一定程度上反映了既服务于本地治安又服务于国家未来的理想，然而1919年五四运动发生时，手握天津警察大权的杨以德却无疑面临维护治安和爱国主义愿望之间的激烈冲突。① 可以说，中华民国北京政府时期的城市所面临的课题，都已在这里显出了端倪。

---

① 片冈一忠『天津五四運動小史』同朋舎、1982。

补论　风俗的变迁

本章为"补论",旨在略微变换视角,重新检讨并整理此前各章已阐述过的问题。我将重点关注曾在第五章提及的"风俗"观念,力图揭示理解天津史的新视角。

"风俗"是历史文献描绘的秩序图景。我们当然不能因为这些描绘出自史料就理所当然地认为它们一定"正确"——事实上,这些有关风俗的言说中往往包含一些我们很难立刻接受的因果关系说明。不过,正是这些看似"不自然"之处,为我们理解当时的秩序观念提供了宝贵的线索。

对于明清时代的人们来说,"风俗"一词指代所有与社会秩序相关的行动样态。[①] 这一概念在《诗经》中已有提及,可见由来已

[①] 关于明末的"风俗"观念,参见森正夫「明末における秩序変動再考」『中国——社会と文化』10号、1995年;岸本美绪「風俗と時代観」『古代文化』48卷2号、1997年。

久,明清时代府、县等行政单位各自编纂的方志中更几乎均设有"风俗"一项。各地方志中关于风俗的记述多种多样,除了记载本地的独特习惯,还会对照理想中的淳风美俗来批评现实,例如康熙《天津卫志》便如此写道:"贵德耻争,民淳讼简。近来五方杂处,逐末者众,讼狱繁兴,习尚奢靡。"

套话式的风俗言说显示了对社会存立的说明方式,而这其实成了当时通晓文字的人们理解社会的模式。应该注意的是,中文中所说的"风俗"与贤明统治者善导人民的观念相连,因此并不是指完全脱离了"国家权力"的"民间"。

前引《天津卫志》记述的"五方杂处,逐末者众,讼狱繁兴,习尚奢靡"现象,其实与现代意义上的城市化有诸多重合之处。因此,考察清末天津的风俗,可以帮助我们理解当时城市的实际情况及时人在应对此种情况时所持的理念。此外,进入20世纪后要求改良风俗的呼声日益高涨,这一现象的历史意义也值得思考。因义和团运动而遭受了重大打击的天津出现了积极改良风俗的动向——这也是本章的关注对象。

一 风俗的内涵

风俗的基本印象

同治《续天津县志》卷八"风俗"的序言如此写道:

> 旧志(乾隆《天津县志》)风俗、物产并纪,原本《汉书·

地理志》，第土物土宜，今昔不殊，非如风俗之可以移易也。邑向五方杂处，逐末者多，踵事增华，日趋浮靡，民气强悍，虽好斗而畏法，无敢与官长抗违者。自（天津卫）改县以来，文风日盛，家弦户诵，以气节相高，无论贫富，见义必为，饶有古遗风焉。故篇中不再赘物产，而以义举附之。

这当然是方志中常见的俗套记述，但也可以帮助我们理解时人在提到"风俗"一词时脑海中会浮现怎样的景象——风俗易变，天津作为商业中心奢靡之风甚重；暴力不断，文化亦盛，各种"义举"十分活跃。对于方志中笼统提及的以上诸方面，本节将以19世纪为中心进行详细考察。该时期的天津地方志主要为同治《续天津县志》及光绪《重修天津府志》。此外，长期在天津生活的张焘所撰写的《津门杂记》也提供了很多有趣的材料。

文　教

科举当然是实现社会上升的最有效途径。首先必须成为官立学校的学生。应考者为童生，通过考试后则成为生员。接下来参加乡试，合格者为举人。最后是会试，合格后即成为进士，根据会试成绩等指标分配官职。此外，从生员中选拔的贡生和在国子监就读的监生也算拥有功名。

和科举密切相关的是书院。天津原本设有问津书院、三取书院和辅仁书院，负责教育生员和童生。同治十三年（1874），有贡生向官府申请成立专门招收举人的教育机构，为此新设立了会文书院(光绪《重修天津府志》卷三五)。

不过,和科举无关的庶民乃至不解文字之人也参与制造了重视教育的风俗,这就是敬惜字纸的文人活动。统称"惜字社"的各类团体(广文、崇文、兴文、郁文等社)筹集捐款、雇用人夫四处收集写有文字的纸张,焚烧后将灰烬撒入河中。生员除呼吁立社并积极募捐外,还劝告人们不要(为了包装等目的)购买写有文字的纸张,商店亦深受感动(同治《续天津县志》卷八)。各社划分区域,向每户发放竹筐一个,专门搜集有字纸屑,有时也按重量购买(《津门杂记》卷中)。

这种活动和掌管科举文运的文昌帝君信仰密切相关。每年二月三日文人都会在庙中祭奠文昌帝君,"凡贫民之拾补缀者皆集,以其所检字纸送入庙中,是日酬以酒食",所捡字纸亦于是日焚化(同治《续天津县志》卷八、《津门杂记》卷上)。惜字活动虽与祈祷中举的心情密切相关,但由于活动目标被设定为尽可能广泛地回收字纸,自然会以有偿或无偿方式寻求商店及贫民的协助,在此过程中则需向他们讲解收集字纸的意义。我认为,这种行为在结果上促成了崇敬文字及文化观念的普及。

在教化庶民这一点上,"宣讲"值得关注。所谓宣讲,指的是将皇帝教谕德行的话语汇编为《圣谕广训》(雍正帝对康熙帝《十六条圣谕》的解说),由官民在寺庙等地向民众公开讲演。光绪四年(1878),天津知县王炳燮大力推行宣讲,力图"使人心风俗一归于正"。光绪九年(1883),管辖天津的署理直隶总督张树声发布告示,称"津郡五方杂处,良莠不齐,民多嚣悍,动辄斗争,俗尚浮华,鲜少节俭,尤非教化不可",再次强调了宣讲的必要性。然而,尽管王炳燮努力推行宣讲,但仍有报告称"近来讲者颇少恳切之心,听者难动信从之念"。为此他再次下令"于寺院、宽旷房屋照前设立四十五处,按期宣讲"(《津门杂记》卷上)。

19世纪后半期引人注目的现象是设立了针对贫困者的教育机构——义学。义学最初由官员自每岁束脩中捐资设立,在各官署公费项下支给,因此每所义学分别对应不同的官署。天津城内及附近地区共设义学约30处,每处学生16人,据此推算共有480人以上在此学习。书籍、纸、笔、墨、茶水及教师薪俸等日常运营经费均从官署预算中支出。此外,民间有志之士也设有义学。另有清真寺义学两处,由回民捐助设立,专门教育本教子弟(光绪《重修天津府志》卷三五、《津门杂记》卷上)。

设立义学的目的何在?时任天津道的额勒精额在阐述义学的意义时,称"风俗之美恶本乎人心,人心之邪正原于教化",意在使贫者子弟也能接受教育,以此善导风俗。①《津门杂记》卷上也写道:"贫家子弟,大率以卖糖豆为生,日赚数十文。或沿途爬草拾柴以供炊爨,无以读书为当务之急者。近自乡约盛行,敬谨宣讲《圣谕广训》,津人始以不识字为愧。"

《津门杂记》的叙述大概夸大了宣讲的效果,但额勒精额的义学计划的确展现了让贫者获得教育机会的努力姿态。从教学内容来看,先是学习《三字经》等启蒙读本,再循序渐进地教授四书五

---

① 额勒精额:《证学编》卷二,光绪二十年本。

经。虽然教育内容仅止于此,但仍能看出这是为了科举应试的教学。根据规定,无力雇请家庭教师的贫家子弟应被送入义学学习,由此可知设立义学是为了尽可能地让贫家子弟也能有机会参加科举。如果"以不识字为愧"、准备参加官员选拔考试的人数增加,官员以至王朝的威信也会提升。我认为,设置义学其实是为稳定社会秩序而做出的尝试。

由于回民中也有人参加科举考试,前文提及的清真寺义学的教育内容应该也是面向科举。运营清真寺义学意味着从回民中培养科举合格者,以此为自己的社会集团带来利益。与此同理,在天津设立义学挖掘可造之才、尽可能多地培养本地的科举合格者,这对天津来说也是乐见之事。

庶民的修养机会并不仅限于上述这些文人或官僚主导的教化活动。让我们看看存在于天津等直隶地区的"在理教"集团。这个宗教团体以杜绝饮酒和鸦片为目的,也被称为"白衣道教"。教中设有集会场所,首领主之,尊之曰"大爷"(《津门杂记》卷中)。根据湖南的独特思想家谭嗣同在京津两地的见闻,在理教的教理由佛教、伊斯兰教、基督教中各取一部分而成,还有师徒相传的咒语。在谭嗣同看来,在理教之所以能够流行,是因为轮回报应等话语能吸引无知愚民,而严禁饮酒和鸦片则有助于防止贫民的浪费行为。①

---

① 谭嗣同:《上欧阳中鹄》,曹尚思、方行编《谭嗣同全集(增订本)》,中华书局,1981,第467页。谭嗣同《仁学》第四十章中又在上述三教之外增加了一个孔教。

有人告发称该教实为早已被禁的白莲教，直隶总督李鸿章为此上奏解释在理教并非"邪教"。他强调该教在天津极为普遍，"民间从其教者约十之六七"，并认为戒烟戒酒乃是劝人向善，应给予好评。李鸿章以不吸鸦片有益风俗为由拥护在理教，同时指出逮捕信教者极易引起骚乱。①这份奏折的逻辑是论证在理教并非"邪"教，而是否为"邪"的判定标准与其说是教派的信仰和实践，倒不如说是优先于政治判断——若是贸然镇压，极有可能酿成叛乱。

事实上，如果传教收徒者不断涌现，根本不可能将参与者一一告发。天津有女巫（萨满）数名，自称能请神下降、治人疾病（《津门杂记》卷中）。光绪二十四年（1898），天津城内有人自称可用神力替人治病，以此招揽信徒，还有人专门召集女弟子接受崇拜。新闻批评此事"说者谓'败俗伤风，莫此为甚'，不知其祸不仅败俗伤风耳"，要求官府取缔。②然而，究竟什么样的教义才算是"不仅败俗伤风"还带有引发大乱的危险，似乎并不容易判断。

暴　力

批评天津有暴力风气已是老生常谈。被称为"混混"或"锅伙"的无赖集团尤其臭名昭著，官府甚至出台了专门规定来严厉处罚他们引发的暴力事件。③

---

① 《在理教请免查办折》（光绪九年七月十三日），《李文忠公全集》奏稿卷四七。
② 《左道惑众》，《国闻报》光绪二十四年二月五日。
③ 光绪《钦定大清会典事例》卷八〇七，光绪二十五年重修本。

不过,《津门杂记》卷上"岁时风俗"条目中也有如下记述:"富者多好倡为善义行,其贫者就死不悔,勇于赴难而不屈,习使然也。"由此可知,天津也存在巧妙利用勇猛风气来维持社会稳定的架构,而承担这一职责的就是被称为"救火会""火会""水火会"的消防组织。在天津,此类组织创始于康熙年间,此后数量不断增加,纷纷开展活动。一线成员多是在街头摆摊的小贩,他们以铜锣为号,一闻锣声即奋勇赶往火灾现场,货物则交由街上其他人看管。各局首领于每年春季或秋季设宴招待捐资的士绅、铺户和主力救火人员,同时上演大戏祭祀赤帝真君(火神)。经费除来自有志者的捐赠外,还有长芦盐运司库的资助(嘉庆《长芦盐法志》卷一九、同治《续天津县志》卷八、《津门杂记》卷上)。

消防组织与前文提及的惜字社的共同点是均以有志者捐赠为财政支撑、均由下层市民承担一线工作,以及均定期举行宴会。两类组织都以推进社会理想为事业,以此动员广大市民、实现社会统合(虽然如此,火会成员之间也会发生口角)。

有意思的是,鸦片战争后,消防组织屡屡作为地区防卫的辅助性军事力量。更为专业的军事力量是团练。团练的性质较为复杂,是外国军队或起义军迫近时,本地实力人士在官府的委托或许可下招募并组织城市下层民众建立的军事团体。团练当然带有武装防卫的性质,但我认为更重要的目标其实是面对敌人时的团结一致——一边强调对王朝的忠义,一边尽可能广泛地团结一切可以团结的力量,以防有人趁乱抢掠或里通外敌。

但如此一来,排外主义就成了统合社会的理念。同治九年

(1870），天主教会诱拐儿童的谣言引发了教案，导致教会等多处建筑物被烧毁、众多外国人遭杀害，而这次事件实为火会及无赖之徒参与的群体性事件。天津因咸丰十年（1860）签订的《北京条约》而被迫开放为通商口岸，此后外国人不断前往天津居住、活动。统治者虽负有保护外国人的责任，但很难公然压制排外主义。负责处理同治九年教案的曾国藩正是因此陷入了进退两难的境地，最终失势下台。

接替曾国藩出任直隶总督的李鸿章非常明白问题之所在。光绪十年（1884），清朝因越南问题与法国交战，命李鸿章商讨组建团练。李鸿章上奏称，"惟自咸丰年间军兴以来，各省办团鲜收实效，或滋流弊"，对团练做出了负面评价，并列举了种种弊端："如聚众群斗，抗官滋事，或借端逞忿，任意烧毁洋楼、教堂，别生枝节。且值民穷财匮之时，尤虑派捐扰累。"李鸿章表示，天津的举人和监生曾在该年春天呈请办理团练，因方案存有问题且其时兵衅未开，故暂缓置议。但如今深感防备之必要，故"拟就津郡水火会挑选精壮八千四百人，乡甲局（为举行宣讲而设立的近邻组织）挑选精壮二千人"组建团练。① 由此可知，李鸿章考虑到了反基督教的危险性等问题，希望尽可能避免团练的登场。

光绪二十年（1894），甲午战争爆发，天津的士绅再次呈请官府组建团练，请愿书强调天津的团练自太平天国运动以来屡获实效。但李鸿章仍然采取慎重态度，回复称"团练之法，行之不善，

---

① 《筹办团练折》（光绪十年九月二十一日），《李文忠公全集》奏稿卷五一。

流弊甚多",要求天津此次组建团练时应加以严格训练。①

由此可见,李鸿章面对的困难——保卫天津确实需要组建团练,但团练并不像李鸿章麾下的淮军那样易于掌控,必须警惕同治九年教案那样的事件再次发生。另外值得注意的是,空谈主战论的清议派往往会用"众志成城"这样的词来称赞团练。

风险最终也没能避开。光绪二十六年(1900),旨在打倒外国人的义和拳从农村传到天津,城市下层民众也陆续加入,最终将天津置于其管制之下。北京的朝廷基本上默认了他们的行动,地方官亦束手无策。不仅是外国人和基督徒,很多协助外国人经商的南方人也遭杀害。外国军队最终占领了天津。

祭　礼

同治《天津县志》卷八的"风俗"条目先是记述了前人的风俗评价,随后在"岁时"一项中说明了一年中的各种定例活动。例如,"元日至初五,不以生米为炊,谓之忌破五。上元节通衢张灯结彩,放花炮,诸寺观作天官会"。天官是道家所说的三官(天官、地官、水官)之一,上元节是天官下凡的祭祀日。二月三日如前所述是祭祀文昌帝的日子。六月初伏天吃面,该日若下雨则是干旱的预兆。

浏览"岁事"便会发现,以一年为周期,各个节点都被仪式、祭祀或占卜所占据。让我们来重点看看对天后和城隍的祭祀。

---

① 《津绅集捐办团片》(光绪二十年七月二十二日),《李文忠公全集》奏稿卷七八。

天后是起源于福建的妈祖神,三月二十三日为天后诞辰。庙会自十五日开始,"香船之赴庙烧香者,不远数百里而来"。庙会期间还会上演各种大戏。二十、二十二两日为"辇驾出巡"之日,"填塞街巷,连宵达旦,游人如狂"(同治《续天津县志》、《津门杂记》卷中)。此外,立春的前一天被称为"迎春",是日,知府、知县等地方官均着朝服,全副仪仗,鼓乐前导,恭谒东门外天后宫。随后又祭祀"春牛",并将其抬至府署,次日"照例行打春牛之礼,观者甚众"(《津门杂记》卷上)。上述"迎春"仪式大概是为了祈祷丰年。不知道这种仪式和天后有多大关系,但可以看出天后宫也被纳入了官方参与的仪式。

　　城隍则是城市的守护神。天津设有府城隍庙和县城隍庙,分别对应府衙和县衙,匾额均由朝廷赏赐。①四月六日和八日为城隍庙赛会之日,"自朔日起至初十日香火纷繁"。两庙均设有戏台,县城隍庙戏台演奏"古乐数曲,随有昆曲相倡和,皆旧家读书人也"。府城隍庙则于正会之次日演戏一天,戏台上有天津著名文人梅宝璐所题的对联"善报恶报,循环果报;早报晚报,如何不报",可见时人认为城隍神将如此裁决善行与恶行。活动的最高潮当属庙会当天下午的城隍神像巡游,"随驾有装扮各色鬼形者","鼓吹音乐,清韵悠扬"(《津门杂记》卷中)。此外还有人装扮成书役皂吏(均为在衙门中负责具体业务者),仪仗齐整,显然是在模仿地方官的队伍——地方官统治阳间,城隍神则

---

① 《大清穆宗毅皇帝实录》卷二四八,同治七年十二月十二日条。

统治阴间。

我认为庙会不但给予人们娱乐和安慰，还能让人们再次感受到官府的统治。反过来说，需要时刻警惕人们的信仰朝着不可控的方向发展。光绪二十六年（1900），义和拳的拳民声称已被《西游记》《封神演义》等小说和戏剧中的英雄附体而获得无敌之身，以此否定地方官的权威并统治天津。这意味着信仰脱轨的可能性成了现实。

义　举

同治《续天津县志》卷八的"风俗"条目中附有"义举"一项。编纂者在此项上花费了相当多的笔墨，前文分析过的惜字社、救火会即包含在"义举"之中。《津门杂记》卷中"各善举"的条目中亦写道："津郡素称善地，人情急公好义。官绅所立善堂不胜枚举，凡周恤穷黎，无微不至。推广皇仁，而功德莫大焉。"

根据这些记载可知义举、善举的具体内容五花八门，如收养贫苦无依幼儿的育婴堂、给予寡妇援助以使其守节的恤嫠会等。此外，印刷《阴骘文》《感应篇》《觉世经》等善书（劝人行善的读物）并免费发放的行为也被视为善举。

天津的冬天极其难熬。西伯利亚高压带来呼啸寒风，有时还夹杂着雪花。每到冬天，贫民救济工作都会受到重视。"津邑西门外向有小店，住贫人、乞丐甚夥。每值隆冬风雪，店主恐其饿死（大概也是担心自己背上杀人嫌疑），往往逐出，倒毙不可胜数。"有志者为此成立了"馍馍会"，"以蜀秫蒸做饽饽，遇风雪日，于起更时，会中人分赴各店，人给二枚，病人、产妇加给钱文"。该会一度停办，后复立"延生社"两所继续其工作。延生社亦称施馍厂，负责给贫民分发馒头，也有发放棉衣的活动。

由于倒毙街头的情况时有发生，妥善掩埋尸体也是善举的主要内容。天津经常遭遇洪水，每次都伤亡惨重，由此出现了提供棺椁和丧葬费用及郑重埋葬荒野中骸骨的团体。流经天津城畔的海河为华北平原的"众水汇归之所"，时有浮尸顺流而下，因此有人组织捞埋浮尸。埋葬这些尸体的土地则被称为"义地"。

善举多由自称"某会""某社"的团体自发负责，资金方面除依靠官民捐献外，也可能在创立时规定从官署预算中拨款。积极从事此类活动的人首先是希望通过行"义""善"之举获得荣誉，此外结成这些团体也有助于他们扩展人脉。

另外，如善书《阴骘文》所说，避恶行善是积德，"近报则在自己，远报则在儿孙"，这种"福田"观念值得关注。[1] 天津当然有本地的特点，但《阴骘文》等善书所推崇的善行还是相当忠实地得到了执行。前文谈及惜字活动时曾提到文昌帝君信仰，而《阴骘文》正是采用了文昌帝君语录的形式。虽然早在修复文昌庙时就有人质疑过因果报应论，[2] 但善书的价值观仍然具有巨大的影响力。即便天津作为通商口岸接受了大量欧美文化的产物，又处在积极引

---

[1] 酒井忠夫『中国善書の研究』弘文館、1960；游子安：《劝化金箴：清代善书研究》，天津人民出版社，1999。

[2] 董怀新：《重修天津文昌庙碑记》，郭师泰辑《津门古文所见录》卷一，光绪壬辰冬月刊本。

入欧美技术以谋富强的时代,包含因果报应观念的义举实践仍极为兴盛。

二　改良风俗

报纸的使命

进入20世纪后,不满往日风俗、力图积极善诱的运动迅速兴起并日益显著。运动的目标包括将以往的寺庙信仰和果报观念批判为迷信、禁绝民众的暴力行为,以及唤醒(实际上创造)"中国人"意识等。

改良风俗的提倡者首推日报。代表天津的报纸《大公报》在发刊词中写道,"报之宗旨,在开风气,牖民智",宣称该报的愿望即是"风移俗易"和"国富民强"。①

《大公报》认为报纸的意义在于提供适当信息以提高民众的见识。中国的问题在于民众的愚昧,这是因为书籍晦涩难懂导致大多数人难以理解,而民间流传的故事又有以下弊端。

> 虽然也有讲说忠孝节义的,到底里头奸盗邪淫狠多,从小儿听了,记在心上,不是才子佳人,便是上山学道,呼风唤雨,撒豆成兵(与白莲教有关的一种法术),什么绿林豪杰,坐山为王,这些个不合正理的事,一代传一代,风俗越

---

① 英敛之:《大公报序》,《大公报》光绪二十八年五月十二日。

来越坏,直不知真假是非。前年闹出义和拳这样笑话,差不多把国闹丢了,还是没一点省悟。最可叹的,到如今还有人信老团没有出来,若老团出来,一定不怕枪炮,能灭洋人的。这等人的糊涂真是可怜,总因为没有人化导的缘故。要知道外国人富足强盛的根子,并不在乎枪炮利害,在乎通国一心。不论男女,从小儿的时候,个个都入学堂。不论士农工商,没人不识字的。更因为报馆最多,人人都喜欢看报。①

文章的后半部分提出了几个论点,表示为了让不太通晓文字的人们也能轻松阅读,这篇文章特意以"白话"书写。白话接近于华北地区的口语,比古典文献使用的文言文更为通俗易懂。《大公报》常常辟出版面刊登白话文,而上引文章正是该报的首次尝试。这篇文章的论点错综复杂,尤为引人注目的是,作者认为那些喜爱《水浒传》描绘的世界而又不通文字的人们是义和拳流行的原因之一,并对此持批判态度。文章还指出,识字并不是为了遵从儒教价值应付科考,而是创造国民、实现"通国一心"的前提条件。

《大公报》的论说也经常强调"牖民智"这一课题。有一篇论说即认为"民智"低下是义和拳流行的原因,而报纸改革风俗的力量将会胜过朝廷的教令。②

与此相关,《大公报》还积极批判迷信。从儒学正统的立场批

---

① 《讲看报的好处》,《大公报》光绪二十八年五月十七日。
② 《论新闻纸与民智通塞有密切之关系》,《大公报》光绪二十九年七月二十一日。

评迷信的论调当然自古就有，而《大公报》则是在继承这一谱系的基础上，结合当时流行的通俗科学进行彻底批判。对风水理论的批判最具代表性，善书主张的因果报应价值观也遭到了否定。例如，一位名叫周六的天津人在晚上被雷劈死，人们议论纷纷，说周六素日不孝，不但不养活他母亲还常常横骂，这才有此报应。《大公报》对此评论道："请问世上儿子打骂父母的有多少，岂但是周六一个人吗？怎么这个雷单跟周六一个人过不去呢？"作者认为迷惑人心的元凶正是某些书籍，主张"先要把《封神演义》等小说，合《幼学须知》的天文一篇，及各种善书，全都烧了"。[①]此后两天的连载从正负电子的知识出发讲解了雷电原理，提醒读者持有金属物品易引发雷击，俨然已成一篇科普文章。

将批判迷信与反义和拳联系在一起几乎成了当时报纸的必然论调。以下文章即以"邪"字来指代迷信。

> 作官的信邪，所以宠信那义和拳，把他们当作天上降下来的神仙，恭恭敬敬的，一点儿亦不敢错他们的令。就打算真是天上派了许多神仙，要帮着大清国把洋人灭了呢，那知道反险些儿把自己的国灭了，这不是信邪的坏处么？[②]

城隍庙信仰也受到批判。报纸把在四月庙会上烧香的人们称

[①]《说雷电击人》，《大公报》光绪三十一年五月一日。
[②]《说中国人信邪坏处》，《大公报》光绪二十八年七月十日。

为"无知愚民",报道称因其装束与义和拳民相同,导致有西洋人以为拳民复出而大为震惊。①作者把寺庙信仰和义和拳联系在了一起,显然有揶揄之意。

报纸正面否定了善书的价值观,力图通过"牖民智"来实现新"中国"的富强。天津有一处"劝善茶社",同时备有善书和报纸,客人可任意浏览。②这个事例很好地体现了过渡和取代的关系。

学堂和巡警

在总督袁世凯的统治之下,天津成了政治改革"北洋新政"的中心。改革的基调是收拾混乱的社会局面、实现富强。与此同时,非官方人士也以自己的方式显示了改革热情。

袁世凯批判科举制度,力图仿照欧美或日本推行学校教育,新式教育机构被称为"学堂"。在此情况下,天津在1902~1904年设立了大量的官立及民立学堂(包括中等教育)。

率先设立民立学堂的是进士出身的天津人严修。他创立了民立第一小学堂,具体教学内容除读书和珠算外,还包括英语、法语、修身、卫生、理科、历史、地理、体操等课程,其他小学堂和半日学堂也大致如此。③

---

① 《错认拜香的为拳匪》,《大公报》光绪三十一年四月九日。
② 《劝善茶社》,《大公报》光绪三十年五月九日。
③ 《天津学堂调查表》,《大公报》光绪三十一年正月八日。此外,还可参照阿部洋『中国近代学校史研究——清末における近代学校制度の成立過程』福村出版、1993、130-158頁;朱鹏《天津的近代初等学堂与绅商》,《城市史研究》第19、20合辑。

包括那些无力入学堂学习的人们在内，广大群众也亟待启蒙。和先前所举的劝善茶社一样，有志者设立了多所阅报处供市民自由阅览报纸。

民立第一小学堂每周六晚举行地理、数学等课程的讲演，听众一度在160人以上。[①] 专门从事此类工作的机构为宣讲处，致力于给不解文字的人们讲读报纸并实行初步的识字教育。如前所述，宣讲原本指宣读《圣谕广训》以教化人民，而宣讲处讲读的则是以《大公报》所登白话文为代表的打破迷信、培养国民意识的文章。

阅报处和宣讲处为民间设立，而官方主导的"北洋新政"的重点项目除教育之外，还有模仿日本警察制度创设的巡警。在纷争不断的城市社会中强化行政统治力是这项改革的目标，尤其是在经历过义和团时期的混乱后，有效镇压群体性暴力成为引入巡警制的重要动机。

《大公报》建议巡警管控人力车夫，指出若不能禁止车夫漫天要价，将有损天津的名誉。文章还特别强调车夫用词粗鄙，"中国没有好教育，更没有普通的教育，所以风俗最坏，人格太低"，"天津下等人的风俗，本就野蛮，至于拉东洋车的人尤为可恶"。为改良此等风俗，文章建议巡警局贴出白话告示，禁止使用污言秽语，若不遵守则严厉取缔。此外，若有人在路上"高声歌唱淫词浪语，或是遇见过来的妇女评头品足"，巡警也应及时制止。[②] 由此可见

[①]《演说纪盛》，《大公报》光绪二十九年三月三日。
[②]《敬告巡警局天津人力车急当整顿》，《大公报》光绪三十一年七月一日、二日。

巡警被寄予善导民众、改良风俗的厚望。

乞丐等城市下层民众过去一直是善举的施予对象，但随着统治机构的不断强化，管理他们变得容易起来。巡警有时会逮捕他们并送入名为习艺所的监狱，令其在此接受职业教育或服从劳动纪律。

学堂和巡警局往往设置在寺庙的旧址。19世纪时，寺庙即常被用作宣讲或义学之所。既然如今信仰寺庙之人已被批评为"无知愚民"、积极改良风俗被视为学堂和巡警的任务，那么有此变化也就理所当然了。

* * *

"风俗"与英国史中颇受瞩目的"custom"一词有若干共同之处——二者都是有关民众生活方式及其背后文化的概念。但这两个词的性质完全不同。"Custom"（虽然实际上是根据需要而有选择地强调了其中的一部分）具有将不变性视为正当的含义，因此能够成为民众抵抗革新潮流的根据。[①] 与此相反，风俗本来就以易变为前提，并且含有有识之士教民开智的观念，因此有助于风俗改良运动的推行。在此过程中，各种事物开始被视为陋习并遭到批判，而

---

① E. P. Thompson, *Customs in Common* (London: Merlin Press, 1991)．另外一个值得对比的欧洲概念是英语的"moral"、法语的"moeurs"。这些词与"风俗"的异同值得深入探讨。坂下史「国家・中間層・モラル——名誉革命体制成立期のモラル・リフォーム運動から」『思想』879号、1997年；松浦義弘『フランス革命の社会史』山川出版社、1997。

进步观念正是在此实践中得到了翻译。也就是说，欧美和日本模式正是经由改良风俗这一观念才得以迅速传播，并且这种"欧美和日本模式"（并不一定真的和欧美与日本一样）乃是以时人设想的独特近代化像或文明观为基础。

改良风俗的动向其实与以往的善举在形式上有相似之处。例如，该时期出现了反对女性缠足的天足社、主张男性虽不应易服但应当剪辫的"剪辫不易服会"等社团，这些组织都是想通过结社来宣布一种新的社会理想，而这又与旨在行善举的"会""社"在结构上颇为类似。

但是，新的社会理想大多与"中国"的未来有关，这点与以往善举的价值观截然不同。例如，主张剪辫的具体理由是辫发既不便于行动也不卫生，但从更大的观点来看，这一主张其实参照了"尚武"的理念，意图提高男性的身体活动性进而发挥精神的能动性，以此克服国家危机。[①]在光绪三十一年（1905）的抵制美货运动中，"中国"的团结被格外强调，参与者一方面严格警戒对外国人和基督徒行使暴力，另一方面则竭尽所能地把更多人动员到"中国"这个大义名分之下。这种运动方式体现了统合城市社会的新理念。

以上所述的种种变化之所以会在短时间内急速发生，在于废除科举等与知识相关的制度变革。但是，与其他城市相比，天津的变化尤为急速，主要原因应该是义和团时期的教训。拳民的行动颠

---

① 拙稿「清末剪辮論の一考察」『東洋史研究』56 卷 2 号、1997 年。

覆了城市社会的秩序，难以被官员和绅商等所容许。正因如此，努力改良孕育了义和拳的社会风俗才会被视为迫在眉睫的政治课题。当然，袁世凯大力推进的政治改革所带来的刺激也不容忽视。

　　通过改良风俗，支撑王朝统治的文化统合观念发生了改变。当然，所谓变化，发生的范围可能相当有限——时人使用"中国人"这个词时常常指代四亿人的集合体，而意识发生变化的不过是其中的极小一部分人。如何构建一种让占人口绝大多数的农民也能接受的政治和文化秩序？对这一问题的不断摸索，将会成为民国时期历史的重大要素。

结　语

如补论所示,本书对"风俗"极为关心。"一切政治风俗,势皆不得不改弦更张,以随机而应务矣。"① 在最后的结语部分,我想按照绪论中设定的近代性四要点来重新总结一下近代天津社会经历的种种变化。

政治参与和公共性的展开

为了维持城市的正常运转,一些不可或缺的工作常常需要政府以外的人们合作执行,这种现象在天津也明显可见。不过,这些工作往往以捍卫普遍人伦或保卫王朝为旗号,这就使它们在原则上既无法阻止官方的介入,又无法漠视民众通过武力行动来表达民意。

---

① 王守恂:《天津政俗沿革记》,"序"。

地方自治制度的引入和商会的成立是清末"新政"时期令人瞩目的变化。这两项变革都以本地实力人士的职责分工——亦即行政管理能力和合作态势的成熟——作为历史前提。然而，不论地方自治机构还是商会都标榜自己代表了全体民众的利益，这就使它们既无法成为反映特定团体利害关系的渠道，也无法在官方要求和民众武力面前彻底坚持自己的主张。除了这些自治组织，新闻业的建立也为各种政见提供了讨论和协商的平台。以上这些变化虽然没能带来制度性的稳定政治秩序和有效率的民意代表机构，却也创造了自任公正的各个团体和组织积极活动、相互竞争的局面。正是这种竞争状态，使民国初年充满活力的政治言论和实践得以出现。

社会管理的进展

鸦片战争以后天津多次组建团练，目的在于团结民众一致对敌，以此克服可能出现的民众内部矛盾，具体而言即是有效统制城市下层民众。消防组织火会并非仅仅负责消防，还可以通过为全体利益而活动来创造囊括了下层民众的团结之感。在民众与外国人接触颇多的通商口岸，这种借鼓动排外心理来建立团结纽带的手法十分危险。

之后，新的巡警制度被引入，开始有组织地管控民众。捐的征收带有允许营业的含义，在新的城市管理态势中占据了一角。

以往的游民对策主要依靠各种自发性结社的善举，而在游民习艺所设立后，巡警开始逮捕游民，将其送入习艺所接受职业教育。为了应对这种变化,既有的善堂也开始尝试传授技术并建立劳动纪律。

在武昌起义后的政治动荡中,体育社等数个组织被建立,与巡警共同维持治安,但最终仍难以抵抗军队的掠夺。这一问题被遗留给了下一个时代。

国民意识的深化和归属意识的再编

两次鸦片战争时的团练为了实现团结而主张排外。天津开放为通商口岸后,外国人的到来导致了民众对基督教反感的不断增加。同治九年(1870)的教案即源自这种反感,并因为此后被一再忆起而使对立情绪反复固化。这些现象在很大程度上源于天津本地的特有情况,但其与北京等地言论的遥相呼应也不容忽视。

天津被开放为通商口岸后,江南和广东等地的买办接踵而至,利用与外国人和李鸿章的关系在天津大显威势。此外,北方人被装上轮船卖到南方也增加了天津本地人对南方人的反感。正是这种反感,导致义和团在天津时以南方人里通外国为由对他们进行了严厉打击。

光绪三十一年(1905)的抵制美货运动虽然在起因上和天津基本无关,但运动中一再强调"为了中国"而团结,力图尽可能广泛地唤醒"中国人"同胞的国民意识。这一口号当中包含了超越籍贯的分歧、在城市社会中和谐共生的理念,明显意识到了以往的排外主义并试图超越它。"为了中国"这一主张因浅近易用而被频繁喊出，不断强化城市民众的国民意识。"体育"这种新的身体观也作为建设强国、发扬"尚武精神"的手段而被一再强调。爱国主义（有时也有国际红十字运动那样的国际理念）就是这样被纳入地方社会的。

启蒙和民众文化

被统称为义举的社会福利事业由祈愿科举成功的生员推动，其背后是善书宣扬的因果报应的价值观，而这种果报观念又与广大庶民的日常伦理存在共通之处。此外，官方借祈雨、庙会等机会向民众展示政府与神界的交流及从神界获得的支持。然而，控制民众的宗教感情极其困难，义和团的崛起即明白无误地印证了这一点。

部分人对义和团的反感引发了将民众文化的一部分视为迷信并加以攻击的心态，寺庙信仰和果报之说首当其冲。

清末"新政"时期，重视新式学堂、废除科举等教育制度方面的改革给文化带来了很大影响。恰在此时，抵制美货运动兴起，人们十分担心义和团会卷土重来。为了批判迷信、教化并动员民众，学堂教师等有志者迅速设立了大量的宣讲处、阅报处等宣传机构。

在宣讲处被作为演说题材的《大公报》等报纸大力批判迷信、呼吁"中国"的觉醒。宣讲原本是指宣布皇帝钦定的伦理，此时转变为弘扬同胞意识。与此同时，善书所载的善举也被报纸列举的爱国行动所取代。宣扬"正确"价值观的姿态正是如此得以延续。

统治权力正当化的原理也不得不发生改变。创设巡警即旨在建立一套与城隍信仰毫不相关的裁决体系。由此延伸，充满古老礼仪的王朝本身也不再被视为不可或缺的政治体制。

以上就是"天津的近代"。想要理解天津历史的个性，就需要把它所经历的变化与同时代的其他地区进行对比，而本书则为这样的对比工作提供了基础。

此外，还有数点值得思考。首先是"天津的近代"中近代性和殖民主义的关系问题。亚非地区的殖民地化是促使近代性全球扩张的重要动因，这一点自不待言。本书亦强调了都统衙门时期在天津史中具有的重要意义，军事占领这种极端暴力性契机尤其留下了巨大影响。

面对辛亥革命之后持续的政治动荡，内藤湖南（虎次郎）曾如此分析中国形势。

> 北清事变之际，天津曾一度成立都统衙门，实行列国联合统治。以吾所见，大都统政治之再度出现已为时不远。中国人确为一大民族，此民族亦确成统一。列国于中国之利权甚为错综，故吾亦不认为中国将速遭分割。然一种都统政治则可能随时上演。若此都统政治果能抛弃国民独立之体面，对于中国人民可谓最幸福之境界。前所论及之国防必要将荡然无存，且外国官吏远比中国官吏廉洁有为，人民受其统治，可不增负担而蒙善政之恩泽。国民既甘愿奉袁世凯为大总统，

则毫无道理对都统政治心怀不满。①

这段评论的基调是对袁世凯政权的不信任，但也十分明显地表现了殖民主义视角。战后的日本学者从同情中国革命的立场出发，严厉批判了内藤湖南的上述言论。② 将"国民独立之体面"视为第一要义、信奉爱国主义的中国人自然也会对其大加挞伐。

不过，以上评论与本书的视角有所不同——无论内藤湖南的言论还是针对它的批判，讨论的都是中国整体的问题，而本书则立足于天津一地的历史。我想再次确认从天津史的视角思考近代性与殖民主义的意义。

本书之所以会关注天津的历史，是希望从城市中发现近代性并明确捕捉这种近代性的具体样貌。在此情况下，殖民主义和爱国主义就不仅是外在要因。换句话说，我并不想设定一种被"世界体系"或"中国"从"外"包裹的天津历史。

正如本书绪论所述，在近代以前，全世界已经经历了"近世"这个时代——近世以"商业时代"的出现为前提，但各地社会变化的具体方向性则不尽相同。不过，在交往的日趋紧密中，历史还是在向着采用类似制度和方式的方向发展。在这个意义上，所谓的近代，就是这种近代性通过模仿、殖民主义强制和追求利润等手段而

---

① 内藤虎次郎『支那論』文会堂書店、1914、自叙、9-10頁。
② J·A·フォーゲル著、井上裕正訳『内藤湖南——ポリティックスとシノロジー』平凡社、1989、200-202頁；Joshua A. Fogel, *Politics and Sinology: The Case of Naitō Konan* (Cambridge, MA: Council on East Asian Studies, Harvard University, 1984), pp. 190-193. 在此想要强调的是，在最近的"后殖民批判"出现以前，内藤的言论便已受到激烈批判。

不断被各个地区所共有的时代。

但是，这个共有的过程并不一定会走向全世界的同质化。我认为更恰当的说法应该是，每个地区和每个个体都在此过程中改变了自己与世界的关系、形成了新的自我认识，[1]中国民族主义的形成亦是其中一环。[2]天津一地的历史中也内藏着同样的机制。我之所以认为先前提及的殖民主义和爱国主义既是世界性现象，又应作为天津史的内部问题进行分析，正是基于上述认识。

当然，本书关注的近代性其实是按照我的问题取向而整理的对历史现象的理解方式。本书是近代学问的产物，这一属性决定了上述视角。

另一点值得注意的是，本书是针对天津这个极小空间70余年历史的微观研究。按照内藤湖南的说法，中国的国情看似极易改变，实则保持着切实的方向性。

> 即便是在眼下这般变化迅疾、令人目眩的情形下，这种惯性、自然发动力的潜运默移也一定会在顺逆混杂的激流之下，朝着一定的方向缓慢、沉重、迟钝、强力地保持着流动。[3]

---

[1] 这一点受到了社会学者安东尼·吉登斯（Anthony Giddens）论点的启发。アンソニー・ギデンズ著、松尾精文・小幡正敏訳『近代とはいかなる時代か——モダニティの帰結』而立書房、1993。

[2] 这一点给以中国为单位的历史叙述提供了动机。我也认为，有一些历史现象的确最适合在中国史这一框架下进行叙述。

[3] 內藤虎次郎『支那論』、緒言、4頁。

这个水流的比喻或许正符合内藤湖南的现状分析。与此相对，米歇尔·福柯则以地质分析来比喻历史学。

> 这些方法（计量经济史、历史人口学、气象历史等）使历史学家们能够在历史范畴中辨别各种不同的沉积层。过去一向作为研究对象的线性连续已被一种在深层上脱离连续的手法所取代。从政治的多变性到"物质文明"特有的缓慢性，分析的层次变得多种多样：每一个层次都有自己独特的断裂，每一个层次都蕴含着自己特有的分割；人们越是接近最深的层次，断裂也就随之越来越大。透过这部动荡的由各届政府、无数次战争和饥馑写成的历史，我们可以看到另一种几乎静止的历史。①

本书观察的是这个比喻中接近表层的部分。如果改变时间和空间的尺度，潜入内藤湖南所说的"激流之下"，别样的风景一定会立刻呈现眼前。我希望能在今后尝试这种视角的转变。

---

① 米歇尔·福柯著、中村雄二郎訳『知の考古学』河出書房新社、1981、9-10頁；Michel Foucault, *Archéologie du savoir*（Paris: Gallimard, 1969），pp. 9-10.（中文译文引用自谢强、马月译《知识考古学》，三联书店，1998，第1~2页。——译者注）

参考文献

未刊档案

中国第一历史档案馆（北京）

　　长芦盐运史司档案

　　宫中档案

"故宫博物院"（台北）

　　宫中档案（《宫中档道光朝奏折》《宫中档咸丰朝奏折》）

　　军机处档案

中研院近代史研究所档案馆（台北）

　　外交档案（总理各国事务衙门清档）

天津市档案馆（天津）
　　广仁堂档案
　　公用局档案

防卫厅防卫研究所（东京）
　　陆军省清国事变书类编册

外务省外交史料馆（东京）
　　外务省记录

National Archives and Records Administration (College Park)
　　United States. General Record of the Department of the State. Consular Despatches, Tientsin (microfilm).

Public Record Office (Kew)
　　Foreign Office Archives

School of Oriental and African Studies, University of London (London)
　　London Missionary Society Archives

报刊

《点石斋画报》《东方杂志》《国闻报》《人镜画报》《申报》《时报》《顺天时报》《天津白话报》《直报》

Pekin and Tientsin Times, The Economist, The North-China Herald

已刊史料

北洋军阀史料编委会编《天津市历史博物馆馆藏北洋军阀史料·袁世凯卷》(1),天津古籍出版社,1992。

北洋洋务局辑《约章成案汇览》,光绪三十一年上海点石斋石印本。

曹尔康、林乐知编译《李鸿章历聘欧美记》,湖南人民出版社,1982。

蔡尚思、方行编《谭嗣同全集(增订本)》,中华书局,1981。

陈翰笙主编《华工出国史料汇编》第1辑,中华书局,1985。

陈连生:《天津早年的水会》,《天津文史丛刊》第2期,天津市文史研究馆,1984。

陈中岳:《蟫香馆别记》,民国二十二年跋本,南开大学藏。

《筹办夷务始末》,故宫博物院,1929~1930。

储仁逊:《闻见录》,抄本,天津社会科学院藏。

《大清德宗景皇帝实录》。

《大清光绪新法令》,清宣统上海商务印书馆刊本。

《大清穆宗毅皇帝实录》。

戴愚庵:《沽水旧闻》,天津古籍出版社,1986。

丁又:《一九〇五年广东反美运动》,《近代史资料》1958年第5期。

丁运枢等编《张公襄理军务纪略》,宣统元年石印本。

董枢:《上海法租界的发展时期》,《上海通志馆期刊》第1卷第3

期,1933年。

董振修:《天津都统衙门的军事殖民统治》,《天津文史资料选辑》第30辑,天津人民出版社,1985。

额勒精额:《证学编》,光绪二十年本。

方豪编录《英敛之先生日记遗稿》,文海出版社,1974。

冯玉祥:《我的生活》,上海教育书店,1947。

甘厚慈辑《北洋公牍类纂》,益森印刷有限公司铸版,1907。

甘厚慈辑《北洋公牍类纂续编》,宣统二年刊本。

高凌雯:《志余随笔》,1936年刻本。

光绪《重修天津府志》,光绪二十五年刻本。

光绪《钦定大清会典事例》,光绪二十五年重修本。

《广仁堂案牍》,天津社会科学院藏。

《广仁堂章程》,天津社会科学院藏。

郭师泰辑《津门古文所见录》,光绪壬辰冬月刊本。

国家档案局明清档案馆编《义和团档案史料》,中华书局,1959。

"故宫博物院故宫文献编辑委员会"编《袁世凯奏折专辑》,广文书局,1970。

郝缙荣编《津门闻见录》,抄本,天津图书馆藏。

何炳然:《〈大公报〉的创办人英敛之》,《新闻研究资料》第37、38辑,中国社会科学出版社,1987。

和作辑《一九〇五年反美爱国运动》,《近代史资料》1956年第1期。

华光鼐辑《天津文钞》,民国九年刻本。

黄六鸿:《福惠全书》,康熙三十八年刻本。

嘉庆《长芦盐法志》，嘉庆十年刻本。

贾士毅编《民国财政史》，商务印书馆，1917。

蒋原寰:《天津爱国布商标综览》，《近代史资料》第81号，中国社会科学出版社，1992。

金大扬、刘旭东:《天津"海张五"发家始末》，《天津文史资料选辑》第20辑，天津人民出版社，1982。

金大扬:《天津"李善人"》，《天津文史资料选辑》第7辑，天津人民出版社，1980。

《津河广仁堂征信录》，光绪十一年序本，天津图书馆藏。

《津门保甲图说》，道光二十六年刻，东洋文库藏。

康熙《新校天津卫志》，1934年铅印本。

老舍:《月牙儿》，《老舍文集》第8卷，人民文学出版社，1985。

李慈铭:《越缦堂日记》，天津图书馆藏。

李鸿章:《李文忠公全集》，光绪三十一至三十四年金陵刻本。

李平书等:《李平书七十自叙·藕初五十自述·王晓籁述录》，上海古籍出版社，1989。

李庆辰:《醉茶志怪》，光绪壬辰年本。

李然犀:《旧天津的混混儿》，《文史资料选辑》第47辑，文史资料出版社，1964。

李然犀:《庚子沦陷后的天津》，《天津文史资料选辑》第8辑，天津人民出版社，1980。

梁启超:《论学校、女学》，《时务报》23册，光绪二十三年三月十一日。

刘海岩、郝克路选编《天津都统衙门会议纪要选》,《近代史资料》第79号,中国社会科学出版社,1991。

刘锡鸿:《英轺私记》,湖南人民出版社,1981。

刘正文:《天津习艺所简介》,《天津文史丛刊》第3期,天津市文史研究馆,1984。

刘正文:《广仁堂》,《天津文史丛刊》第7期,天津市文史研究馆,1987。

罗玉东:《中国厘金史》,商务印书馆,1936。

梅兰芳:《戏剧界参加辛亥革命几件事》,中国人民政治协商会议全国委员会文史资料研究委员会编《辛亥革命回忆录》第1集,中华书局,1961。

民国《天津县新志》,1931年刻本。

闵尔昌编《碑传集补》,燕京大学国学研究所,1932。

南开大学历史系编《天津义和团调查》,天津古籍出版社,1990。

彭泽益编《中国近代手工业史资料》,三联书店,1957。

乾隆《大清律例》,乾隆六年武英殿刻本。

乾隆《郾城县志》,乾隆十九年刻本。

侨析生辑《京津拳匪纪略》,上洋书局,1902。

《清代起居注册》,联合报文化基金会国学文献馆,1987。

《清史稿》,1928。

石小川编《天津指南》,宣统三年十月初版,天津图书馆藏。

宋乐山:《仁爱会修女的事业——〈圣婴会首批殉道者〉节译》,《天津宗教资料选辑》第1辑,1986。

宋美云、黄玉淑:《辛亥革命前后宋则久的实业活动》,《天津文史资料选辑》第47辑,天津人民出版社,1989。

《苏联藏中国民间年画珍品集》,人民美术出版社、阿芙乐尔出版社,1989。

天津档案馆、南开大学分校档案系编《天津租界档案选编》,天津人民出版社,1992。

天津市档案馆、天津社会科学院历史研究所、天津市工商业联合会编《天津商会档案汇编(1903~1911)》,天津人民出版社,1989。

天津市档案馆编《袁世凯天津档案史料选编》,天津古籍出版社,1990。

天津市档案馆编《三口通商大臣致津海关税务司札文选编》,天津人民出版社,1992。

天津图书馆、天津社会科学院历史研究所编《袁世凯奏议》,天津古籍出版社,1987。

同治《续天津县志》,同治九年续修刻本。

同治《上海县志》,同治十年刻本。

王定安:《求阙斋弟子记》,都门龙文斋光绪二年刊本。

王斗瞻:《1870年天津教案》,《近代史资料》1956年第4期。

王守恂编《天津政俗沿革记》,1938年刻本。

王书奴:《中国娼妓史》,生活书店,1934。

王锡祺编《小方壶斋舆地丛钞》,光绪二十三年上海著易堂排印本。

王之春:《国朝柔远记》,湖北书局,1896。

王芷洲:《我家三代买办纪实》,天津市政协文史资料研究委员会编《天津的洋行与买办》,天津人民出版社,1987。

汪敬虞编《中国近代工业史资料》第2辑,科学出版社,1957。

翁同龢:《翁文恭公日记》,商务印书馆,1925。

吴蔼宸编《华北国际五大问题》,商务印书馆,1929。

吴汝伦:《桐城吴先生日记》,光绪三十年刻本。

西村博编《天津都统衙门告谕汇编》,《天津历史资料》第15期,1982。

夏东元编《郑观应集》,上海人民出版社,1982~1988。

萧祝文:《天津比商电车电灯公司》,天津市政协文史资料研究委员会编《天津的洋行与买办》,天津人民出版社,1987。

行政院新闻局:《中国红十字会》,行政院新闻局,1947。

徐镜波:《镜波公牍》,1927,天津社会科学院藏。

薛福成:《庸盦笔记》,上海扫叶山房,1917。

阎润芝、李维龙:《天津脚行的始末》,《天津文史丛刊》第4期,天津市文史研究馆,1985。

严修:《严宇香严仁波两先生事略》,民国四年述本,天津图书馆藏。

于邦彦:《天津桥梁建设的今昔》,《天津文史资料选集》第21辑,天津人民出版社,1982。

虞和平编《经元善集》,华中师范大学出版社,1988。

余治编《得一录》,同治己巳得见斋本。

曾国藩:《曾国藩全集·家书》,岳麓书社,1985。

张格、张守谦点校《天津皇会考·天津皇会考纪·津门纪略》,天津古籍出版社,1988。

《张公建祠志》,光绪三十一年石印本,天津图书馆藏。

张焘:《津门杂记》,光绪十年刻本。

张章翔:《在天津的宁波帮》,《文史资料选辑》第119辑,文史资料出版社,1989。

赵永生、谢纪恩:《天主教传入天津始末》,《天津文史资料选辑》第2辑,天津人民出版社,1979。

赵永生:《天主教传入天津》,天津市政协文史资料研究委员会编《天津租界》,天津人民出版社,1986。

赵永生:《天主教传行天津概述》,《天津宗教资料选辑》第1辑,1986。

郑立水:《天津的戏园》,《天津文史资料选辑》第51辑,天津人民出版社,1990。

《直隶清理财政局汇编宣统四年全省岁出入预算比较表》,东京大学东洋文化研究所藏。

中国第一历史档案馆编《鸦片战争档案史料》,天津古籍出版社,1992。

中国第一历史档案馆编《清政府镇压太平天国档案史料》第8~11册,社会科学文献出版社,1993~1994。

中国第一历史档案馆:《中国红十字会的成立》,《历史档案》1984年第2期。

中国第一历史档案馆编辑部编《义和团档案史料续编》，中华书局，1990。

中国红十字会：《中国红十字会二十年纪念册》，中国红十字会，1924。

中国近代经济史史料丛刊编辑委员会主编《中国海关与义和团运动》，中华书局，1983。

中国人民政治协商会议全国委员会文史资料研究委员会编《工商经济史料丛刊》第3辑，文史资料出版社，1983。

中国社会科学院近代史研究所近代史资料编辑室编《太平军北伐资料选编》，齐鲁书社，1984。

中国社会科学院近代史研究所近代史资料编辑组编《义和团史料》，中国社会科学出版社，1982。

中国史学会主编《第二次鸦片战争》，上海人民出版社，1978~1979。

中国新史学研究会主编《义和团》，神州国光社，1951。

中研院近代史研究所编《四国新档》，中研院近代史研究所，1966。

中研院近代史研究所编《教务教案档》，中研院近代史研究所，1974~1980。

中研院近代史研究所编《清季华工出国史料》，中研院近代史研究所，1995。

周馥：《周悫慎公全集》，1922。

周静山：《我所知道的天津广仁堂》，《天津文史资料选辑》第53辑，天津人民出版社，1991。

周叔媜：《周止菴先生別传》，出版地不详，自印，1948。

周小鹃编《周学熙传记汇编》，甘肃文化出版社，1997。

朱寿钧：《天津的混混儿琐闻》，《天津文史资料选辑》第31辑，天津人民出版社，1985。

朱寿朋：《光绪朝东华续录》，宣统元年上海排印单行本。

庄吉发编《先正曾国藩文献汇编》，台北"故宫博物院"，1993。

会田勉『川島浪速翁』文粋閣、1936。

外務省『日本外交文書』33巻別冊1『北清事変』上、日本国際連合協会、1959。

外務省『日本外交文書』35巻、日本国際連合協会、1957。

外務省『日本外交文書』44巻45巻別冊「清国事変（辛亥革命）」、日本国際連合協会、1961。

外務省政務局『現代支那人名鑑』、［外務省］、1916。

［加藤恒忠ほか］『万国赤十字社条約改正会議参列委員復命書』陸軍省、1907。

国際連盟支那調査外務省準備委員会『支那ニ於ケル対外ボイコット』、「外務省」、1932。

黒竜会『東亜先覚志士記伝』中巻、黒竜会出版部、1935。

定留吾郎『天津雑貨視察復命書』神戸高等商業学校、1906。

渋沢青淵記念財団竜門社編『渋沢栄一伝記資料』第16巻、渋沢栄一伝記資料刊行会、1957。

清国駐屯軍司令部編『天津誌』博文館、1909。

曾根俊虎『北支那紀行』海軍省、1879。

鉄道院『朝鮮満州支那案内』丁未出版社、1919。

電気学界『電気学界五十年史』電気学会、1938。

東亜研究所第一調査委員会『列国対支投資と支那国際収支』、[東亜研究所]、1941。

東亜同文会『支那経済全書』丸善、1907。

富成一二編『天津案内』中東石印局、1913。

内藤虎次郎『支那論』文会堂書店、1914。

日本赤十字社編『日本赤十字社五十年小史』日本赤十字社、1926。

野村政光「天津教案に就いて」『史林』20巻1号、1935年。

前田政四郎『北清事情大全』小林又七出張所、1903。

臨時台湾旧慣調査会編『清国行政法』第2巻、[神戸]、臨時台湾旧慣調査会、1910。

臨時台湾旧慣調査会編『清国行政法』第6巻、[東京]、臨時台湾旧慣調査会、1913。

和田清編『支那地方自治発達史』中華民国法制研究会、1939。

[Capy, J.]. *Notices et documents sur les prêtres de la mission et les filles de la charité de S. Vincent de Paul, ou les premiers martyrs de l'œuvre de la Sainte-enfance* (Péking: Typographie du Pét'ang, 1893).

China. Maritime Customs. *Medical Reports, for the Half Year Ended 31st March, 1879* (Shanghai: The Statistical Department of the Inspectorate

General of Customs, 1879).

China. Maritime Customs. *Decennial Reports, 1892-1901* (Shanghai: The Statistical Department of the Inspectorate General of Customs, 1906).

China. Maritime Customs. *Decennial Reports, 1902-1911* (Shanghai: The Statistical Department of the Inspectorate General of Customs, 1913).

[Coish, Wh.]. *Tientsin Besieged and After the Siege* (Shanghai: North-China Herald Office, 1900).

Concession francaise à T'ien-tsin. *Règlements municipaux, 1894* (Péking: Typographie du Pé-t'ang, 1894).

Cordier, Henri. *Histoire des relations de la Chine avec les puissances occidentales, 1860-1900* (Paris: Félix Alcan, 1901-1902).

Denby, Charles. *China and Her People* (Boston: L. C. Page and Co., 1906).

Frochisse, J.-M. *La Belgique et la China: relations diplomatiques et économiques (1839-1909)* (Bruxelles: L'Édition universelle, 1936).

Gordon, Charles Alexander. *China from a Medical Point of View* (London: John Churchill, 1863).

Gouvernement proviso ire de Tien-tsin. *Procès-verbaux des séances du conseil du gouvernement proviso ire de Tien-tsin* (Tientsin: The China Times, Ltd., n. d.).

Great Britain. *Parliamentary Papers. China. No. 1 (1871). Papers Relating to the Massacre of Europeans at Tien-tsin on the 21st June, 1870* (London: Harrison and Sons, 1871).

Great Britain. *Parliamentary Papers. China. No.1 (1912). Correspondence*

Respecting the Affairs of China (London: His Majesty's Stationery Office, 1912).

Great Britain. *Parliamentary Papers. China. No.3 (1912). Further Correspondence Respecting the Affairs of China* (London: His Majesty's Stationery Office, 1912).

Oliphant, Laurence. *Narrative of the Earl Elgin's Mission to China and Japan in the Years 1857, '58, '59* (Edinburgh: William Blackwood and Sons, 1859).

Rasmussen, O. D. *Tientsin: An Illustrated Outline History* (Tientsin: The Tientsin Press, 1925).

Shore, Henry Nole. *The Flight of the Lapwing: A Naval Officer's Jottings in China, Formosa and Japan* (London: Longman, Green, and Co., 1881).

Stanley, C. A. "The Tientsin Massacre," *The Chinese Recorder and Missionary Journal*, Vol. 3, No. 8 (1871).

United States. *Papers Relating to the Foreign Relations of the United States, 1870* (Washington, D. C.: Government Printing Office, 1870).

United States. *Papers Relating to the Foreign Relations of the United States, 1871* (Washington, D. C.: Government Printing Office, 1871).

United States. *Papers Relating to the Foreign Relations of the United States, 1878* (Washington, D. C.: Government Printing Office, 1878).

United States. *Papers Relating to the Foreign Relations of the United States, 1900* (Washington, D. C.: Government Printing Office, 1902).

论著

巴斯蒂:《义和团运动期间直隶省的天主教教民》,《历史研究》2001年第1期。

常长儒:《中国近代警察制度的形成》,中国社会科学院法学研究所法制史研究室编《中国警察制度简论》,群众出版社,1985。

陈锋:《清代军费研究》,武汉大学出版社,1992。

陈贵宗:《义和团的组织和宗旨》,吉林大学出版社,1987。

陈克:《十九世纪末天津民间组织与城市控制管理系统》,《中国社会科学》1989年第6期。

陈克:《近代天津商业腹地的变迁》,《城市史研究》第2辑,天津教育出版社,1990。

陈瑞芳:《略论天津"都统衙门"的军事殖民统治》,《南开史学》1987年第2期。

陈永明:《"公共空间"及"公民社会"》,《近代中国史研究通讯》第20期,1995年。

陈振江、程歗:《义和团文献辑注与研究》,天津人民出版社,1985。

戴玄之:《义和团研究》,"中国学术著作奖助委员会",1963。

董丛林:《龙与上帝:基督教与中国传统文化》,三联书店,1992。

范文澜:《中国近代史》上编第1分册,人民出版社,1953。

饭岛涉:《清朝末期军事财政的变迁——以义和团战争前后为中心》,中国义和团研究会编《义和团运动与近代中国社会国际学术讨论会论文集》，齐鲁书社，1992。

顾卫民：《曾国藩与天津教案》，《江海学刊》1988年第3期。

关文斌：《文明初曙：近代天津盐商与社会》，张荣明主译，天津人民出版社，1999。

国家体委体育文史工作委员会、中国体育史学会编《中国近代体育史》，北京体育学院出版社，1989。

郭蕴静主编《天津古代城市发展史》，天津古籍出版社，1989。

郭蕴静：《清代天津商业城市的形成初探》，《天津社会科学》1987年第4期。

韩根东主编《天津方言》，北京燕山出版社，1993。

韩延龙、苏亦工等：《中国近代警察史》，社会科学文献出版社，2000。

韩延龙主编《中国近代警察制度》，中国人民公安大学出版社，1993。

何汉威：《光绪初年（1876~1879）华北的大旱灾》，中文大学出版社，1980。

何一民：《转型时期的社会新群体——近代知识分子与晚清四川社会研究》，四川大学出版社，1992。

侯杰：《经元善与晚清社会》，南开大学历史研究所编《南开大学历史研究所建所二十周年纪念文集》，南开大学出版社，1999。

胡滨：《十九世纪末叶帝国主义争夺中国权益史》，三联书店，1957。

胡光明：《论早期天津商会的性质与作用》，《近代史研究》1986年第 4 期。

胡光明:《开埠前天津城市化过程辑内贸性商业市场的形成》,《天津社会科学》1987 年第 2 期。

胡光明:《论李鸿章与天津城市近代化》,《城市史研究》第 3 辑,天津教育出版社,1990。

胡光明:《北洋新政与华北城市近代化》,《城市史研究》第 6 辑,天津教育出版社,1991。

胡光明:《辛亥革命大潮中津京商会与资产阶级的基本动向》,陈振江主编《辛亥思潮与国情》,天津教育出版社,1992。

胡光明:《论清末商会对长芦盐务风潮的平息》,《历史档案》1994 年第 2 期。

金希教:《抵制美货运动时期中国民众的"近代性"》,《历史研究》1997 年第 4 期。

柯文:《义和团、基督徒和神——从宗教战争角度看 1900 年的义和团斗争》,《历史研究》2001 年第 1 期。

孔复礼:《公民社会与体制的发展》,《近代中国史研究通讯》第 13 期,1992 年。

来新夏主编《天津近代史》,南开大学出版社,1987。

李大钊:《李大钊选集》,人民出版社,1959。

李达嘉:《上海商人的政治意识和政治参与(1905~1911)》,《中央研究院近代史研究所集刊》第 22 期上,1993 年。

李恩涵:《同治年间反基督教的言论》,李恩涵:《近代中国史事研究论集》,台湾商务印书馆,1982。

李健鸿:《慈善与宰制——台北县福利事业史研究》,台北县立文化中心,1996。

李森:《天津开埠前城市规划初探》,《城市史研究》第1辑,天津教育出版社,1989。

李时岳、胡滨:《从闭关到开放——晚清"洋务"热透视》,人民出版社,1988。

李文海等:《中国近代十大灾荒》,上海人民出版社,1994。

李文海:《世纪之交的晚清社会》,中国人民大学出版社,1995。

李文治、江太新:《清代漕运》,中华书局,1995。

李孝悌:《清末的下层社会启蒙运动(1901~1911)》,中研院近代史研究所,1992。

梁其姿:《清代慈善机构与官僚层的关系》,《中央研究院民族学研究所集刊》第66期,1988年。

梁其姿:《施善与教化——明清的慈善组织》,联经出版公司,1997。

梁元生:《清末的天津道与津海关道》,《中央研究院近代史研究所集刊》第25期,1996年。

林敦奎:《社会灾荒与义和团运动》,中国义和团研究会编《义和团运动与近代中国社会国际学术讨论会论文集》,齐鲁书社,1992。

林开明:《论太平军再天津的几个问题》,河北、北京、天津历史学会编《太平天国北伐史论文集》,河北人民出版社,1986。

刘凤翰:《武卫军》,中研院近代史研究所,1978。

刘海岩：《天津教案述论》，《南开史学》1986年第2期。

刘海岩：《有关天津教案的几个问题》，四川省近代教案史研究会、四川省哲学社会学学界联合会编《近代中国教案研究》，四川省社会科学院出版社，1987。

刘海岩：《租界与天津城市空间的演变》，《城市史研究》第13、14合辑，天津社会科学院出版社，1997。

刘海岩：《天津租界和老城区——近代化进程中的文化互动》，《城市史研究》第15、16合辑，天津社会科学院出版社，1998。

刘民山：《张光藻与〈北戍草〉》，《天津史研究》1986年第2期。

刘素芬：《近代北洋中外航运势力的竞争（1858~1919）》，张彬村、刘石吉主编《中国海洋发展史论文集》，中研院中山人文社会科学研究所，1993。

路遥、程歗：《义和团运动史研究》，齐鲁书社，1988。

吕实强：《中国官绅反教的原因》，中研院近代史研究所，1966。

吕实强：《扬州教案与天津教案》，林治平主编《基督教入华一百七十年纪念集》，宇宙光出版社，1977。

罗澍伟主编《近代天津城市史》，中国社会科学出版社，1993。

罗澍伟：《〈越缦堂日记〉中所见之近代天津史料》，《城市史研究》第13、14合辑，天津社会科学院出版社，1997。

马敏、朱英：《传统与近代的二重变奏——晚清苏州商会个案研究》，巴蜀书社，1993。

马敏：《过渡形态——中国早期资产阶级构成之谜》，中国社会科学出版社，1994。

茅海建:《天朝的崩溃:鸦片战争再研究》,三联书店,1995。

宓汝成:《帝国主义与中国铁路(1847~1949)》,上海人民出版社,1980。

莫振良:《清代城市的消防组织》,《城市史研究》第19、20合辑,天津社会科学院出版社,2000。

南开大学历史系中国近现代史教研组:《义和团是以农民为主体的反帝爱国组织——天津地区义和团运动调查报告中的一章》,中国科学院山东分院历史研究所编《义和团运动六十周年纪念论文集》,中华书局,1961。

彭泽益:《清代咸同年间军需奏销统计》,《中国社会科学院经济研究所集刊》第3集,中国社会科学出版社,1981。

桑兵:《论清末民初传播业的民间化》,胡伟希编《辛亥革命与中国近代思想文化》,中国人民大学出版社,1991。

桑兵:《晚清学堂学生与社会变迁》,稻禾出版社,1991。

桑兵:《清末新知识界的社团与活动》,三联书店,1995。

上海市公用事业管理局编《上海公用事业(1840~1986)》,上海人民出版社,1991。

尚克强、刘海岩:《天津租界社会研究》,天津人民出版社,1996。

史习芳:《解放前天津行政区划沿革》,《天津社会科学》1982年第2期。

宋美云:《北洋时期天津商会的组织系统》,《城市史研究》第15、16合辑,天津社会科学院出版社,1998。

孙江、黄东兰:《论近代教会权威结构与宗法一体化结构的冲突》,

《南京大学学报》1989年第2期。

孙江:《十字架与龙》,浙江人民出版社,1990。

唐瑞裕:《清季天津教案研究》,文史哲出版社,1993。

天津社会科学院历史研究所编著《天津简史》,天津人民出版社,1987。

天津市交通局:《天津公路运输史》第1册,人民交通出版社,1988。

天津市政协文史资料研究委员会编《天津租界》,天津人民出版社,1986。

王笛:《跨出封闭的世界——长江上游区域社会研究(1644~1911)》,中华书局,1993。

王笛:《晚清警政与社会改造——辛亥革命前地方秩序的一个变化》,中华书局编辑部编《辛亥革命与近代中国——纪念辛亥革命八十周年国际学术讨论会文集》,中华书局,1994。

王笛:《晚清长江上游地区公共领域的发展》,《历史研究》1996年第1期。

王尔敏:《淮军志》,中研院近代史研究所,1967。

王尔敏:《清季军事史论集》,联经出版公司,1980。

王冠华:《爱国运动中的"合理"私利——1905年抵货运动夭折的原因》,《历史研究》1999年第1期。

王家俭:《清末民初我国警察制度现代化的历程》,《历史学报》1982年第10期。

王其慧、李宁:《中外体育史》,湖北人民出版社,1988。

魏光奇:《直隶地方自治中的县财政》,《近代史研究》1988年第1期。

魏光奇:《地方自治与直隶"四局"》,《历史研究》1998年第2期。

吴承明编《帝国主义在旧中国的投资》,人民出版社,1956。

吴磊主编《中国司法制度》,中国人民大学出版社,1988。

戚其章主编《中日战争》第1册,中华书局,1989。

夏东元:《郑观应》,广东人民出版社,1995。

夏克勤:《德意志与启蒙运动(Aufklärung)——一个初步的反思》,《新史学》第12卷第3期,2001年。

熊秉真:《幼幼:传统中国的襁褓之道》,联经出版公司,1995。

熊志勇:《从边缘走向中心:晚清社会变迁中的军人集团》,天津人民出版社,1998。

徐鼎新、钱小明:《上海总商会史(1902~1929)》,上海社会科学院出版社,1991。

徐华鑫等编著《天津市地理》,天津人民出版社,1993。

许大龄:《清代捐纳制度》,哈佛燕京学社,1950。

许檀:《清代前期的沿海贸易与天津城市的崛起》,《城市史研究》第13、14合辑,天津社会科学院出版社,1997。

许义雄等:《中国近代体育思想》,启英文化事业有限公司,1996。

薛梅卿主编《中国监狱史》,群众出版社,1986。

薛梅卿、从金鹏主编《天津监狱史》,天津人民出版社,1999。

杨念群主编《空间·记忆·社会转型——"新社会史"研究论文精选集》,上海人民出版社,2001。

姚洪卓主编《近代天津对外贸易（1861~1948）》，天津社会科学院出版社，1993。

游子安：《劝化金箴：清代善书研究》，天津人民出版社，1999。

虞和平：《商会与中国早期现代化》，上海人民出版社，1993。

虞和平：《清末以后城市同乡组织形态的现代化——以宁波旅沪同乡组织为中心》，《中国经济史研究》1998年第3期。

张存武：《光绪卅一年中美工约风潮》，中研院近代史研究所，1966。

张洪祥：《近代中国通商口岸与租界》，天津人民出版社，1993。

张后铨主编《招商局史（近代部分）》，人民交通出版社，1988。

张利民：《论近代天津城市人口的发展》，《城市史研究》第4辑，天津社会科学院出版社，1991。

张利民：《近代环渤海地区间商人对流与影响》，《社会科学战线》1999年第3期。

张守常：《太平军北伐之进攻天津问题》，《天津社会科学》1982年第4期。

张思：《十九世纪末直鲁农村手工纺织业的曲折经历》，南开大学明清史研究室编《清王朝的建立、阶层及其他》，天津人民出版社，1994。

张云樵：《伍廷芳与清末政治改革》，联经出版公司，1987。

赵春晨：《晚清洋务派与教案》，《历史研究》1988年第4期。

赵晓华：《晚清讼狱制度的社会考察》，中国人民大学出版社，2001。

赵中孚:《清季中俄东三省界务交涉》,中研院近代史研究所,1970。

中村达雄:《清末天津县的乡镇结构与义和团组织》,中国义和团研究会编《义和团运动与近代中国社会国际学术讨论会文集》,齐鲁书社,1992。

周叙琪:《1910~1920年代都会新妇女生活风貌——以〈妇女杂志〉为分析实例》,台湾大学出版委员会,1996。

周锡瑞:《义和团运动的起源》,张俊义、王栋译,江苏人民出版社,1994。

周学熙:《周止庵先生自叙年谱》,文海出版社,1973。

周俊旗:《清末华北城市文化的转型与城市成长》,《城市史研究》第13、14合辑,天津社会科学院出版社,1997。

朱建斌:《城市公共交通的演变》,天津市政协文史资料研究委员会编《天津——一个城市的崛起》,天津人民出版社,1990。

朱鹏:《天津的近代初等学堂与绅商》,《城市史研究》第19、20合辑,天津社会科学院出版社,2000。

朱英:《辛亥革命时期新式商人社团研究》,中国人民大学出版社,1991。

朱英:《关于晚清市民社会研究的思考》,《历史研究》1996年第4期。

朱英:《戊戌时期民间慈善公益事业的发展》,王晓秋主编《戊戌维新与近代中国的改革——戊戌维新一百周年国际学术讨论会论文集》,社会科学文献出版社,2000。

庄吉发：《故宫档案述要》，台北"故宫博物院"，1983。

足立啓二『専制国家史論——中国史から世界史へ』柏書房、1998。

安部健夫「中国人の天下観念——政治思想史的試論」安部健夫『元代史の研究』創文社、1972。

阿部洋『中国近代学校史研究——清末における近代学校制度の成立過程』福村出版、1993。

飯島渉『ペストと近代中国』研文出版、2000。

石川禎浩「1910年長沙大搶米の「鎮圧」と電信」『史林』76巻4号、1993年。

板垣雄三『歴史の現在と地域学——現代中東への視角』岩波書店、1992。

市古宙三『近代中国の政治と社会』東京大学出版会、1971。

稲田清一「清末，江南における「地方公事」と鎮董」『甲南大学紀要』文学編109、1999年。

今堀誠二『北京市民の自治構成』文求堂、1947。

今堀誠二『中国の社会構造——アンシャンレジームにおける「共同体」』有斐閣、1953。

岩井茂樹「中国専制国家と財政」『中世史講座［6］ 中世の政治と戦争』学生社、1992。

岩間一弘「中国救済婦孺会の活動と論理——民国期上海における民間実業家の社会論理」『史学雑誌』109編10号、2000年。

岩間一弘「民国期上海の女性誘拐と救済——近代慈善事業の公共性をめぐって」『社会経済史学』66巻5号、2001年。

岩間俊彦「産業革命期リーズの都市エリート，1780－1820——名望家支配からミドルクラス支配へ」『社会経済史学』63巻4号、1997年。

ウィル，ピエール＝エティエンヌ、美枝子・マセ訳「近代中国と中国学」『思想』865号、1995年。

ウエーバー，マックス、木全徳雄訳『儒教と道教』創文社、1971。

臼井佐知子「太平天国末期における李鴻章の軍事費対策」『東洋学報』65巻3・4号、1984年。

江口久雄「広東闈姓考——清末の中国財政に関する一考察」『東洋学報』59巻3・4号、1978年。

江夏由樹「奉天地方官僚集団の形成——辛亥革命期を中心に」『一橋大学研究年報経済学研究』31号、1990年。

大木康「庶民文化」森正夫ほか編『明清時代史の基本問題』汲古書院、1997。

大沢真理『イギリス社会政策史——救貧法と福祉国家』東京大学出版会、1986。

太田出「清代緑営の管轄区域とその機能——江南デルタの汛を中心に」『史学雑誌』107編10号、1998年。

大野美穗子「上海における戯園の形成と発展」『お茶の水史学』26・27号、1983年。

小野和子「清末の婦人解放思想」『思想』525号、1968年。

小野信爾「ある謠言——辛亥革命前夜の民族的危機感」『花園大学研究紀要』25号、1993年。

小野寺史郎「国旗と革命――近代中国におけるナショナリティと政治的シンボル」小島毅編『東洋的人文学を架橋する』東京大学人文社会系研究科、2001。

大日方純夫「日本近代警察の確立過程とその思想」由井正臣・大日方純夫校注『日本近代思想体系[3] 官僚制・警察』岩波書店、1990。

片岡一忠：『天津五四運動小史』同朋舎、1982。

片岡一忠「中国都市の発展の緒段階――天津の形成と発展」『イスラムの都市性・研究報告』研究報告編99号、1991年。

可児弘明：『近代中国の苦力と「豬花」』岩波書店、1979。

金子肇「上海における「攤販」層と国民党に関する覚書――商民協会の結成とその廃止をめぐって」『広島大学東洋史研究室報告』10号、1988年。

川勝守『明清江南市鎮社会史研究――空間と社会形成の歴史学』汲古書院、1999。

川越泰博『明代建文朝史の研究』汲古書院、1997。

川島真「天朝から中国へ――清末外交文書における「天朝」「中国」の使用例」『中国――社会と文化』12号、1997年。

川尻文彦「戊戌以前の変革論――鄭観応の「議院」論を手がかりに」帝塚山学院大学『中国文化論叢』7号、1998年。

菊池貴晴『中国民族運動の基本構造――対外ボイコットの研究』大安、1966。

貴志俊彦「「北洋新政」財政改革について」『広島大学東洋史研究

室報告』9号、1987年。

貴志俊彦「清末の都市行政についての一考察——天津県の事例を中心として」『MONSOON』創刊号、1989年。

貴志俊彦「「北洋新政」体制下における地方自治制の形成——天津県における各級会議の成立とその限界」横山英・曽田三郎編『中国の近代化と政治的統合』渓水社、1992。

貴志俊彦「清末、直隷省の貿易構造と経済政策」『島根県立国際短期大学紀要』2号、1995年。

岸本美緒「比較国制史研究と中国社会像」『人民の歴史学』116号、1993年。

岸本美緒「風俗と時代観」『古代文化』48巻2号、1997年。

岸本美緒「妻を売ってはいけないか？——明清時代の売妻・典妻慣行」『中国史学』8巻、1998年。

岸本美緒『東アジアの「近世」』山川出版社、1998。

岸本美緒「時代区分論」『岩波講座世界歴史 [1] 世界史へのアプローチ』岩波書店、1998。

岸本美緒「現代歴史学と「伝統社会」形成論」『歴史学研究』742号、2000年。

ギデンズ、アンソニー、松尾精文・小幡正敏訳『近代とはいかなる時代か？——モダニティの帰結』而立書房、1993。

貴堂嘉之「19世紀後半期の米国における排華運動——広東とサンフランシスコの地方世界」『地域文化研究』4号、1992年。

貴堂嘉之「「帰化不能外人」の創造——1882年排華移民法制定過

程」『アメリカ研究』29、1995年。

久保田文次「義和団評価と革命運動」『史艸』17号、1976年。

倉橋正直「清末の実業振興」『講座中国近現代史［3］辛亥革命』東京大学出版会、1978。

黒田明伸『中華帝国の構造と世界経済』名古屋大学出版会、1994。

グローブ、リンだ、貴志俊彦・神田さやこ訳「華北における対外貿易と国内市場ネットワークの形成」杉山伸也、リンだ・グローブ編『近代アジアの流通ネットワーク』創文社、1999。

黄東蘭「清末地方自治制度の導入と地域社会の対応——江蘇省川沙県の自治風潮を中心に」『史学雑誌』107編11号、1998年。

香坂昌紀「清代前期の沿岸貿易に関する一考察——特に雍正年間・福建ー天津間に行われていたものについて」『文化』35巻1・2号、1971年。

小島晋治、丸山松幸『中国近現代史』岩波書店、1986。

小島毅「宋代天譴論の政治理念」『東洋文化研究所紀要』107冊、1988年。

小島毅「城隍廟制度の確立」『思想』792号、1990年。

小島毅「牧民官の祈り——真徳秀の場合」『史学雑誌』100編11号、1991年。

小島毅「中国近世の公儀」『思想』889号、1998年。

小島淑男「辛亥革命における上海独立と商紳層」東京教育大学アジア史研究会『中国近代化の社会構造——辛亥革命の史的位置』

教育書籍、1960。

小島淑男「20世紀初期企業経営者層の結集と経済改革の模索」『日本大学経済学部経済科学研究所紀要』21号、1996年。

小瀬一「中国における20世紀初頭の「恐慌」について」『一橋論叢』103巻2号、1990年。

小浜正子「最近の中国善堂史研究について」『歴史学研究』721号、1999年。

小浜正子『近代上海の公共性と国家』研文出版、2000。

小林一美『義和団戦争と明治国家』汲古書院、1986。

権上康男『フランス帝国主義とアジア──インドシナ銀行史研究』東京大学出版会、1985。

近藤和彦「宗派抗争の時代──1720、30年代のマンチェスタにおける対抗の構図」『史学雑誌』97巻3号、1988年。

酒井忠夫『中国善書の研究』弘文堂、1960。

阪上孝『近代的統治の誕生──人口・世論・家族』岩波書店、1999。

阪下史「国家・中間層・モラル──名誉革命体制成立期のモラル・りフォーム運動から」『思想』879号、1997年。

阪下史「名誉革命体制下の地方都市エリート──ブリストルにおけるモラル・リフォーム運動から」『史学雑誌』106編12号、1997年。

坂元ひろ子「恋愛神聖と民族改良の「科学」」『思想』894号、1998年。

佐久間東山、石橋秀雄校注『袁世凱伝』現代思潮社、1985。

佐々木揚「1895年の対清・露仏借款をめぐる国際政治」『史学雑誌』88編7号、1979年。

佐藤公彦『義和団の起源とその運動——中国民衆ナショナリズムの誕生』研文出版、1999。

佐藤慎一「鄭観応について」『法学』47巻4号、48巻4号、49巻2号、1983-1985年。

佐藤仁史「清末・民国初期における一在地有力者と地方政治——上海県の〈郷土史料〉に即して」『東洋学報』80巻2号、1998年。

佐藤仁史「清末民初における徴税機構改革と政治対立——江蘇省嘉定県の夫束問題を事例に」『近きに在りて』39号、2001年。

澤田瑞穂『中国の民間信仰』工作社、1982。

参謀本部『明治三十二年清国事変戦史』川流堂、1904。

滋賀秀三「刑罰の歴史——東洋」荘子邦雄・大塚仁・平松義郎編『刑罰の理論と現実』岩波書店、1972。

滋賀秀三『清代中国の法と裁判』創文社、1984。

滋賀秀三「清代州県衙門における訴訟をめぐる若干の所見——淡新檔案を史料として」『法制史研究』37、1987年。

篠田公穂「明治期における刑務作業の展開」平松義郎博士追悼論文集編集委員会編『法と刑罰の歴史的考察』名古屋大学出版会、1987。

斯波義信「中国都市をめぐる研究概況——法制史を中心に」『法制史研究』23、1973年。

斯波義信「宋代の都市にみる中国の都市の特性」『歴史学研究』

614号、1990年。

島田正郎『清末における近代的法典の編纂』創文社、1980。

スメドレー、アグネス、阿部知二訳『偉大なる道』岩波書店、1977。

瀬地山角『東アジアの家父長制——ジェンダーの比較社会学』勁草書房、1996。

曾田三郎「清末における「商戦」論の展開と商務局の設置」『アジア研究』38巻1号、1991年。

ソマー、マシュー・H.、寺田浩明訳「晩清帝制中国法における売春——十八世紀における身分パフォーマンスからの離脱」『中国——社会と文化』12号、1997年。

高嶋航「水竜会の誕生」『東洋史研究』56巻2号、1997年。

高田幸男「清末地域社会と近代教育の導入——無錫における「教育界」の形成」『神田信夫先生古稀記念論集　清朝と東アジア』山川出版社、1992。

高田幸男「清末地域社会における教育行政機構の形成——蘇・浙・皖三省各庁州県の状況」『東洋学報』75巻1・2号、1993年。

高橋孝助「善堂研究に関する一視点——上海の普育堂を手がかりとして」『中国近代史研究会通信』17号、1984年。

高橋孝助「光緒初年の華北大旱災救済活動における上海」『宮城教育大学紀要』21巻、1986年。

高橋孝助「「公益善挙」と経元善——人的集積とナットワーク」日本上海史研究会編『上海——重層するネットワーク』汲古書院、2000。

高見澤磨「罪観念と制裁——中国におけるもめごとと裁きとから」『シリーズ世界史への問い［5］規範と統合』岩波書店、1990。

田口宏二朗「明末畿輔地域における水利開発事業について——徐貞明と滹沱河河工」『史学雑誌』106編6号、1997年。

田中比呂志「清末民初における地方政治構造とその変化——江蘇省寶山県における地方エリートの活動」『史学雑誌』104巻3号、1995年。

谷井俊仁「清代外省の警察機能について——割辮案を例に」『東洋史研究』46巻4号、1988年。

谷川稔『十字架と三色旗——もうひとつの近代フランス』山川出版社、1997。

田山花袋『東京の三十年』岩波書店、1981。

千葉正史「情報革命と義和団事件——電気通信の出現と清末中国政治の変容」『史学雑誌』108編1号、1999年。

趙軍『大アジア主義と中国』亜紀書房、1997。

土屋洋「清末山西における鉱山利権回収運動と青年知識層」『名古屋大学東洋史研究報告』24号、2000年。

常行敏夫『市民革命前夜のイギリス社会——ピューりタニズムの社会経済史』岩波書店、1990。

寺田浩明「清代土地法秩序における「慣行」の構造」『東洋史研究』48巻2号、1989年。

寺田浩明「明清法秩序における「約」の性格」『アジアから考える［4］社会と国家』東京大学出版会、1994。

土肥原賢二刊行会編『日中友好の捨石・秘録土肥原賢二』芙蓉書房、1972。

黨武彦「明清期畿輔水利論の位相」『東洋文化研究所紀要』125冊、1994年。

床呂郁哉『越境——スールー海域世界から』岩波書店、1999。

中見立夫「川島浪速と北京警務学堂・高等巡警学堂」『近きに在りて』39号、2001年。

中村茂夫『清代刑法研究』東京大学出版会、1973。

中村達雄「天津県の社会空間——聚落・廟・戸口を手がかりとして」『名古屋大学東洋史研究報告』25号、2001年。

中村哲夫『同盟の時代——中国同盟会の成立過程の研究』人文書院、1992。

並木頼寿「捻軍の反乱と圩寨」『東洋学報』62巻3・4号、1981年。

仁井田陞『中国の社会とギルド』岩波書店、1951。

仁井田陞『補訂　中国法制史研究——刑法』東京大学出版会、1980。

西川喜久子「順徳団練総局の成立」『東洋文化研究所紀要』105冊、1988年。

西川真子「清末裁判制度の改革」『東洋史研究』53巻1号、1994年。

西村成雄「東三省における辛亥革命」西村成雄『中国近代東北地域史研究』法律文化社、1984。

狭間直樹「山東莱陽暴動小論——辛亥革命における人民闘争の役

割」『東洋史研究』22巻2号、1963年。

狭間直樹「「新民説」略論」狭間直樹編『共同研究梁啓超——西洋近代思想受容と明治日本』みすず書房、1999。

長谷川貴彦「イギリス産業革命期における都市ミドルクラスの形成——バーミンガム総合病院1765～1800」『史学雑誌』105編10号、1996年。

波多野善大「辛亥革命直前における農民一揆」『東洋史研究』13巻1・2号、1954年。

波多野善大「中国近代工業史の研究」東洋史研究会、1961。

波多野善大「辛亥革命期の汪兆銘」波多野善大『近代中国の人物群像——パーソナリティ研究』汲古書院、1999。

馬場哲「都市化と交通」『岩波講座世界歴史［22］産業と革新』岩波書店、1998。

浜口允子「清末直隷における諮議局と県議会」辛亥革命研究会編『菊池貴晴先生追悼論集・中国近現代史論集』汲古書院、1985。

濱下武志『中国近代経済史研究——清末海関財政と開港場市場圏』汲古書院、1989。

濱下武志『近代中国の国際的契機——朝貢貿易システムと近代アジア』東京大学出版会、1990。

濱下武志「歴史研究と地域研究——歴史にあらわれた地域空間」濱下武志・辛島昇編『地域の世界史［1］地域史とは何か』山川出版社、1997。

濱下武志「アジアの〈近代〉」『岩波講座世界歴史［20］アジアの「近代」』岩波書店、1999。

濱島敦俊「明清時代、中国の地方監獄——初歩的考察」『法制史研究』33、1983年。

濱島敦俊「明末東南沿海諸省の牢獄」西嶋定生博士還暦記念論叢編集委員会編『東アジアにおける国家と農民』山川出版社、1984。

濱島敦俊「明清江南城隍考」唐代史研究会編『中国都市の歴史的研究』刀水書房、1988。

濱島敦俊『総管信仰——近世江南農村社会と民間信仰』研文出版、2001。

原田勝正『汽車から電車へ——社会史的観察』日本経済評論社、1995。

坂野正高「張公襄理軍務記略」『アジア歴史事典』第6巻、平凡社、1960。

坂野正高『近代中国政治外交史——ヴァスコ・ダ・ガマから五四運動まで』東京大学出版会、1973。

姫田光義ほか『中国近現代史』東京大学出版会、1982。

フォーゲル、J.A.、井上裕正訳『内藤湖南——ポリティックスとシのロジー』平凡社、1989。

深町英夫「辛亥革命の中の〈孫文革命〉——その宣伝による動員」『アジア研究』40巻4号、1994年。

深町英夫『近代中国における政党・社会・国家——中国国民党の形

成過程』中央大学出版部、1999。

福崎直治・沢野周一『電車と電気機関車』岩波書店、1964。

フーコー、ミシェル、中村雄二郎訳『知の考古学』河出書房新社、1981。

藤川隆男「オーストラリアとアメリカにおける中国人移民制限」『シリーズ世界史への問い［九］世界の構造化』岩波書店、1991。

藤谷浩悦「湖南変法運動の性格について――保衛局を中心に」辛亥革命研究会編『菊池貴晴先生追悼論集・中国近現代史論集』汲古書院、1985。

藤谷浩悦「1910年の長沙米騒動と郷紳――中央と地方の対抗をめぐって」『社会文化史学』31号、1993年。

夫馬進「中国明清時代における寡婦の地位と強制再婚の風習」前川和也編著『家族・世帯・家門――工業化以前の世界から』ミネルヴァ書房、1993。

夫馬進『中国善会善堂史研究』同朋舎、1997。

古市大輔「清代乾隆年間の採買政策と奉天――華北への奉天米移出」鈴木将久ほか『小冷賢一君記念論集』東京大学文学部中国語中国文学研究室、1993。

古市大輔「光緒初年盛京行政改革の財政的背景――東三省協餉の不足と盛京将軍の養廉確保の意図」『東洋学報』79巻1号、1997年。

帆刈浩之「清末上海四明公所の"運棺ネットワーク"の形成――近代中国社会における同郷結合について」『社会経済史学』59巻6号、

1994年。

帆刈浩之「近代上海における遺体処理問題と四明公所——同郷ギルドと中国の都市化」『史学雑誌』103編2号、1994年。

帆刈浩之「香港東華病院と広東人ネットワーク——二〇世紀初頭における救済活動を中心に」『東洋史研究』55巻1号、1996年。

堀敏一『中国と古代東アジア世界——中華的世界と諸民族』岩波書店、1993。

堀川哲男「辛亥革命前の利権回収運動」『東洋史研究』21巻2号、1962年。

堀川哲男「義和団運動と中国の知識人」『岐阜大学研究報告（人文科学）』15号、1967年。

堀川哲男「辛亥革命前における義和団論」『岐阜大学研究報告（人文科学）』16号、1967年、

堀地明「明末福建諸都市の火災と防火行政」『東洋学報』77巻1・2号、1995年。

増田四郎『都市』筑摩書房、1968。

増田四郎『西欧市民意識の形成』春秋社、1969。

増淵龍夫「春秋戦国時代の社会と国家」『岩波講座世界歴史[四]東アジア世界の形成Ⅰ』岩波書店、1970。

松浦章「清代における沿岸貿易について——帆船と商品流通」小野和子編『明清時代の政治と社会』京都大学人文科学研究所、1983。

松浦義弘『フランス革命の社会史』山川出版社、1997。

松田素二『抵抗する都市——ナイロビ 移民の世界から』岩波書店、1999。

溝口雄三『中国の公と私』研文出版、1995。

三谷孝「南京政権と「迷信打破運動」(1928 - 1929)」『歴史学研究』455号、1978年。

三石善吉『中国の千年王国』東京大学出版会、1991。

宮崎市定「漢代の里制と唐代の坊制」『宮崎市定全集』7巻、岩波書店、1992。

村田雄二郎「王朝・国家・社会——近代中国の場合」『アジアから考える〔四〕社会と国家』、東京大学出版会、1994。

目黒克彦「湖南変法運動における保衛局の歴史的位置」『東北大学東洋史論集』2輯、1986年。

本野英一「イギリス向け紅茶輸出貿易の衰退と中国商人「団結力」の限界——福州での紛争、論争を中心に」『東洋学報』77巻1・2号、1995年。

百瀬弘「「津門保甲図説」に就いて——清代天津県の農工商戸に関する一統計資料」百瀬弘『明清社会経済史研究』研文出版、1980。

森悦子「天津都統衙門について——義和団戦争後の天津行政権返還交渉を中心に」『東洋史研究』47巻2号、1988年。

森正夫「明末における秩序変動再考」『中国——社会と文化』10号、1995年。

森正夫「清代江南デルタの郷鎮志と地域社会」『東洋史研究』58

巻2号、1999年。

森山茂徳「朝鮮における日本とベルギー・シンディケート」『年報・近代日本研究』2号、1980年。

山下米子「辛亥革命の時期の民衆運動——江浙地区の農民運動を中心として」『東洋文化研究所紀要』37冊、1965年。

山田賢『移住民の秩序——清代四川地域社会史研究』名古屋大学出版会、1995。

山之内靖『マックス・ヴェーバー入門』岩波書店、1997年。

山本進「開港以前の中国棉紡織業——日本との技術比較を中心に」『歴史の理論と教育』69号、1987年。

山本進「清代後期四川における地方財政の形成——会館と釐金」『史林』75巻6号、1992年。

山本進「清代後期江浙の財政改革と善堂」『史学雑誌』104編12号、1995年。

山本進「清代直隷の地域経済と李鴻章の直隷統治」『名古屋大学東洋史研究報告』24号、2000年。

油井大三郎「一九世紀後半のサンフランシスコ社会と中国人排斥運動」油井大三郎ほか『世紀転換期の世界——帝国主義支配の重層構造』未来社、1989。

熊達雲『近代中国官民の日本視察』成文堂、1998。

湯本国穂「辛亥革命の構造的検討——1911年の中国西南地方における政治変動の社会史的意味・昆明の事例」『東洋文化研究所紀要』81冊、1980年。

吉澤誠一郎「清末剪辮論の一考察」『東洋史研究』56巻2号、1997年。

吉澤誠一郎「書評　夫馬進著『中国善会善堂史研究』」『社会経済史学』64巻2号、1998年。

吉澤誠一郎「トムソンの撮った中国都市」『アジア・アフリカ言語文化研究所通信』97号、1999年。

吉澤誠一郎「ナショナリズムの誕生――反アメリカ運動（1905年）にみる「中国人」意識と同郷結合」濱下武志・川北稔編『地域の世界史［11］支配の地域史』山川出版社、2000。

吉澤誠一郎「清末政治運動における死とその追悼」『近きに在りて』39号、2001年。

吉澤誠一郎「批評・紹介　小浜正子著『近代上海の公共性と国家』」『東洋史研究』60巻2号、2001年。

李若文「教案に見る清末司法改革の社会的背景――西洋宣教師の訴訟介入により引き起こされた事象を中心に」『東洋学報』74巻3・4号、1993年。

林原文子『宋則久と天津の国貨提唱運動』同朋舎、1983。

林原文子「清末、民間企業の勃興と実業新政について」『近きに在りて』14号、1988年。

渡辺惇「袁世凱政権の経済的基盤――北洋派の企業活動」東京教育大学アジア史研究会『中国近代化の社会構造――辛亥革命の史的位置』教育書籍、1960。

渡辺惇「近代天津の幇会」『駒沢史学』52号、1998年。

渡辺修「清代の歩軍統領衙門について」『史苑』41 巻 1 号、1981 年。

渡辺祐子「清末揚洲教案」『史学雑誌』103 巻 11 号、1994 年。

Balazs, Étienne. *La bureaucratie céleste: recherches sur l'économie et la société de la China traditionnelle* (Paris: Gallimard, 1968).

Banno, Masataka. *China and the West, 1858-1861: The Origins of the Tsungli Yamen* (Cambridge, MA: Harvard University Press, 1964).

Bays, Daniel H. "Christianity and the Chinese Sectarian Tradition," *Ch'ing-shih Wen-t'I*, Vol. 4, No. 7 (1982).

Belsky, Richard D. "The Articulation of Regional Interests in Beijing: The Role of Huiguan during the Late Qing," *Papers on Chinese History*, Vol. 6 (1997).

Bergère, Marie-Claire. *La bourgeoisie chinoise et la revolution de 1911* (Paris: Mouton, 1968).

Bergère, Marie-Claire. "Civil Society and Urban Change in Republican China," *The China Quarterly*, No. 150 (1997).

Biggerstaff, Knight. *Some Early Chinese Steps toward Modernization* (San Francisco: Chinese Materials Center, Inc., 1975).

Bohr, Paul Richard. *Famine in China and the Missionary: Timothy Richard as Relief Administrator and Advocate of National Reform, 1876-1884* (Cambridge, MA: East Asian Research Center, Harvard University, 1972).

Candlin, G. T. *John Innocent: A Story of Mission Work in North China*

(London: The United Research Center, Harvard University, 1972).

Cohen, Paul A. *China and Christianity: The Missionary Movement and the Growth of Chinese Antiforeignism, 1860-1870* (Cambridge, MA: Harvard University Press, 1963).

Cohen, Paul A. *History in Three Keys: The Boxers as Event, Experience, and Myth* (New York: Columbia University Press, 1997).

Cole, James H. *Shaohsing: Competition and Cooperation in Nineteenth-Century China* (Tucson: The University of Arizona Press, 1986).

Dikötter, Frank. *The Discourse of Race in Modern China* (London: Hurst, 1992).

Dikötter, Frank. *Sex, Culture and Modernity in China: Medical Science and the Construction of Sexual Identities in the Early Republican Period* (London: Hurst, 1995).

Dikötter, Frank. *Imperfect Conceptions: Medical Knowledge, Birth Defects, and Eugenics in China* (London: Hurst, 1998).

Eastman, Lloyd E. "Ch'ing-I and Chinese Policy Formation during the Nineteenth Century," *Journal of Asian Studies*, Vol. 24, No. 4 (1965).

Elvin, Mark. "The Gentry Democracy in Chinese Shanghai, 1905-14," Jack Grey, ed., *Modern China's Search for Political Form* (London: Oxford University Press, 1969).

Elvin, Mark. "Mandarins and Millennrians: Reflections on the Boxer Uprising of 1899-1900," *Journal of the Anthropological Society of Oxford*, Vol. 10, No. 3 (1979).

Elvin, Mark. "The Revolution of 1911 in Shanghai," *Papers on Far Eastern History*, Vol. 29 (1984).

Elvin, Mark. *Another History: Essays on China from a European Perspective* (Sydney: Wild Peony, 1996).

Esherick, Joseph W. *Reform and Revolution in China: The 1911 Revolution in Hunan and Hubei* (Berkeley: University of California Press, 1976).

Esherick, Joseph W. *The Origins of the Boxer Uprising* (Berkeley: University of California Press, 1987).

Fairbank, John K. "Patterns behind the Tientsin Massacre," *Harvard Journal of Asiatic Studies*, Vol. 20, No. 3-4 (1957).

Field, Margaret. "The Chinese Boycott of 1905," *Papers on China*, Vol. 11 (1957).

Fogel, Joshua A. *Politics and Sinology: The Case of Naitō Konan* (Cambridge, MA: Council on East Asian Studies, Harvard University, 1984).

Foucault, Michel. *Archéologie du savoir* (Paris: Gellimaard, 1969).

Fung, Edmund S. K. *The Military Dimension of the Chinese Revolution: The New Army and Its Role on the Revolution of 1911* (Canberra: Australian National University Press, 1980).

Goodman, Bryna. *Native Place, City and Nation: Regional Networks, and Identities in Shanghai, 1853-1937* (Berkeley: University of California Press, 1995).

Goodman, Bryna. "Shanghai and the Hybrid of Chinese Modernity," *Wall and Market: Chinese Urban History News*, Vol. 3, No. 2 (1998).

Goossaert, Vincent. "Matériaux et recherches nouvelles sur les corporations chinoises urbaines traditionnelles," *Revue bibliographique de sinologie, nouvelle série*, vol. 17 (1999).

Harrison, Henrietta. *The Making of the Republican Citizen: Political Ceremonies and Symbols in China, 1911-1929* (Oxford: Oxford University Press, 2000).

Henriot, Christian. "Cities and Urban Society in China in the Nineteenth and Twentieth Centuries: A Review Essay in Western Literature,"《近代中国史研究通讯》第21期，1996年。

Henriot, Christian. "Prostitution et 'police des mœurs' à Shanghai aux XIXe-XXe siècles," Christian Henriot, dir., *La femme en Asie orientale* (Lyon: Université Jean Moulin, Lyon III, Centre rhonalpin de rechercrche sur l'Extrême-Orient contemporain, 1988).

Henriot, Christian. *Belles de Shanghai: prostitution et sexualité en China aux XIXe-XXe siècles* (Paris: CNRS, 1997).

Hershatter, Gail. *The Workers of Tianjin, 1900-1949* (Stanford: Stanford University Press, 1986).

Honig, Emily. *Creating Chinese Ethnicity: Subei People in Shanghai, 1850-1980* (New Haven: Yale University Press, 1992).

Hou, Chi-ming. *Foreign Investment and Economic Development in China* (Cambridge, MA: Harvard University Press, 1965).

Hsü, Immanuel C. Y. *China's Entrance into the Family of Nations: The*

Diplomatic Phase, 1858-1880 (Cambridge, MA: Harvard University Press, 1960).

Ichiko, Chuzo. "Political and Institutional Reform, 1901–11," John K. Fairbank and Kwang-ching Liu, eds., *The Cambridge History of China*, Vol. 11 (Cambridge: Cambridge University Press, 1980).

Johnson, David, Andrew J. Nathan and Evelyn S. Rawski, eds., *Popular Culture in Late Imperial China* (Berkeley: University of California Press, 1985).

Judge, Joan. *Print and Politics: "Shibao" and the Culture of Reform in Late Imperial China* (Stanford: Stanford University Press, 1996).

Kuhn, Philip A. *Rebellion and Its Enemies in Late Imperial China: Militarization and Social Structure, 1796-1864* (Cambridge, MA: Harvard University Press, 1970).

Kuhn, Philip A. *Les origins de L'État chinois modern* (Paris: EHESS, 1999).

Kurgan-van Hentenryk, G. *Léopold II et les groups financiers belges en Chine: la politique royale et ses prolongements (1895-1914)* (Bruxelles: Palais des acadé-mies, 1972).

Kwan Man Bun. *The Salt Merchants of Tianjin: State-Making and Civil Society in Late Imperial China* (Honolulu: University of Hawai'i Press, 2001).

Leung, Angela Ki Che. "L'accueil des enfants abandonnés dans la Chine du bas-Yangtze aux XVIIe et XVIIIe siècle," *Études chinoises*, Vol. 4, No. 1 (1985).

Leung, Angela Ki Che. "To Chasten Society: The Development of Widow Homes in the Qing, 1773-1911," *Late Imperial China*, Vol. 14, No. 2 (1993).

Liu, Kwang-ching. "British-Chinese Steamship Rivalry in China, 1873-85," C. D. Cowan, ed., *The Economic Development of China and Japan: Studies in Economic History and Political Economy* (London: George Allen and Unwin, 1964).

Liu, Lydia H. *Translingual Practice: Literature, National Culture, and Translated Modernity China, 1900-1937* (Stanford: Stanford University Press, 1995).

Lizinger, Charles Albert. Temple Community and Village Cultural Integration in North China: Evidence fuom 'Sectarian Cases' (Chiao-an) in Chihli, PhD dissertation, University of California, Davis, 1983.

Lu, Hanchao. "Becoming Urban: Mendicancy and Vagrants in Modern Shanghai," *Journal of Social History*, Vol. 31, No. 1 (1999).

McClain, Charles J. *In Search of Equality: The Chinese Struggle against Discrimination in Nineteenth-Century America* (Berkeley: University of California Press, 1994).

McKee, Delber L. *Chinese Exclusion Versus the Open Door Policy, 1900-1906* (Detroit: Wayne State University Press, 1977).

MacKinnon, Stephen R. *Power and Politics in Late Imperial China: Yuan Shi-kai in Beijing and Tianjin, 1901-1908* (Berkeley: University of California Press, 1980).

Mann, Susan. *Local Merchants and the Chinese Bureaucracy, 1750-1950* (Stanford: Stanford University Press, 1987).

Mann, Susan. "Widows in the Kinship, Class, and Community Structures of Qing Dynasty China," *Journal of Asian Studies*, Vol. 46, No. 1 (1987).

Meijer, Marinus Johan. *The Introduction of Modern Criminal Law in China* (Batavia: De Unie, 1950).

Morris, Andrew D. Cultivating the National Body: A History of Physical Culture in Republican China, PhD dissertation, University of California, San Diego, 1998.

Morris, Norval and David J. Rothman, eds., *The Oxford History of the Prison* (New York: Oxford University Press, 1995).

Motono, Eiichi. *Conflict and Cooperation in Sino-British Business, 1860-1911: The Impact of the Pro-British Commercial Network in Shanghai* (London: Macmillan, 2000).

Pao Tao, Chia-lin. "Chaste Widows and Institutions to Support them in Late-Ch'ing China," *Asia Major*, Vol. 4, Part 1 (1991).

Polachek, James M. *The Inner Opium War* (Cambridge, MA: The Council on East Asian Studies, Harvard Harvard University, 1992).

Prazniak, Boxann. *Of Camel Kings and Other Things: Rural Rebels against Modernity in Late Imperial China* (Lanham: Rowman and Little Field, 1999).

Rankin, Mary Backus. *Elite Activism and Political Transformation in China: Zhejiang Province, 1865-1911* (Stanford: Stanford University

Press, 1986).

Rankin, Mary Backus. "The Origins of a Chinese Public Sphere: Local Elites and Community Affairs in Late Imperial Period," *Études chinoises*, Vol. 9, No. 2 (1990).

Reeves, Caroline. "The Changing Nature of Philanthropy in Late Imperial and Republican China," *Papers on Chinese History*, Vol. 5 (1996).

Reynolds, Douglas R. *China, 1898-1912: The Xinzheng Revolution and Japan* (Cambridge, MA: Council on East Asian Studies, Harvard University, 1993).

Rhoads, Edward J. M. "Nationalism and Xenophobia in Kwangtung (1905-1906): The Canton Anti-American Boycott and the lienchow Anti-Missionary Uprising," *Papers on China*, Vol. 16 (1962).

Rogaski, Ruth. From Protecting Life to Defending Nation: The Emergence of Public Health in Tianjin, 1859-1953, PhD dissertation, Yale University, 1996.

Rogaski, Ruth. "Beyond Benevolence: A Confucian Women's Shelter in Treaty-Port China," *Journal of Women's History*, Vol. 8, No. 4 (1997).

Rogaski, Ruth. "Hygienic Modernity in Tianjin," Joseph W. Esherick, ed., *Remaking the Chinese City: Modernity and National Identity, 1900-1950* (Honolulu: University of Hawai'i Press, 2000).

Rowe, William T. *Hankou: Commerce and Society in a Chinese City, 1796-1889* (Stanford: Stanford University Press, 1984).

Rowe, William T. *Hankow: Conflict and Community in a Chinese City,*

1796-1895 (Stanford: Stanford University Press, 1989).

Rowe, William T. "The Public Sphere in Modern China," *Modern China*, Vol. 16, No. 3 (1990).

Salyer, Lucy E. *Laws Harsh As Tigers: Chinese Immigrants and the Shaping of Modern Immigration Law* (Chapel Hill: The University of North Carolina Press, 1955).

Smedley, Agnes. *The Great Road: The Life and Times of Chu The* (New York: Monthly Review Press, 1956).

Sommer, Matthew H. *Sex, Law, and Society in Late Imperial China* (Stanford: Stanford University Press, 2000).

Stapleton, Kristin E. "County Administration in Late-Qing Sichuan: Conflicting Models of Rural Policing," *Late Imperial China*, Vol. 18, No. 1 (1997).

Stapleton, Kristin E. *Civilizing Chengdu: Chinese Ueban Reform, 1895-1937* (Cambridge, MA: Harvard University Asia Center, 2000).

Strand, David. *Rickshaw Beijing: City People and Politics in 1920s China* (Berkeley: University of California Press, 1986).

Thompson, E. P. *Customs in Common* (London: Merlin Press, 1991).

Wagner, Rudolf G. "The Role of the Foreign Community in the Chinese Public Sphere," *The China Quarterly*, No. 142 (1995).

Wakeman, Frederic, Jr. *Strangers at the Gate: Social Disorder in South China, 1839-1861* (Berkeley: University of California Press, 1966).

Wakeman, Frederic, Jr. "Models of Historical Change: The Chinese State and Society, 1839-1989," Kenneth Lieberthal, et al., eds., *Perspectives on Modern China: Four Anniversaries* (Armonk: M. E. Sharpe, 1991).

Wakeman, Frederic, Jr. "The Civil Society and Public Debate: Western Reflections on Chinese Political Culture," *Modern China*, Vol. 19, No. 2 (1993).

Wakeman, Frederic, Jr. *Policing Shanghai, 1927-1937* (Berkeley: University of California Press, 1995).

Will, Pierre-Étienne. "Chine moderne et sinologie," *Annales: Histoire, Sciences sociales*, Vol. 49, No. 1 (1994).

Will, Pierre-Étienne. "La paperasse au secours de L'homme: communication et militantisme, 1600-1850," *Études chinoises*, Vol. 8, No. 1-2 (1994).

Wong, R. Bin. "Great Expectations: The "Public Sphere" and the Search for Modern Times in Chinese History,"『中国史学』3 卷、1993 年。

Wong, R. Bin. "Benevolent and Charitable Activities in the Ming and Qing Dynasties: Perspectives on State and Society in Late Imperial and Modern Times," *Revue bibliographique de sinologie, nouvelle série*, Vol. 18 (2000).

Wong, Sin-king. The Genesis of Popular Movements in Modern China: A Study of the Anti-American Boycott of 1905-06, PhD dissertation, Indiana University, 1995.

Wright, Mary Clabaugh. *The Last Stand of Chinese Conservatism: The T'ung-Chih Restoration, 1862-1874* (Stanford: Stanford University Press, 1957).

Yen Ching-hwang. *Coolies and Mandarins: China's Protection of Overseas Chinese during the Late Ch'ing Period, 1851-1911* (Singapore: Singapore University Press, 1985).

Zhang, Xiaobo. Merchant Associational Activism in Early Twentieth-century China: The Tianjin General Chamber of Commerce, 1904-1928, PhD dissertation, Columbia University, 1955.

Zürcher, Erik. "Middle-Class Ambivalence: Religious Attitudes in the Dianshizhai Huabao," *Études chinoises*, Vol. 13, No. 1-2 (1994).

后 记

本书是在提交给东京大学的博士学位论文的基础上加以修改和增补而成。博士论文的题目是《清末天津的政治文化与社会统合——中国近代城市形成史论》，1999 年 12 月提交，2000 年 5 月获得博士（文学）学位。

滨下武志（主查）、岸本美绪、吉田伸之、黑田明伸、园田茂人诸位老师审查了我的博士论文。我已尽力将审查过程中收到的各种意见体现在本书之中，而目前力所不及之处，将是我今后努力解决的课题。

上述诸位审查委员中，滨下武志先生和岸本美绪先生从我刚开始关注本书的课题时起便一直给予我极有价值的指导和激励。两位先生的教学方向大不相同，这既让我切实感受到了治学过程中思考的多样性（学问的深奥之处），也让我得到了按自己喜好行事的借口。老师们一定觉得我是个任性妄为的学生，而我切身感受到了他们允许这种任性妄为时的温和与包容。

　　本书能够完成，离不开我在 AA 研（正式名称为东京外国语大学亚非语言文化研究所）工作的六年期间来自各位同人的帮助和激励。衷心期望以 AA 研为首的各研究所能够在今后进一步发展研究机构的固有职责，同时超越各个大学的边界、为全世界的学术界做出贡献。此外，天津地域史研究会的各位同人让我体会到了集体研究的乐趣，而辛亥革命研究会则让我认识到了真挚的学术讨论的意义。

　　海外的研究生活在我的求学过程中具有极大意义。不仅是史料调查，本书的设想与论点也得益于海外见闻及与外国研究者的交流。在此意义上，我要衷心感谢给我留学和长期派驻海外机会的各位人士。特别感谢我在天津南开大学时的导师陈振江教授和张洪祥教授、接纳我进入中研院近代史研究所的黄福庆教授，以及接纳我进入牛津大学的科大卫教授（David Faure）。另一位必须感谢的是张利民先生（天津社会科学院历史研究所所长）。是张先生将我发表的第一篇学术论文翻译成中文并刊登在天津的学术集刊上，这给了我莫大的鼓励（《城市史研究》第 10 辑，1995）。

　　本书的一部分调查研究得到了以下项目的支持：平成 7 年度日本学术振兴会海外 COE 派遣研究者"中国近代城市开发研究"；平成 9~10 年度亚非语言文化研究所长期研究者派遣；平成 11~13 年度科学研究费补助金"二十世纪前半期日本对华北地区城市近代化的影响"（研究代表：驹泽大学文学部渡边惇教授）；平成 11~12 年度科学研究费补助金"有关亚洲的文字和出版、印刷文化及其历史的调查研究"（研究代表：东京外国语大学亚非语言文化研究所町田和彦教授）。此外，本书出版之际获得了日本学术振兴会平成13年度科学研究费补助金（研究成果公开促进费）。在此向有关各位表示感谢。

本书绝大部分内容已经公开发表并得到了来自多方的批评指正。要特别感谢在口头报告时赐予我宝贵意见，以及审查我的期刊投稿的各位老师。本书各部分的原型，按论文发表顺序排列如下。

1.《光绪末天津巡警创设与行政变容》，《史学杂志》101编12号，1992年，本书第五章。

2.《天津的"抵制美约"运动和"中国"的表象》，《中国——社会和文化》第9号，1994年。本书第八章。

3.《电车和公愤——围绕辛亥革命前后天津市内交通的政治》，《史学杂志》105编2号，1996年。本书第九章。

4.《天津团练考》，《东洋学报》78卷1号，1996年。本书第一章。

5.《火会和天津教案（1870年）》，《历史学研究》698号，1997年。本书第二章。

6.《清末天津的"捐"和城市管理》，《社会经济史学》63卷4号，1997年。本书第六章。

7.《清末的城市和风俗——天津史的场合》，《岩波讲座世界历史20 亚洲的近代》，岩波书店，1999年。本书补论。

8.《天津的义和团统治和团练神话》，《东洋学报》81卷4号，2000年。本书第四章。

9.《善堂和习艺所之间——清末天津的社会救济事业的变迁》，《亚非语言文化研究》59号，2000年。本书第三章、第七章。

10.《体育与革命——辛亥革命时期的尚武理念和治安问题》，中国华北城市近代化学术讨论会（天津，2001年8月9~12日）提交论文。本书第十章。

本书题名《天津的近代》，这一创意其实来自名古屋大学出版会的橘宗吾先生。本书最根本的关切即是认为近代并非理论描述之物，而是贯彻于各种具体而细微现象中的历史变迁过程。没有任何标题能比"天津的近代"更准确而直接地概括本书的上述思考。此外，该社编辑部的长畑节子女士负责了本书的实际编辑工作。正是两位编辑的细致工作，才使本书付梓之时远比当初的博士论文简洁易懂。在此表示衷心感谢。

本书即将完成之际，我调到了东京大学，开始以教授历史为职责。历史学这门学问的意义存在于多种不同的维度，我衷心希望能和各位同学一起全面展现它的意义。

吉泽诚一郎
2001年10月

译后记

今年1月,当李期耀老师告诉我说本书在社会科学文献出版社选题会上获得通过时,我一颗悬着的心总算落地。回望过去,不禁感慨万千。

本书作者吉泽诚一郎先生是东京大学人文社会系研究科教授,日本知名的中国近现代史研究学者。本书是他研究中国近代史和城市史的代表性著作,本书日文版一经出版,即在日本学界引起广泛关注,不但有数位中国史研究的知名学者发表评论文章,还成为东京大学、京都大学等著名大学中国近现代史研究生的必读书目。我关注本书,也是因为其主题与城市史、天津史研究密切相关。后来在张利民老师的鼓励下,我还曾写过一篇评介文章,发表在《城市史研究》第27辑。除本书外,吉泽教授还著有『愛国主義の創成:ナショナリズムから近代中国をみる』『清朝と近代世界:19世紀』等。他与冈本隆司主编的《近代中国研究入门》今年也在国内翻译出版，颇受学界欢迎。

关于城市近代性问题，随着城市史研究和近代化问题的兴起，逐渐成为学界关注的焦点。但是如何看待都市与近代性问题，不同学者有着各自不同的视角与方法。本书的研究视角是将19世纪后半期以降，天津在政治、文化、社会、经济诸方面出现的新要素视为"近代性"。不是将"近代"视为向西欧近代社会的靠拢，而是将其视为其中的一部分，没有明确的实体、方向。正如作者所说："近代是相似性在世界各地的扩大倾向凌驾于多样性的时代。"本书从四个方面描绘"天津的近代"。一是政治参与和公共性。之前的研究侧重于城市自治权的有无以及其与王权的对抗，本书则试图撇开这一束缚，强调在地方政治的构造中，自称"公"的发言主题、政治主题丛生，在相互竞争中诞生了对城市公共性的讨论。二是社会管理的进步。对城市来说，社会管理本来就是不可或缺的，绝不是近代特有的东西，不能将其纳入以前所谓西欧的"市民社会"论和中国固有的制度展开讨论，而应该在新的视角下重新检讨。三是国民意识的深化和归属意识的重组。国家主义究竟是何时如何形成的，"中国""中国人"这样的意识和由同乡团体分化而来的城市社会有何种关系，本书提供的视角是城市自身引入了国家主义。四是启蒙和民众文化。和政治并列的文化如何统合社会，一直都是学界关注的话题。本书认为19世纪政治秩序中的民众文化还没有被置于明确位置，但在清末制度变化的背景下，民众文化被视为"迷信"而受到非难，且将其描绘成与农村社会相乖离和冲突。正是具有了这样的视角和方法论，本书呈现了与过往研究不一样的新论断，为我们研究城市史、天津史甚至中国近代史都具有很好的借鉴价值和示范意义。当然，也是因为这样的视角，该书没有过多强调义和团运动时八国联军给天津所带来的破坏性，这是我们需要注意的。

我与吉泽教授认识已有十多年了。2007年3月，"天津通史"项目负责人万新平先生带队赴日搜集资料，恰好我正在日本早稻田大学交流学习，也参与其中。当时与日本方面的天津史研究学者进行了交流和座谈，当时吉泽教授也参加了。或许正是那时候，张利民老师将吉泽教授介绍给我认识。2018年夏天，吉泽教授来津进行学术交流。有天上午，他在我们历史所做了一次报告。下午，他赴南开大学津南校区历史学院做讲座，是关于日本人编写的近代中国旅游指南中的中国印象。我开车送他过去，不知道什么原因车内空调不制冷，热得吉泽教授满头大汗，很是受罪，至今想来，我还深感抱歉。2020年1月，我赴日本东京查阅资料时拜访了吉泽教授，他在神保町附近的一个酒馆招待我。当时，我们还专门谈到本书的翻译出版情况。

在本书的翻译过程中，我得到了诸多师友的帮助，在此深表感谢。首先是天津社会科学界联合会原书记、"天津通史"项目负责人万新平研究员。他曾有意将该书纳入"天津通史"编译项目。尽管后来因故未能在该项目中出版，但他对天津史研究的关注和对后学的关心至今让我心怀感念。其次是天津社会科学院历史研究所张利民研究员。他和吉泽教授是好朋友，正是在他的引荐下我才得以结识吉泽教授。也是在他的鼓励和支持下，我才下定决心翻译此书。不仅如此，在翻译过程中，他还通读了部分译稿，提出了诸多修改意见。在出版过程中也多次出谋划策。我还要特别感谢吉泽教授,他不但慨允我翻译此书,还在百忙之中先后两次核校译稿,并请他的博士生殷晴女史做了很多确认工作,不但纠正了译稿的不确之处,更让译稿增色不少。仅此一点,亦可看出吉泽教授治学之严谨和态度之认真,而这正是我所钦佩和学习的地方。

本书的出版可谓历经曲折。如前所述,本来要纳入"天津通史"项目出版,后因版权问题未能及时解决,搁置了下来。后来我又联系几家出版社,也都因故未成。直到2021年,在熊亚平研究员的推介下,李期耀老师"慧眼识珠",力主将本书纳入社会科学文献出版社启微系列,终于解决了出版难题。在此,我要向社会科学文献出版社和李期耀老师深表谢忱。正是他的远见和努力,才使得本书有机会与读者见面。此外,我还要感谢为本书出版做出努力的各位师友,他们是韩玉霞老师、张博教授、杨轶老师。在此,我要向青年学者魏暑临先生说声对不起。本来我已经请他为本书题写了书名,但由于丛书风格所限,无法使用,深感抱歉。

最后,我要感谢我的家人。我的太太许婧女士工作忙碌,却承担了大部分的家务,让我可以安心译校书稿。女儿心心也不断给我鼓劲加油,让我充满动力。正是由于家人的陪伴和支持,我才能继续从事自己所喜欢的工作。

作为一名译者,我深感自己水平有限,书中如有谬误之处,还请批评指正。

万鲁建

壬寅年仲夏于静心斋

图书在版编目(CIP)数据

清末都市的政治文化与社会统合:天津的近代/(日)吉泽诚一郎著;万鲁建译. -- 北京:社会科学文献出版社,2022.8
ISBN 978-7-5228-0392-0

Ⅰ.①清… Ⅱ.①吉… ②万… Ⅲ.①天津-地方史-研究-清后期 Ⅳ.①K292.1

中国版本图书馆CIP数据核字(2022)第114614号

清末都市的政治文化与社会统合
——天津的近代

| 著　　者 / 〔日〕吉泽诚一郎
| 译　　者 / 万鲁建

| 出 版 人 / 王利民
| 责任编辑 / 李期耀
| 责任印制 / 王京美

| 出　　版 / 社会科学文献出版社·历史学分社（010）59367256
　　　　　　地址：北京市北三环中路甲29号院华龙大厦　邮编：100029
　　　　　　网址：www.ssap.com.cn
| 发　　行 / 社会科学文献出版社（010）59367028
| 印　　装 / 北京盛通印刷股份有限公司

| 规　　格 / 开　本：889mm×1194mm　1/32
　　　　　　印　张：14.875　字　数：328千字
| 版　　次 / 2022年8月第1版　2022年8月第1次印刷
| 书　　号 / ISBN 978-7-5228-0392-0
| 著作权合同
　登 记 号 / 图字01-2022-2873号
| 定　　价 / 89.00元

读者服务电话：4008918866

版权所有 翻印必究